Kühler & Kühler

Bordeaux-Kompass
für Rotweine

6. Auflage

1300 Châteaux mit jahrgangsbezogenen Bewertungen und Trinkreifeprognosen im Überblick

Hallwag
München und Bern

6. Auflage, 2001

Satz: G. Kühler, P. Kühler
Druck und Bindung: Ludwig Auer GmbH, Donauwörth

Hallwag ist ein Unternehmen des Gräfe und Unzer Verlags, München

ISBN 3-7742-0046-7

Hallwag

Inhalt

Vorwort zur 6. Auflage

Der Bordeaux-Kompass ist seit 1993 zunächst im Zwei-Jahresrhythmus erschienen, seit der 5. Auflage und der Übernahme durch den Hallwag Verlag folgt nunmehr bis auf weiteres eine ergänzte und erweiterte jährliche Neufassung. Wir entsprechen damit gerne dem Wunsch des Hallwag Verlags, der den Kompass in sein ambitioniertes und umfangreiches Programm der Wein-Fachliteratur aufgenommen hat.

Kein anderes Rotweingebiet dieser Welt verkörpert wie Bordeaux mit seinen großen Gewächsen Beständigkeit, Großartigkeit, Legende, Genuss- und Wertzuwachs. Es ist das Maß aller Dinge sowohl in der Qualität wie im Preis, obwohl die Konkurrenz mit Mega-Weinen etwa aus Australien, Kalifornien, Spanien (Priorat, Ribera) und Südfrankreich größer geworden ist. Das ungebrochene Interesse an Informationen über die Rotweine des Bordelais, das mit dem Jahrgang 2000 wieder einmal weltweit Schlagzeilen machte, sowie über preiswerte Alternativen, die notwendiger denn je sind, und die binnen Jahresfrist angewachsenen Neubewertungen und Aktualisierungen bieten weiteren Anlass für eine 6. Auflage.

Folgende wichtige Änderungen wurden gegenüber der 5. Auflage vorgenommen:

- Aufgrund des schlankeren Buchformats und um auf Dauer dem Dilemma zu entgehen, bei jeder Neuauflage entscheiden zu müssen, welcher Jahrgang aus Platzgründen in den Anhang oder vollständig verbannt werden muss, ist der Hauptteil »Die Châteaux von A–Z« komplett neu gestaltet worden. Dadurch wird denjenigen Jahrgängen eine Wiederaufnahme ermöglicht, die bislang in den früheren Auflagen dem Platzmangel weichen mussten. Der ehemalige Teil B mit den älteren Jahrgängen wird in den einzig verbleibenden Hauptteil integriert, was den Gebrauch vereinfacht und die Handhabbarkeit erhöht. Somit stehen nun auf einem Blick für ein Château bis zu 24 Jahrgänge zur Verfügung.
- Aus Gründen der Übersichtlichkeit werden die Trinkreife-Angaben der Weine unserer Bezugsquellen pro Château und Jahrgang zu einer einzigen Aussage über die früheste und späteste Trinkreife-Empfehlung zusammengefasst.
- An die Stelle der WeinWisser-Daten treten die René-Gabriel-Bewertungen aus seinem Buch »Bordeaux Total«.
- Über 5000 Aktualisierungen älterer Jahrgänge und Neubewertungen für den Jahrgang 2000 sind in den Hauptteil eingearbeitet worden.
- Erstmalig wird in der Einleitung ein Jahrgang – der 2000er – mit all seinen Turbulenzen detailliert dargestellt und gewürdigt. Darüber hinaus enthält die Einleitung ausführliche und kritische Aussagen zu neueren Trends: Preisentwicklung unter Einbeziehung des Subskriptionsgeschäfts, Diskrepanzen zwischen Traditionen und neuen Technologien in der Vinifikation, Zunahme der Mikro-Cuvées und Prestigeabfüllungen.

Qualitätsorientierte Information ist für Bordeaux-Rotwein-Interessierte notwendiger denn je: Der entfesselte Run auf die 2000er Spitzengewächse mit ihrem monströs gesteigerten Preisniveau, das ungebrochene Interesse an reiferen guten Jahrgängen zu vernünftigen wie auch exorbitanten Preisen tragen verstärkend dazu bei, einerseits den Ruf dieser Region als Nabel der Weinwelt zu festigen und ihre Rotweine mit den Attributen des Außergewöhnlichen und der Exklusivität zu versehen. Andererseits nehmen normal verdienende Weinliebhaber – verschreckt und verärgert ob dieser Preisentwicklung – zunehmend Zuflucht zu Rotweinen anderer Anbauregionen, ohne sich dennoch dauerhaft dem Faszinosum Bordeaux entziehen zu können.

Das Wein-Anbaugebiet Bordeaux besteht zum Glück nicht nur aus den international berühmten, besonders nachgefragten und von der Preisspekulation betroffenen Châteaux – sie machen gerade mal fünf Prozent der regionalen Weinerzeugung aus. Zahlreiche, von der galoppierenden Spekulation noch nicht erfasste Crus Bourgeois und unbekanntere Weine aus weniger prestigeträchtigen Appellationen gewinnen zunehmend an Reputation. Sie stellen oft eine schmackhafte und preiswerte Alternative zu den bekannteren Namen dar. Da wir nach wie vor unerschütterliche Anhänger der Rotweine aus dem Bordelais sind, haben wir diese Kategorie von Châteaux mit ihrem guten bis sehr guten Genuss-Preis-Verhältnis wiederum erweitert. Wir hoffen, damit den Interessen der vielen »Leid geprüften« Bordeaux-Fans zu entsprechen.

Baden-Baden, im Oktober 2001

Günter Kühler
Peter Kühler

Bevor Sie weiterlesen …

Diese Seite ist für den eiligen Benutzer gedacht, der sich sofort dem Zentrum des Kompasses zuwenden möchte: den jahrgangsbezogenen Bewertungen der Weine und ihren voraussichtlichen Genussreifen in den Jahrgängen 2000–1981 (ohne 1984), 1979, 1978, 1975 sowie 1970 und 1961. Der Kompass präsentiert ca. 1.300 Châteaux in folgender tabellarischer Form:

Citran, Haut-Médoc, *O.: CB; P.: 5, ausgez.,* ❹*; G.: 4,* ③

		PAR	WSP	AüW	GAB	VIN	DEC	WIN
2000	05-12		85-88	83		14	3	8,2-8,3
1999	04-15	86-87		86	17			8,0
1998	02-15	86	85	85	17	15	3	8,4-8,6
1997	02-10	86	86	14,5	17	1,5	4	8,0
1996	99-15	86-87	86	86	17	1	3	8,0
1995	00-10	86	87	15; 85	17	2	4	8,6-8,7
1994	98-10	86+	82	84	17	1		8,0
1993	98-04	86	80	82	16	14..		
1992	-04	82	80-84	80	16			
1991		86	84	83	15	14..		
1990	-08		86	85	18	15		8,4-8,5
1989	-08	88	90	85	17			8,3
1988	-04	86	91	84	17	15..		8,2
1986	-05			79	16			
1983			82					
1982	▷		78		15			
1979	△				13			
1961			77					

Die bewerteten, rot hervorgehobenen Châteaux sind alphabetisch aufgelistet. Daneben werden die Appellationszugehörigkeit (hier: Haut-Médoc) genannt und dort – wo vorhanden – Hinweise auf diverse Klassifizierungen gegeben:

- Die offiziellen Klassements sind mit »O.« gekennzeichnet, die Neuklassifizierungen von Parker (1998) mit »P.«, die von Gabriel (2000) mit »G.«.
- Die von uns auf der Grundlage der Parker- und Gabriel-Bewertungen neu berechneten Klassifizierungen sind – bezogen auf Parker – durch die Symbole ❶ bis ❺ für die Crus Classés bzw. ❻ für die Crus Bourgeois ausgedrückt und – Gabriel betreffend – analog durch die Symbole ① bis ⑤ bzw. ⑥.

Im obigen Beispiel ist Château Citran nach der offiziellen Klassifikation ein Cru Bourgeois (O.: CB), nach Parker ist es ein 5er Cru, versehen mit dem Zusatz »ausgezeichnet« (P.: 5, ausgez.). Unsere aktualisierte Neuberechnung, basierend auf den Parker-Bewertungen, ergibt hingegen eine Einstufung als 4er Gewächs (❹). Gabriel sieht Citran als 4er Cru (G.: 4). Nach unserer Neuberechnung entspricht es eher einem 3er Gewächs (③).

Bei Zweit- und Drittweinen sowie Cuvées wird im Anschluss an die Appellation ihre Zugehörigkeit zum jeweiligen »Grand Vin« in Klammern aufgeführt. Eine Übersicht der im Kompass genannten Zweit- und Drittweine befindet sich in den Anhängen.

Die schwarzen Zahlen in den »Jahrgangszeilen« geben die Benotungen im 100-, 20- und 10-Punkte- sowie im Sterne-Schema wieder. Die jeweilige Quelle für die Bewertungen sind durch die Abkürzungen **PAR** (Parker), **WSP** (Wine Spectator), **AüW** (Alles über Wein), **GAB** (Gabriel), **VIN** (Vinum), **DEC** (Decanter), **WIN** (Winkleman) deutlich hervorgehoben.

Die Prognosen für die früheste und späteste Trinkempfehlung stehen als Zusammenfassung der in den verschiedenen Quellen enthaltenen Angaben rechts neben der Jahrgangsziffer (z.B. 05–12).

Ausführlichere Hinweise zur Interpretation der Benotungen und den Angaben zur Trinkreife sind dem Abkürzungsverzeichnis auf den beiden folgenden Seiten zu entnehmen.

Abkürzungen

Angaben zur Klassifikation:

O.: 5	5er Cru nach dem offiziellen Klassement
P.: 3(4)	Klassifizierung als 3er Cru nach Parker (In Klammern angegebene Zahlen zeigen die davon abweichende Einstufung im Textteil der 3. Auflage seines Bordeaux-Buches.)
G.: 3	Klassifizierung als 3er Cru nach Gabriel
G.: (4)	Aspirant für eine Klassifizierung als 4er Cru nach Gabriel
1,2,3,4,5	1er – 5er Crus (Klassifizierung Médoc)
❶❷❸❹❺	1er – 5er Crus: berechnete Neuklassifizierung nach Parker-Bewertungen
❻	Cru Bourgeois: berechnete Neuklassifizierung nach Parker-Bewertungen
①②③④⑤	1er – 5er Crus: berechnete Neuklassifizierung nach Gabriel-Bewertungen
⑥	Cru Bourgeois: berechnete Neuklassifizierung nach Gabriel-Bewertungen
CB	Cru Bourgeois
CC	Cru Classé (Klassifizierung Graves)
GC	Grand Cru (Klassifizierung Graves u. St.-Emilion)
GCC	Grand Cru Classé (Klassifizierung St-Emilion)
PGCC	Premier Grand Cru Classé (Klassifizierung St.-Emilion)
unklass.	unklassifiziert (Pomerol)

Angaben zu den Punktbewertungen:

79–84	Bei zwei Bewertungen im 100-P.-System handelt es sich immer um Fassproben und damit um eine vorläufige Beurteilung. Gleiches gilt für die Bewertungen Winklemans im 10-Punkte-Schema.
85; 90 od. **17; 85**	Zwei sehr unterschiedliche Bewertungen in ein und derselben Quelle bzw. zwei Bewertungen nach dem 20- und 100-Punkte-Schema
14.. od. **14,5..**	Bandbreitenangabe bei Vinum (14–14,9 Punkte od. 14,5–14,9)
2 od. **2,5**	Umrechnungen aus dem Sterne-System: ★★ (Decanter/Vinum), ★★☆ (nur Vinum)
89+ od. **8,7+**	Der Wein liegt etwas über den angegebenen Werten (Parker/Winkleman).
8,7(+)	Der Wein liegt wahrscheinlich etwas über dem angegebenen Wert (Winkleman).
8,7(+?)	Der Wein liegt möglicherweise etwas über dem angegebenen Wert (Winkleman).
8,7*	Bewertung für: Cuvée, Cuvée Prestige, Grande Reserve oder Vieilles Vignes

Typografische Besonderheiten:

- Punktbewertungen in normaler Schrift (z.B. 93) stammen aus den letzten beiden Jahren.
- Punktbewertungen in dünner Schrift (z.B. 95) sind älter als zwei Jahre.
- Punktbewertungen in dünner und kursiver Schrift (z.B. *95*) sind älter als vier Jahre.

Angaben zu den Trinkreifeprognosen:

00 – 08	Voraussichtlicher Zeitraum für die beste Genussreife von 2000 bis 2008 *(Es handelt sich hierbei um eine zusammenfassende Auswertung der in den Quellen enthaltenen Trinkreifeprognosen. Der linke Wert nennt den frühesten in den Quellen gefundenen Zeitpunkt, von dem an der Wein vermutlich mit Genuss getrunken werden kann. Der rechte Wert markiert den voraussichtlichen Endpunkt der höchsten Genussreife.)*
08 –	Voraussichtliche Genussreife ab 2008
– 08	Voraussichtliche Genussreife bis 2008
– 95	Ältere, unverändert übernommene Trinkreifeangabe
▲	**Jetzt** (Bewertung aus den letzten beiden Jahren): Der Wein hat seinen Höhepunkt erreicht und wird ihn einige Jahre halten.
△	Bewertung älter als zwei Jahre, sonst wie ▲
△	Bewertung älter als vier Jahre, sonst wie ▲. Die Trinkreifeprognose »jetzt« ist allerdings mit Vorsicht zu gebrauchen.
▶	**Austrinken** (Bewertung aus den letzten beiden Jahren): Der Wein sollte unbedingt getrunken werden bzw. getrunken sein.
▷	Bewertung älter als zwei Jahre, sonst wie ▶. Der Wein könnte sich auch schon im Abbaustadium befinden.
▷	Bewertung älter als vier Jahre, sonst wie ▶. Hier ist noch größere Vorsicht angebracht.
▼	**Abgebaut** bzw. **vorbei** (Bewertung aus den letzten beiden Jahren): Der Wein hat sein bestes Entwicklungsstadium überschritten, er befindet sich im Abbau oder ist gar passé.
▽	Bewertung älter als zwei Jahre, sonst wie ▼
▽	Bewertung älter als vier Jahre, sonst wie ▼

Sonstige Symbole und Wortabkürzungen:

M bzw.DM	Magnum-Flasche bzw. Doppelmagnum
Zww. / Drw.	Zweitwein bzw. Drittwein

Einleitende Betrachtungen und Erläuterungen

Zielsetzung

Der Bordeaux-Kompass ist als Informationsquelle und Einkaufsführer nach Inhalt und Gestaltung praxisorientiert ausgerichtet: Die Informationen werden so präsentiert, dass eine problemlose Handhabung jederzeit und überall möglich ist. Er will gemäß seiner Intention schnell abrufbare Orientierungs- und Entscheidungshilfen für Einkauf und Trinkgenuss der Rotweine des Bordelais bereitstellen. Für ca. 1.300 Châteaux aus 28 Appellationen und 24 Jahrgängen werden jahrgangsbezogene Angaben geboten: zum einen für die Qualität in Form von Benotungen in den vier am häufigsten vorkommenden Bewertungssystemen, dem 100-Punkte-, 20-Punkte- und Sternchen-Schema sowie dem seltener verwendeten 10-Punkte-Schema, zum anderen für den prognostizierten Zeitraum des größten Trinkgenusses durch Jahreszahlen. Dadurch machen diese Bewertungen auf die Châteaux im positiven wie negativen Sinn aufmerksam.

Zweifellos können Zahlenwerte allein, gleich welcher Bewertungssysteme, der Komplexität eines Weins nicht gerecht werden – darüber später mehr; aber sie bieten immerhin dem Verbraucher auf einen Blick Anhaltspunkte, sich zeitsparend in der Flut der Bordeaux-Jahrgänge und -Erzeuger zurechtzufinden, um zumindest Fehleinkäufe und degustatorische Enttäuschungen zu minimieren.

Wer hat sich noch nie als Genießer oder gar Kenner roter Bordeaux-Weine über so manche teuer bezahlte Fehlwahl im Restaurant oder beim spontanen Einkauf ärgern müssen? Wer verfügt – abgesehen von professionellen Verkostern oder intimen Kennern des Bordelais – über die ausgeprägte Fähigkeit, wenigstens von hundert der in Gastronomie und Handel erhältlichen gängigsten Bouteillen die Qualitätsbeurteilungen der einschlägigen Literatur aus mehreren Jahrgängen so zu speichern, dass sie im Bedarfsfall nutzbringend abgerufen werden können? Wir wussten zum Beispiel nicht, als es vor Jahren darauf ankam, einen sehr guten Wein eines namhaften Château zu ordern, dass der 75er Margaux, der 78er Lynch-Bages, die 79er Léoville Barton und Mouton Rothschild, die 82er Angélus, Clinet, Pape Clément und Domaine de Chevalier, die 83er Cos d'Estournel und Trotanoy, die 86er Cos Labory und Branaire-Ducru, um nur einige schmerzliche Erinnerungen wachzurufen, just in diesen Jahrgängen ausnahmsweise sehr enttäuschten.

Wohl den Bordeaux-Rotwein-Enthusiasten, die sich unmittelbar vor dem Kauf entweder mit einem WAP-fähigen Handy ins Internet einloggen können oder zufällig die richtigen Ausgaben diverser Fachzeitschriften im »ungemein handlichen« DIN A3- und A4-Format mit sich tragen, um an Ort und Stelle, blätternd und suchend, den mühsamen Prozess einer umständlichen Informationsentnahme über die jahrgangsbezogene Qualität der Weine und ihrer erwarteten Trinkreife einzuleiten.

Um solchen Widrigkeiten des Weinerlebens einfacher und Kosten sparender begegnen zu können, wurde der Bordeaux-Kompass mit übersichtlichen tabellarischen Darstellungen im gebrauchsfreundlichen Westen- und Handtaschenformat entwickelt.

Selbstverständlich ist nichts so wichtig wie der eigene Geschmack und das selbst gebildete Urteil beim Verkosten der Weine. Fachautoren weisen zu Recht nimmermüde darauf hin. Nur, das ist leichter geschrieben als getan. Schöngeistige Publizisten, denen jedwede Benotung von Weinen ein »Dorn im Rebensaft« ist, erliegen einem realitätsfernen Mystizismus. Denn der normale private Weinliebhaber ist wie bei einem Auto- oder Waschmaschinenkauf in der Regel vor einer Kaufentscheidung auf sachgerechte Informationen angewiesen. Ihm werden nämlich weder Einladungen zu Jahrhundertproben fi-

1 Die Verteuerung hat in den 90er Jahren sprunghaft mit den Jahrgängen 1995 und 1996 eingesetzt und in ihrer Entwicklung anfangs mit dem 1997er und gegenwärtig mit dem 2000er Jahrgang neue Rekordhöhen erreicht. Darüber mehr im Kapitel »Die Preise«.

nanzkräftiger Weinsammler zuteil, noch kann er beim Betreten einer Weinhandlung darauf hoffen, dass der Verkäufer ihm freudestrahlend Gelegenheit bietet, die edlen Weine, auf die sein begehrliches Auge gefallen ist, vorab zu verkosten. Und da drittens das »Naturprodukt« Wein ein Nahrungsmittel ist, eines der angenehmsten zwar, das aber mitunter wegen des bekannten Namens arg teuer[1] und den verlangten Preis vielleicht nicht wert ist, muss es sich Kritik gefallen lassen, muss es fachgerechte Beurteilungen geben, damit nicht »die Katze im Sack« erstanden wird. Das gilt in hohem Maße gerade für diejenigen, die über keine oder geringe degustatorische Erfahrungen verfügen und erst im Begriff sind, sich die herrlich-vielfältige Welt des Weins zu erschließen.

Die Quellen: Herkunft des verwendeten Zahlenmaterials

Für Anspruch und Verlässlichkeit des Bordeaux-Kompasses ist u.a. entscheidend, welche Literatur bzw. Degustatoren mit ihren Bewertungsbeständen und -systemen für die Erfassung von zahlenmäßigen Qualitätsbewertungen der Rotweine möglichst vieler Châteaux herangezogen werden. Bekanntheitsgrad, Akzeptanz und Seriosität bestimmen die Auswahl. Zu unserem Bedauern können nicht alle angesehenen Publikationen Berücksichtigung finden, wie z.B. der »Vintage Guide« von Clive Coates, das französische Magazin »La Revue du Vin de France«[2], für das einer der größten Bordeaux-Spezialisten, Michel Bettane, tätig ist, oder Gault-Millaus Guide »Le Vin«. Das liegt nicht nur am Zwang zur Beschränkung der Quellen, damit die Übersichtlichkeit gewahrt bleibt, sondern auch daran, dass im 20-Punkte- oder Sterne-Schema bewertet wird, Trinkreifeangaben fehlen und nur die ca. 200 üblichen Châteaux Berücksichtigung finden.

Drei Benotungssysteme für Bordeaux-Weine haben sich als die gebräuchlichsten herauskristallisiert: das 100-Punkte-, 20-Punkte- und in abnehmendem Maße das Sterne-Schema (vgl. das Kapitel »Subjektivität und Bewertungssysteme«), seltener findet sich das 10-Punkte-Schema, unserer Kenntnis nach nur bei Michel Dovaz und Alan Winkleman. Dovaz hat jedoch einen völlig anderen Degustationsansatz: Er verkostet und bewertet die Weine jeweils nur eines Château in verschiedenen Jahrgängen. Es bestehen also keine unmittelbaren Relationen und damit keine Vergleichbarkeit zu anderen Châteaux.

Das 100-Punkte-System ist hier mit drei Quellen vertreten, das 20-Punkte-System mit zwei Quellen, das Sterne- und 10-Punkte-System mit je einer Quelle.

Der wichtigste, bedeutendste Fachautor, der sich des 100-Punkte-Schemas bedient, ist der Amerikaner Robert M. Parker. Er ist seit ca. zweiundzwanzig Jahren mit seinem Sachverstand und seiner Art der Weinpublizistik für viele Gastronomen, Händler, Verbraucher und Spekulanten zur Richtschnur ihrer Kaufentscheidungen geworden. Vor allem haben seine Benotungen der Bordeaux-Weine ihn zu einer Institution, zum einflussreichsten Weinkritiker der Welt werden lassen. Lobt er einen Wein, explodieren die Preise, was aktuell u.a. den 2000er Léoville Barton zu einer Rarität und in ungeahnte pekuniäre Höhen geführt hat. Er beurteilt auch schwächere Weine und lässt sie nicht unerwähnt, wie es mittlerweile gängige Praxis geworden ist. In seinem seit 1978 zweimonatlich erscheinenden, einfach gestalteten gelben Fachblatt »The Wine Advocate« und in seinen Büchern über Bordeaux-Weine[3] und andere Regionen hat er seine Urteile einer großen Fange-

2 Die Zeitschrift erscheint monatlich und bewertet nach dem Sterne-Schema: Dabei wird allerdings jede Probe für sich bewertet, ohne dass eine probenübergreifende Vergleichbarkeit und somit ggf. eine Relativierung durch andere Proben erfolgt. Crus Bourgeois können danach genauso fünf Sterne erhalten wie Premiers Grands Crus.

3 Parkers umfassendstes Werk trägt den Titel »Bordeaux«, erstmals 1985 erschienen, dann 1992 im »Bibelformat« in einer 2. erheblich erweiterten Auflage, der 1998 eine 3. Auflage gefolgt ist. Außerdem gibt es mehrere Editionen des »Wine Buyer's Guide«, die außer Bordeaux die wichtigsten Anbaugebiete mit Bewertungen und Kommentaren zu den Weinen der Jahrgänge ab 1978 enthalten. Wer sich die deutschsprachige Version der 3. Auflage des 1280 Seiten starken Werkes »Bordeaux« zu Gemüte führt, wird vielleicht ein wenig enttäuscht feststellen, dass von ca. 600 Châteaux-Nennungen nur 213 Châteaux mit ihren Weinen vom Jahrgang 1997 an bis hin zum Jahrgang 1961 benotet werden. Mehr

meinde nahe gebracht. Nach Einschätzungen des Fachhandels ist Parker bei den Käufern »die Benchmark schlechthin«[4] und seine Benotungen werden von 95 Prozent[5] der Kaufwilligen zum alleinigen Credo erhoben. So haben Weine mit weniger als 90 Punkten, man mag das bedauern, verminderte Absatzchancen, die Weine mit 95 und mehr Punkten, insbesondere die 100-Punkte-Weine, erklimmen auf den bedeutendsten Weinauktionen astronomische Höhen.[6] Er ist als Trendsetter und allgegenwärtiger »Wein-Guru« bei einigen seiner Fachkollegen zunehmender Kritik ausgesetzt. Fast hat es den Anschein, als gelte der Ausspruch Friedrichs des Großen »Viel' Feind', viel' Ehr'« für ihn in umgekehrter Weise. Denn alles, was Parker mittlerweile degustatorisch oder literarisch publiziert, wird ungemein kritisch beäugt und scharfzüngig kommentiert. Mokierte man sich seit jeher über einige seiner 100-Punkte-Vergaben oder seine angeblich fehlende Kompetenz zur Beurteilung alter Weine, setzt man jetzt seine Publikationen einer strengen Überprüfung aus.[7] Desgleichen hält sich hartnäckig das Gerücht, er erhalte bei seinen Degustations-Tourneen spezielle »Parker-Cuvées« mit dem speziellen Parker-Goût. »Der große Manitou liebt sinnlich-volle, opulente und saftige Weine. Naturgemäß bleiben elegante Kreszenzen dabei oft auf der Strecke.«[8] Dass Parker in der Tat üppigere Rotweine favorisiert, offenbaren seit jeher seine hohen Bewertungen – 90 Punkte und mehr – der Rotweine des Rhône-Tals, vor allem der Appellation »Châteauneuf-du-Pape«[9], und der australischen »Kraftprotze«.[10] Er selbst gibt an, dass er eine Schwäche für unfiltrierte Weine

als 60 Prozent der Châteaux hingegen sind nur mit sog. Profilen ohne Punktwerte bedacht. Für preiswerte Kauf-Alternativen, die unbekanntere Châteaux bieten und nach denen Bordeaux-Freaks während der Hochpreisphase erpicht Ausschau halten, ist man nach wie vor auf den Wine Advocate angewiesen.

4 Peer Dörpinghaus in einem Interview am 18.07.2000. Er ist zusammen mit Michel Cuvelier geschäftsführender Gesellschafter der seit 1994 existierenden C&D Weinhandelsgesellschaft, vormals in Meckenheim, seit wenigen Wochen in Köln ansässig. Lag vom 1999er Jahrgang mit 150 roten Bordeaux noch ein Subskriptionsangebot vor, das u.a. wegen der Hochpreispolitik des Bordelais bei vielen Anbietern insgesamt erheblich geschrumpft war, so hat sie jetzt mit über 260 Châteaux des 2000er Jahrgangs eines der umfangreichsten Angebote nicht nur des Köln-Bonner Raumes zu verzeichnen. Einige Beispiele dazu: Fegers & Unterberg & Berts (FUB, Köln: 50 Angebote für den 1999er / 50 für den 2000er; Les Amis du Vin (LADV), Köln: 80 / 152; Kölner Weinkeller: 100 / 153; Mövenpick Weinland, Dortmund: 42 / 80 (2. Tranche); Weinhandlung Grimm, Rottweil: 144 / ca. 270; Château Classic, Bordeaux: 149 / 101 (bis zum 06.07.01). Globus in St. Wendel kam wohl am spätesten – erst am 18.07. – mit einer 120 Bordeaux-Châteaux umfassenden Subskriptionsliste heraus. Die exzellente Auswahl umfasste 75 Prozent aller klassifizierten Gewächse, darunter bis auf Haut Brion alle 1er Crus und 12 von 14 2er Crus. Das alles war wenigstens kontingentiert noch erhältlich zu – wie man heute ein Vierteljahr später weiß – äußerst moderaten Preisen.

5 Diese Zahl nannte Christian Leve, bis Frühjahr 1999 Gesellschafter und Geschäftsführer des ältesten Kölner Weinhandelshauses FUB und seit zwei Jahren zusammen mit Frank Schillings Geschäftsführer der Weinfirma »Les Amis du Vin AG« (LADV) in Köln in einem Gespräch am 06.07.2000.

6 Darüber mehr im Kapitel »Die Preise«.

7 In ungewöhnlich scharfer, ja zynischer Weise setzt sich Rudolf Knoll mit einer weiteren deutschsprachigen Neuerscheinung aus dem Heyne Verlag auseinander, dem »Parkers Wine Guide«. Er kritisiert speziell den Deutschland-Teil, der von falschen Angaben über Winzer, Weinbereitung, Weinsorten, Jahrgänge nur so strotze. Sein Fazit: »Aber dennoch maßen Sie sich an, über ein Weinland zu urteilen, von dem Sie offenkundig soviel Ahnung haben wie ein Vegetarier vom Fleischangebot ... Nein, Herr Parker, Sie sollten den Mund halten über Dinge, die Sie offensichtlich nicht kennen.« Da Knoll zudem noch gravierende Fehler in den Kapiteln über Italien und »die kläglichen Seiten über Österreich« ausweist, stellt er den »gesamten 2,14 kg schweren Schinken« in Frage (Rudolf Knoll: Parker, Denkmal mit brüchigem Sockel, in: W+M, 6/2000, S. 17).

8 Hanns O. Janssen: Prüfstand für Parkers 100-Punkte-Weine, in: Welt am Sonntag (WamS), 12.03.2000, S. 53.

9 Vgl. The Wine Advocate, Folge 125, 30.10.1999.

10 Leve meinte, in spätestens fünf Jahren würden vor allem die australischen Gewächse eine große Konkurrenz für die allzu teuer gewordenen Bordeaux sein, zumal Parker erhebliche

habe und die wohl größten degustatorischen Erlebnisse ein 1947er Lafleur und ein 1961er Latour à Pomerol gewesen seien.

Weinkritiker fragen sich seit Jahren, wie eine einzelne Person ungefähr 50.000 Weine im Jahr degustieren, darüber Protokolle anfertigen und auch noch Bücher schreiben kann. In einem Interview in der Zeitschrift »Decanter« gibt Parker an, er verkoste pro Jahr wenigstens 10.000 Weine: 40–50 Weine seien es während eines 10-Stunden-Tages, wenn er die Weinregionen besuche; bei sich Zuhause komme er auf ca. 40–80 Weine pro Tag, und nur 15mal im Jahr bei der Verkostung anspruchsloserer Weine könne sich die Anzahl auf 100 bis 120 am Tag erhöhen.[11] Im Verlaufe des Interviews stellt er seinen Assistenten Pierre Rovani vor, der ihm seit 1996 bei der Arbeit zur Seite stehe. Die wichtigsten Weinregionen dieser Erde hätten sie unter sich wie folgt aufgeteilt: Rovani habe sich auf Burgund, die Loire, Toskana, Neuseeland, Deutschland, Österreich und Südafrika spezialisiert, er selbst konzentriere sich auf Bordeaux, Kalifornien, Rhône, Australien sowie Nord- und Süditalien.[12]

Wie die meisten seiner Berufskollegen und Weinhändler, die Spitzenweine der Bordeaux-Appellationen anbieten, bereist er im Frühjahr des auf den Erntejahrgang folgenden Jahres das Bordelais, um Fassproben des betreffenden Jahrgangs zu verkosten und zu bewerten. Gelegenheiten dazu bieten Großveranstaltungen als Sammelverkostungen wie z.B. die der »Union des Grands Crus« Ende März/Anfang April für Händler und Journalisten. Parker besucht in der Regel als einer der wenigen Fachpublizisten auch in den Folgejahren das Bordelais, um durch erneutes Verkosten der noch im Fass reifenden Weine ein Jahr später und schließlich der abgefüllten Weine nach zwei Jahren eine unter Umständen revidierte Bewertung im Vergleich zur En-Primeur-Verkostung[13] vornehmen zu können.

Ein Vergleich dieser ersten Bewertungen mit den bislang aktuellsten zeigt die Problematik und Schwierigkeit der zuverlässigen Primeur-Beurteilung sogar bei Parker. Dies kann sowohl an individuellen Irrtümern liegen wie auch daran, dass entweder das Fassmuster einige Tage alt gewesen ist oder kein repräsentatives Muster für die Gesamt-

Promotion für seinen Freund Dan Philips, einen der fünf Hauptimporteure australischer Weine für die USA, betrieben und so viele Australier wie noch nie verkostet habe. Der Bordelaiser Preis-Wahnsinn zwinge den Weinhandel, die Spitzengastronomie und den preisbewussten Verbraucher, auf preislich günstigere Spitzenweine anderer Länder und Regionen auszuweichen, die einen vergleichbar hohen Qualitätsstandard böten wie die roten Bordeaux. – Wie wahr, das ist aktueller denn je! Vgl. zu den Verkostungen Parkers: The Wine Advocate, Folge 127, 28.02.2000 und Folge 128, 21.04.2000.

11 Vgl. Decanter, June 1999, S. 39–46.

12 Vgl. ebd. S. 42.

13 Die Jungweine (Primeur) von etwa 300 Châteaux, darunter alle klassifizierten Gewächse, werden über den Handelsplatz Bordeaux per »Subskription« »en primeur« verkauft. In der Regel geschieht das ausschließlich über einen in Bordeaux zugelassenen Händler, den Négociant. Bei ihm können die Importeure ordern, aber erst nachdem die Jungweine im März/April des auf die Ernte folgenden Jahres den Fach-Journalisten aus aller Welt und dem Handel als Fassproben vorgestellt worden sind. Der Importeur unterbreitet dann seinen Kunden das Subskriptionsangebot. Der Négociant gestaltet demnach den Kontakt zwischen dem Château-Besitzer bzw. Weinproduzenten und dem Handel. Häufig ist ein Makler, der Courtier, dem Négociant noch vorgeschaltet. Die Marge des Maklers beträgt ca. zwei Prozent und die des Négociants mindestens acht Prozent, doch es gilt, je besser der Jahrgang und je teurer der Wein umso höher der Aufschlag. In diesem weltweit beispiellosen Handelssystem für Bordeaux-Weine wird für eine noch nicht fertige Ware gezahlt, die erst zwei Jahre später geliefert wird. Erst wenn der Wein abgefüllt auf den Markt kommt, weiß jeder, wie teuer er tatsächlich ist. Das macht den Handel mit Bordeaux-Weinen zu einem spekulativen Geschäft. Eine weitere Steigerung wird der spekulative Handel mit Wein erfahren, wenn tatsächlich Warentermingeschäfte mit edlen Rotweinen an der Pariser Börse angeboten würden. Vgl. Friederike Meier: Hoch spekulativ, in: Wirtschaftswoche, Nr. 12/15.03.2001, S. 114 und Markus del Monego: Neuer Start up an der Pariser Börse: nach Schweinehälften nun auch Bordeaux-Weine, in: Der Feinschmecker, 2/2001, S. 90.

produktion eines Château darstellt: Es kann mitunter eine auf viel Frucht und Fleisch hin geschönte, kurzlebige Cuvée sein, die allein für die Erstdegustation – hauptsächlich für Parker – zusammengestellt worden ist.[14] Oder es beweist schlichtweg nichts anderes, als dass Weine im Barriquestadium in sich noch instabil sind und nicht immer die Qualität des fertigen Weins wiedergeben. Zwei Jahre später führen dann erneute Verkostungen der inzwischen auf die Flasche gefüllten Weine teilweise zu anderen Bewertungen. Einige Beispiele bei Parker: Weisen beim 94er Jahrgang nur 13 Prozent der zuletzt von ihm beurteilten Weine auffällige Unterschiede nach unten oder oben gegenüber den Erstbenotungen auf, sind es beim 97er immerhin rund 51 Prozent, davon sind 42 Prozent schwächer als zuvor bewertet, neun Prozent besser. Bei den Neubewertungen der Weine der Jahrgänge 1998 und 1999 sieht das anders aus: Beim 98er wurden ca. 10 Prozent der Weine schlechter als bei der Primeur-Verkostung benotet und 19 Prozent besser, beim 99er sind es 3 bzw. 30 Prozent, davon wiederum sind fast 11 Prozent deutlich besser beurteilt worden.[15] Diese Feststellungen mögen kleinlich erscheinen, verärgern aber diejenigen, die ihre Subskriptionsentscheidung nur vom Urteil eines einzigen Fachmannes abhängig gemacht haben. Wer dann beispielsweise erfahren muss, in welchen Dimensionen Bewertungsreduzierungen vorgenommen wurden, ist zum Mindesten erstaunt, eher erbost: So wurden z.B. folgende Weine bei der erneuten Verkostung im Vergleich zur Primeur-Probe bewertungsmäßig degradiert:

Jg.	**Château**	**Bewertung/Punkte**	
		Primeur-Verkostung	**Zweit-Verkostung**
94	Malartic-Lagravière	85–87	74
94	Petit Village	88–91	81
97	d'Angludet	87–89+	78–80
97	Prieuré-Lichine	86–87	79
97	Rauzan Ségla	87–88	79
97	de Fieuzal	87–88	80
97	Le Pin	90–92	86?
97	Figeac	81–85	76
98	Gruaud-Larose	90–91	88
98	La Pointe	87–90	84

14 Alan Winkleman äußerte in einem Gespräch am 02.10.2001 in Hannover, dass manche Château-Besitzer zunehmend der Versuchung erlägen, Primeur-Muster zu präsentieren, die nicht der Qualität der endgültigen Cuvée entsprächen. »Wenn ein Weinmacher in seinem Chai vor ein paar hundert Fässern mit dem Wein des neuen Jahrgangs steht, ist es doch nahe liegend, für die Proben die besten Fässer auszusuchen. Wenn aber nur wenige Fässer diese Höchstqualität besitzen, kann das Endprodukt nicht der Probe des Spitzenfasses entsprechen.« Ähnliches schreibt Stuart Pigott, Weinjournalist und Buchautor. Er blieb sogar wegen der Ungewissheit zwischen den vorgestellten Proben und dem endgültigen Flascheninhalt dem diesjährigen Subskriptionsstress fern. »So ist die Versuchung groß, Proben aus dem besten Fass im Keller zu zeigen statt eines repräsentativen Querschnitts, der der Qualität entspricht, die später abgefüllt wird ... Wiederholt erschienen mir Bordeaux-Rotweine aus dem hervorragenden Jahrgang 1996, als ich sie aus der Flasche verkostete, eindeutig weniger gut als die Fassproben, die mir auf den jeweiligen Châteaux Anfang 1998 gezeigt worden waren. Dieses Phänomen schließt auch manche der Elite-Châteaux mit ein, wie zum Beispiel Haut Brion und Lafite.« (Stuart Pigott: Neuer Jahrgang, neues Glück, in: WamS v. 13.05.2001, S. 49.) Noch rigoroser formuliert Michael Hornickel: »Damit wird klar, dass irgendwelche Beschreibungen der Primeur-Weine im Grunde für die Katz sind. Sie werden bei Auslieferung ohnehin völlig anders schmecken. Und nehmen Sie Benotungen wie 92 von 100 Punkten oder 17,5 von 20 für sich ständig verändernde Fassproben nicht allzu ernst – egal von wem.« (Michael Hornickel: Am Rande der Seriosität, in: weinwelt, 6/2001, S. 66.)

15 Vgl. The Wine Advocate, Folge 134, 23.04.01, S. 3–29 und Folge 136, 31.08.01, S. 45.

Andererseits hätten Parker-Gläubige die folgenden Weine mit unattraktiverer Erstbewertung – von der späteren Aufwertung konnte man noch nichts wissen – gar nicht erst für eine Bestellung in die engere Wahl gezogen: Um nur einige Auffälligkeiten zu nennen:

Jg.	Château	Bewertung/Punkte	
		Primeur-Verkostung	Zweit-Verkostung
94	Haut-Bages Libéral	78–83	86
94	Les Ormes de Pez	79–84	85–86
96	Nenin	76–78	85
96	de Fieuzal	84–86	88+
97	Le Gay	76–78	85–87
98	Monbrison	81–82	87
98	Les Ormes de Pez	83–85	87
98	Talbot	85–86	88
99	Batailley	78–80	85–87
99	Charmail	85–86	89–90
99	Haut-Bailly	78–82	87–89
99	Pibran	72–75	87–88
99	La Pointe	78–80	87–88

Demgegenüber fallen Noten-Verbesserungen bei Châteaux, die unabhängig von Parker-Punkten immer subskribiert werden, kaum ins Gewicht, nur die Preise steigen beträchtlich. So geschehen zum Beispiel bei folgenden Weinen:

Jg.	Château	Bewertung/Punkte	
		Primeur-Verkostung	Zweit-Verkostung
96	Lynch-Bages	88–90	94
96	Latour	94–96+	99
96	Lafite	91–93	100
98	Lafite	92–94	98
98	Mouton	90–92	96
99	Calon-Ségur	85–86	88–89
99	Montrose	82–86	87–90
99	Sociando-Mallet	81–83	87–88
99	Troplong Mondot	85–86	89–91

Die weltweit auflagenstärkste amerikanische Wein-Fachzeitschrift »Wine Spectator« mit Hauptsitz in New York und Filialen in mehreren Ländern verwendet am längsten das 100-Punkte-System. Zwanzig Ausgaben erscheinen im Jahr, die die bedeutendsten Weinregionen berücksichtigen. Wie bei Parker werden schwächer bewertete Weine aufgeführt und, was sympathisch ist, frühere Fehleinschätzungen eingestanden und berichtigt. So hat man bei der ersten Fassverkostung z.B. des 92er Jahrgangs einige klassifizierte Crus mit 90–94 Punkten gravierend überschätzt und dies ein Jahr später bei einer erneuten Probe korrigiert. Ansonsten treten ebenso wie bei Parker beträchtliche Differenzen zwischen Primeur- und Zweit-Verkostung bei mehreren Châteaux auf.[16] Die hin und wieder am »Wine Spectator« geäußerte Kritik, seine Verkostungen erfolgten durch anonyme Tester, entbehrt jeder Grundlage. Die Verkoster werden namentlich benannt: Für Bordeaux verantwortlich ist James Suckling, Leiter des Europa-Büros, der seit 1983

16 Hierzu einige Nennungen für den 98er Jahrgang, zunächst für deutlich schwächere Neubewertungen: Cantemerle 85–89/79 P., Cissac 85–89/82 P., Cos Labory 85–89/82 P., Duhart-Milon-Rothschild 85–89/82 P., Lilian Ladouys 85–89/80 P., Lynch-Moussas 85–89/77 P., La Pointe 90–94/87 P., Talbot 85–89/81 P.
An erheblich besseren Neubewertungen können sich z.B. erfreuen: d'Angludet 75–79/85 P., Brane-Cantenac 80–84/90 P., Canon 80–84/89 P., Canon-La-Gaffelière 85–89/95 P., La Fleur de Gay 85–89/94 P., Haut-Batailley 80–84/88 P., Pontet-Canet 80–84/87 P., Smith Haut Lafitte 85–89/94 P.

die neuen Jahrgänge vom Fass verkostet; er hat (noch) nicht das Image eines Robert Parker.

Als dritte 100-Punkte-Quelle werden die Bewertungen der deutschen Wein-Fachzeitschrift »Alles über Wein« herangezogen, die seit 1983 sechsmal jährlich erscheint. Erst mit der Ausgabe 1/99 schwor sie offiziell dem 20-Punkte-System ab. Abgesehen von den ersten Ausgaben, in denen man sich des 5-Punkte-Schemas bediente, wurde man in all den Jahren nicht müde, die Vorzüge des 20-Punkte-Schemas zu preisen, obwohl man diesem bereits in den Ausgaben 3/93, 1/97 und 5/97 ausnahmsweise zugunsten des 100-Punkte-Systems untreu geworden war. Nunmehr gelangte der Herausgeber unversehens zu der Einsicht, dieses Schema werde »in den kommenden Jahren auch in Europa immer mehr genutzt werden, nachdem es in der neuen Welt wegen seiner besseren Differenzierungsmöglichkeiten längst etabliert ist«.[17] Der späte Sinneswandel, das 100-Punkte-System ist in der Weinszene seit 1978 bestens bekannt, wird mit dem Anspruch versehen: »Alles über Wein wird auch hier wieder eine Vorreiter-Rolle übernehmen«.[18] Sieht man einmal davon ab und konzentriert sich auf die informativen Bereiche, auf Themenvielfalt und -bearbeitung, auf Papier- und Bildqualität, wirkt »Alles über Wein« gediegen, kompetent und lesenswert. Für die Bordeaux-Bewertungen in »Alles über Wein« sind seit vielen Jahren hauptsächlich die Fachjournalisten Armin Diel und Joel Payne verantwortlich.

Die genannten positiven Aspekte finden sich, damit wird zu den Quellen des 20-Punkte- und Sterne-Systems übergeleitet, auch in »Vinum« wieder, das monatlich auf den Markt kommt.[19] Bordeaux-Weine werden überwiegend von Peter Bichsel bewertet, des öfteren assistiert von Barbara Schroeder. Was uns als Einziges an dieser Wein-Fachzeitschrift weniger gefallen hat, ist die oftmalige Änderung der Benotungssysteme gewesen. Es wurde emsig gewechselt zwischen 20-Punkte-Schema, einer Kombination von Punkten sowie ganzen und halben Sternen, dem bloßen Sterne-Schema und wieder dem 20-Punkte-Schema.[20] Bemerkten wir in der 4. Auflage noch ironisch, man dürfe auf die nächste Änderung gespannt sein, so wurden selbst wir davon überrascht, dass Vinum seine geduldigen Leser gleichsam »über Nacht« und stillschweigend seit der April-Ausgabe 2000 keine Sternchen mehr sehen lässt, sondern wieder wie 1992 mit den unverblümten Zahlen des 20-Punkte-Schemas erfreute.

Die bislang wichtigste Quelle für das 20-Punkte-System repräsentierte das Schweizer Wein-Journal »WeinWisser«, das von René Gabriel und Wolfram Meister herausgegeben wird. Beide lehnen nunmehr das weitere Zitieren ihres dort veröffentlichten Zahlenmaterials ab. Stattdessen genehmigt dankenswerterweise der Schweizer Weindegustator, -journalist und -einkäufer René Gabriel die Veröffentlichung der Bewertungen aus seinem Standardwerk »Bordeaux Total«[21], einem ebenbürtigen, aber perönlicher und origi-

17 Alles über Wein, 1/1999, S. 3.

18 Ebd. In der Oktober/November-Ausgabe (Heft 5/2001) wird die Qualität von 98er Médoc-Weinen erstmalig mit Sternchen symbolisiert. Einen Kommentar ersparen wir uns.

19 Die erste Ausgabe von Vinum erschien im Herbst 1980, seit 1983 erscheint Vinum monatlich.

20 Zur Genese des »Bäumchen-wechsel-dich-Spiels« in seiner Vielfalt: Vinum hat im Juni 1992 die bis dahin allein übliche 20-Punkte-Einschätzung abgelöst durch ein mit Sternchen und Zahlen (20 P.) kombiniertes Schema: Jedem vergebenen Stern entspricht eine Zahlenbandbreite (Vgl. »Übersicht über die Bewertungssysteme« auf der zweiten Umschlagseite). Eine weitere Modifizierung erfolgte in der Juni-Ausgabe 1995 anlässlich der 94er Degustation, bei der nun sogar halbe Sternchen vergeben wurden, denen aber kein Zahlenwert zugeordnet war. Wir haben diese Bewertungen, soweit keine Aktualisierungen vorliegen, wie folgt ausgewiesen:
14,5.. = 14,5–14,9 Punkte = 1 1/2 Sterne;
15,5.. = 15,5–15,9 Punkte = 2 1/2 Sterne usw.
Um das Maß der »neuen Unübersichtlichkeit« voll zu machen, griff Vinum seit der Juli-August-Ausgabe 1995 stillschweigend – wir dachten endgültig – ausschließlich nach den wenig differenzierenden Sternchen. Seit April 2000 ist man zum Ursprung zurückgekehrt, statt Sterne wieder Zahlen.

21 René Gabriel: Bordeaux Total, 4. Auflage, Bern 2000. Aus der Vielzahl der jahrgangsbezogenen Verkostungen eines Château übernehmen wir i.d.R. die aktuellste Bewertung.

neller kommentierten Pendant der »Parker-Bibel«. Die Degustationen werden von Gabriel mit einer beneidenswert ausgeprägten Fähigkeit zur Identifizierung und sprachlichen Differenzierung vielfältigster Aromen durchgeführt. Der Autor vermeidet jedwede Attitüde eines »knallharten Punktetrinkers«[22] und führt gleichsam glasweise in die köstlichen Geheimnisse berühmter und unbekannterer Weine des Bordelais ein. Andererseits werden diplomatische Formulierungen dort verschmäht, wo es angesichts der offenbar mangelhaften Weinqualität nichts mehr zu beschönigen gibt. Diese offene Form der Beurteilung, gewürzt mit einer ironisch-saloppen, mitunter gar drastischen Diktion, ist heutzutage in der Fachliteratur selten geworden. Bei aller Wertschätzung für dieses Standardwerk, man hätte ihm eine intensivere lektoratsmäßige Betreuung gewünscht, um die zahlreichen Verstöße gegen die Sprachrichtigkeit zu minimieren. Auch fragt man sich verwundert, wie die im Editorial angekündigte Zahl »von über 1.000 Châteaux« zu erklären ist, wenn tatsächlich nur »hinter die Kulissen« von etwas mehr als 500 Châteaux geführt wird.

Neben »Vinum« ist das Sterne-Schema im Bordeaux-Kompass durch das britische Fachjournal »Decanter« vertreten, das monatlich erscheint und sich auf dem Cover jeder Ausgabe nicht unbescheiden als »THE WORLD'S BEST WINE MAGAZINE« ankündigt. In der Tat ist das Themenangebot hinsichtlich Aktualität und Vielfalt bestechend, und die Kolumnisten wie Michael Broadbent, Clive Coates, Hugh Johnson, David Peppercorn, Serena Sutcliffe und andere genießen internationales Ansehen; für die Bordeaux-Degustationen zeichnet Andrew Jefford verantwortlich. Zusätzlich wird einmal im Jahr zu den einzelnen Bordeaux-Jahrgängen eine Supplement-Ausgabe zum Decanter-Magazin herausgegeben, das vertiefend »the world's greatest wine region« beleuchtet. Auch »Decanter« erlaubt sich einen gelegentlichen Wechsel vom Sterne-Schema: Eine Vergleichsprobe zwischen roten Bordeaux der Jahrgänge 1982er und 1989 wurde in der Ausgabe Januar 2000 nach dem 20-Punkte-Schema bewertet; die Ausgabe vom Juni 2000, in der die Bewertungen der 99er-Bordeaux veröffentlicht sind, überraschte uns gar mit einem völlig unbekannten Bewertungsschema, bestehend aus einer 25-Punkte-Skala. Wir haben beide nicht übernommen, da die Übertragung in das Sterne-Schema problemlos möglich ist, sie bislang nur einmal erschienen sind und neben den anderen gewohnten Systemen für Konfusionen gesorgt hätten.

Charakteristisch für die Bevorzugung des Sterne-Systems ist u.a. der fehlende Zwang, sich auf eine präzise Punktzahl festlegen zu müssen; zugleich werden nur Weine genannt, die wenigstens einen Stern haben und folglich immer noch eine positive Aussage zur Weinqualität und somit Werbung machen. Bewertungen am untersten Ende der Skala entfallen, weil schwächere Weine gar nicht erst namentlich aufgeführt werden, eine Praxis, die sich vermehrt durchsetzt.

Als einzigen Vertreter des 10-Punkte-Systems hatten wir die Bewertungen des Engländers Alan Winkleman bereits in die 4. Auflage aufgenommen. Er bereist jedes Jahr zu den Primeur-Verkostungen mit einem Zeitaufwand wie kaum ein anderer das Bordelais. Winkleman, seit 1979 im Weinhandel tätig, ist uns schon länger durch die Originalität seiner kritischen Kommentare aufgefallen, in denen er sich als intimer Kenner aller Bereiche der Bordelaiser Szene erwiesen hat. Seit 1986 erscheinen seine Bewertungen und Beschreibungen der neuen Jahrgänge roter und weißer Bordeaux-Weine in der Zeitschrift »Der Feinschmecker«.[23] Zugleich sind sie zusammengefasst in seinen lesenswerten Jahrgangskompendien.[24] Dem von seiner Schulzeit her gewohnten 10-Punkte-System ist er bei seinen Weinbeurteilungen treu geblieben. Durch die Verwendung von Zehntelpunkten ergibt sich im Vergleich mit dem 20-Punkte-Schema eine differenziertere Bewertungsskala mit Nuancierungen u.a. im oberen Punktebereich.

22 Gabriel, ebd. S. 5.

23 Erstmals sind »Winkleman's Bordeaux-Bewertungen 1998« gesondert als Beiheft zur Feinschmecker-Ausgabe 6/99 erschienen, seine 2000er Beurteilungen, allerdings unvollständig, in: Wein Gourmet, 2/2001, S. 93–98.

24 Vgl. Alan Winkleman: Bordeaux 1987–1991, 1993–1996, Hamburg 1988 ff.

Subjektivität und Beurteilungssysteme

Eine intensive und vergleichende Beschäftigung mit dem vorhandenen Datenmaterial ermöglicht die aufschlussreiche Untersuchung der Frage, wieviel eigentlich an Übereinstimmung besteht, wenn mehrere Fachleute denselben Wein beurteilen. Um das Ergebnis vorwegzunehmen: In den meisten Fällen sind bei demselben Château im selben Jahr unabhängig vom verwendeten Beurteilungsschema übereinstimmende oder zumindest ähnliche Ergebnisse feststellbar. Bei dieser Gegebenheit dürfen sich die Benutzer sicher fühlen, einen den Bewertungen entsprechenden Wein zu verkosten oder zu erwerben. Ob er dann auch so hervorragend mundet, wie in Aussicht gestellt wird, hängt nicht zuletzt vom individuellen Geschmack ab.

Dass indes bei einer nicht geringen Anzahl von Châteaux in verschiedenen Jahrgängen sehr unterschiedliche oder gar sich widersprechende Zahlenwerte vorliegen, offenbart trotz aller Festlegungen innerhalb des verwendeten Benotungsschemas oder einer vereinbarten Begrifflichkeit der Weinansprache[25] niemals auszuschließende Unwägbarkeiten. Denn außer der Tagesform der Prüfer, der Prüfmethode, der Anzahl der zu verkostenden Weine und den technischen Einflüssen bei der Probe (Räumlichkeit, Temperatur, Gläser, Lichtquelle usw.) beruht jede sensorische Weinprüfung und Bewertung, egal ob sie sich im Einzelnen auf das optische, geruchliche oder geschmackliche Erscheinungsbild des Produkts bezieht, auf menschlichen Wahrnehmungsqualitäten, deren Möglichkeiten zur Objektivierung und Reproduktion naturgegeben Grenzen gesetzt sind. Hauptverantwortlich für weit divergierende Beurteilungen, die bei bestimmten Weinen mitunter selbst bei den anerkanntesten Fachleuten der hier zitierten Quellen auftreten, sind persönliche Qualitätsansprüche, aus denen sich Vorlieben entwickeln, die zu Bevorzugungen von Weinstilen führen. Dazu einige wenige 99er En-Primeur-Bewertungen als Beispiele: »Vinum« fällt aus dem Rahmen mit seiner 14-Punkte-Bewertung und dem Hinweis »bullig – aufgetakelt, hohl«[26] bei Ch. Monbousquet, das dagegen von Gabriel mit 18 P. honoriert und mit »rund, reif, charmant«[27] beschrieben wird, Parker verleiht stolze 93–96 P. und die Auszeichnung »blockbuster«[28]. Unterschiedlichste Beurteilungen auch bei Pavie-Decesse: Winkleman sieht ihn »wuchtig und grob, nach Australien-Art«[29], »Vinum« als einen »dieser Weine, die man nicht schlecht finden kann, die allerdings völlig austauschbar sind und überall stattfinden können«[30]; Parker verleiht ihm 92–94+ P. und das Attribut »a spectacular effort«[31], »Alles über Wein« stattet ihn mit 91 P. aus[32], womit er zu den zwanzig besten Weinen des 99er Jahrgangs gehört. Ch. Batailley wird von Parker mit 78–80 P. abqualifiziert, Gabriel gibt stattliche 17 P. Als besten Wein der Appellation St.-Estèphe sieht Gabriel Calon-Ségur, Winkleman hingegen Ch. Montrose, den Parker von allen Quellen am niedrigsten bewertet, und »Vinum« Ch. Cos d'Estournel, dem Winkleman Zähigkeit und »kaum Frucht«[33] bescheinigt.

Größere Abweichungen entstehen desgleichen durch die Art der Degustation, also ob es sich um eine offene oder verdeckte, eine horizontale oder vertikale Probe handelt.

25 Heißt es »Weinsprache« oder »Weinansprache«? Wir sind uns nicht sicher; beide Wörter sind in keinem Universalwörterbuch enthalten. Wie dem auch sei! Eine gute sprachliche Beschreibung eines Weins, welche seine sinnlich wahrnehmbaren Eigenschaften eindeutig und zutreffend beschreibend in Worte fassen will, muss von einem hohen Prozentsatz der Leser genauso verstanden werden, dass sie diesen Wein ebenso wahrnehmen und beschreiben würden. Eine Weinsprache mit hohem Wiedererkennungswert als Teilgebiet der Önologie braucht eine gemeinsame Terminologie. Dafür muss noch einiges an Forschungsarbeit geleistet werden, um das passende Vokabular für die Beurteilung zu finden, damit uns beim Wein nicht die Worte fehlen.

26 Vinum, 6/2000, S. 79.

27 Gabriel, ebd. S. 401.

28 The Wine Advocate, Folge 128, 21.04.2000, S. 51.

29 Der Feinschmecker, 7/2000, S. 122.

30 Vinum, 6/2000, S. 79.

31 The Wine Advocate, Folge 128, S. 52.

32 Alles über Wein, 3/2000, S. 73.

33 Der Feinschmecker, 7/2000, S. 120.

Grundsätzlich sollten professionelle Verkostungen möglichst »blind« vorgenommen werden. Wer vorher den Erzeuger oder das Etikett gesehen hat, vermag sich Beeinflussungen etwa durch vorhandene Vorurteile nicht mehr zu entziehen. Jedoch wird auch die Auffassung vertreten, Blindproben seien die subjektivsten, weil gleichsam ausschließlich »werkimmanent« die wahrnehmbaren Eigenschaften von Weinen beschrieben bzw. bewertet würden, der gesamte »biografische« Hintergrund, das Wissen etwa um Terroir, Pflanzdichte, Kleinklima, Alter der Reben, Vinifizierung fehle und nicht eingebracht werden könne. Den Verkostern sollten wie bei den Erstdegustationen im Bordelais Jahrgang und Gebiet bekannt sein, um ihre Kenntnisse über die Typizität, die spezifischen Eigenarten sowohl der Region wie des Jahrgangs vergleichend mit einbeziehen zu können.

Besonders viel Erfahrung benötigt man zur Beurteilung von Jungweinen, die gerade ihre zweite Gärung, die malolaktische Gärung, abgeschlossen haben; sie wandelt die derbe Apfelsäure in mildere Milchsäure um und ist für große Rotweine unentbehrlich. Da sie erst seit wenigen Wochen oder Monaten in Barriques liegen, schmeckt der Verkoster in der Regel vor allem »Fleisch« ohne Holz und Tannine, der Fruchtkörper wird noch nicht von Eichenholzaromen dominiert. Wie sich dann der Jungwein u.a. in Abhängigkeit vom verwendeten Holz und dem Grad des Toastings nach einem weiteren Jahr des Verbleibens im Fass entwickelt, ist schwer oder oftmals gar nicht berechenbar. Das belegen die zahlreichen Korrekturen nach Primeur-Verkostungen, wenn die Weine die erste Flaschenlagerung hinter sich haben. Die Urteile können daher nur Momentaufnahmen sein im Bemühen, das Potenzial zu erkennen, die Zukunft herauszuschmecken. Benotungsmäßig sollten daher Fassproben nur mit einer Zahlenbandbreite erfasst werden, was bei Parker, Wine Spectator und z.T. Winkleman der Fall ist, um den wahrscheinlichen Irrtum zu verringern. Winkleman, der im Frühjahr 2000 dreieinhalb Wochen das Bordelais bereiste, ist der Auffassung, man müsse beim En-Primeur-Verkosten ggf. »drei- bis fünfmal vom Fass probiert haben, bevor man sich für eine Benotung entscheidet«; besonders später, unmittelbar nach der Abfüllung, sei der Zeitpunkt einer erneuten Bewertung ungünstig, man brauche »viel Erfahrung und ein Gespür für Weine, die sich verschlossen präsentieren, um das Potenzial zu erkennen«. Hätte er seine Bewertungen nur auf der Grundlage der Erkenntnisse vorgenommen, die er bei der Union-des-Grands-Crus-Verkostung gewonnen habe, wären mehrere Weine schlechter bewertet worden, als ihnen das zugestanden hätte.[34]

Trotz dieser Einschränkungen haben sich die Beurteilungen von Autoren wie Parker, Gabriel u.a. als durchaus zuverlässig erwiesen. Wäre dem nicht so, würde die Nachfrage nach derartigen Veröffentlichungen spürbar zurückgehen.[35] Im Übrigen kann allen Lesern nur empfohlen werden, wenigstens eine der hier genannten Quellen zu beziehen, um durch die Lektüre der Probenprotokolle detailliertere Informationen, als sie Zahlenwerte zum Ausdruck bringen können, über die geschmackliche Präsentation der Weine zu bekommen. Unerlässliche Voraussetzung bleibt immer das eigene Probieren; nur auf diese Weise kann man Weine genießen, sich an ihnen begeistern und sich allmählich eine Meinung darüber bilden, welche der zitierten Quellen mit den eigenen Erfahrungen und Ergebnissen am ehesten korrespondieren, und diesen zukünftig einen höheren Vertrauensbonus einräumen.

Gleichwohl könnte an dieser Stelle der Eindruck entstehen, die Verfasser dieses Buches seien Zahlenfetischisten und hätten den Glauben an die Objektivierbarkeit der Erfassung vielfältigster Sinnesempfindungen, die bei Genuss und Prüfung des Weins zum Einsatz kommen, durch den Extrakt »Zahl« zum Dogma erhoben. Dieser Vorwurf kann im Rahmen des Vorwortes nur insoweit relativiert werden, als wir uns durchaus über die Problematik im Klaren sind, Qualität im Glase durch eine Zahl exakt bewerten zu wollen. Wie immer die Entscheidung für ein Bewertungssystem ausfällt, stets muss – wie oben erwähnt – die Existenz von Subjektivität beim Beurteilenden mitgedacht und tole-

34 Interview mit Alan Winkleman am 02.10.2001.

35 Das Gegenteil ist der Fall: Die stetig steigende Anzahl von Wein-Magazinen signalisiert, dass Wein seit langem »en vogue« ist.

riert werden.[36] Sie betrifft nicht allein den Kommentar als wertenden Text, sondern gleichfalls die Reduktion seiner Informationsfülle auf einen Zahlenwert. Dieser täuscht eine Genauigkeit vor, die so nicht vorhanden sein kann. Es sei denn, einige Dutzend Weine sollen während einer Probe zu einem bestimmten Zeitpunkt miteinander verkostet, verglichen und beurteilt werden. Die Aufstellung einer Rangliste ist auf diese Weise gewiss auch subjektiv, aber durchführbar, denn winzige, doch fassbare Differenzierungen zwischen mehreren Gewächsen sind eher numerisch als durch verbale Charakterisierungen darstellbar.

Wie dem auch sei, der geläufige und selbstverständliche Umgang mit dieser Praxis kann, zumindest was das Leseverständnis anbetrifft, von vorneherein in unserem Kulturkreis vorausgesetzt werden; jeder hat jahrelang die Aussagefähigkeit einer Beurteilung durch Noten von Schule und nachfolgenden Bildungsinstitutionen erfahren. Obwohl durchaus kritikwürdig, kann ein entscheidender Vorteil nicht wegdiskutiert werden: Komplexere Inhalte werden durch ihre Komprimierung auf eine Zahl nicht nur leichter und schneller verstanden, sie können zusätzlich im Hinblick auf das Layout der hier vorgelegten Datenfülle übersichtlich und Platz sparend angeordnet werden.

Grundlage jedweder Bewertung der Weinqualität[37] sind quantitative Abstufungen bei den sensorischen Merkmalen Klarheit, Farbe, Geruch, Geschmack, meistens ergänzt durch eine weitere Komponente wie Harmonie oder Charakter. Darauf bezogene Schemata müssen vorab klären, wie diese Sinneseindrücke einzustufen sind. Sie können innerhalb des verfügbaren Bewertungsspielraums von 10, 20 oder 100 Punkten gleichwertig oder unterschiedlich mit Hilfe von Zahlenwerten und ihnen zugeordneten verbalen Beschreibungen gewichtet werden. Die Addition der Einzelwerte ergibt eine Endpunktzahl, die wiederum analog einer Note wie hervorragend, sehr gut, durchschnittlich usw. verbalisiert wird.

Die in den ausgewählten Schemata angegebenen Benotungen basieren auf einer ungleichen Verteilung und Gewichtung der sensorischen Prüfbestandteile; für den »Geschmack« wird ein höherer Punktanteil vergeben als etwa für den »Duft« bzw. das »Bukett«.[38]

Parker legt seinem 100-Punkte-System[39] folgende Qualitätszuordnungen auf einer Skala von 50 bis 100 Punkten zugrunde:

96 – 100	Punkte:	außerordentlich
90 – 95	Punkte:	hervorragend
80 – 89	Punkte:	überdurchschnittlich bis sehr gut
70 – 79	Punkte:	durchschnittlich bis befriedigend
50 – 69	Punkte:	schlecht bis unterdurchschnittlich

Innerhalb der Bandbreiten sind nach unserem Textverständnis weitere Notenzuordnungen ablesbar:

85 – 89	Punkte:	sehr gut
80 – 84	Punkte:	gut

36 Wahrnehmung ist von Natur aus immer subjektiv, aber nicht willkürlich; sie folgt bestimmten neuropsychologischen Gesetzmäßigkeiten. Daher dürfte der Versuch, Gütekriterien in ein System vergleichbarer Zahlen zu übersetzen, besonders hilfreich sein, verglichen mit einer in ihrer Interpretierbarkeit wesentlich subjektiveren Begrifflichkeit der Weinansprache.

37 Als vorbildlich hinsichtlich der Bearbeitung des Themas Weinverkostung und -beurteilung gilt M. Broadbent, Weine prüfen, kennen, genießen (8. Aufl., Bern/Stuttgart 1999). Über die Probleme der Weinansprache stehen leider nur recht allgemein gehaltene Anmerkungen auf zwei Seiten zur Verfügung.

38 Beim sog. 5-Punkte-Schema der DLG, das in Deutschland hauptsächlich bei der amtlichen Weinprüfung und bei Weinprämierungen verwendet wird, sind identische Punktzahlen bei Geruch, Geschmack und Harmonie erzielbar.

39 Das 100-Punkte-Schema hat – historisch gesehen – in den USA eine lange Tradition; nach diesem Notensystem erfolgen dort seit jeher die Leistungsbeurteilungen an Schulen und Universitäten. Auf die Weinbewertung hat dieses Schema erstmals der Wine Spectator übertragen, ihm folgten Parker und andere.

Im Bereich von 85–89 Punkten seien – so Parker – die Weine »noch immer sehr, sehr gut ...«:[40]

75 – 79	Punkte:	befriedigend
70 – 74	Punkte:	durchschnittlich

Einerseits weist Parker dem Spektrum von 70–79 Punkten die Schulnote Drei zu, also »einen guten Durchschnitt«, andererseits wertet er die Weine des Bewertungsbereichs 75–79 Punkte zugleich ab, wenn er sie als »meist gefällig und einfach« mit fehlender »Komplexität, Charakter oder Tiefe« beschreibt.[41] Weine mit weniger als 70 Punkten belegt er mit den Noten Vier oder Fünf, wobei letztere auf ein »unharmonisches, mängelbehaftetes oder gar schrecklich nichts sagendes, dünnes Gewächs« hindeutet.[42] Daraus ergibt sich frei interpretiert die Spezifizierung:

60 – 69	Punkte:	schlecht bis unterdurchschnittlich
50 – 59	Punkte:	indiskutabel, fehlerhaft

Seine Gewichtung der Punktwerte für die einzelnen Prüfbestandteile innerhalb des 100-Punkte-Systems ist dagegen erfreulich eindeutig definiert; sie ermöglicht obendrein komplexere Differenzierungen durch die größeren Bandbreiten bei den sensorischen Kategorien und vermeidet somit zu komprimierte Punktvergaben.
Parker erteilt jedem Wein im voraus 50 Punkte[43], die restlichen vergibt er für

Farbe, Aussehen:	maximal 5 Punkte
Aroma, Bukett:	maximal 15 Punkte
Geschmack, Abgang:	maximal 20 Punkte
Entwicklungspotenzial:	maximal 10 Punkte

Es ist eine Wohltat für den geplagten Wein-Fachzeitschriften-Leser, dass Parker und Wine Spectator – mit einer kleinen, hoffentlich temporären Ausnahme bei der Bewertung des 99er Jahrgangs[44] – seit Jahren konstant die gleichen Bewertungsgrundlagen und -zuordnungen pflegen.

Das 20-Punkte-System soll das in Europa am häufigsten verwendete Beurteilungsschema sein.[45] Als sein Begründer gilt der US-Universitätsprofessor Davies. Heute existieren davon zahlreiche Modifikationen. Eine der bekanntesten ist vielleicht die von Hugh Johnson und Michael Broadbent ausgearbeitete »Punktbewertungskarte«, die zusätzlich zu der folgenden Punktverteilung beschreibende Begriffe zu den einzelnen sensorischen Eindrücken anbietet.[46]

Auge: max. 4 Punkte
(Klarheit, Farbtiefe, Farbe, Viskosität)

Nase: max. 4 Punkte
(Allgemeiner Eindruck, Fruchtaroma, Bukett)

40 Parker, Bordeaux, S. 16.
41 Ebd.
42 Ebd.
43 Vgl. ebd.
44 Vgl. Wine Spectator, August 31, 2000, S. 88 sowie die Website www.winespectator. com: Hier wird der Bereich 85-90 P. spezifiziert. Vgl. auch »Übersicht über die Bewertungssysteme« auf der zweiten Umschlagseite.
45 Es ist an dieser Stelle müßig, darüber zu streiten, welchem der beiden Systeme der Vorzug zu geben ist. Es hat immerhin den Anschein, als ob bei der Zugriffsmöglichkeit auf 100 Punkte – in Wirklichkeit sind es 50 – bei einer vergleichenden Verkostung ein größeres Notenangebot zur Verfügung steht als dem 20-Punkte-Schema, das in der Regel erst ab 11 Punkten zur Anwendung kommt. Neben der häufig geübten Praxis, eine Selektion der beurteilten Weine mit dem Ziel vorzunehmen, die schwächer benoteten nicht zu veröffentlichen, findet der Leser andererseits innerhalb der beiden Systeme viele Weine, die in einer geringen Punktzahlbreite angesiedelt sind: So bewegen sich die meisten Bewertungen der publizierten Weine – aufgezeigt am 99er Jahrgang – im 20-Punkte-Schema zwischen 15–17 P. (ca. 80 Prozent), im 100-Punkte-Schema zwischen 80–89 P. (ca. 80 Prozent).
46 Vgl. Broadbent, Weine prüfen, S. 206.

Gaumen: max. 9 Punkte
(Süße, Tannin, Säure, Körper, Abgang, Gleichgewicht)

Allgemeine Qualität: max. 3 Punkte
(Finesse, Eleganz, Harmonie, Rasse ....)

Keine der hier benutzten 20-Punkte-Quellen erläutert die den Verkostungen zugrunde liegende Aufteilung der verfügbaren Punkte: Das 20-Punkte System wird vermutlich als Norm und als bekannt vorausgesetzt.

Sehr unübersichtlich wird es sodann bei der Zuordnung von ermittelter Punktzahl und Note. Dass darüber hinaus diverse Weinmagazine individuelle Notenzuordnungen und -definitionen kreieren, erschwert ohnedies beim Bezieher von mehr als einer Fachzeitschrift das Verständnis der Zensurengebung. Wenn er ferner noch zur Kenntnis nehmen muss, dass oberhalb der Note »sehr gut« in aufsteigender Linie noch drei bis vier weitere superlativische Bewertungsbegriffe angesiedelt sind wie »groß«, »außerordentlich«, »Spitzenwein«, »Jahrhundertwein« (Bordeaux Total) oder gar »hervorragend«, »überragend« und »begeisternd« (Vinum bis 3/2000), stößt er vollends an die Grenzen seines sprachlichen Differenzierungsvermögens. Auch »Vinums« neuester Versuch sprachlicher Abstufungen unter Verwendung zum Teil kumpelhafter (»macht Spaß«, »unbedingt probieren«) und jugendsprachlicher (»ist einsame Klasse«) Paraphrasen bringt kaum Erleichterung (ab 4/2000).

Daher enthält die für dieses Buch wichtige »Übersicht über die Bewertungssysteme«[47] den mühsamen, aber notwendigen Versuch, die vergebenen Punktwerte, die bestimmten Noten entsprechen, in ihren jeweiligen Systematiken in einer Gesamtschau vergleichbar und hoffentlich verständlicher zu machen.

Die Trinkreife

Eine Eigenschaft haben die großen Bordelaiser Rotweine allen anderen Rotweinen dieser Erde voraus: Langlebigkeit[48]. Sie verfügen über die längste Lebenserwartung, und mit fortschreitender Lagerung und Reifung entwickeln sie ihren unvergleichlichen Charakter. Ihre wahre Größe zeigt sich erst im Alter, wenn die Tannine abgerundet sind. Viele Parameter bestimmen die Disposition dieser Weine: das Klima, die Châteaux mit ihren spezifischen Terroirs[49] sowie Weinbereitungs- und Ausbaumethoden, die Rebsorten und ihr Verschnitt.[50] Jeder Wein hat gemäß diesen Bedingungen und Entscheidungen seinen indi-

47 Vgl. zweite Umschlagseite.

48 Wir meinen hier die klassisch ausgebauten Bordelaiser Kreszenzen renommierter Châteaux aus großen Jahren wie 1900, 1921, 1929, 1947, 1959, 1961. Sie sind, wenn man den euphorischen Reportagen von sog. Jahrhundertproben glauben darf, weltumfassend nicht zu übertreffen. (Vgl. Hardy Rodenstock: Tradition hat Zukunft, in: Wein Gourmet, 2/2000, S. 83; Hanns O. Janssen: Weinsociety, in: WamS v. 06.02.2000 und Rothschild's Vermächtnis, in: WamS v. 04.07.2000). Eine nicht zu überbietende Steigerung mit traumhaften und uralten Vor-Reblaus-Weinen bietet diesbezüglich die Würdigung Michael Broadbents, der von einer Probe mit den Lafite-Jahrgängen 1877, 1870, 1865, 1864, 1832 und 1811 schwelgt: Nur »der berühmte 1811er war ein wenig müde.« Vgl. Michael Broadbent: What is great?, in: Alles über Wein, 3/2001, S. 123.

49 Vgl. dazu das Kapitel »Die Appellationen«.

50 Bordeaux-Weine sind bis auf wenige Ausnahmen in Pomerol Cuvées, also Verschnitte aus mindestens zwei, maximal vier Rebsorten, die üblicherweise vor dem Verschnitt, der Assemblage, getrennt gelesen und vergoren werden. Je nach Region repräsentieren Cabernet Sauvignon, Cabernet Franc oder Merlot die Hauptrebsorte. Der Verschnitt, der bei uns einen schlechten Ruf hat, ist eine Kunst und bietet den Weinmachern die Chance, witterungsbedingte Nachteile eines Jahrgangs, die durch unterschiedliche Reifung der Rebsorten entstanden sind, u.U. in beträchtlichem Maße auszugleichen. So ist in den schwächeren Jahrgängen der 90er Jahre häufiger der Cabernet nicht voll ausgereift; deshalb versuchte man, bestehende Geschmacksdefizite mit einem höheren Verschnittanteil der gehaltvolleren, früher erntereifen Merlot auszugleichen. Das Bordelais bringt daher im

viduellen »Lebenslauf«. Große Weine entwickeln sich in drei Phasen: Ihre Jugend dauert, wenn man einen guten Jahrgang voraussetzt, etwa zwei bis fünf Jahre; die Reifestufe, in der sich u.a. Komplexität und Harmonie herausbilden, umfasst in einem wellenförmigen Verlauf weitere 10 bis 20 Jahre oder mehr. Danach baut der Wein ab, die Auszehrung beginnt, oder es setzt in Spitzenjahrgängen ein Prozess ein, der den Wein unsterblich machen kann.[51]

Die Angabe der Trinkreife ist folglich eine Prognose des Zeitraums der besten Trinkentwicklung, ergo einer Zeitspanne, über die sich die vermutete höchste Genussreife eines Weins erstreckt und die bei großen Jahrgängen und Weinen Jahrzehnte dauern kann. Parker nennt diesen Zeitrahmen die »voraussichtliche Genussreife«. Derartige Einschätzungen und Aussagen erfordern infolgedessen langjährige Erfahrungen des Verkosters und genaue Kenntnisse über die Alterungspotenziale der Weine bestimmter Jahrgänge und Châteaux. Das bei den Punktbewertungen erwähnte subjektive Moment erfährt damit eine Steigerung. In Anbetracht des technologischen Wandels mit dem Trend zur früheren Genussreife wird es ohnedies immer schwieriger, verlässliche Trinkreifeprognosen zu treffen. Zur Vereinfachung und Förderung der Übersichtlichkeit wird bei den Trinkereife-Angaben lediglich eine einzige Aussage zitiert, die jeweils nur noch ggf. den frühesten und spätesten Trinkreifewert beinhaltet.

Für die im Bordeaux-Kompass vorhandenen Beurteilungen der Weine und Angaben ihrer vermuteten Trinkreife ist wichtig zu wissen, wann die Verkostungen stattgefunden haben. Wären diese Einschätzungen alle vor zehn oder mehr Jahren vorgenommen worden, wäre ihr Aussagewert in Bezug auf die Gültigkeitsdauer der Qualitätsbeurteilung und Trinkreifeprognose weniger verlässlich. Deshalb haben wir aktuelle und ältere Bewertungen typografisch und durch Symbole besonders gekennzeichnet.[52]

Die Informationen über die Trinkreife geben trotz ihrer Subjektivität dem Benutzer Anhaltspunkte, welche Weine (noch) viel Geduld zum Reifen brauchen. Sie zeigen ebenso an, welche Weine aus welchen Jahren sich gegenwärtig auf dem Höhepunkt ihrer Reife befinden[53] und demzufolge den größtmöglichen Genuss versprechen; sodann die Weine, die ausgetrunken werden sollten, weil sie nicht mehr besser, sondern eher schlechter werden; schließlich diejenigen, mit denen man seinen Geldbeutel und Gaumen nicht mehr belasten sollte.

Durchschnitt mehr mit Genuss trinkbare Jahrgänge hervor als z.B. Burgund, das auf eine einzige Rebsorte angewiesen ist. Da die Verschnittanteile in jedem Jahrgang variieren, was am Beispiel von Ch. Lafite aufgezeigt werden soll, macht es keinen Sinn, im Bordeaux-Kompass die Rebsorten-Zusammensetzung der Weine anzugeben: 94er Lafite: 99% Cabernet Sauvignon; 95er: 70% CS, 23% Merlot, 7% Cabernet Franc; 96er: 83% CS, 8% M, 8% CF, 1% Petit Verdot; 97er: 90% CS, 10% M; 98er: 81% CS, 19% M; 99er: 74% CS, 18,5% M, 6% CF, 1,5% PV; 2000er: 93,3% CS, 6,7% M. Diese Informationsfülle wäre hier nicht mehr darstellbar; zudem nennen die Produzenten in der Regel nur den prozentualen Hektaranteil der verschiedenen Rebsorten.

51 Gabriel beschreibt vier Lebensphasen eines großen Rotweins, die Frucht-, die Reduktions-, die Genuss- und die Oxidationsphase. Vgl. Gabriel, Bordeaux Total, S. 9.

52 Siehe Legende unten auf jeder rechten Seite im Hauptteil.

53 In »Alles über Wein«, 3/2000 und 3/2001 verblüfft bei den 99er und 2000er Primeurbeurteilungen die Einschätzung des Beginns der jeweiligen Trinkreifen: Alle Weine benötigten danach keine Entwicklungsphase und sind sofort mit Genuss trinkbar, denn jede Trink-Empfehlung ist z.B. mit »bis 2010« angegeben, d.h. von jetzt an bis 2010.

Offizielle Klassifizierungen (Abkürzung: O.) und zeitgemäßere Neuklassifizierungen (Abkürzungen: P. / G.)

Die im Hauptteil hinter der Abkürzung »O.« angegebenen historischen und überwiegend gültigen Klassifizierungen betreffen

1. die Klassifikation »Médoc« von 1855,
2. die Klassifikation »Graves« von 1953/59,
3. die Klassifikation »Saint-Emilion« von 1996,
4. die Crus Bourgeois,
5. unklassifizierte Regionen.

Zu 1.:
Nicht nur aus heutiger Sicht, sondern schon seit vielen Jahren gilt die 146 Jahre alte Klassifizierung der Médoc-Weine von 1855 als eine nicht mehr zeitgemäße »Hitliste« mit zahlreichen Schwächen und musealem Charakter. Die einzige seither vollzogene Änderung betraf 1973 Ch. Mouton Rothschild mit seiner Erhebung vom Deuxième Cru zum Premier Grand Cru. Diese »olympische« Liste der Crus Classés umfasst insgesamt 61 Châteaux: 5 Premiers Grands Crus Classés, darunter als einziges außerhalb des Médoc gelegenes Weingut das Ch. Haut Brion (Pessac-Léognan), 14 Deuxièmes Grands Crus Classés, 14 Troisièmes ..., 10 Quatrièmes ... sowie 18 Cinquièmes Grands Crus Classés.

Zu 2.:
Die 1953 erstmals erfolgte Klassifizierung der Appellation Graves wurde 1959 erneuert. 1987 wurde die Region zweigeteilt in die Appellationen »Graves A.C.« (ca. 400 Weine) und »Graves de Pessac-Léognan« (55 Châteaux insgesamt). Letztere enthält eine klassifizierte Gruppe, die Crus Classés: 13 Rotweine inkl. Haut Brion dürfen diesen Titel tragen. Ein auf den neuesten Stand gebrachtes Klassement müsste unbedingt einige weitere Châteaux erfassen, an der Spitze Ch. La Louvière.

Zu 3.:
In Saint-Emilion wurde 1955 eine auf Geschmacksprüfungen beruhende Vier-Klassen-Einteilung geschaffen, die theoretisch alle zehn Jahre überarbeitet werden sollte. Doch erst 1969 wurde das offizielle Klassement revidiert, dann erst wieder 1985 und mit einjähriger Verspätung 1996. Generell sieht hier das Reglement zwei Klassen vor: zum einen Premier Grand Cru Classé A und B – von den 13 bedachten Châteaux tragen zwei das Zusatzprädikat »A« (Ausone und Cheval Blanc), zum anderen Grand Cru Classé (55 Güter). Ein weiteres Prädikat ist möglich: Auf Antrag, der jährlich neu gestellt werden muss, kann anderen Châteaux infolge bestimmter Qualifikationsnachweise die Bezeichnung »Grand Cru« verliehen werden.

Zu 4.:
Zur Zeit ist nach den EU-Bestimmungen nur der Aufdruck »Cru Bourgeois« auf den Etiketten erlaubt, alle anderen Rangstufen des Cru-Bourgeois-Klassements besitzen bloß inoffiziellen Charakter, weshalb diese seit der 3. Auflage hier nicht mehr aufgeführt werden.

1932 entstand die erste Klassifizierung: 444 Châteaux wurden durch das Syndicat des Crus Bourgeois erfasst und gemäß ihrer wirtschaftlichen Bedeutung in drei Qualitäts-Kategorien eingeteilt: Cru Bourgeois Supérieur Exceptionnel, Cru Bourgeois Supérieur und Cru Bourgeois. Um die Klassifizierung auf den neuesten Stand zu bringen, gab das Syndicat Jahrzehnte später nach einem vergeblichen Versuch 1962 erst 1978 eine neue Rangliste mit 128 Châteaux heraus, die die ersten beiden Rangstufen von 1932 modifizierte. Sie lauteten nun: Cru Grand Bourgeois Exceptionnel, Cru Grand Bourgeois und – wie gehabt – Cru Bourgeois.

335 Châteaux sind zur Zeit dem Syndikat angeschlossen, 60 weitere Güter sind nicht Mitglied, dürfen aber den Titel tragen.[54] Sie machen mit 7.000 Hektar Rebfläche für etwa 50

54 Diese Zahlen nennt Vinum, April 2001, S. 72. Andere Quellen sprechen von 419 bürgerlichen Gewächsen.

Prozent der Weinproduktion im Médoc aus, die Crus Classés rund 25 Prozent. Jedes Jahr nimmt die Vereinigung neue Mitglieder auf, wenn die erforderlichen Qualitätsnachweise erbracht werden. Erstes Kriterium für die Erlaubnis der Benennung »Cru Bourgeois« ist zunächst die Größe der Rebfläche (mindestens 7 ha), ein weiteres die Zugehörigkeit zu einer der acht Appellationen des Médoc, was keinerlei Aussagekraft für die Qualität des erzeugten Weins hat. Überdies muss der Wein im Château vinifiziert und die Qualität von einer Kommission bestätigt werden. Ferner ist die Mitgliedschaft im Syndicat notwendig bzw. die Zugehörigkeit zum Klassement von 1932.[55] Châteaux wie Poujeaux und Sociando-Mallet verzichten auf dem Etikett auf den Eintrag Cru Bourgeois, weil sie sich dieser Kategorie nicht mehr zugehörig fühlen. 2002 wird eine neue Klassifizierung der Crus Borgeois mit einer gesetzlich geregelten Anerkennung erwartet, für die die »bürgerlichen Güter« seit etwa dreißig Jahren gekämpft haben. Es sind bei dieser offiziellen Klassifizierung der Crus Bourgeois aus den acht Appellationen des Médoc wiederum drei Kategorien vorgesehen: Cru Bourgeois, Cru Bourgeois Supérieur und Cru Bourgeois Exceptionnel. Wie in Saint-Emilion soll alle zehn Jahre eine Überarbeitung erfolgen.[56]

Zu 5.:

Die einzige bedeutende Bordeaux-Region ohne offizielle Klassifizierung ist Pomerol. Das stört offensichtlich kaum jemanden in der mit 790 Hektar kleinsten »Edel«-Appellation, deren Weine unbestritten zu den besten, teuersten und rarsten des gesamten Bordelais gehören.[57]

Spätestens aus der Tatsache, dass mindestens ein Dutzend Châteaux aus Pomerol den beiden höchsten Grand-Cru-Klassen zuzurechnen sind, wird die längst überfällige Überarbeitung des Fossils aus dem Jahre 1855 offenkundig. Da von staatlicher Seite nach Expertenmeinung selbst in weiterer Zukunft keine diesbezüglichen Initiativen zu erwarten sind, hat es seit 1979 nicht an ernsthaften Vorschlägen für eine Neuklassifizierung gefehlt. Für den Bordeaux-Kompass haben wir die Einschätzungsvorschläge Parkers (Stand 1998) und Gabriels (Stand 2000) übernommen, weil sie den aktuellsten Qualitätsstand der bekanntesten Bordeaux-Weine wiedergeben.[58] Sie sind unterhalb der Rubrik »Château/Jahrgang« mit den Abkürzungen »P.« und »G.« gekennzeichnet. Andererseits sind bei beiden Quellen z.T. große Unterschiede in den Einstufungen einzelner Châteaux zu den Grand-Cru-Klassen aufzeigbar.[59] Einige der in der 3. Auflage des Bordeaux-Kom-

55 Eine der wenigen großen Chancen für die »bürgerlichen« Gewächse, weltweit Aufmerksamkeit zu erlangen, ist der seit 1985 alljährlich stattfindende Wettbewerb »Coupe des Crus Bourgeois du Médoc«, bei dem jeweils zwei Crus mit drei vorgegebenen Jahrgängen im K.-o.-System gegeneinander antreten. Mit dem Sieg unter rund 100 Mitbewerbern ist ein großer Werbe-Effekt verbunden. Zum Beispiel gewann 1999 mit dem Jahrgang 1996 d'Escurac im Finale gegen Charmail, im Semifinale waren noch Citran und d'Aurilhac dabei. Unter den Siegern und Finalisten befinden sich nahezu alle bekannt oder gar berühmt gewordenen Châteaux wie Charmail, Citran, Chasse Spleen, Meyney, Monbrison, Les Ormes de Pez, Phélan-Ségur, Poujeaux, Sociando-Mallet usw.

56 Vgl. Andrea Hensel: Un 2000 est un 2000, in: selection, S. 36–40.

57 Angebot und Nachfrage bestimmen die Exklusivität. Während z.B. die Pauillac-Spitzengüter Lafite, Latour, Mouton immerhin über eine Rebfläche zwischen 65 ha (Latour) und 100 ha (Lafite) verfügen und im Durchschnitt pro Jahr ungefähr 32.000 Kisten (Latour) bzw. 40.000 Kisten (Lafite) Rotwein erzeugen, muss sich das Pomerol-»Flaggschiff« Pétrus mit etwa 11,4 ha auf 3.000 Kisten Rotwein beschränken; andere zur ersten Kategorie zählende Châteaux weisen gar noch weniger auf: Lafleur 4,5 ha/1.250 Kisten, Le Pin 2 ha/700 Kisten, L'Eglise-Clinet 5,5 ha/1.700 Kisten. Erst seit 1850 wird in Pomerol Weinbau mit höheren Qualitätsansprüchen betrieben. Zuvor erzeugte man überwiegend Wein, der zur Stärkung der Pilger auf dem Weg nach Santiago de Compostela diente.

58 Vgl. Parker, Bordeaux, S. 1217–1219; Gabriel, Bordeaux Total, S. 6.

59 Schon bei der Anzahl der klassifizierten Crus in den fünf Klassen gibt es auffällige Unterschiede:

	1er Cru	2er Cru	5er Cru
Parker	21	22	73
Gabriel	17	16	48

passes noch monierten Parker-Zuordnungen, die auf der Grundlage seiner Bewertungen kaum oder nur schwer nachvollziehbar waren, sind revidiert worden. Auch das neue Gabriel- Bordeaux-Klassement ist in vielerlei Hinsicht problematisch. So fehlen sowohl Hinweise auf die Anzahl der berücksichtigten Jahrgänge als auch – wie bei Parker – eindeutige Abgrenzungskriterien für die Grand-Cru-Klassen.[60] Viele Bordeaux-Weinkenner/innen haben längst ein getrübtes Verhältnis zu den historischen Klassifizierungen, weil viele Châteaux dem damals attestierten Qualitätspotenzial nicht mehr entsprechen: Sie sind entweder über- oder unterbewertet. Viele sind überhaupt noch nicht gewürdigt worden wie etwa die Aufsteiger aus St.-Emilion und Pomerol, die in den letzten Jahren unzweifelhaft das Gleichgewicht zwischen rechtem und linkem Gironde-Ufer verändert haben. Einen weiteren der zahlreich vorhandenen Beweise für die Notwendigkeit einer offiziellen Neuklassifizierung der Médoc-Weine liefert die Margaux-Appellation: Bei mehreren Margaux-Weingütern, die 1855 in den Adelsstand der 2er und 3er Gewächse erhoben wurden, sind seit vielen Jahren so starke Qualitätseinbußen zu registrieren, dass sie bei einer Neugliederung »nur« noch als 5er Gewächs eingestuft oder sogar aus dem Elitekreis der klassifizierten Güter herausfallen würden. Andere Châteaux wiederum, die noch als Cru Bourgeois gelten wie z.B. Chasse-Spleen, Poujeaux, Sociando-Mallet nähmen zweifelsohne einen Grand-Cru-Rang ein; Lynch-Bages, ein 5er Cru, müsste um drei Ränge nach oben katapultiert werden. Eine Veränderung der 1855er Klassifikation käme einer Aktualisierung der Bibel gleich. Vorab müssten für diesen Fall zumindest die gesetzmäßigen Grundlagen für eine neue Klassifikation geschaffen werden, die z.B. regeln müsste, wer den Richter spielt und wie oft Korrekturen vorgenommen werden sollen. Einen neuerlichen Versuch einer Neuklassifizierung hat Decanter mit dem Auftrag an sechs Fachleute des Bordelaiser Handels gestartet, neue Ranglisten aufzustellen. Nach Begutachtung der sechs veröffentlichten Vorschläge kommt man zu dem Schluss: Besser keine Veränderung. Keines der Denkmodelle ist ganz und gar plausibel: Allein die Anzahl der vorgesehenen 1er Crus differiert zwischen fünf und 16 Châteaux, darunter offensichtlich ein Merlot-Fan, bei dem sich unter den ersten zehn von ihm vergebenen Plätzen acht Pomerols und zwei St.-Emilions tummeln.[61] Deswegen haben wir auf der Basis der Parker- und Gabriel-Bewertungen eine neue, schlüssigere Rangeinstufung vorgenommen, die in den Anhängen ausführlich dokumentiert wird.

Die Appellationen (vgl. Übersichtskarte auf der 3. Umschlagseite)

Bordeaux repräsentiert mit ca. 20.000 Weingütern und etwa 115.000 Hektar Rebfläche am und um den 45. Breitengrad – das sind ungefähr 13 Prozent der französischen Gesamtanbaufläche – die flächenmäßig größte allgemeine Appellation Frankreichs. Die 58 Einzelappellationen, die zu 75 Prozent Rotwein erzeugen und zu 25 Prozent Weißwein, spezifizieren, woher der Wein stammt, definieren die Rebgärten, legen die zugelassenen Rebsorten fest, erläutern Aspekte der Wein-Erzeugung und vieles mehr. Sie beruhen fernerhin auf dem Konzept des »Terroirs«. Darunter versteht man das gesamte natürliche Umfeld einer Parzelle, Lage oder gar einer Region, mithin die geologischen, geografischen, klimatischen Faktoren, die einen Weinberg vom anderen unterscheiden wie z.B. Höhenlage, Bodenarten, Mikroklima. Das spezifische »Terroir« einer Appellation sollte jeweils ihren typischen Weincharakter unabhängig von Jahrgang und Weinbereitungstechniken zum Ausdruck bringen, sodass dank bestimmter aromatischer Eigenschaften eines Weins dessen regionale Herkunft identifizierbar ist. So sagt man beispielsweise ver-

Parker führt aber tatsächlich 75 Châteaux als 5er Crus an. Vgl. Parker 1998, S. 1219.
Drei gravierende Beispiele für unterschiedliche Zuordnungen: Dem Ch. Talbot gönnt Parker eine Einstufung als 3er Gewächs, bei Gabriel ist es bloß ein 5er Cru; Ch. Gazin wird so eingeordnet: Parker 5. Klasse, Gabriel 2. Klasse; Cos d'Estournel ist bei Parker ein 1er Cru, bei Gabriel ein 3er Cru.

60 Unsere Grundlagen für eine Neuklassifizierung mit Bereichswerten für die Grand-Cru-Klassen werden in den Erläuterungen zu den Anhängen dargestellt.

61 Vgl. Decanter, January 2000, S. 33–35.

allgemeinernd Margaux-Weinen wegen des Kiesbodens und des hohen Anteils an Cabernet Sauvignon nach, sie seien streng, finessenreich, elegant; den Pomerol-Weinen, die auf lehmhaltigeren Böden wachsen und bei denen der Merlot die entscheidende Rebsorte ist, spricht man demgegenüber mehr Extraktreichtum und Üppigkeit zu; ein charakteristischer Pauillac sollte saftig, kernig, vollmundig und reich an Tanninen sein.[62] 28 Rotwein-Appellationen der Bordeaux-Region sind im Kompass vertreten, und zwar:

- Médoc, Haut-Médoc sowie die Gemeindeappellationen St.-Estèphe, Pauillac, St.-Julien, Listrac, Moulis, Margaux;
- Graves mit der Appellation Graves A.C. und der Gemeindeappellation Pessac-Léognan;
- das Libournais östlich der Dordogne mit den Appellationen St.-Emilion, Saint-Emilion Grand Cru und den »Satelliten« Lussac, Montagne, Puisseguin und Saint-Georges, Pomerol, Lalande de Pomerol, Fronsac, Canon-Fronsac;
- Bordeaux mit den Appellationen Bordeaux-Supérieur, Bordeaux sowie Haut-Benauge;
- die Côtes mit den Appellationen Premières Côtes de Bordeaux, Côtes de Bourg, Côtes de Blaye, Côtes de Castillon, Côtes de Francs.

Die Châteaux

Um die Informationen über jahrgangsbezogene Bewertungen und Trinkreife der Châteaux problemlos und schnell entnehmen zu können, besteht der Index nicht aus den Appellationen, sondern aus den alphabetisch geordneten Namen der Châteaux bzw. Weinen. Dabei spielt für die Orientierung keine Rolle, ob Namen, die aus mehreren Wortbestandteilen bestehen, mit oder ohne Bindestrich geschrieben werden, ein im Französischen ohnehin willkürlich behandeltes Problem.

Im Bordelais ermöglicht das System der Châteaux mit ihren Klassifizierungen im Unterschied zu Burgund eine leichtere und klarere Orientierung. Während in Burgund zumeist jede Lage in mehrere Besitzer aufgeteilt ist, wodurch erhebliche Qualitätsunterschiede in derselben Lage und im selben Jahrgang auftreten, entspricht in Bordeaux jedem Château ein bestimmter Wein, mitunter ergänzt durch eine Zweit- und Drittmarke. Ein »Château« kann ein prächtiges Schloss sein, aber auch ein Landhaus, ein Bauerngehöft oder gar, wie in den letzten Jahren in St.-Emilion fast »wie Pilze aus dem Boden geschossen«, eine Garage, ein Schuppen. Das Wort Château darf freilich nach den gesetzlichen Vorschriften nur auf dem Etikett erscheinen, wenn zu dem Besitz rechtmäßig eine Weinlage gehört. Eine Eigentümlichkeit der Klassifizierung von 1855 besteht darin, dass nicht einzelne Weinbergslagen klassifiziert wurden, sondern die Betriebe, die Châteaux. Ein klassifiziertes Château kann Weinberge von einem Cru Bourgeois erwerben und den daraus erzeugten Wein unter seinem Grand-Cru-Classé-Etikett verkaufen. Davon wurde in der Vergangenheit wiederholt Gebrauch gemacht und wird auch zukünftig üblich sein, um den Besitz zu mehren. Ob beispielsweise die Erweiterung der Rebanbaufläche des 2er Crus Pichon-Longueville Baron in den letzten 13 Jahren um fast 40 Hektar auf nunmehr 70 Hektar ausnahmslos aus einem Deuxième-Grand-Cru-Besitz der Appellation Pauillac stammt, wüssten wir allzu gern. In jedem Fall hat dieser Erwerb den selben Grand-Cru-

62 Wie sehr ein ursprünglich typischer Appellationsstil durch kellertechnische Maßnahmen verändert werden kann, wird im vorletzten Abschnitt »Manipulationen durch kellertechnische Maßnahmen« aufgezeigt. In der internationalen Weinszene wird der Terroirgedanke als europäischer Unsinn abgelehnt. In den mitteleuropäischen Ländern spielt er eine große Rolle, u.a. auch in Deutschland, wo man sich angestrengt um Lagenklassifizierungen nach dem Muster Burgunds in einem dreistufigen Modell (Grands Crus, klassifizierte Lagenweine sowie Guts- und Ortsweine) bemüht, um auf diese Weise die werbeträchtige Deklarierung einer Grand-Cru-Auszeichnung wie »Erstes Gewächs« oder »Erste Lage« oder »Großes Gewächs« aufs Etikett zu bringen. Der Rheingau klassifizierte 1999 als bisher einziges deutsches Anbaugebiet seine Rebflächen. Ein Drittel der Einzellagen darf sich seither mit der Bezeichnung »Erstes Gewächs« schmücken.

Rang. Umgekehrt ist das nicht möglich: Wenn ein Cru Bourgeois z.B. Weinbergslagen eines 2er Crus dazukaufen würde, verlören diese ihren Klassifizierungsrang.

Die Zweitweine

Es gibt kaum noch ein Château, das auf die Vermarktung eines Zweitweins unter anderem Etikett verzichtet. Seit Baron Philippe de Rothschild mit seinem Mouton-Cadet – inzwischen ein schlichter Markenwein – diese Ära einläutete, sind ihm bis heute hunderte von Château-Besitzern gefolgt.[63]

Zweitweine können einerseits das Resultat rigider Qualitätspolitik sein, wodurch die Qualität des Grand Vin gesteigert wird,[64] auf der anderen Seite dienen sie dem Absatz von Überschüssen, die durch zu hohe Hektarerträge bzw. zu stark ausgeweiteten Rebanbau entstanden sind. Die häufige Verwendung von Phantasienamen erschwert zusätzlich die Identifizierung mit dem Ursprungs-Château. In jedem Fall stellen Zweitweine eine Negativauswahl dar, für die u.U. noch nicht ganz ausgereifte Trauben von jüngeren Rebstöcken verwendet werden.[65] Alles, was nicht unter dem Namen des Erstweins verkauft wird, bringt finanzielle Einbußen. Dadurch wird die Bereitschaft der Château-Besitzer, 20, 30 oder 50 Prozent einer Ernte zu deklassieren, zu einer Gewissensfrage.

Die Jahrgänge und ihre Bewertungen

Der Hauptteil enthält die Jahrgänge 2000 bis 1981, ohne den Jahrgang 1984, dessen Weine kaum noch Genuss bereiten, sodann 1979, 1978, 1975, 1970 und 1961.

Das Jahrzehnt der 80er Jahre lässt sich zusammen mit dem Jahrgang 1990 als das goldene Zeitalter des Bordelais deklarieren: Niemals zuvor gab es mit sechs außergewöhnlichen und zwei guten Jahren eine bessere Gelegenheit, vorzügliche Weine zu kaufen und zu sammeln. Der 1982er gilt mittlerweile als Jahrhundertwein, was von anderen, die fehlende Gleichmäßigkeit dieses Jahrgangs betreffend, in Frage gestellt wird; sie favorisieren den 1989er Jahrgang, wieder andere sehen den Jahrgang 1990 knapp vorn.[66] In der 5. Auflage schrieben wir noch – da lag die Begegnung mit den Weinen des Jahrgangs 2000 noch vor uns –, dass für uns die beiden letztgenannten Jahrgänge, was Gleichmäßigkeit und Level superber Qualitäten anbetreffen, die beeindruckendsten der vergangenen 30 Jahrgänge seien, die wir detaillierter kennen lernen konnten. Ein so umfassendes Urteil wie James Suckling können wir nicht abgeben, weil unsere Beurteilungsgrundlagen

63 Viele Châteaux kreieren mittlerweile einen Drittwein. Einen Überblick über die im Kompass bewerteten Zweit- und Drittweine bietet der Anhang »Zweit- und Drittweine«.

64 Zwei Beispiele mögen das verdeutlichen: Ch. Rauzan-Ségla hat bei seinem 1994er nur 40 Prozent der Ernte nach vorausgegangener Auslese als Erstwein deklariert, 60 Prozent der Ernte sind als Zweitwein in den Handel gekommen. Cheval Blanc, das normalerweise 120.000 bis 130.000 Flaschen bei einer Normalernte abfüllt, hat seine Produktionsmenge z.B. beim Jahrgang 1997 auf 50.000 Flaschen reduziert, 1998 auf 90.000 und 1999 auf ca. 95.000 Flaschen. Beim 2000er wurden 45–50 Prozent der Ernte deklassiert und für den Zweitwein verwendet.

65 Dennoch können Zweitweine aus sehr guten Jahrgängen wie 1989, 1990, 1995 qualitätsmäßig eine attraktive Option darstellen, weil das Lesegut gesund und reif ist. Positive Beispiele sind dafür u.a. die Zweitmarken von Ch. Margaux (Pavillon Rouge de Margaux), Ch. Lafite (Carruades de Lafite), Ch. Latour (Les Forts de Latour) oder Ch. Léoville Las Cases (Clos du Marquis). In einem schlechten Jahr wie 1992 sollte man sie meiden. Besonders hervorheben möchten wir den 1989er Tourelles de Longueville (Zweitwein von Pichon-Baron), der zu unterschiedlichen Gelegenheiten uns mehrfach erfreute und sich als höchst beeindruckender Wein präsentierte; die vorliegenden Bewertungen, insbesondere die Trinkreifeangaben, werden ihm in keiner Weise gerecht.

66 Vgl. Fußnote 89. Heute wird übereinstimmend der 1961er Jahrgang als der beste der letzten 40 Jahre angesehen, was auch an der Höhe der Auktionspreise ablesbar ist.

nur bis zum Jahrgang 1970 reichen: Er apostrophiert den 1989er Jahrgang als »one of the greatest vintages from Bordeaux in the last 100 years«.[67]

Im Gegensatz dazu präsentieren sich die 90er Jahre: Mit dem frostgeschädigten 1991er, dem schwachen 1992er und dem etwas besseren 1993er folgten drei schwierige, sehr mittelmäßige Jahrgänge, deren Qualität u.a. durch Regen während der Erntezeit beeinträchtigt wurde. Das widerfuhr auch dem Jahrgang 1994, der etwas besser gelungen ist und mehr Farbe, Frucht und Struktur besitzt als die Vorgenannten. Mit dem 95er gab es nach 1990 wieder einen in allen Appellationen guten bis sehr guten Jahrgang[68] mit einer Rekordernte und -preisen; er dürfte der einzige große Jahrgang des Dezenniums sein. Der 96er wurde zuerst als einer der größten Jahrgänge hochgejubelt und mit ihm die Preise, die in der Eröffnungsphase um 50–100 Prozent gegenüber dem Vorjahr lagen. Man kaufte hysterisch fast alles zu jedem Preis. Die besten Weine des Jahrgangs stammen aus dem Médoc, basieren also auf dem Cabernet Sauvignon. Uneinheitliche Qualitäten gibt es in den Graves und rechts der Gironde. Dieser Jahrgang wird wegen seines Tanninreichtums mit dem 86er verglichen.[69] Der 97er Jahrgang brachte nette, freundliche, früh zu trinkende Weine leichteren Stils zu völlig ungerechtfertigten, total überteuerten, unverschämten Preisen.[70] Der 98er wurde gleichfalls als großer Jahrgang angekündigt, konnte aber insgesamt außer großartigen Pomerolweinen den Vorschusslorbeeren nicht gerecht werden.[71] Ein Run setzte lediglich auf die überragenden und teuren Pomerol- und Saint-Emilion-Gewächse ein – die ersteren sind vielleicht noch eine Spur besser als die des 2000er Jahrgangs –, die Nachfrage jedoch konnte bei den Weinen aus beiden Appellationen bei weitem nicht befriedigt werden. Der Jahrgang 1999 – fast wie gewohnt in den letzten acht Jahren durch ungünstige Witterungsbedingungen zur Unzeit beeinträchtigt – wird von den meisten Experten übereinstimmend als komplizierter Jahrgang eingeschätzt, »weniger einheitlich als die Jahre 1995 bis 1998. Es gibt wieder einige große, ja einige überragende Weine, indes auch einige Enttäuschungen ...«.[72] Nach Parker haben sich viele Weine des Jahrgang während des Reifungsprozesses im Fass verbessert, sie hätten an Konzentration zugenommen. Sie seien nun geschmeidig, delikat, früh reifend, gut balanciert, mit reifer Frucht und süßen Tanninen ausgestattet. Er bezeichnet diesen Jahrgang als modernen Klon des Jahrgangs 1962, der ebenfalls ausgewogene, char-

67 Wine Spectator, 30.06.2000, S. 76.

68 Vgl. Vinum, 3/1998, S. 47: Vinum ist der Auffassung, dass der 95er vom guten zum Ausnahmejahr hochstilisiert worden ist. Ähnliches habe man mit dem Jahrgang 1975 gemacht, aus dem ebenfalls ein großes Jahr gemacht worden sei, dessen Weine vielfach immer noch nicht genussreif seien und es vielleicht auch nicht mehr würden. Auch in der Oktober-Ausgabe dieses Jahres bleiben Einschränkungen erhalten: »Sehr gutes Jahr in einem gefälligen, nicht immer sehr komplexen, fülligen Stil. Die Tannine sind allerdings nicht immer optimal reif, das Übergewicht des Alkohols hie und da spürbar. Weine, die langsam Freude machen und nicht ewig reifen sollten.« (Vinum, 10/2001, S. 29.)

69 Nach Meinung von J. Suckling vom Wine Spectator liegen die besten 96er Weine fast alle in der Qualität über denen der 93er und 94er. Die schwächeren jedoch hätten den gleichen oder einen ähnlichen Level wie die 94er und 93er oder lägen darunter. Der 96er sei in seiner Gesamtqualität weniger homogen als die Weine des 94er Jahrgangs. Vgl. Wine Spectator, 31.01.1999, S. 50 f.

70 Winkleman hält den 97er Jahrgang für einen kleinen Jahrgang, in dem nur einige Spitzengüter dennoch gute Weine kelterten. Die Weine seien in St.-Emilion besser gelungen als die des 96ers, am besten aber in Pomerol, Fronsac und Canon-Fronsac. Vgl. Der Feinschmecker 6/1998, S. 97–99.

71 Vgl. Vinum, 6/1999, S. 52: Hier wird der 98er Jahrgang als durchschnittlich gelungen beurteilt, der »im Schnitt etwas über dem 1994er« liege, dem er in vielem gleiche. Nach »Alles über Wein« ist der 1998er ein »recht klassischer Jahrgang, auch wenn er auf der linken Seite der Gironde nicht ganz an 1995 und 1996 heranreicht.« (Heft 5, Oktober/November 2001, S. 89.)

72 Heiner Lobenberg, Gute Weine, Bremen, Vorwort seiner Subskriptionsliste vom 19.07.2000. In Vinum wird er als Jahrgang empfunden, der »finessenreiche, elegante Weine, die uns in vier, fünf Jahren ganz viel Freude bereiten werden«, beschert hat. (Vinum, 10/2001, S. 29.)

mante Weine hervorgebracht habe. Der Appellation Margaux seien jedoch die feinsten Weine des Jahrgangs vorbehalten.[73]

Beim Millenniums-Jahrgang wurde alles anders: Vegetationsperiode, Reifezustand der Trauben, Qualität, Riesenandrang bei der Veranstaltung der Union des Grands Crus, die hektische Jagd nach den ersehnten Weinen im Subskriptionshandel, die irrsinnige Preisspirale. Im Frühjahr deutete nichts auf ein großes Weinjahr in Bordeaux hin, die Regenfälle waren ungewöhnlich hoch, die Mehltaugefahr groß. In den Medien erschien im August die erste Prognose, dass man in Burgund und Bordeaux das enttäuschende Ergebnis habe kommen sehen. In jedem Falle werde 2000 ein schwieriger Jahrgang, die Erwartungen seien »im Keller«.[74] Abgesehen von dieser einsamen Stimme, die nicht berücksichtigt hatte, dass die Monate August/September die Weinqualität machen, wurde der erste Jahrgang des neuen Jahrtausends mit den drei Nullen schon sehr früh mit Vorschusslorbeeren bedacht und daher sehnsüchtigst erwartet. De facto konnten alle Hauptrebsorten perfekt ausreifen und ohne Überreife geerntet werden. Das alles geschah zum ersten Mal seit 1990 bei herrlichem Herbstwetter ohne Regen. Seit Erscheinen des Bordeaux-Kompasses ist der 2000er Jahrgang der erste, der uns bei den Fassproben insgesamt, also in allen Appellationen, überzeugt und zum Teil sogar begeistert hat. Wir haben niemals zuvor in dieser Breite so schwarzfarbige Weine mit herrlichen Beerenbuketts, mit Fülle und Konzentration ausgestattet, mit mächtigen, doch reif und z.T. seidig wirkenden Tanninen als Primeur verkostet.[75] Sicher, es waren Weine darunter, von denen wir auf Grund ihrer Klassifizierung und des Jahrgangs etwas mehr an Fleisch und Geschmeidigkeit erwartet hätten, auffällig z.B. bei Cos d'Estournel, (86–88 P.), der zudem im Finale einen harten Eindruck hinterließ.[76]

73 Vgl. The Wine Advocate, Folge 134, 23.04.2001, S. 2.

74 Heinz Horrmann: Prädikat enttäuschend – Warum es dem französischen Weinjahrgang an Klasse fehlt, in: Die Welt, 30.08.2000. Diese Einschätzung ist in gleicher Weise grundfalsch wie die Vorhersage über stabile Preise: »Dass die Erwartungen im Keller sind, hat aber auch eine sehr positive Seite. Für den internationalen Platzhirsch unter den Rotweinen, den Bordeaux, wird tendenziell erwartet, dass die Preise stabil bleiben, vielleicht sogar gegenüber den Vorjahren sinken werden ... Das große Blindbuchen (bei den Subskriptionen) wie beispielsweise beim '90er findet nicht statt.« (Die Welt, ebd.) – »Si tacuisses, philosophus mansisses«.

75 Unsere Degustationstour fand vom 07.–15.04.01 statt. Die Termine der Union des Grands – in diesem Jahr vom 27.–29.03. – können wir in der Regel aus beruflichen Gründen nicht wahrnehmen. Mehrfach wurde uns berichtet, dass wir viel verpasst hätten: einen Andrang wie nie zuvor; über 4.000 Personen sollen sich dort getummelt und gedrängelt haben. Bei unseren Besuchen auf einigen Dutzend Châteaux ist uns wieder einmal bewusst geworden, dass in einem ruhigen, stilvollen, gediegenen oder sogar komfortablen Ambiente im Probierraum bzw. Fasskeller oder in den Privaträumen die Beurteilung der Weine positiver ausfallen kann als bei den Marathonveranstaltungen mit Rempeleien und Schweißgeruch. Allerdings entsteht hier eine Situation, die neutraler und gerechter ist, weil sie für alle angestellten Weine gleich ist und wohlwollende Gefühle für den Gastgeber entfallen.

76 Auszugsweise einige Beispiele professionellerer Degustatoren, die wieder augenfällig werden lassen, wie subjektiv und von persönlichen Vorlieben geprägt doch das Bewertungs»geschäft« mit der Notengebung ist. Gabriel schreibt u.a. über den 2000er Cos: »Im Gaumen viel Fett und Fleisch, feinstoffige Konturen … Ein klar ausgerichteter Wein mit dem Potenzial des genialen 96ers und den Rundungen des üppigen 82ers … 18 P.« (WeinWisser, 4/2001, S. 8). Parker beschreibt ihn sachlich: »… The aromatics suggest considerable complexity as this wine ages, but the austere, earthy tannic, compressed style is not for everybody … 88–91 P.« (The Wine Advocate, Folge 134, 23.04.01, S. 38). In »Alles über Wein« ist zu lesen: »Recht stoffiges Bukett, gut eingebundene Tannine, fester Abklang … 89 P.« (Heft 4, August/September 2001, S. 60). Demgegenüber bietet »Vinum« einen hymnischen Kontrast: »Nichts von plumper Marmeladenfrucht, sondern große Komplexität: einfach Klasse! Die Tannine breiten sich gemächlich im Mund aus, füllen warm den Gaumen, sind präsent, insistieren gar, ohne aber schwer oder aufdringlich zu wirken. Man nimmt sie so dankbar entgegen wie sanfte, aber bestimmte Streicheleinheiten … 18,5 P.« (Vinum, 6/2001, S. 64). Winkleman wiederum sieht den 2000er Cos klar distanziert von

Setzt man gemeinhin bei den 1er und 2er Crus Spitzenqualitäten voraus und nähert sich ihnen beim Probieren bereits mit einer hohen Erwartungshaltung, die bestätigt und oftmals sogar übertroffen wurde, so überraschten uns im Haut-Médoc am meisten in der Preis-Genuss-Relation viele Crus Bourgeois mit guten und sehr guten Qualitäten, ganz besonders jedoch zwei klassifizierte Gewächse: Bei dem 2000er Calon-Ségur gerieten wir fast »aus dem Häuschen«: Wir haben nie einen größeren Wein dieses Château im Glase gehabt, selbst die Klasse des 82ers reicht nicht an dieses Monument heran, das nach Aussage des Kellermeisters »die Eleganz des 95ers und die Kraft des 96ers besitzt«. Wir gaben ihm sehr hohe Noten (93–95+ P.) und warteten dann einige Wochen lang gespannt auf die Parker- und Gabriel-Bewertungen. Bis heute haben beide keine Bewertungen dieses großen Weins publiziert. Parker antwortete auf zahlreiche Anfragen hin lapidar und unbefriedigend: »Unfortunately, neither wine was tasted.«[77] Eine sehr merkwürdige Replik, denn Parker hat nach unserem Kenntnisstand Calon-Ségur jahrzehntelang genauso wenig übersehen wie Gabriel.[78] Welche Motive mögen realiter dafür verantwortlich sein, dass dieser große Wein seltsamerweise von beiden entweder ignoriert oder die Bewertungen der Öffentlichkeit nicht bekannt gemacht worden sind? Mario Scheuermann präsentierte im Internet wohl zuerst seine Bewertung: Er gab diesem Wein wie Suckling 95–100 Punkte. Der Amerikaner wiederum hat sehr viele Weine mit dieser Höchstpunktzahl bedacht, auch Cos d'Estournel. Der andere, nicht nur für uns sensationelle Wein ist Léoville-Barton, ein gemeinhin äußerst zuverlässiger, klassischer Wein, den wir seit vielen Jahren sehr schätzen und wegen seiner maßvollen Preisgestaltung auch immer subskribiert haben. Dieser 2000er stellt u.a. mit seiner muskulösen Statur, seinem endlosen Abgang und einem noch nicht erlebten Tanninpotenzial seine sämtlichen Vorgänger in den Schatten (92–94+ P.). Ob er die sehr hohe Bewertung von Parker rechtfertigt, mag dahingestellt sein. Über unsere enormen Anstrengungen, beide Weine trotz der aus den Fugen geratenen Preise mit jeweils fünf 12er Kisten im Handel zu erwerben, verlieren wir weiter unten einige Worte.

Rechts der Gironde, in St. Emilion und Pomerol, probierten wir viele exzellente Weine. Um es abzukürzen, der größte, komplexeste, feinste, nachhaltigste Wein war für uns Ausone (98–100 P.) und der genussvollste L'Evangile (96–98 P.).

Wie beurteilt die Fachpresse, vorzugsweise die Herausgeber und Autoren unserer Quellen, die Qualitäten dieses von uns so hoch gelobten Jahrgangs? In der Tat reicht die Bandbreite von überschwänglich bis zu sehr gut mit einer Spur Skepsis. Parker und Suckling »fahren voll ab« auf den Jahrgang 2000, von jeweils einem kleinen Vorbehalt abgesehen. Nach Parker hat dieser Jahrgang einige der großartigsten, schwarzfarbigsten, konzentriertesten, mächtigsten und tanninhaltigsten Weine der letzten 30 Jahre hervorgebracht. Zusätzlich enthielten seiner Meinung nach die besten 2000er die eindrucksvollste Länge, Struktur und Konzentration, die er je in 23 Jahren beim Verkosten neuer Bordeaux-Jahrgänge erlebt habe. Für ihn sei es ein phänomenaler Jahrgang, der sich zu einem der größten Jahrgänge entwickeln könne. Paradox allerdings sei für ihn, dass es in Anbetracht dieses hervorragenden Jahrgangs nur wenige monumentale Weine mit 96–100 Punkten gegeben habe.[79]

Montrose und Calon-Ségur und charakterisiert ihn als »sehr fest, kernig und bissig. Auch viel Samt 8,8 +?« (Wein Gourmet 2/2001, S. 97).

77 Vgl. The Wine Advocate, 23.06.01, S. 64. Mit dem anderen Wein ist Meyney gemeint, der für uns eine der größten Enttäuschungen ist.

78 Gabriel hat zuletzt den 99er Calon-Ségur sogar noch als besten seiner Appellation eingestuft (WeinWisser 5/2000, S. 14) und den 98er beschrieben »als tollen Wein. Kann noch zulegen« (WeinWisser 4/99, S. 20). Parker hat die 98er und 99er bei der Zweit-Verkostung deutlich höher beurteilt als die Primeur-Proben, die 96er und 95er bewertet er mit über 90 P.

79 Vgl. The Wine Advocate, Folge 134, 23.04.01, S. 31 f. Es trifft zu, dass Parker »nur« bei vier Weinen in seiner Bandbreitenbewertung den Höchstwert streift, vier weitere kommen in den Bereich der 98 und 99 P. Beim 90er und 89er wurden jeweils vier Weine mit 100 Punkten und vier Weine mit 98 und 99 P. bedacht, 1982 sechs Weine mit der Höchstpunktzahl sowie immerhin sechs weitere Weine mit 98 und 99 P. Beim 2000er liegen zur Zeit »Momentaufnahmen« vor, eine positive Weiterentwicklung ist denkbar und wahr-

Suckling hat nach eigenem Bekunden in seiner 19-jährigen Laufbahn selten solch gut strukturierte Jungweine verkostet. Er habe noch niemals so viele erstklassige Weine vorgefunden seit den fantastischen Jahrgängen 1990 und 1989. Er sieht diese beiden Jahrgänge aber zur Zeit noch vor dem 2000er.[80]

»Vinum« schreibt u.a. über den 2000er Jahrgang: »Der beste Jahrgang seit zehn Jahren (vielleicht der beste Bordeaux-Jahrgang der jüngeren Weingeschichte), sicher aber der grossartigste Jahrgang, den ich je ›en primeur‹ verkostet habe, ist er tatsächlich.«[81] Im folgenden Heft wird diese Aussage konkretisiert: »Er demonstriert der ganzen Welt, was er wirklich ist, ein großer Wein aus der Cabernet-Sauvignon-Traube. Auf den besten Terroirs erreichte diese Sorte eine Reife und ein Gleichgewicht, wie es auch in Bordeaux selten ist. Daraus resultierten Rekordwerte an Zucker und Tannin bei realtiv ausgeprägter, aber nicht aggressiver, perfekt eingebundener Säure und unglaublich komplexe Fruchtaromen, die in nichts denen der Hitzejahre wie 1989 oder 1990 gleichen ... Die Weine des Jahrgangs 2000 eignen sich daher für lange Lagerung, dürften diesbezüglich dereinst Rekorde brechen – und werden doch schon relativ früh viel Freude machen«.[82]

In »Alles über Wein« wird der 2000er Jahrgang zu »den herausragenden des letzten Jahrzehnts« gezählt und ein Chef-Einkäufer für Wein als einer von vielen Belegen mit der Aussage zitiert: »Wenn selbst Erzeuger wie Rauzan-Gassies und Croizet-Bages gute Qualitäten liefern, dann muss es einfach ein Spitzenjahr sein.«[83]

Gabriel macht beim 2000er eine ähnliche Einschränkung wie Parker: »Für Wein-Wisser ist der Jahrgang 2000 ein sehr grosses Jahr mit sehr grossen Weinen. Doch ganz so euphorisch … sind wir nicht. Ein untrügliches Indiz dafür sind die Höchstnoten: Gerade zwei der 800 degustierten Weine erhielten von WeinWisser 20/20 Punkte.«[84]

Winkleman wahrt die größte Distanz und ist am kritischsten in seiner Beurteilung. »Die Euphorie die im Bordelais herrscht, ist durchaus begründet. Aber übertreiben sollte man auch nicht. In Pomerol waren die 1998er mit nur wenigen Ausnahmen noch besser. Die diesjährigen Médoc-Weine – vor allem die Crus Bourgeois – übertreffen selten die 1995er und 1996er. Am gleichmäßigsten gelungen sind die Weine aus St.-Emilion und Fronsac, die superbsten des Jahrgangs 2000 aber entstanden auf den besten terroirs des Médoc ... In jedem Gebiet gibt es grandiose Erfolge – dort zählen die Weine zu den besten aller Zeiten –, doch auch reihenweise herbe Enttäuschungen. Keine Versager zwar, aber doch eher Langeweiler. Begeisterung kam bei mir nicht auf – wie es bei einem einheitlich großen Jahrgang der Fall sein sollte.«[85]

Aus der Sicht des Handels, der von Berufs wegen jeden Jahrgang nicht nur verbal verkaufen muss, findet der Jahrgang 2000 nahezu uneingeschränkte Anerkennung. Er wird als klassischer Jahrgang gesehen, der alles biete, gute Qualitäten zu günstigen Preisen und Spitzenerzeugnisse zu Höchstpreisen. Die meisten Weine seien authentisch, terroirgeprägt und verfügten über Struktur, Tiefe und Komplexität, wobei die Médoc-Weine sich zusätzlich durch große Finesse auszeichneten. Es gebe beste Qualitäten »auf allen Etagen«, bei den namhaftesten Gütern wie auch bei unbekannteren aller Appellationen. Viele schmeckten heute schon so delikat, wie das in 10 bis 15 Jahren der Fall sein werde.[86]

scheinlich. Der 82er Jahrgang wird immer wieder zum Jahrhundertwein hochstilisiert. Das mag korrekt sein im Hinblick auf die Anzahl der Mega-Weine, die Qualität beim 90er ist nach unserer Ansicht insgesamt besser einzustufen und es gibt kaum dürftige Weine unter den großen Namen. Gleiches dürfte beim 2000er der Fall sein. Parker wiederholt sein begeisterndes Urteil noch einmal in der übernächsten Folge: »2000 is undoubtedly the finest Bordeaux vintage I have ever tasted.« (The Wine Advocate, Folge 136, S. 56.)

80 Vgl. Wine Spectator, 30. Juni 2001, S. 42 u. 44.

81 Rolf Bichsel: Bordeaux 2000 – top! in: Vinum, 5/2001, S. 3.

82 Vinum, 6/2001, S. 54 f.

83 Alles über Wein, 4/2001, S. 53 f.

84 WeinWisser, Nr. 4/2001, S. 1.

85 Alan Winkleman: Bordeaux 2000, in: Wein Gourmet, 2/2001, S. 94 f.

86 Interviews mit Peer Dörpinghaus am 31.08., Christian Leve am 04.09.2001 und Rainer Gill am 27.09.2001. Gill ist alleiniger Geschäftsführer des Kölner Weinkellers und als gelernter Küfer, Winzer und Önologe ein Fachmann, der selbst in Weinberg und Keller gestanden hat.

Auf weitere detailliertere Beschreibungen der Jahrgänge und ihrer klimatischen Gegebenheiten muss im Rahmen des Bordeaux-Kompasses verzichtet werden, sie sind ohnehin in den meisten Bordeaux-Darstellungen enthalten.[87] An ihre Stelle treten in den Anhängen (s. S. 300: »Auswertung der Grand-Cru-Klassen nach Parker- und Gabriel-Bewertungen«) aussagefähige Bewertungen der einzelnen Jahrgänge, die eindeutige oder zumindest graduelle Qualitätseinschätzungen der Jahrgänge im Vergleich miteinander ermöglichen. Jede Jahrgangsbewertung ist hier eindeutig durch einen Jahrgangsmittelwert ausgedrückt.[88]

Jahrgangsbewertungen sind bei Weinliebhabern recht populär, weil sie eine direkte Information über die vermutete Qualität eines Jahrgangs im Vergleich zu einem anderen bieten, auch wenn jedem klar ist, dass sie in ihrer Pauschalität nur oberflächlich sein können. Zu den bekanntesten Bewertungen dieser Art gehören die von Parker und dem »Wine Spectator«[89] Leider sind ihre Berechnungsgrundlagen nicht nachvollziehbar. Jahrgangsbewertungen von 97 oder 98 Punkten fehlt die Plausibilität, denn derartige Globalwerte können unmöglich auf Einzelbewertungen der Châteaux basieren.

87 Zu diesen Themenbereichen enthält z.B. der Taschenführer »Bordeaux« von David Peppercorn präzise Informationen.

88 Nähere Angaben zur Errechnung und Aussagefähigkeit des Jahrgangsmittelwertes stehen in den Erläuterungen zu den Anhängen. (S. 295 ff)

89 Beide schätzen einige Jahrgänge der letzten zwei Jahrzehnte recht unterschiedlich ein, wie auszugsweise folgende »Rangliste« dokumentiert, wobei Parker die Regionen getrennt bewertet hat (St.-Julien/Pauillac/St.-Estèphe; Margaux; Graves; Pomerol; St.-Emilion); sie erscheinen deshalb hier als Mittelwert für den jeweiligen Jahrgang:

	Parker (23.12.2000, S. 64)		**Wine Spectator** (30.06.01, S. 44)	
Platz	**Jahr**	**Punkte**	**Jahr**	**Punkte**
1	1990	94,2	1989	98
2	1982	92,4	1990	97
3	1998	90,4	2000	95–100
4	1995	90,0	1982, 1986, 1995	95
5	1983	89,8	1985, 1988	93
6	1986	89,6	1998	90
7	1989	89,2	1996	87
8	1999	88,6	1983	86
9	1985	88,2	1994	85
10	1996	88,0	1999	82–86
11	1988	87,6	1993	82
12	1994	87,2	1997	81
13	1997	87,0	1987	76
14	1993	85,4	1991, 1992	72
15	1981	83,8	1984	70
16	1987	80,2		
17	1992	77,2		
18	1991	68,0		

Den 2000er hat Parker noch nicht beurteilt, andere Jahrgänge bewertet er wie folgt: 1980: 77,2 P., 1979 u. 1978: 86,0 P., 1975: 87,0 P., 1970: 86,8 P.

Der Wine Spectator beurteilt den Jahrgang 1961 als den besten seit 1945 und adelt ihn mit 99 Punkten.

Parkers Schlüssel:	90 – 100	= die Besten
	80 – 89	= überdurchschnittlich bis exzellent
	70 – 79	= durchschnittlich
	60 – 69	= unterdurchschnittlich

Beim Wine Spectator sind die Bandbreiten-Skalierungen der Jahrgangs- u. Weinbewertungen identisch.

Entwicklungen im Bordelais: Ein- und Ausblicke

Die Preise

Allemal wäre es im Sinne einer umfassenden Produktinformation wünschenswert, Angaben zum Preisniveau der Bordeaux-Rotweine in den jeweiligen Jahrgängen anzubieten. Anstelle detaillierter Preisangaben, die schon nach wenigen Wochen nicht mehr aktuell wären und vor allem den Umfang dieses Buches sprengen würden, können wir nur eine zusammenfassende kritische Betrachtung der rasanten Preis-Entwicklung seit dem Jahrgang 1995 anbieten, die mit den Spitzen-Weinen des Jahrgangs 2000 derzeit auf neue Rekordhöhen geschnellt ist. Doch bleiben wir in der Chronologie. Mit den Subskriptionsangeboten des 1995er Jahrgangs explodierten in bisher noch nicht da gewesener Weise die Preise, die mit dem Folgejahrgang eine nochmalige, in diesem Ausmaß ungeahnte Steigerung erfuhren, obwohl beide Jahrgänge mit Sicherheit nicht als »Jahrhundertjahrgänge« einzustufen sind. »WeinWisser« schrieb zum 1995er damals: »Der Bordeaux-Markt spielt verrückt. Die Preise explodieren ... Zwischen 50 bis 60 Prozent Preisaufschläge verzeichnen Angélus, Mouton, Margaux, Le Pin, Ducru-Beaucaillou.«[90] Mit dem 96er Jahrgang setzte im März/April 1997 ein Kaufrausch ohnegleichen bei Käufern und Spekulanten aus aller Welt ein. Zu den Subskriptionspreisen des 1996ers äußert sich A. F. Winkler: »Es ist ein Wahnsinn, was derzeit auf dem Bordelaiser Weinmarkt abläuft. Die Subskriptionspreise für den 96er sind so hoch wie nie zuvor, obwohl die Qualität dieses Jahrgangs nicht überragend ist. Insgesamt sind die Gewächse aus dem Médoc, die einen höheren Cabernet Sauvignon-Anteil haben, besser zu bewerten als die Merlot-Weine aus St.-Emilion und Pomerol.«[91] Dass der mäßige 97er Jahrgang eine nochmalige Steigerung von 15 bis 30 Prozent erfuhr, war von niemandem vorherzusehen und verdeutlicht die Unverschämtheit der spekulativen Preisgestaltung der Château-Besitzer. Die Jahrgänge 1998 und 1999 stoppten den Preisanstieg und brachten marginale Preissenkungen um jeweils etwa 5–10 Prozent, wobei die erste Liga der Grands Crus inklusive »Garagen«- und Kultweinen sich wie immer ebenso vom Gesamtmarkt abkoppelten wie die 98er Pomerols und St.-Emilions.

Das fieberhafte Warten auf die Eröffnungspreise der 2000er Weine mündete schließlich in einem ekstatischen Käuferverhalten und in Preisexplosionen, wie sie der Handel noch nicht erlebt hat. Nach Peer Dörpinghaus ist es »die hektischste Primeurkampagne« gewesen, die er jemals mitgemacht hat. Er ergänzt, dass trotz der wahnsinnigen Preise der Handel außerordentlich zufrieden sei, denn mit dem 2000er habe man gutes Geld verdienen können. »Die 1er Crus verkauft man immer, egal zu welchem Preis. Man erhält bedauerlicherweise nur nie genug vom Bordelaiser Handel; von den 50.000 georderten 2000er Bouteillen sind ca. zwei Drittel verkauft, darunter alle Châteaux mit besonderer Nachfrage.«[92] Christian Leve, der sich beim 99er Primeur-Geschäft noch resignierend geäußert hatte, bestätigt die Kaufhysterie: »Wir hatten die 15-fache Anfrage gegenüber dem Vorjahr. Es war das hektischste Telefongeschäft ohne Ende, das ich je erlebt habe.«[93] Das Problem des Handels sei gewesen, dass bei weitem nicht alle Kundenwünsche bezüglich der berühmten Châteaux befriedigt werden konnten. Die Kunst des Händlers habe darin gelegen, dem Kunden zu vermitteln, dass es zwischen 20 und 35 DM großartige Weine von einer Qualität gebe, die in 5–6 Jahren nicht mehr zu bekommen seien. So hat LADV u.a. 8.000 Flaschen des Haut-Médoc-Gutes Paloumey verkauft – von 67.000 Flaschen, die es insgesamt gibt –, und 200 Kisten des Fronsac-Weins Moulin Haut-Laroque. Rainer Gill bestätigt, es sei »ein Telefonieren ohne Ende gewesen«. Ein Hauptproblem habe für ihn darin bestanden, bei vielen Stammkunden, die

90 WeinWisser 5/1996, S. 1. Ähnliche Formulierungen sind nachzulesen in »Der Feinschmecker«, 1/1997, S. 106; im »Wine Spectator«, 31.07.1996, S. 10. »Alles über Wein« verwendet die Schlagzeile: »Die Preise für den 95er spielen verrückt« (5/1996, S. 98).

91 WamS, 20.07.1997, S. 43.

92 Dörpinghaus, Interview am 31.08.2001.

93 Leve, Interview am 04.09.2001.

größere Partien subskribieren wollten als in den Jahren zuvor, Verständnis dafür zu erreichen, dass die außergewöhnliche Nachfrage nicht zu decken sei. Alles, was mehr als 94-Parker-Punkte habe, sei gekauft worden. Dabei habe es bei den Preisen »keine Schamgrenze« gegeben.[94]

Die bemerkenswerte Preisgestaltung und -entwicklung der letzten Jahre wollen wir wenigstens ausschnitthaft mit einigen Weinen dokumentieren, die Weinfreunde und wir vor 1997 regelmäßiger subskribiert hatten[95]. Die nachfolgende Übersicht liefert dafür – beginnend mit den 94ern – konkretes Anschauungsmaterial. Zu jedem Château gehören sechs Zeilen: Die drei normal gedruckten Zeilen enthalten Preisangaben in Deutscher Mark, die drei kursiv gesetzten Zeilen Prozentwerte. Horizontal gelesen, werden die Unterschiede zu jedem Folgejahr deutlich, vertikal können die Veränderungen jeweils des betreffenden Jahrgangs abgelesen werden. Die 1. Zeile nennt die Châteaux mit den Subskriptionsangeboten, die 2. Zeile kennzeichnet die Preissteigerungen bzw. -senkungen in Prozenten. Die 3. Zeile, eingeleitet mit »Juni 2000«, gibt die Preise im Vergleich zu den Subskriptionspreisen an, soweit sie uns vorlagen; in der 4. Zeile steht die prozentuale Veränderung gegenüber der Subskriptionsofferte. Die 5. Zeile nennt die im September 2001 geforderten Preise, die 6. fett gedruckte Zeile wiederum in Prozenten die Steigerung oder Minderung gegenüber dem damaligen Subskriptions-Angebot.

Château/Jahrg.	**1994**	**1995**	**1996**	**1997**	**1998**	**1999**	**2000**
Angélus	42,10	69,50	115,00	157,00	146,00	141,00	350,00
	17,9	*65,0*	*65,5*	*36,5*	*-7,0*	*-3,4*	*148,2*
– Juni 2000:	265,00	250,60	174,00	160,80	159,00		
	529,5	*260,6*	*51,3*	*-2,4*	*8,9*		
– Sept. 2001:	145,00	226,00	139,00	180,00	246,00		
	244,4	***225,2***	***20,9***	***15,8***	***68,5***		
Cos d'Estournel	34,10	55,00	105,00	133,50	99,00	83,00	154,00
	12,4	*60,0*	*90,9*	*27,1*	*-25,8*	*-16,2*	*85,5*
– Juni 2000:	125,00	164,70	159,00	123,50	106,70		
	266,6	*199,5*	*51,4*	*-7,5*	*7,8*		
– Sept. 2001:	116,00	185,00	173,00	108,00	108,00		159,50
	240,2	***236,4***	***64,8***	***-19,1***	***9,1***		***3,6***
Ducru-Beaucaillou	39,00	54,05	110,00	110,60	98,00	92,00	162,00
	27,5	*38,6*	*103,5*	*0,5*	*-11,4*	*-6,1*	*76,1*
– Juni 2000:	99,00	208,00	187,90	109,00	98,60		
	153,8	*284,8*	*70,8*	*-1,4*	*0,6*		
– Sept. 2001:	125,00	226,00	167,00	97,00	108,00		189,00
	220,5	***318,1***	***51,8***	***-12,3***	***10,2***		***16,7***
Lafite	73,80	115,00	200,00	236,00	215,00	238,00	439,00
	11,0	*55,8*	*73,9*	*18*	*-8,9*	*10,7*	*84,5*
– Juni 2000:	232,00	390,00	501,10	278,00	278,40		
	214,4	*239,1*	*150,6*	*17,8*	*29,5*		
– Sept. 2001:	230,00	415,00	578,00	228,00	399,00	298,00	590,00
	211,7	***260,9***	***189,0***	***-3,4***	***85,6***	***25,2***	***34,4***

94 Gill, Interview am 27.09.2001.

95 Es handelt sich um Subskriptionsangebote und Preise folgender Firmen: Globus, St. Wendel; LADV, Köln; C&D Meckenheim/Köln; FUB, Köln; Le Monde des Grands Bordeaux, Château Classic, Bordeaux; Kölner Weinkeller; Mövenpick Weinland, Dortmund; Gute Weine - Heiner Lobenberg, Bremen; Bacchus-Vinothek, Weinhandlung Grimm, Rottweil. Als Médoc-Freaks haben wir unseren Geldbeutel mit Saint-Emilion- und Pomerol-Gewächsen (bis auf die 93er und 94er Angélus) nicht belastet. Ab dem 1997er Jahrgang haben wir von den auf der nächsten Seite aufgeführten Weinen nur noch Léoville-Barton und Poujeaux subskribiert.

Château/Jahrg.	1994	1995	1996	1997	1998	1999	2000
Léoville Barton	30,30	43,70	85,00	75,00	70,00	70,00	99,00
	12,2	*44,2*	*94,5*	*-11,8*	*-6,7*	*0,0*	*41,4*
– Juni 2000:	94,50	124,00	126,40	74,00	96,00		
	211,9	*183,8*	*48,7*	*-1,3*	*37,1*		
– Sept. 2001:	135,00	173,00	126,00	67,30	98,60	106,00	220,00
	345,5	***295,9***	***48,2***	***-10,3***	***40,9***	***51,4***	***122,2***
Léoville Las Cases	46,00	89,00	190,00	236,00	175,00	151,00	259,00
	29,6	*93,5*	*113,5*	*24,2*	*-25,8*	*-13,7*	*71,5*
– Juni 2000:	141,50	235,00	375,00	225,00	179,20		
	207,6	*165,0*	*97,4*	*-4,7*	*2,4*		
– Sept. 2001:	145,00	230,00	345,00	191,00	190,00	180,00	295,00
	215,2	***158,4***	***81,6***	***-19,1***	***8,6***	***19,2***	***13,9***
Margaux	78,80	120,00	205,00	280,00	215,00	240,00	439,00
	11,0	*52,3*	*70,8*	*36,6*	*-23,2*	*11,6*	*82,9*
– Juni 2000:	272,60	527,80	504,60	264,50	249,00		
	245,9	*39,9*	*146,1*	*-5,5*	*15,8*		
– Sept. 2001:	272,00	598,00	597,00	248,00	348,00		ca. 800,00
	245,2	***398,3***	***191,2***	***-11,4***	***61,9***		***über 80***
Poujeaux	21,30	24,15	32,00	39,90	38,00	35,00	39,00
	7,6	*13,4*	*32,5*	*24,7*	*-4,8*	*-7,8*	*11,4*
– Juni 2000:	45,80	55,00	49,00	39,50	38,60		
	115,0	*127,7*	*53,1*	*-1,0*	*1,6*		
– Sept. 2001:	49,00	74,00	66,50	39,00	45,00	42,00	51,00
	130,0	***206,4***	***107,8***	***-2,3***	***18,4***	***20,0***	***30,8***

Liest man die Tabelle zunächst in horizontaler Richtung, fallen die kolossalen Preissprünge sofort ins Auge: Vom Jahrgang 94 zum Jg. 95 beträgt die Verteuerung ca. 57 Prozent, etwa gewaltige 80 Prozent sind es von 95 nach 96 und von 96 nach 97 durchschnittlich 20 Prozent, was vielleicht am unbegründetsten und ärgerlichsten anmutet. Der Jahrgang 1998 brachte eine Preiskorrektur nach unten von ungefähr 10 bis 20 Prozent. Beim 99er Jahrgang lag das Preisniveau gegenüber dem 98er um etwa 10 Prozent niedriger mit Ausnahme der 1er Crus. Die Preise der Weine des 2000er Jahrgang stiegen dann bei den 1er und 2er Crus raketenhaft um rund 75 Prozent, eine wahrlich horrender Preisanstieg, dessen Ende noch gar nicht abzusehen ist. Vertikal gelesen, stellt man überrascht fest, dass viele 96er, 97er, 98er – die 99er sowieso – billiger zu haben sind als die 2000er.

Bei genauerer Betrachtung fällt des Weiteren u.a. auf, dass im Vergleich zu den 97er Offerten das Preisspektrum der beiden folgenden Jahrgänge 1998 und 1999 zwar eine deutlichere Tendenz nach unten aufweist, die aber damals wie heute kaum Trost spenden kann, weil die Weine der drei vergangenen Jahrgänge in der Subskription maßlos überteuert gewesen sind und das Doppelte bis Dreifache der »En-Primeur«-Preise des qualitätsmäßig vergleichbaren 94ers gekostet haben. Weiteren Aufschluss bietet die Gegenüberstellung der gegenwärtigen Notierungen der Weine des 97er Jahrgangs (Sept. 2001) zum einen mit den damaligen Subskriptionspreisen (vertikal betrachtet), zum anderen mit den jetzigen Angeboten für Weine der 95er und 96er Jahrgänge (horizontal): Es hat sich, was wir schon in der 4. Auflage vehement vertreten haben und vor mehr als einem Jahr noch wie eine Fehleinschätzung aussah, für Geldanleger nicht gelohnt, 1997er Weine zu subskribieren. Genießer sollten jetzt die delikatesten unter den 97ern erwerben, denn die heutigen Marktpreise liegen mindestens 10–15 Prozent unterhalb der damaligen En-Primeur-Angebote. Auszunehmen hiervon sind die Premiers Grands Crus sowie die raren und hoch bewerteten »Mikroweine« aus St.-Emilion und Pomerol.[96] Wir

96 Die Ausnahme von der Regel: Der Kaufhof in Köln hat am 25.09.2001 den 97er Latour für DM 173,25 angeboten, der Subskriptionspreis lag bei 245 DM. Das sind 30 Prozent Unterschied!

sind auch nach wie vor der Auffassung, dass es bis auf die vorgenannten Weine kaum Gründe für den Konsumenten gab, für 1999er Weine Geld bis ins Frühjahr 2002 festzulegen. Sie werden später höchstwahrscheinlich zum gleichen Preis oder etwas günstiger zu haben sein, zumal 97er und 98er Bordeaux noch im Überfluss vorhanden sind und ihnen mit dem 2000er ein großartiger Jahrgang gefolgt ist.

Welch ein Kontrast des 2000er-Primeur-Handels zu dem des Vorjahres! Vergeblich wurde der 1999er zum letzten Jahrgang des Jahrtausends hochstilisiert. Das bestätigte während einer Umfrage im vergangenen Jahr über das Subskriptionsgeschäft mit dem 99er Jahrgang Christian Leve (LADV). Er konstatierte, eine Nachfrage sei zwar vorhanden, aber sehr am Preis orientiert, doch eigentlich sei die Subskription wegen der nur unbedeutend gesunkenen Primeur-Preise »kein Geschäft mehr; nur wenn wir es nicht machen, machen es andere«.[97] Peer Dörpinghaus (C&D)[98] und Rainer Gill (Kölner Weinkeller) äußerten sich positiver: Man sei zufrieden mit dem Subskriptionsgeschäft, die Umsätze seien um mindestens 20 Prozent gegenüber dem Vorjahr gestiegen. Dörpinghaus fügte hinzu, sie hätten sich beim 99er stärker engagiert als bei den beiden Jahrgängen zuvor. Alle drei beobachteten im Ganzen eine sich ausweitende Konkurrenz für das Bordelais durch Weine aus Südafrika, Spanien, Australien und Südfrankreich, die nach internationaler Stilistik früh genussreif, frucht- und körperbetont vinifiziert und preisgünstiger seien. Auf einen möglichen Preiseinbruch der 97er Weine angesprochen, meinte man übereinstimmend, die Läger seien zwar voll, was die Liquiditätsseite schwer belaste, aber man sei entschlossen, es »auszusitzen, so lange es gehe«. R. Gill sagte ergänzend, der 97er Jahrgang sei für die Händler ein »Euphorie-Jahrgang« gewesen, denn man habe geglaubt, der Kaufrun, den man auf die 95er und 96er erlebt habe, würde sich auch auf die 97er Weine fortsetzen. Das große Erwachen sei eingetreten, als die hohen Erwartungen durch die Qualitätsprognosen und die reduzierten Parker-Bewertungen enttäuscht worden seien. Der 97er Jahrgang sei »eben ein schnell reifender Jahrgang, ein Schmeichler für heute und morgen, aber nicht mehr für übermorgen und daher für Anleger und Sammler uninteressant«.[99]

Hinterfragt man, wieso der 2000er Jahrgang zum teuersten Weinjahrgang in der Geschichte des Bordelais werden konnte, stößt man auf ein Bündel von Gründen. So gab es einmal eine weltweite Faszination für einen Jahrgang mit drei Nullen, was sich bekanntlich nur alle tausend Jahre wiederholt. Sie wurde zudem bereits zwei Monate vor der üblichen Preisbekanntgabe durch wilde Spekulationen in den Print-Medien angeheizt, ob denn angesichts der zu erwartenden herausragenden Qualität, die in Richtung solch großer Jahrgänge wie '47, '82 und '90 weise, die 1.000-Francs-Grenze pro Flasche für einen 1er Cru fallen werde. Die Presse überschlug sich mit Lobeshymnen, und alle wollten wieder dabei sein, sogar diejenigen, die sich vor Jahren wegen des Preiswahnsinns von den Weinen des Bordelais verabschiedet hatten. Auch wir wurden vom Nachfragefieber ergriffen und bemühten uns ständig – lange vor Drucklegung der Subskriptionslisten – um insgesamt sechs Weine: Citran, Charmail, La Tour de By sowie vor allem Troplong-Mondot, Calon-Ségur und Léoville-Barton. Von den beiden Letztgenannten waren wochenlang gar keine Preise und Zuteilungsmengen zu erfahren. Allmählich kristallisierte sich heraus, dass wir überglücklich sein müssten, wenn wir maximal drei Kisten von jedem dieser Weine erstehen könnten. Während die weniger namhaften Châteaux und die Crus-Bourgeois-Güter rechtzeitig mit ihren Eröffnungspreisen auf den Markt kamen und mit Erhöhungen von 5–15 Prozent gegenüber den 99ern operierten, was zu diesem Zeitpunkt als recht maßvoll und vernünftig angesehen wurde, eröffneten die 1er und 2er Crus die 2000er Primeurkampagne so spät wie noch nie.[100] La Conseillante war wohl

97 Leve, Interview am 06.07.2000.

98 Dörpinghaus, Interview am 18.07.2000.

99 Interview mit Rainer Gill am 19.07.2000.

100 Vinum schreibt in der Juni-Ausgabe, dass zur Zeit der Drucklegung des Heftes erst zwei Dutzend Güter mit Preisen auf dem Markt seien, die im Schnitt 5–10 Prozent über denen des Vorjahres lägen. Daraus wird folgende Preisprognose abgeleitet: »Doch die Preis-

das erste ernst zu nehmende Château, so Dörpinghaus, »das Anfang Juni Flagge zeigte und mit einer Preissteigerung von 70 Prozent gegenüber dem 1999er aufwartete. Damit waren die Hemmungen für satte Preiserhöhungen beiseite gefegt worden.«[101] Und wahrhaftig gaben erst kurz vor der Eröffnung der Vinexpo (16. bis 21.06.2001) die 1er Châteaux ihre unfassbaren Ausgabepreise bekannt, die schon für die 1. Tranche zwischen 60–75 Prozent über denen des Vorjahres lagen. Parker geißelt dieses Preisgebaren zutreffend: Man sei entsetzt, wenn man sehe, welche Preise einige Châteaux für ihre Primeurs erzielten. Die Ironie sei, dass der 2000er Jahrgang eine Menge beeindruckender Weine zu günstigen Preisen biete, aber die Spitze der Pyramide sei explodiert. Man könne bei diesen Wahnsinnspreisen glatt vergessen, dass auch die roten Bordeaux ein Getränk seien, das man während des Essens genieße.[102]

Fernerhin betrieben einige berühmte Spitzen-Châteaux Werbung in eigener Sache. So bekundeten Cheval Blanc und Margaux, sie hätten den besten Wein seit 1947 gemacht, was vermutlich sogar stimmt. Beide Weine sind zwischenzeitlich preislich total abgehoben, für eine Flasche 2000er Margaux soll man, wenn sie überhaupt erhältlich ist, DM 550–650 berappen und für Parkers Lieblingswein 1.000 DM.

Drei andere Gründe für die ungezügelte Nachfrage und die exorbitanten Preise, die immer wieder genannt werden und die viele am eigenen Geldbeutel erfahren haben, sind die Parker-Bewertungen als Katalysator für die Preisbildung, die starke US-Währung, die einen ungezügelten Appetit der Amerikaner nach hervorragenden 2000er Bordeaux zur Folge hatte, und drittens, was relativ neu ist in diesem Ausmaß, die vorsätzliche Beeinflussung des Marktes durch die Masche mit den Tranchen[103]. »Früher musste man mit zwei Tranchen rechnen, jetzt sind es bereits bei einigen 1er Crus vier, wobei ca. 10–20 Prozent der Ernte immer noch zurückgehalten werden«, formuliert Leve.[104] Tatsächlich kamen »tröpfchenweise« die Partien auf den Markt, teils gesteuert durch die Château-Besitzer, teils – wie das Beispiel Léoville Barton besonders krass zeigt[105] – durch die Négociants. Kam schon das erste Angebot (1. Tranche) in winzigen Mengen und teuer heraus, um die Nachfrage zu erhöhen, geschah Gleiches mit der 2., der 3. und der 4. Tranche mit jeweils gesteigerten Preisen, wobei nicht selten bereits die 3. Tranche

treiberei könnte bald ein Ende finden. Erste Indizien kommen von der Primeurfront in Bordeaux. Diejenigen Güter, die bereits ein Angebot gemacht haben, passten ihre Preise in den meisten Fällen nur leicht an und blieben gar unter den Primeurnotierungen des 1997ers. Dass die Besitzer so viel Vernunft ausgerechnet in einem Jahr an den Tag legen, dass nicht nur einen grossen Symbolwert (Millenniumswein) aufweist, sondern qualitativ auch zu den allerschönsten gehört, will schon was heißen.« (Vinum, 6/2000, S. 3.) Auf Seite 55 legt man sich dann preislich fest: »Gute Weine wird man ab 30 Mark pro Flasche subskribieren können, die besten Gewächse werden einmal mehr die 200-Mark-Schallmauer übersteigen.« Als drei Wochen später die Preise bekannt wurden, war diese Grenze mit DM 400 für die 1er Crus buchstäblich pulverisiert worden.

101 Interview mit Dörpinghaus am 31.08.2001.

102 The Wine Advocate, Folge 136, 31.08.2001, S. 56.

103 Als »Tranche« wird im Weingeschäft ein geringer Teil der produzierten Weinmenge einer Ernte bezeichnet, der in den Handel kommt.

104 Leve-Interview am 04.09.2001.

105 Antony Barton, der Besitzer des berühmten Deuxième-Cru-Château, ist derjenige in der Vergangenheit gewesen, der am zurückhaltendsten mit eventuellen Preiserhöhungen umgegangen ist, was auch obige Übersicht darlegt. Selbst seinen großartigen 2000er übergab er zum gleichen Preis wie den 1999er dem Handel in Bordeaux. Und als danach die Parker-Bewertung von 96–99+ Punkten als Sensation einschlug, machten die Négociants das Geschäft ihres Lebens. Täglich erhöhten sich die Preise, die mit ca. 89 DM starteten und heute bei DM 220 pro Flasche stehen. Wir haben übrigens mit Mühe und Not drei 6er Kisten für 99 DM/Flasche ergattert. Verständlicherweise behandeln Händler die Kunden bevorzugt, die seit Jahr und Tag – selbst in schwächeren Jahrgängen – für beträchtliche Summen Spitzenweine subskribieren. Nebenbei bemerkt, bei Internet-Händlern wie ChâteauOnline oder Millésima suchte man Top-Weine ebenfalls vergeblich. Es gab den einen oder anderen, z.B. Lafite und Mouton, die indes preislich weit oberhalb der Angebote der uns bekannten Weinhändler lagen.

mit mehr als 50 Prozent über der ersten lag. Diese künstliche Verknappung durch Tranchenmanipulation apostrophiert Parker als »inexcusable« und »disgusting«[106], was im ersten Fall »unverzeihlich«, »unverantwortlich« heißt, im zweiten soviel wie »widerlich«, »abscheulich«, »entsetzlich«, »schrecklich«. Leve sieht noch einen weiteren Grund, warum trotz der stratosphärischen Preise gekauft worden ist wie noch nie. Die angestammten Kunden wüssten, dass der Euro vor der Türe stehe, der eine rechtzeitige Trennung von der D-Mark bedeute, und dass »auf dem Aktienmarkt in den nächsten zwei Jahren kaum Geld zu verdienen« sei. Niemand wisse zudem, wie sich Euro und Dollar entwickeln würden. So sei »der 2000er vom Markt weg verkauft worden. Rote Bordeaux als Anlagegeschäft rechnen sich für den 2000er wieder. Es wird deshalb kein spekulatives Nachgeschäft geben. Die Angebotslisten der Négociants bieten nur noch schwächer bewertete Weine.«[107]

Schaut man sich die Preissteigerungen bei den Jahrgängen 96, 95 und sogar 94 mit den zu errechnenden Renditen genauer an (letzte, fett und kursiv ausgelegte Zeile der Tabelle), wird vielleicht manch einer sehr bedauern, sein Geld nur in Aktien angelegt zu haben, zumal diese keinen Trinkgenuss bescheren.[108]

Führt man sich darüber hinaus die internationalen Auktionspreise für ausgesuchte Top-Gewächse des Bordelais aus früheren sehr guten Jahrgängen zu Gemüte, muss man erstens zur Kenntnis nehmen, dass man gleichfalls sehr viel Geld hätte verdienen können, wenn man vor Jahrzehnten die Möglichkeit und den Wagemut zur Investition in die absoluten Spitzenweine in größeren Mengen gehabt hätte; zweitens kann man feststellen, dass die fortwährend geäußerte These zutreffend ist, Parker-Bewertungen beeinflussten entscheidend die Preise. In der Tat, alles was er mit 95 Punkten und mehr bedacht hat – die 100-Punkte-Weine nehmen in der Preishierarchie meist die Spitzenposition ein –, erzielen deutlich höhere Notierungen als die schwächer bewerteten Weine. Das soll nachfolgende Aufstellung belegen:[109]

106 The Wine Advocate, Folge 136, 31.08.2001, S. 56.

107 Leve, Interview am 04.09.2001.

108 Vor ca. fünf Jahren hat die Literatur begonnen, sich des Weininvestments anzunehmen und gute Ratschläge feilgeboten. Vgl. z.B. Schubert: Weininvestment, 1996; Kriener: Geld stinkt nicht, in: Süddeutsche Zeitung, Magazin vom 06.02.1998, S. 12–18. – Dass das alles so neu nicht ist und Bordeaux in gewissen Abständen einem Spekulationsrun ausgesetzt ist, hat bereits Jens Priewe in Vinum 5/1984 (S. 24–28) vor 17 Jahren aufgezeigt. In seinem Artikel »Das flüssige Gold« weist er auf die immensen Renditen (und riesigen Verluste) hin, die mit roten Bordeaux-Spitzenweinen erzielt werden können. »Bordeaux-Weine sind die einzigen geblieben, mit denen in derart großem Stil spekuliert werden kann« (ebd. S. 26). Er beklagt die exorbitanten Preiserhöhungen bei der Subskription des damaligen 1982ers im Vergleich zum 1981er und moniert: »Die Château-Besitzer tun alles, um ihre treuesten Kunden loszuwerden« (ebd. S. 26). Wie wahr und aktuell! – Zu Anfang des vorigen Jahres forderte Hardy Rodenstock die Manager, die in den vergangenen zwei Jahren Weinfonds aufgelegt haben, zu einer Wette heraus: Für 25.000 DM sollten diese und er rote Bordeaux des Jahrgangs 1998 ordern. Er würde dann nach Abfüllung der Weine auf einer Auktion bei Chriestie's »mit Sicherheit die größeren Gewinne realisieren.« (Vgl. Wein Gourmet, 1/2000, S. 130). Wir würden jederzeit auf ihn setzen. – Der neueste Weinfond, eröffnet von Blue Capital in Hamburg, einer Tochtergesellschaft der Vereins- und Westbank AG, bietet Privatleuten mit einer Beteiligungsgröße von wenigstens 30.000 DM eine Anlagemöglichkeit für 100 Rotweine der Jahrgänge 1999 und 2000 an. Der Fond ist mit einem Volumen von rund 10 Millionen DM aufgelegt. In maximal sieben Jahren rechnet man mit einer erheblichen Wertsteigerung. Entscheidend dafür ist, dass Weinexperten Weine von Châteaux mit hervorragendem Image aus guten Jahrgängen zu günstigen Preisen per Subskription eingekauft haben, die zudem noch hohe Parker-Bewertungen aufweisen. Vgl. Julia Klöckner: Wertanlage, in: weinwelt, 4/01, S. 34 f.

109 Die Preisangaben stammen aus dem Wine Spectator vom 30.09.2001, S. 124–125. Sie beziehen sich immer auf die Preisangabe für eine Normalflasche. Es handelt sich um Durchschnittspreise von Auktionen im 2. Quartal 2001 bei Christie's und Sotheby's in London, Butterfield, Chicago, New York. Die Preise sind in der Quelle in US-Dollars angegeben. Die Auktionsergebnisse erzielen in den USA verständlicherweise wegen des starken

Château/Jg.	Parker-Punkte	Dollar/Flasche	DM/Flasche	Jahresproduktion (Kisten)
Cheval Blanc:				
1982	100/99	642	1.433	10.000
1989	89	172	384	
1990	99	492	1.098	
1961	93	593	1.324	
Haut Brion:				
1982	94	239	533	18–22.000
1989	100	398	889	
1961	100	809	1.806	
Lafite:				
1982	100	408	911	40.000
1989	90+	171	382	
1961	84	449	1.002	
Latour:				
1982	100	515	1.150	33.000
1989	89	155	346	
1961	100	1.462	3.264	
Margaux:				
1982	98+/94	386	862	34.000
1989	89	183	408	
1990	100	405	904	
1961	93	607	1.355	
Mouton:				
1982	100	438	978	25.000
1989	90	163	364	
1990	87	152	339	
1961	98?	556	1.241	

Hier wird u.a. die Sonderstellung des 1961er Jahrgangs sichtbar, ohne dass innerhalb des Jahrgangs die Parker-Bewertungen außer Kraft wären. Diese Notierungen der Premiers Grands Crus nehmen sich indessen geradezu bescheiden aus im Vergleich mit einem der seltensten und renditeträchtigsten Supertropfen dieser Welt: Pétrus. Bei diesem Pomerol-Wein kommt all das zusammen, was Spitzenweine zu Kultweinen macht: hervorragender Trinkgenuss bereits im frühen Stadium, eine in großen Jahrgängen schier unbegrenzte Reifungsmöglichkeit, begrenzte Menge, gekoppelt mit immenser Nachfrage und hohen Bewertungen über Jahre hinweg.

Château/Jg.	Parker-Punkte	Dollar/Flasche	DM/Flasche	Jahresproduktion (Kisten)
Pétrus:				
1982	98	1.445	3.226	3.000
1985	88	572	1.277	
1990	100	1.178	2.630	
1961	100	3.259	7.276	

Die Ursachen für diese Haussen sind vielfältig. Allerorten werden am häufigsten für die Preistreibereien eine explosionsartig gestiegene weltweite Nachfrage für die großen Bordeaux-Jahrgänge in Verbindung mit einem geografisch limitierten Angebot verantwortlich gemacht. Dazu orderten neue Käuferschichten aus China, Hongkong, Japan, Russland alles, was rot, gut, langlebig und teuer ist, wodurch in den klassischen Importländern für große Bordeaux wie Schweiz, Großbritannien, Belgien, Deutschland, USA die Zuteilungen an die dortigen Händler zurückgegangen sind, ohne dass das Interesse in

Dollars gegenüber dem britischen Pfund viel höhere Ergebnisse. Zum leichteren Vergleich haben wir sie in D-Mark pro Flasche umgerechnet. Der Kurs betrug bei der Sparda Bank Köln am 17.09.2001 DM 223,268 für $100.

den letztgenannten Ländern stagniert. Zudem wird der Markt – wir haben oben darauf verwiesen – zusätzlich durch die Hand in Hand arbeitenden Château-Besitzer und Négociants manipuliert und durch das Instrument der aufeinander folgenden Tranchen künstlich restriktiv verknappt. Außerdem führt das gestiegene Qualitätsbewusstsein vieler Weingüter zu drastischen Reduzierungen des Hektoliter-Ertrags pro Hektar, was wiederum zu einer Verringerung und gleichzeitigen Verteuerung des verfügbaren Weins führt, hinsichtlich seiner Qualität aber zu einer Verdichtung der Wein-Komponenten und damit zu hohen Bewertungen durch Parker.

Über weitere Gründe für die starke Rotweinnachfrage und die daraus resultierenden Preisexplosionen mag man spekulieren. Mit einiger Sicherheit kann man annehmen, dass durch die Publikationen zahlreicher medizinischer Studien der letzten Jahre über die gesundheitsfördernden und heilenden Wirkungen des moderaten, regelmäßigen Weingenusses das Interesse am vergorenen Rebensaft sprunghaft angestiegen ist.[110] Danach sollen moderate Weintrinker gesünder und länger leben. Geradezu sensationell mutet an, dass in den USA auf etikettierten Weinflaschen die amerikanische Gesundheitsbehörde auf den Zusammenhang von Wein und Gesundheit hinweist. Ausgerechnet das Mutterland der Prohibition liefert Weinfreunden eine wissenschaftlich abgesichert erscheinende Legitimation für ihr Hobby!

Für den Preisboom mitverantwortlich sind zweifelsohne die gestiegene Anzahl leidenschaftlicher Weinsammler bzw. deren Bereitschaft, Riesensummen auszugeben[111], ebenso wie die Erkenntnis einer neuen Genießer-Generation, für die Wein unverzichtbar zum Lifestyle gehört und das Hauptinteresse generell den guten und großen Weinen dieser Erde gilt.

Wir vermuten und hoffen unverdrossen, dass in der nächsten Zeit ein spürbares Absinken der Preise bei den 1999ern, 1998ern und den nach wie vor überteuerten 1997ern eintreten wird. Die Händler haben ihre Läger reichlich mit dem zu teuer eingekauften 97er Jahrgang gefüllt und werden sehr wahrscheinlich diese Kapitalbindung nicht

110 Seit Mitte der achtziger Jahre haben dutzende von internationalen Langzeitstudien und wissenschaftlichen Analysen, die fast ausnahmslos mit Rotweinen durchgeführt wurden, die Erkenntnis untermauert, dass maßvoller Weingenuss der Gesundheit zuträglich ist. So sollen bestimmte Weininhaltsstoffe wie der Pflanzenfarbstoff Anthozyan die Durchblutung fördern, das Quercetin Blutdruck und Cholesterinspiegel senken, das Resveratrol das Wachstum von Krebszellen und Entzündungen in den Gefäßen hemmen. Zu diesem Thema hat das Buch des Ernährungswissenschaftlers Dr. Nicolai Worm, Täglich Wein. Gesünder leben mit Wein und mediterraner Ernährung (Bern 1997) großes Aufsehen erregt. Worm hat die neuesten wissenschaftlichen Erkenntnisse und Forschungsergebnisse zum Thema Wein und Gesundheit aufgearbeitet, allgemein verständlich in lockerem Stil zusammenfassend dargestellt und mit vielen Belegen nachgewiesen, dass dem Wein eine präventations-medizinische Sonderrolle zukommt. Das überrascht den Weingenießer weniger, hat er doch immer schon den Wein-Lobliedern der Philosophen und Ärzte des Altertums vollinhaltlich geglaubt. Dass hingegen völlige Alkohol-Abstinenz riskant sein soll, dürfte viele verblüffen, weniger freilich, dass Alkohol-Missbrauch noch riskanter ist. – Teilnehmer an Weinproben, die glauben, mit dem Fahrzeug fahren zu müssen, sollten die seit dem 01. April 2001 geltende Obergrenze von 0,5 Promille Alkohol im Blut und folgende Zahlen beachten: »Eine Frau kann bereits nach drei und ein Mann nach vier Gläsern Wein rund 0,75 Promille Alkohol im Blut haben. Bei einem Alkoholabbau von durchschnittlich 0,15 Promille pro Stunde benötigt man fünf Stunden bis zu Nüchternheit.« (Dr. Wolfgang Thomann: In Wahrheit ist im Wein Gesundheit und Genuss, in: selection, 02/2001, S. 85.)

111 Im März, Mai und Juni 2001 wurden auf Auktionen in den USA folgende Preise erzielt: Je 1 Kiste mit 12 Normalflaschen erbrachten folgende Erlöse: 1990er Pétrus $18.875, 1982er Cheval Blanc $ 9.200, 1982er Mouton Rothschild $ 7.475. 2 Flaschen 1945er Mouton Rothschild erzielten $ 6.900, 24 halbe Flaschen 1959er Latour $ 9.200, 8 Flaschen 1928er Latour $ 19.550. Einzelflaschen wurden wie folgt notiert: 1 Magnum 1945er Haut Brion $ 5.520; 1 Normalflasche 1961er Latour $ 1.917, 1 Normalflasche 1961er Pétrus $ 4.313, 1 Impériale (Fassungsvermögen: 8 Normalflaschen) 1961er Latour $ 21.850. Vgl. dazu Wine Spectator, 30.06.2001, S. 111, 31.07.2001, S. 115 sowie 31.08.2001, S. 201.

mehr lange aushalten können. Teilweise sind schon die Preise für Weine dieses Jahrgangs deutlich gesenkt worden. Der Kult mit dem Jahrgang 2000 auf den Etiketten und seinen hervorragenden Qualitäten hat das Kaufinteresse entfacht und bei den meisten Weinen zu verhaltenen, bei den nachgefragten Spitzenweinen zu katastrophalen Preissteigerungen geführt, was wiederum eine Selbstregulierung der Preise bei den 97ern, 98ern und eventuell 99ern Weinen nach sich ziehen könnte.[112] Preisreduktionen hingegen bei den limitierten Flaschenproduktionen der »Glamour- und Boutiquenweine« St.-Emilions und Pomerols sowie den Premiers Grands Crus des Médoc wird es nur in Ausnahmefällen geben. Gleiches wird vermutlich für die Weine des Jahrgangs 2000 zutreffen, in erster Linie dann, wenn die Qualität des 2001er Jahrgangs mittelmäßig ausfallen sollte: Die klassifizierten Gewächse werden ihre Preise zum Mindesten halten, die Top-Crus noch teurer werden, wenn sie sich auf dem befindlichen hohen Niveau weiter positiv entwickeln, und die guten und sehr guten Crus Bourgeois werden zu den überwiegend relativ günstigen Subskriptionspreisen nicht mehr zu erwerben sein. Eine Prognose der Preisentwicklung des kommenden 2001er Jahrgangs wagen wir zu diesem Zeitpunkt nicht.

Manipulationen durch kellertechnische Maßnahmen

Viele Bereiche des Lebens unterliegen modischen Einflüssen des Zeitgeschmacks, die Länge der Damenröcke gleicherweise wie der Stil des Weins oder bestimmte Rebsorten. Wein ist nun mal als Nahrungs- und Genussmittel vom Zeitgeist abhängig. Wurden ehemals Leichtigkeit und Eleganz favorisiert, Alkohol und Wucht als zu derb und plump abgetan, so ist seit mehr als zehn Jahren eine entgegengesetzt verlaufende Popularisierung und Globalisierung des Geschmacks zu beobachten. Damit geht eine Stilrichtung in der Vinifikation einher, die vorzugsweise an den Wünschen des Publikums und dem Gusto einflussreicher Degustatoren ausgerichtet ist und überregional von önologischen Trendsettern – sog. »flying winemakers« – lanciert wird: Es sind alkoholreiche, tieffarbige, hoch konzentrierte Gewächse mit intensiver Frucht, massigem Körper und weichen Tanninen, die bereits in ihrer Jugend ausgezeichnet schmecken. Die Weine können nicht fett und fleischig genug sein; »es muss im Glas und am Gaumen krachen, sonst nimmt keiner den Wein ernst«.[113] Davon betroffen sind nicht allein die oft zitierten Weine der »Neuen Welt« mit den Mode-Rebsorten Chardonnay, Cabernet Sauvignon und Syrah, die seit ca. fünfzehn Jahren verstärkt global angebaut werden und ohne Ausnahme aus Frankreich stammen[114], sondern in gleichem Maße viele Rotweine berühmter Bordeaux-Appellationen.

Angesichts dieser Diagnose hat verstärkt ein Wehklagen in diversen Weinmagazinen sowie unter Bordeaux-Kennern eingesetzt. Die Traditionalisten, die Verehrer der Weine des alten Stils, befürchten wesensverändernde Eingriffe durch neue Technologien, bejammern den Verlust von Authentizität und Typizität; sie vermissen den gewohnten Entwicklungs- und Reifungsprozess, der sich über viele Jahre hinzieht und schlussendlich ein überwältigendes Geschmackserlebnis bietet, wenn der behütete edle Tropfen seine Metamorphose vollzogen hat vom anfänglich schwer zugänglichen, eckigen, komplizierten Jungwein mit schlummernder Größe hin zum Terroir geprägten, harmonisch gereiften, fi-

112 Ähnliches passierte mit den 72er Weinen, die, obwohl von sehr schwacher Qualität, teurer waren als die 1970er und 71er. Der Markt brach ebenfalls zusammen, als die Weine des äußerst mäßigen Jahrgangs 1984 gegenüber den guten 83ern zu teuer offeriert wurden.

113 Julia Klöckner: Kunstprodukt Wein? in: weinwelt, 3/2000, S. 37.

114 Vgl. Vinum, 9/2000, S. 22–32. Thomas Vaterlaus verweist in seinem Artikel »In der Sackgasse« zu Recht darauf, dass die o.g. Rebsorten durch ihren »Aufstieg zu internationalen Modeartikeln« und die damit verbundene »ungehemmte Verbreitung … viel von ihrem Mythos eingebüßt« hätten (S. 25). Das trifft inzwischen gewiss für Weine aus der Chardonnay-Rebe zu, deren man immer öfter überdrüssig wird: In zahllosen industriell gefertigten Versionen sind sie geschmacklich geglättet und bis zur Unkenntlichkeit nivelliert worden und daher allzu oft zu einem bedauerlichen Abklatsch der Weine der ursprünglichen Herkunftsregion verkommen, dem Burgund.

ligranen, geschmeidigen und komplexen Wein von hoher Reintönigkeit und Bekömmlichkeit. Sie kritisieren im Gegensatz dazu die »Fruchtbomben«[115] und »Wuchtbrummen«, die zuweilen personifizierend mit dem Attribut des Erotisch-Attraktiven dekoriert und als »sexy« eingestuft werden. Zur Erzeugung derartiger Weine ist in der finalen Phase der Weinbereitung durch kellertechnische Möglichkeiten auf High-Tech-Niveau eine Manipulation in Gang gekommen, die eine »Mostkonzentration« zum Ziel hat und als »forcierte Extraktion« bezeichnet werden kann. Bei den drei zur Zeit üblichen Verfahren – Vakuum-Verdampfung, Umkehr-Osmose, Kyro-Extraktion[116] – wird dem Most Wasser entzogen. Auf diese Weise entstehen diese »Blockbuster«-Weine, wie Parker sie lobpreist, die unmittelbar nach der Flaschenfüllung schon Trinkgenuss bescheren sollen und des öfteren durch übertriebenen Wasserentzug des Mostes eine zu intensive Verdichtung aller Inhaltsstoffe erfahren haben. Das dadurch entstandene Übermaß an allem, an Alkohol, Frucht, Körper, Mineralstoffen, Säuren, Tanninen, führt im besten Fall zu einer beeindruckenden, aber erschlagenden Geschmacksfülle, die nach wenigen Schlucken Sättigung bewirkt. Doch da auch die unreifen und fehlerhaften Komponenten verdichtet werden, können sie unangenehm in den Vordergrund treten und den Wein gänzlich unharmonisch machen. Hätte man auf den Concentrateur verzichtet und sich der herkömmlichen Chaptalisation bedient, wären diese Weine zwar leichter geworden, dafür aber harmonischer.[117] Die größte Gefahr besteht vielleicht darin, dass weniger verantwortungsvolle Weinmacher der Versuchung erliegen, aus kleinen Mosten mit Hilfe des Concentrateur retortenmäßig »dicke Weine« zu erzeugen.[118] Es liegt auf der Hand, dass durch diese Technologie Jahrgangsunterschiede minimiert werden, gewohnte Château- bzw. Appellationsstile ihre Identität verlieren und vormals unverwechselbare klassische Kreszenzen zur Ausnahme werden können. Wieviel ein Wein an künstlicher Konzentration verträgt, um ein optimales Gleichgewicht zwischen Frucht und Gerbstoff zu finden und Über-Extraktion zu vermeiden, wird zunehmend zur Kardinalfrage derjenigen Weinmacher, deren Châteaux in hochmoderne Kellertechnik investieren

115 Während diese martialische Metapher zusammen mit anderen Vergleichen wie »Weinbomben«, »Monsterweine« zu Standardformulierungen in vielen kritischen Beiträgen der Weinpresse avanciert sind, haben wir die nachfolgende bildliche Wendung »Wuchtbrumme«, die eigentlich umgangssprachlich ein recht ansehnliches, kräftiger gebautes weibliches Wesen meint, nur bei den Brüdern Lange in ihrem Artikel »Wuchtbrummen im Weinglas« gefunden (in: Wein Gourmet, 2/2000, S. 146). Sie wenden sich hier sarkastisch und wohltuend unmissverständlich gegen den Trend der Bevorzugung von »Knock-Out-Weinen«, von »opulenten Schwergewichtlern«, die in Blindproben durch ihren erschlagenden ersten Eindruck den feinen, eleganten Weinen keine Chance mehr lassen. Dazu trägt ihrer Ansicht nach auch Robert Parker bei, der den »Technicolor-Weinen im Super-Breitwandformat« mit hohen Bewertungen allgemeine Beachtung garantiere.

116 Zwei andere herkömmliche Verfahren, die schon länger zur Erzielung einer höheren Konzentration angewendet werden, sind »Saignée« (Aderlass) und »Remontage« (Umpumpen). Bei der »Saignée« wird nach dem Pressen der Trauben sofort ein bestimmter Anteil Traubensaft aus dem Gärtank abgelassen. Auf diese Weise erreicht man einen Anstieg des Verhältnisses fester Stoffe zu den flüssigen, wodurch die gleich gebliebene Schalenmenge Farbe und Geschmack an das verminderte Mostvolumen abgeben kann. Die »Remontage« ist immer notwendig: Der gärende Most wird über den sich bildenden Schalenhut gepumpt. Die Frage ist nur, wie oft das wiederholt wird. Bei beiden Verfahren kann des Guten zu viel getan werden, wodurch das Gleichgewicht des Weins empfindlich gestört wird.

117 Pigott macht für den oft unharmonischen, »ja hässlichen Geschmack« der Weine einiger klassifizierter Châteaux der Jahrgänge 1992, 93 und 94 den übertriebenen Einsatz der Extrahierungstechnologie verantwortlich. Vgl. Stuart Pigott: Ich will keine Monsterweine, in: Wein Gourmet, 1/2000, S. 101.

118 Dieses Damoklesschwert hängt auch über dem deutschen Wein, falls es zur Legalisierung dieser Methoden kommt. Edelsüße Weine könnten dann künstlich hergestellt werden. Kein analytisches Verfahren kann zur Zeit den Nachweis erbringen, ob die Süße z.B. durch den Concentrateur manipuliert worden ist.

konnten.[119] Ob diese Weine auch das gleiche Alterungspotenzial besitzen wie die traditionell gekelterten, muss sich erst noch erweisen.

Frühzeitig haben einige Wein-Experten Veränderungen des Bordelaiser Weinstils in Richtung von zu viel Kraft und zu wenig Charme beanstandet. Beispielsweise bereits beim 94er Pichon-Longueville Baron: Einerseits weist man ihm hervorragende Qualitäten zu und verzeiht den »Verrat an geheiligten Traditionen«[120], andererseits steht man diesem Wein skeptisch gegenüber. Die übertriebene Extraktion wird abgelehnt und eine harmonische Entwicklung ausgeschlossen.[121] Denn bei übertriebener Konzentration können auch die störenden Faktoren eines Jahrgangs verstärkt werden, z.B. eine harte, beißende Gerbsäure, mitverursacht durch einen höheren Anteil unreifer Trauben. Ähnlich sieht das auch Stuart Pigott, der grundsätzlich in der Verbreitung des Concentrateur eine bedenkliche technische Entwicklung sieht, von der die Zukunft des Bordelais abhängen kann.[122] Auch er tadelt einige Jahrgänge von Pichon-Baron, wo seit 1992 mit der Konzentrierungs- bzw. Extraktionsmaschine gearbeitet wird: Der 94er Baron schmecke »hart wie Eisen (82 Punkte)«, der 96er hingegen sei ein »extremer Wein«, schwarzviolett in der Farbe mit enormem Körper und ebensolchen Tanninen. Entweder sei man »hingerissen von diesem Überfluss ..., oder man findet ihn zu bombastisch, gewollt, sogar melodramatisch (86 Punkte)«.[123] Pigott kann sich nicht vorstellen, dass diese Weine sich noch nach zwanzig Jahren so »elegant oder raffiniert präsentieren werden wie andere gelungene Jahrgänge von Pichon-Baron, etwa der 1966er«.[124] Auch Vinum nimmt eine rigoros kritische Haltung gegenüber modischen gemachten Weinen ein, die nach der gleichen Masche auf fett und extrem reif mit viel neuem Holz gestrickt sind. Konsequent werden diese Weine entweder nicht bewertet wie die »Garagenweine« aus Saint-Emilion (vgl. nächstes Kapitel), oder sie erhalten schwächere Bewertungen.

Versucht man, diese Entwicklung emotionslos zu betrachten, kommt man nicht um die Feststellung herum, dass seit Jahrzehnten Techniken beiderseits der Gironde angewandt werden, um Weine zu manipulieren, sie künstlich aufzubauen, geschmacklich zu verändern. Wir meinen an erster Stelle die Chaptalisation, die Zugabe von Zucker während der Gärung zur Erhöhung des Alkoholgehalts um maximal zwei Volumenprozent auch bei den klassifizierten Spitzenweinen. Über dieses zur Tradition mutierte Verfahren regt sich heute niemand mehr auf. Was Tradition ist bzw. als traditionelle Weinbereitungsverfahren angesehen werden, wird bei Bedarf irgendwann willkürlich festgelegt, definiert und gesetzlich verankert. Alles ist nur eine Frage der Zeit.[125] Wer fragt denn heute noch danach, welcher massive Eingriff in die Natur des Weins mit erheblicher Einflussnahme auf eine gewünschte Qualität gar der Fass-Ausbau im Barrique bewirkt? Ursprünglich als Transport- und Aufbewahrungsbehälter verwendet, wird das vom gebrauchten großen Eichenholzfass zum neuen 225-Liter-Fässchen verfeinerte Barrique als unverzichtbar für einen großen, klassischen Bordeaux und andere internationale Rotweine apostrophiert. Ergeben sich doch dabei je nach Herkunft, Hersteller, Alter des Eichenholzes und seiner Toastingstufen, Anteil neuer Barriques beim Ausbau des Primeurs sowie seiner Verweildauer unzählige Einflussmöglichkeiten mit differenziertesten Aromen- und Geschmacksnuancen auf das Endprodukt Wein. Virtuos werden dem jungen Wein Aromen aufgezwungen, die weder im Weinberg noch in der Weinrebe von

119 Pigott vergleicht manche Weinkeller mit einer »technischen Waffenkammer«. Vgl. Stuart Pigott: Göttertrank und Blendwerk, Bern und Stuttgart 1999, S. 49.
120 Vinum, 6/1995, S. 63: Der Gigant.
121 Vgl. Winkleman, Bordeaux 1994, S. 41.
122 Vgl. Pigott, ebd. S. 38.
123 Ebd.
124 Ebd.
125 Wir erinnern z.B. an die Verteufelung des Schwefels als Konservierungsmittel; an die bis 1985 an der Mosel erlaubte Nasszuckerung, um kärgliche und zu säurehaltige Weinchen schlechter Jahrgänge zu »verbessern«; an Franz Keller aus dem Kaiserstuhl, der gegen erhebliche Widerstände in den achtziger Jahren den Barrique-Ausbau für deutsche Weine hoffähig gemacht hat.

Natur aus angelegt sind. Eine Palette von Vanille-, Zedernholz-, Kaffee-, Mokka-, Bitterschokolade-Tönen unter Berücksichtigung der jeweiligen Geschmacksmoden werden dem Wein »verpasst«. Selbst kleinere Weine mit einem Übermaß an Eichenholzaromen »aufzumotzen«, um Degustatoren zu beeindrucken, ist keine seltene Praxis.

Bei dieser Vielfalt von Eingriffen erscheint es unverständlich, die neuen Technologien der Mostkonzentration abzulehnen.[126] Zumal wenn man bedenkt, dass dem Most keine weinfremden Stoffe zugeführt werden wie bei Chaptalisation und Barrique-Ausbau, sondern nur Wasser entzogen wird, wodurch sich die Inhaltsstoffe konzentrieren, die guten wie die schlechten. Oder man erinnert sich an die problematischen Jahrgänge 1991, 92, 93 und 94, wo aus schwierigen Ernten mit starken Regenfällen zur Unzeit bei sensiblem Einsatz dieser Mittel vielfach bestmögliche Weine vinifiziert worden sind, was mit den Möglichkeiten von 1974 beispielsweise nicht zu verwirklichen war.

Geradezu harmlos nehmen sich nach unserer Meinung diese Extraktionsverfahren gegen andere Tricks aus dem Horror-Kabinett der Weinverfälschung aus, die zur Zeit überwiegend in außereuropäischen Ländern Anwendung finden: Zusatz von Tanninpulver zur Erhöhung des Tanningehaltes[127], Beimischung von synthetischen Glyzerinen zur Anhebung des Körpers, Hinzufügen künstlicher Enzyme zur Aromatisierung der Weine in jede gewünschte Duft- und Geschmacksrichtung, Verdünnung hochgradig alkoholreicher Weine mit Wasser, Steuerung des Gärungsbeginns durch gentechnisch veränderte Hefen und deren Einsatz zur Erzielung Bukett betonter Weine, Weinstabilisierung durch Ionenaustauscher. Die Aufregung freilich über die Verwendung von Eichenholzspänen, die in die Edelstahltanks gebündelt gehängt werden, um diesen Weinen eine vorher festgelegte Barrique-Würze zu verleihen, verstehen wir nur bedingt. Kann man diese Methode, die beträchtlich kostengünstiger ist, überhaupt sachlich begründet ablehnen, wenn man das Barrique erlaubt?

Mit den Jahren werden sicherlich einige der jetzt noch verfemten letztgenannten Maßnahmen ihre Schrecken verloren haben, allein schon aus ökonomischen Gründen im Hinblick auf die Wettbewerbsfähigkeit des eigenen Landes. Die önologische Wissenschaft wird weiterhin innovativ forschen und Methoden und Verfahren finden, welche für eine Qualitätssteigerung am geeignetsten und wirtschaftlichsten sind. Wenn aber Weinmacher ihren Verstand einsetzen und in einigen Parzellen ihres Weinberges auf dem Boden Plastikbahnen auslegen, damit der Regen nicht Erde und Trauben verwässern kann, wird diesen Weinen das Siegel der »Appellation d'Origine Côntrolée« verweigert: Sie dürfen

126 Die EU erlaubt diese Verfahren als Anreicherung: Alkohol darf wie bei der Chaptalisierung um maximal zwei Volumenprozent erhöht und Wasser um höchstens 20 Prozent entzogen werden. Die meisten europäischen Weinbauländer gestatten sie nur als staatlich kontrollierte Versuche; in Deutschland werden sie seit Ende 1998 erprobt. In Bordeaux sind dutzenden von Châteaux Genehmigungen für den Einsatz des Concentrateur alternativ zur Chaptalisation erteilt worden, und seit Jahren sind extrahierte Weine der Spitzengüter im Handel.

127 Wir waren sehr überrascht über den Inhalt eines offensichtlich sorgfältig recherchierten Berichts mit dem Titel »The truth about Tannins« im Wine Spectator vom 15.05.2001 (S. 139–141). Darin führt der Autor Daniel Sogg aus, dass den Rotweinen Kaliforniens und Australiens, was noch generell bekannt sein dürfte, pulverisierte Tannine zur Stabilisierung von Farbe und Frucht zur Verbesserung von Fülle und Struktur, zur Hemmung der Botrytis-Enzyme wie selbstverständlich zugesetzt werden. Er zitiert u.a. einen angesehenen australischen Weinmacher, der behauptet, er kenne nicht viele Weinmacher, die keine Tannine zufügten. In Erstaunen versetzt uns, dass dies önologische Praxis sein soll z.B. bei dem australischen 175 Dollar teuren Kultwein Grange Hermitage von Penfolds und bereits seit Jahrzehnten bei renommierten Rotweinen aus Burgund. Tröstlich wiederum die Aussage Michel Rollands, der sich in Bordeaux ja auskennen müsste: Tannine zuzusetzen, sei hier Ketzerei, niemand mache in Bordeaux große Weine mit Tanninzugaben. Nach Aussage des Direktors der Önologischen Fakultät am Institut für Önologie würden in Bordeaux Tannine künstlich zugeführt, allerdings nur bei minderen Weinen.

nur als »vins de table« deklariert werden.[128] Diese Degradierung fordert provokative Fragestellungen heraus: Was ist natürlicher und verändert in geringerem Maße das Typische des Terroirs, der Vakuumverdampfer oder die Abdeckplane? Ist das Aufstellen von Vogelscheuchen zur Verringerung des Traubenfraßes bereits ein von der INAO zu ahnender Verstoß?

Keine Frage also, dass viele der mit modernster Technologie produzierten Weine im aufgehenden Zeitalter des Concentrateur ein geschmackliches Erscheinungsbild erhalten, das sie uniform und damit austauschbar macht, weil ihr Jahrgangs-, Terroir- und Regionalcharakter eliminiert wird. Kellertechnik sollte, sorgfältige Arbeit im Weinberg vorausgesetzt, im besten Falle Charakter und Terroir eines Weins unterstützen. Ob das auch geschieht, liegt seit eh und je in der Verantwortung der Weinmacher und den jeweiligen Trends am Markt.

Uniformität entsteht nicht allein durch übertriebenen Einsatz bestimmter Technologien, sondern ebenso – allerdings in der Regel durchgängiger auf hohem Niveau – durch international agierende önologische Berater, deren Geschmacksphilosophie, begleitet von ähnlichen oder gleichen Ausbaumethoden, heutzutage in jeden für den Weinbau geeigneten Winkel der Erde verbreitet werden kann. War es in den 70er und 80er Jahren der Önologie-Professor Peynaud, der einen geschmacksprägenden Einfluss auf die Weine des Bordelais ausgeübt hat[129], ist es seit einigen Jahren Michel Rolland. Er berät über 60 bedeutende Bordelaiser Châteaux und ca. zwei Dutzend Weingüter weltweit; er bevorzugt einen Weinstil, der die fruchtigen, tiefen, vollen und teuren Pomerol-Weine mit ihren runden Tanninen und früher Genussreife zum Vorbild hat. Sie sollen gefallen, damit sie gekauft werden. Grundvoraussetzung für große Weine ist nach seiner Überzeugung gesundes, reifes Lesegut, das keinesfalls überreif sein dürfe, damit dem Terroir Ausdruck verliehen werden könne. Er bekennt sich dazu, Weine zu machen, die Parker gefallen.[130] Es hat den beruhigendenen Anschein, dass bei den 1999er und vor allem 2000er Bordeaux-Rotweinen eine Rückbesinnung auf das Terroir, auf Authentizität stattgefunden hat, die weniger den neuesten technischen Tricks im Keller huldigt als vielmehr der sorgfältigen Arbeit im Weinberg.

Châteaux-Neuschöpfungen

Rotweinen mit der derzeit universell beliebtesten Geschmacksausprägung »fruchtig, mächtig, reich und weich« begegnet man am häufigsten in Saint-Emilion. Das liegt weniger an traditionell erstklassigen Gütern wie Ausone und Cheval Blanc, sondern in Verbindung

128 Das ist dem Kultwinzer Jean-Luc Thunevin aus Saint-Emilion und den Besitzern der Fronsac-Weingüter Fontenil und de Carles passiert. Das Institut National des Appellations d'Origine (INAO), das Frankreichs Appellationssystem überwacht, begründet die Ablehnung mit der Annahme, dass derartige Praktiken den Charakter des Terroirs verändern könnten. Stichhaltiger wäre u.U. das Argument, das abgehaltene Regenwasser könnne sich dadurch auf benachbarte Rebgärten ergießen. Thunevin hat jedenfalls Humor bewiesen und seinem Tafelwein den Namen »L'Interdit de Valandraud« (der Verbotene) verliehen, der nun sogar teurer verkauft wird als mit dem AOC-»Güte«-Siegel.

129 Sein Einfluss war so erheblich – er betreute mehr als 50 Grands Crus Classés –, dass Kritiker von einer »Peynaudisierung« sprachen. Er behauptete, dass sich die Weine der von ihm beratenen berühmten Châteaux trotz gleicher Weinbereitung keineswegs ähnelten, sondern durch ihre bewahrte Individualität »blind« identifiziert werden könnten. Durch seine Weinbereitungsverfahren würden diese Weine »nicht nur nicht gleichgemacht, sondern auf ihren tatsächlichen Wert gebracht, indem die Beerenqualität und deren Feinheit besser herausgearbeitet werden« (Alles über Wein, 3/1986, S. 110). Er hat überdies einen der besten italienischen Tafelweine kreiert, den 1970er Tignanello.

130 Vgl. Jürgen Mathäß: Global Players, Die Früchte des Fortschritts, in: Vinum, 6/2000, S. 20–39. Mathäß führt hier als Beispiel für einen »flying winemaker« M. Rolland an, der in mehreren Kontinenten tätig sei und zur Globalisierung des Geschmacks beitrage. Er kritisiert u.a. an Rolland, dass dieser aus einem einzigen Terroir mehrere Stilrichtungen herausarbeite.

mit der wie in Pomerol vorherrschenden Merlot-Traube an den »Châteaux«-Neugründungen, die seit 1991 wie Pilze aus den Weinbergsböden geschossen sind. [131] Ihre Gebäude bestehen in der Regel am Anfang aus schlichten Baulichkeiten, häufig aus Garagen oder Schuppen. Ihre Wein-Kreationen jedoch sind alsbald in aller Munde, obwohl sie nur von den wenigsten bei Kleinstauflagen von gerade mal einigen tausend Flaschen pro Ernte probiert werden können. Sie sind fast ausnahmslos wohlschmeckend und teuer. Es ist »in«, sie zu besitzen, und profitabel, mit ihnen zu handeln.[132] Ihr »briefmarkengroßes« Terroir ist selten großartig und meist ohne Geschichte und Tradition. Sind Weingutsbesitzer rechts der Gironde besonders innovativ oder clever? Offensichtlich, denn sie haben erkannt, was der Markt hergibt. Sich orientierend am Vorbild der seltenen Le Pin und Pétrus, haben vor allem Rarität und Medienrummel Preise zu Stande kommen lassen, die zum Teil über denen der 1er Crus liegen und fast immer über denen der 2er Crus. Die Urform eines »Garagen«-Weins ist de Valandraud, geschaffen von Jean-Luc Thunevin, der bis dahin ein relativ unbekannter Weinhändler in Saint-Emilion war. Er begann mit dem 91er Jahrgang seine Kleinstmengen-Produktion in seiner Garage mit Trauben, die aus keinem überragenden Terroir Saint-Emilions stammten. Sie wurden vinifiziert in dem oben beschriebenen neuen, modernen Stil. Ein neuer Stern am Weinhimmel war geboren. In der Nachfolge wurden bis heute über dreißig neue Mini-Châteaux gegründet bzw. aus bestehenden Rebflächen Einzelparzellen isoliert, die mit neuen Namen bedacht wurden oder ihren alten behielten. Berühmtester Vertreter dafür ist seit 1996 La Mondotte im Besitz des Grafen von Neipperg. Ihm gehört auch das 20 Hektar umfassende Château Canon-La-Gaffelière, aus dem diese etwas mehr als vier Hektar große Einzellage stammt. La Mondotte, der vielleicht in den letzten beiden Jahren Valandraud als Superstar abgelöst hat[133], dürfte nach Le Pin, Pétrus, Lafleur und Cheval

131 Zu diesen Entwicklungen und Modeströmen haben unsere oben mehrfach zitierten Interview-Partner aus dem Weinhandel folgende unterschiedliche Ansichten: Christian Leve meint, dass viele Châteaux sich mittlerweile an Thunevin orientierten, der mit seinem Kultwein Valandraud Maßstäbe gesetzt habe. Er sei »wie ein Messer im Rücken vieler Château-Besitzer«. Die »Garagen«-Wein-Betreiber hätten diesen Weg gehen müssen, »um sich vom Médoc abzuheben«. – Nach Beobachtungen von Peer Dörpinghaus hat sich »die Stilistik der Weine in den letzten Jahren unheimlich verändert«. Der Trend gehe eindeutig zum Concentrateur und damit zu »Muskelweinen mit früher Trinkreife«. Die Garagenweine hätten ihre Daseinsberechtigung, u.a. auch als Reaktion auf die Weine der Neuen Welt. Das Hauptproblem bei der Vinifizierung sei, die Eigenständigkeit der Weine trotz neuer Kellertechniken zu bewahren. – Rainer Gill bestätigt den neuen Vinifikationsstil mit Ausrichtung auf »viel Frucht mit marmeladigem Touch und jeder Menge Körper«. Dadurch würde die geografische Identifizierung immer schwerer. Er lehnt die neuen Konzentrationstechniken rundweg ab, weil der Jahrgang verfälscht werde. Man könne »die Qualität bereits im Weinberg steuern u.a. durch Ausdünnen, regelmäßige Messungen des Zucker-Säure-Verhältnisses, Handlese mit strenger Selektion«. Er fordert eine Deklarierungspflicht für Weine, bei deren Herstellung Extraktionstechniken eingesetzt worden sind. – Alan Winkleman verteufelt nicht grundsätzlich die neuen Techniken, wenn das Ergebnis stimme und der Wein seine Identität behalte. Zumindest bei den 99er Pavie, Pavie-Decesse und La Mondotte seien jedoch »indiskutable Eingriffe« vorgenommen worden.

132 Vgl. James Suckling: Do we need garage wines in 2000? in: Wine Spectator, 15.09.2001, S. 33. Er vertritt hier u.a. den Standpunkt, die 2000er Rotweine seien in ihrer Qualität so hervorragend, dass man in diesem Jahrgang keine »Garagen«weine für teures Geld benötige.

133 Stuart Pigott kratzt in seinem originellen Werk »Göttertrank und Blendwerk« gewaltig am Sockel der beiden Superstars de Valandraud und La Mondotte, wodurch die Subjektivität der Weinbeurteilung eine Steigerung erfährt. Entgegen den Lobpreisungen der im Kompass zitierten Quellen – nur Winkleman hält sich bei La Mondotte zurück – attestiert Pigott dem 91er Valandraud, »bereits alt und grau zu schmecken« und gibt ihm 71 Punkte, dem 92er 77 P., dem 93er 74 P. Mit »plump, enttäuschend, langweilig« werden diese Weine beurteil (vgl. S. 61). Noch schlechter ergeht es La Mondotte: Der 96er »wirkt aufdringlich und laut … Der Gesamteindruck ist ungefähr so subtil wie der Hieb eines Vorschlaghammers (72 Punkte)«. Der 97er, von Parker mit 94 P. zu einem der besten Weine des Jahrgangs erkoren, erscheint ihm mit seinem »herben, harten Nachgeschmack wie Frankensteins Monster …« und erhält 68 Punkte (vgl. S. 63). Pigott stellt diesen Ergebnissen »neumodischer

Blanc zusammen mit Ausone der teuerste 2000er Wein sein. Die meisten der heute zu Recht berühmten klassischen Châteaux benötigten Jahrzehnte bzw. Jahrhunderte, um ihren jetzigen Bekanntheitsgrad zu erwerben. Offensichtlich kann dieses Ziel gegenwärtig auch innerhalb weniger Jahre mit Hilfe hoher Parker-Bewertungen und den Neuklassifizierungen des Amerikaners[134] erreicht werden, wie nachfolgende Übersicht mit den zur Zeit existierenden wichtigsten und teuersten »Garagen«-Weinen aufzeigen soll:

Name	Region	erster Jahrg.	Klassifikation durch Parker als Cru/ Anz. d. Bew.	2000er Subskr.-Preis/DM	Anzahl d. Kisten	Parker-Punkte
Bellevue	St.-Emil.	2000		215		92–95
Branon	Pessac-L.	2000		235	200	92–95
Barde-Haut	St.-Emil.	1996	5er/2	73,50		91–93
Certan Marzelle	Pomerol	2000			1.000	91–93
Clos Dubreuil	St.-Emil.	1997		275	300	91–94
Clos du Jaugueyron	Margaux	1998		275	100	91–93
Croix de Labrie	St.-Emil.	1998		250	750	91–94+
Ferrand-Lartigue	St.-Emil.	1993	4er/5	69		
La Fleur du Ch. Bouqueyran	Listrac	2000			600	88–90
La Fleur du Ch. Rose Ste. Croix	Listrac	2000			600	88–89
La Fleur Morange	St.-Emil.	2000			150	88–91+
La Gomerie	St.-Emil.	1995	2er/3	219	750	92–94
Gracia	St.-Emil.	1997		218	350	92–94
Grandes Murailles	St.-Emil.	1995		98		91–93
L'Hermitage	St.-Emil.	1997	5er/2	150	900	90–91
L'Interdit de Valand.	St.-Emil.	2000		395	350	
Lynsolence	St.-Emil.	1998		105	625	90–91
Magrez Fombrauge	St.-Emil.	2000			420	94–96
Marojallia	Margaux	1999		230	420	90–91
La Mondotte	St.-Emil.	1996	1er/2	750	900	96–98
Peby Faugeres	St.-Emil.	1998		298		95–98
QuinaultL'Enclos	St.-Emil.	1997	4er/2	119	650	92–94
Rol Valentin	St.-Emil.	1995	3er/3	189	650	91–93
de Valandraud	St.-Emil.	1991	1er/7	550	1.000	92–94
Virginie de Valand.	St.-Emil.	1993		85	350	

Der Aufschwung dieser Raritätenweine mit dem kolossalen Preisgefüge stellt für die erfolgsverwöhnten Médoc-Appellationen eine Konkurrenzsituation dar, die den Status quo verändert und sie zu Reaktionen zwingt. Weinmacher wie Thunevin[135] und andere haben manche etablierten Château-Besitzer gezwungen, ihre Methoden und ihr Wirken in Weinberg und Keller zu überdenken. Schon jetzt ist nicht nur bei den 1er Crus zu beob-

Kellerwirtschaft« die »hinreißende Vielschichtigkeit und Delikatesse« der Weine von Cheval Blanc gegenüber (vgl. S. 64). – Wir hatten auf unserer diesjährigen Bordeaux-Tour die Gelegenheit, zum ersten Mal zwei Jahrgänge – den 1999er und 2000er – des legendär gewordenen Valandraud zu verkosten. Wir begegneten zwei Weinen, die gegen jede Erwartung sich weder als dickflüssige Essenz präsentierten, noch mit einer übertriebenen und sättigenden Üppigkeit in Frucht, Geschmack und Tanningehalt aufwarteten, sondern sehr beeindruckten mit einer nahezu eleganten Ausgewogenheit aller Komponenten, inklusive gut eingebetteter süßer Tannine und einem lang ausklingenden Finale.

134 Parker berücksichtigt in seiner Klassifizierung der Bordelaiser Spitzen-Châteaux in seinem Buch »Bordeaux« (1998, S. 1217–1219) einige der o.g. Güter auf der Grundlage von nur zwei bis drei Bewertungen!

135 Es hat den Anschein, als ob der Einfluss Thunevins ständig zunimmt. Er expandiert und ist omnipräsent: Er besitzt einige Châteaux, man konsultiert ihn wie einen Önologen, und er ist für die Weine von mindestens zehn Weingütern verantwortlich.

achten, dass viel strenger im Weinberg selektioniert und der Ertrag pro Hektar gedrosselt wird. Selbst ihr Stil soll sich geringfügig der neuen Machart angeglichen haben. Die neuen Weinmacher scheuen keinen Aufwand, arbeiten mit äußerster Sorgfalt und perfektionistisch in Weinberg und Keller und erzeugen handverlesene Mikro-Cuvées, die noch fruchtiger, extraktreicher und opulenter sowie zuweilen noch intensiver von neuem Holz dominiert sind als die der Konkurrenz. Das kann man mit einer winzigen Ertragsfläche, bei einer Erntedauer von ein bis zwei Tagen und mit einigen hundert Kisten durchführen, aber nicht mit 25.000 bis 30.000 Kisten, der durchschnittlichen Produktion der Premiers Grands Crus. Nun ist Thunevin ihnen auf eigenem Terrain sehr nahe gerückt: In den Appellationen Margaux und Pessac-Léognan berät er die Inhaber zweier Mikro-Châteaux (Marojallia u. Branon); eine bzw. zwei Neugründungen, die mit dem Jahrgang 2000 erstmals reüssierten, sind in Margaux und Listrac entstanden (Clos du Jaugueyron sowie La Fleur du Château Bouqueyran u. La Fleur du Château Rose Ste. Croix).

Was die Alterungsfähigkeit der jetzt hochgelobten »Boutiquen«-Weine betrifft, kann nur die Zukunft zeigen, ob sie auch noch in zehn, zwanzig Jahren Trinkfreude bereiten werden, denn Langlebigkeit und die sich allmählich vollziehende Umwandlung von Fülle und Wucht in Finesse gehören unbestritten zu den prestigeträchtigsten Kriterien für hochwertige Rotweine. Wenn dann noch eine Parker-Bewertung von 90–96 Punkten folgt – seine Bewertungen für die 2000er »Bonsai-Cuvées« liegen im Durchschnitt bei 92,3 Punkten –, ist ein neuer Star geboren. Im kommenden Jahr werden die nächsten Bewerber mit einem Stückchen Land und einer Baracke den Vorgängern nachzueifern versuchen, um die Aufmerksamkeit von den bekannten Traditions-Spitzen-Châteaux auf sich zu lenken und in den Blickpunkt des Sammler-Interesses zu gelangen.

Daneben fällt auf, dass Weingüter aus allen Appellationen sich vermehrt diesem Trend anschließen, indem sie mit Sonder-Cuvées neuer Machart zu beeindrucken versuchen. Gemessen an den Parker-Bewertungen, die zwischen 86 und 91 Punkten liegen, ist das z.B. den folgenden Châteaux gelungen: Thieuley (Bordeaux) mit Réserve Francis Courselle, Tour de Mirambeau (Bordeaux) mit Cuvée Passion, Garreau (Côtes de Blaye) mit Cuvée Armande, Vieux Château Champs de Mars (Côtes de Castillon) mit Cuvée Johanna, Grand Ormeau (Lalande de Pomerol) mit Cuvée de Madelaine, Jean de Gue (Lalande de Pomerol) mit Jean de Gue Prestige, Rollan de By (Médoc) mit Haut-Condissas und Haut-Condissas Prestige, View Robin (Médoc) mit Bois de Lunière, Franc Maillet (Pomerol) mit Cuvée Jean Baptiste, Plaisance (Premières Côtes de Bordeaux) mit den Cuvées Alix, Sortilege und Tradition, Haut-Villet (Saint Emilion) mit Cuvée Pomone.

Hoffen wir, dass Wein in allen bedeutenden Anbauregionen ein Getränk bleibt, welches uneingeschränkt aus der völligen oder teilweisen alkoholischen Gärung von frischen Trauben oder Traubenmost gewonnen wird. Hoffen wir weiterhin – geografisch ein wenig verengt –, dass

- Jahrgänge wie 1989, 1990 und 2000 sich in etwas kürzeren Intervallen im Bordelais wiederholen,
- übertriebene technische Eingriffe, die den Typus des Bordeaux-Rotweins verfälschen und seine jahrgangs-, rebsorten- und standorttypischen Unterschiede nivellieren könnten, in der Zukunft bei der Weinbereitung wieder zur Ausnahme werden,
- Eleganz, Finesse, Vielfalt, Entwicklungs- und Alterungspotenzial als Kennzeichen großer Bordeaux gegenüber »Power« und Uniformität die Oberhand behalten,
- große Weine im Weinberg entstehen und nicht im Laboratorium,
- die Preise zu einem vernünftigen Preis-Leistungs-Verhältnis zurückkehren.

Zum Schluss wenden wir uns auch in dieser Auflage wieder allen Lesern und Benutzern zu mit dem seit dem 16. Jahrhundert bezeugten, aus dem Lateinischen stammenden und von jedermann/-frau einleitend bei geselligen Anlässen freudig ausgesprochenem Wunsch: »Prosit!«[136] Das »Santé« unserer französischen Nachbarn beantwortet

136 Frei übersetzt: »Wohl bekomm's!« Wörtlich, vom lateinischen Verb »prodesse« abgeleitet: »Er, sie, es möge nützen!«

seit langem, was nunmehr wissenschaftlich anscheinend erwiesen ist: Der Wein nützt der Gesundheit (sowie selbstverständlich Château-Besitzern und Händlern). Somit bedarf das Sprichwort »In vino veritas«[137] der logischen lateinischen Ergänzung »et sanitas«. Da wohl niemand seinen Weinkeller vorwiegend als Hausapotheke verwendet, ist das stärkste Motiv für den nicht professionellen Weinfreund wie seit Urzeiten der Spaß, die Freude an den bacchantischen Tropfen: Folglich vollendet sich das Sprichwort um die weitere, unentbehrliche Zugabe »et felicitas«.[138]

137 Dieser Ausspruch stammt von dem Lyriker Alkaios (7. Jh. v. Chr.) und lautete ursprünglich, aus dem Griechischen übersetzt: »Denn der Wein ist ein Spiegel für die Menschen.« (Zitiert nach Büchmann, Geflügelte Worte, 32. Aufl., Berlin 1972, S. 486.) In diesem Sinne, dass der trunkene Mensch die Wahrheit sagt, findet man ihn auch bei anderen antiken Autoren wie Platon, Plinius, Plutarch, Theokrit. Diese Erkenntnis, im Wein liege Wahrheit, erhält eine völlig andere Qualität, wenn man Meldungen des Kölner Stadt-Anzeigers vom 05.08. (S. 28) und 10.10.1997 (Beilage: Natur und Wissenschaft) vertrauen darf. Danach soll es Wissenschaftlern des Jülicher Forschungszentrums gelungen sein, ein neues Analyseverfahren zu entwickeln, mit dem Weinfälschungen, z.B. Verwässerungen oder unzutreffende Herkunftsangaben, aufgedeckt werden können. Jedes Anbaugebiet und jeder Jahrgang sollen demnach ein spezifisches Isotopenmuster haben, das nun in seinen verschiedenen Sauerstoffvarianten nachgewiesen werden kann. Das Landgericht Trier hat mit diesem Analyseverfahren einen neunprozentigen Wasserzusatz in einem italienischen Wein feststellen lassen.

138 Diesen Zusatz nennt Gero von Randow in seinem Artikel »In vino sanitas«, in: Die Zeit, 06.06.1997, S. 42.

Die Châteaux von A–Z

Abeille de Fieuzal, Pessac-Léognan (Zww. von Ch. de Fieuzal)

		PAR	WSP	AüW	GAB	VIN	DEC	WIN
1996	02-		86					
1995	99-		86				3	

d'Agassac, Haut-Médoc, *O.: CB; P.: CB*

		PAR	WSP	AüW	GAB	VIN	DEC	WIN
2000			89-91				3	
1999	-10			84				
1998	02-07		86	85				
1997	▲	80-81	85	13,5				
1996	01-		86					
1995	05-10		87					
1989			*88*					

d'Aiguilhe, Côtes de Castillon

		PAR	WSP	AüW	GAB	VIN	DEC	WIN
2000	-11	90-92	89-91	87			4	
1999	-17	90-92	85-89	88			3	
1998	-08	87	81					
1994	-00					2		

Les Allés de Cantemerle, Haut-Médoc (Marke von Ch. Cantemerle)

		PAR	WSP	AüW	GAB	VIN	DEC	WIN
1997							2	
1996			70					

Alter Ego, Margaux (Zww. von Ch. Palmer)

		PAR	WSP	AüW	GAB	VIN	DEC	WIN
2000	05-15			88			4	8,9
1999	02-	87-88						
1998	03-		86					

Amiral de Beychevelle, St.-Julien (Zww. von Ch. Beychevelle)

		PAR	WSP	AüW	GAB	VIN	DEC	WIN
1997							3	
1996	00-		81					
1995	△		80					
1990				14,9			*4*	

Ampélia, Côtes de Castillon

		PAR	WSP	AüW	GAB	VIN	DEC	WIN
2000			80-84					7,8

Andreas, St.-Emilion

		PAR	WSP	AüW	GAB	VIN	DEC	WIN
2000	-15	85-86	85-88	89				
1999	-13	86-87		91				8,4+
1998	-07	86	85-89					

Andron Blanquet, St.-Estèphe, *O.: CB; P.: CB*

		PAR	WSP	AüW	GAB	VIN	DEC	WIN
2000	06-10			81		14		8,1
1999	04-12	72-75		83	15			
1998	02-11	76-78		85	16	1		7,6-7,8
1997	02-09	80		14	15			
1995	98-12		87	14,5	14	1	3	8,1
1994	97-05		83	14	15			
1993	△		79					
1990	-05	74	88					
1989	△	82						8,4
1988	△	74						8,0
1987						16		
1986	△	74						
1985	△	67						

Aney, Haut-Médoc, *O.: CB*

		PAR	WSP	AüW	GAB	VIN	DEC	WIN
1999	02-09			81	15			
1998	01-08			82	14			
1996	00-12			14	14			
1994	-00				13			

Angélique de Monbousquet, St.-Emilion (Zww. von Ch. Monbousquet)

		PAR	WSP	AüW	GAB	VIN	DEC	WIN
1995			76					

Angélus, St.-Emilion, *O.: PGCC (B); P.: 1, hervorr.,* ❶*; G.: 1,* ②

		PAR	WSP	AüW	GAB	VIN	DEC	WIN
2000	08-35	96-98	92-94	94		18	5	9,0
1999	02-17	90-91?	85-89	90	16	17,5	5	8,8
1998	02-20	93	93	92	18	18	4	8,8-8,9
1997	00-15	89	90	17	17	4	4	8,4
1996	00-25	91+	89	93	18	4	5	8,6-8,9
1995	00-25	95	94	17; 91	19	5	4	8,7-8,8
1994	00-20	92	92	98	19	4,5	4	8,5-8,9
1993	98-18	92	90	84	18	4		8,4-8,7
1992	96-04	89	89	88	17	16..		
1991	95-	87	80	86	16	15..		
1990	98-30	96	93	95	19	17	4	8,7-8,9; 9,1?
1989	01-30	96	94	91	18	17	4	9,0-9,2
1988	03-10	91	94	90	19	17..	3	8,5
1987	▷		85	87	14	17		
1986	95-06	89	94	86	14			
1985	△	87	89	83	14	15,2	3	
1983	-06	83	83	14,4	17			
1982	△	77	87		15			
1981	-95	76	84		15			
1979	-96	72	82		15			
1978	▽	75		12,5				
1975	-00	50			13			
1961	▷				17			

d'Angludet, Margaux, *O.: CB; P.: 5, sehr gut,* ❻*; G.: CB,* ⑤

		PAR	WSP	AüW	GAB	VIN	DEC	WIN
2000	02-16	88-90		84		15		8,2+

		PAR	WSP	AüW	GAB	VIN	DEC	WIN
1999	03-15	87-88		87	16		3	8,2+
1998	02-15	86	85	87	16	1	3	8,5
1997	03-10	78-80	85	14,5	16	1	4	8,3
1996	02-18	88	85	86	17	2	1	8,6-8,7
1995	00-12	88	88	14,5; 82	16	2		8,7
1994	97-18	84?	84	80	16	14,5..		7,9
1993	00-06	76	80	87	16			7,6-7,8
1992	-03	73	70-74	70	13			
1991		74	80-84	71	13			
1990	-08	85		85	16	16		7,9?
1989	-08	87	87	88	16			8,3-8,4
1988	-10	81	80	78	17	16..		7,8
1987	-97	84		80	14			
1986	-14	86		82	17			
1985	-08	83		79	17			
1983	-06	88			16			
1982	-00	83			14			
1981	-08	81			16			
1979	-05				16			
1978	-00	85			15			
1975	-05	70			16			
1961	△		84		16			

Des Annereaux, Lalande de Pomerol

		PAR	WSP	AüW	GAB	VIN	DEC	WIN
1996	△	81-84	81					
1995							3	
1990							3	
1986		84						

Anthonic, Moulis, *O.: CB; P.: CB, gut*

		PAR	WSP	AüW	GAB	VIN	DEC	WIN
2000	-10			83				
1999	02-12			83	15	14		8,3+
1998	02-14			85	16	1,5		8,3-8,5
1997	00-12			14,5	15	1		8,5+
1996	01-10			14	16	1,5	4	8,5+
1995	99-08				14			
1994	98-09			13,75	15			
1993	-05				15			
1992	-98				13			
1990	-02	84			16			7,6-7,8
1989	-97	84			14			
1988	98-10				13	14..		
1985	-00				15			
1982	-05				16			

L'Appoline, St.-Emilion, *G.: (4)*

		PAR	WSP	AüW	GAB	VIN	DEC	WIN
1999	02-10				17			
1998	04-14				17			
1997	01-06		85		16			

d'Archambeau, Graves, *P.: CB, gut*

		PAR	WSP	AüW	GAB	VIN	DEC	WIN
1995							2	

Bewertungen jünger als 2 Jahre:	▲ jetzt	▶ austr.	▼ abg.	Schrift normal
älter als 2 Jahre:	△ jetzt	▷ austr.	▽ abg.	Schrift dünn
älter als 4 Jahre:	△ jetzt	▷ austr.	▽ abg.	*Schrift dünn kursiv*

L'Archange, St.-Emilion

		PAR	WSP	AüW	GAB	VIN	DEC	WIN
2000	05-16	88-90	92-94					8,3+

d'Arche, Haut-Médoc, *O.: CB*

		PAR	WSP	AüW	GAB	VIN	DEC	WIN
2000	08-16		85-88			16	3	
1999	04-12			85+	15	15,5		7,8-8,0
1998	02-13			87	15	15		
1997	-03	84-85	79			2	3	
1996	02-18		83	14,5	15	4	4	
1995	98-15		86	14,5	15	3	4	
1994	00-12				15			
1989	-04				14			

d'Arcins, Haut-Médoc, *O.: CB*

		PAR	WSP	AüW	GAB	VIN	DEC	WIN
2000			85-88					
1998	01-05		78	83				
1996			79					
1995	△		88					

d'Ardennes, Graves

		PAR	WSP	AüW	GAB	VIN	DEC	WIN
1996							4	
1995							4	

d'Armailhac (bis '88 Mouton Baronne Philippe), Pauillac, *O.: 5; P.: 5, gut,* ❹; *G.: 5,* ④

		PAR	WSP	AüW	GAB	VIN	DEC	WIN
2000	05-20	90-93	89-91	82		15	4	8,9
1999	02-17	90-91	90-94	87	16	14,5	3	8,9-9,0
1998	02-16	89	84	89	16	15	3	8,8
1997	03-12	87	87	14,5	16		3	8,6-8,7
1996	00-18	87	87	88	17	1,5	4	8,8-9,0+?
1995	00-12	89	92	15;82	16	1	3	9,1
1994	97-14	86	86	83	17	1	3	8,1
1993	99-06	86	89	81	16	14..		8,1
1992	96-04	86	80	84	15			
1991		74	85	75	15	14..		
1990	97-13	85	89	89	17	15,5		8,5-8,7
1989	04-08	87	92	79	18		3	8,4-8,5
1988	96-09	84	90	84	16	15,5		
1987	△	77		79		16		
1986	97-10	86	93	83	16			
1985	97-10	86	91	83	17			
1983	-00	83	88					
1982	-05	86	88				4	
1981	△	83	81					
1979	△			15,4	14			
1978	△			12,5	13			
1975	▷				12			
1970	▷		86		17			
1961	-05		88		19			

Armens, St.-Emilion

		PAR	WSP	AüW	GAB	VIN	DEC	WIN
2000	04-16	87-88	89-91					

Arnauld, Haut-Médoc, *O.: CB; P.: CB, gut; G.: CB*

		PAR	WSP	AüW	GAB	VIN	DEC	WIN
2000							3	8,0
1999	03-11			81	15			7,9-8,0
1998	02-10		80-84	83	15			7,9-8,0
1997	00-08		80-84	13,5	16			7,9-8,0
1996	99-13	84-85	85	13,5	16		3	7,9-8,0
1995	99-08		85	14,5	15		4	7,7-7,8
1994	00-09	77-79	80-84		16			7,7
1993	△		81					6,9
1992	-01	75-77	78		12			
1991			77					
1990	-05		86		15	14		7,9-8,0
1989	-02	86	84		15			8,2+
1988	98-05		84		13	15..		7,8
1987			79			16		
1986	-00		82		15			
1985	-00		82		15			
1982			71					

L'Arrosée, St.-Emilion, *O.: GCC; P.: 3, ausgez.,* ❸*; G.: 4,* ④

		PAR	WSP	AüW	GAB	VIN	DEC	WIN
2000	04-16	88-89						9,1
1999	02-12	85-87						8,9-9,0
1998	06-15	86	88					9,0
1997	00-06	86	87					8,8
1996	04-16	87+?					3	8,8; 9,0+
1995	-12	90		87				9,1-9,2
1994	99-15	87+		86	16			8,7-8,9
1993	-04	88		85				8,0-8,5
1992	-02	87		83				
1990	-15	93		89	17			9,1+
1989	-10	88	93	85	14		2	9,0
1988	-00	83	83	80	14	13,3		8,6
1987	-00		82	74	15			
1986	-12	92	87	89	17			
1985	-04	93	85	90	17		4	
1983	-05	88	87					
1982	-10	95	90		17		4	
1981	△	85						
1979	△				15			
1978	△	87			15			
1970	-99	85						
1961	▷	94			16			

D'Arsac, Margaux, *O.: CB*

		PAR	WSP	AüW	GAB	VIN	DEC	WIN
1999	-10			83				
1998	02-13			85	16	14,5		
1997	01-10			14	15	1,5		
1996	02-16			13,5	14	2		
1995	00-11			14	15		3	

Bewertungen jünger als 2 Jahre:	▲ jetzt	▶ austr.	▼ abg.	Schrift normal
älter als 2 Jahre:	△ jetzt	▷ austr.	▽ abg.	Schrift dünn
älter als 4 Jahre:	△ jetzt	▷ austr.	▽ abg.	*Schrift dünn kursiv*

d'Arsac, Médoc, *O.: CB*

		PAR	WSP	AüW	GAB	VIN	DEC	WIN
1999	03-11				15			
1998	02-08			84	14			
1997	03-12			13	15			
1996	03-16	85-86+		13	15	1		
1994	-05	83-85			14			7,8
1989	▽				13			
1988								7,3

Artigues Arnaud, Pauillac (Zww. von Ch. Grand Puy Ducasse)

		PAR	WSP	AüW	GAB	VIN	DEC	WIN
1998	02-07			85				
1989				15,3				8,4
1988								7,2

d'Arvigny, Haut-Médoc (Zww. von Ch. Beaumont)

		PAR	WSP	AüW	GAB	VIN	DEC	WIN
1997			75-79					
1996			80-84					

Les Aubiers, Prem. Côtes de Blaye (Zww. von Ch. Le Grand Moulin)

		PAR	WSP	AüW	GAB	VIN	DEC	WIN
1996	△		81					

Aurelius, St.-Emilion

		PAR	WSP	AüW	GAB	VIN	DEC	WIN
2000	-11	87-88						

D'Aurilhac, Haut-Médoc, *O.: CB; G.: 5,* ⑥

		PAR	WSP	AüW	GAB	VIN	DEC	WIN
2000							2	8,3+
1999	04-12			85+	17			8,3-8,5
1998	01-11			83	17			
1997	03-10			14	17			
1996	03-17			13,5	16			
1995	00-08			14	16			
1994	-03				14			
1993	-02				13			

Ausone, St.-Emilion, *O.: PGCC (A); P.: I, hervorr.,* ❷; *G.: I,* ①

		PAR	WSP	AüW	GAB	VIN	DEC	WIN
2000	10-60	96-98	92-94	94		19,5	5	10+
1999	04-40	92-94	90-94	91	18	19	4	10
1998	06-50	94+	94	92	19	19	5	9,8+
1997	03-30	91	90	17	19	5	5	8,9-9,2
1996	02-40	93+	90	92	18	5	5	8,9-9,2
1995	00-45	93	95	17; 92	19	4	5	8,5-9,2+?
1994	00-20	86?	90-94	87	18	17..		8,9-9,1
1993	97-15	85	88	82	18	4		8,5-9,0?
1992	-08	80?		78	17M	16..	3	
1990	98-30	92+	94	89	19M	18	4	9,9
1989	05-20	88	93	86	18	18..	3	9,8-9,9

1988	02-40	91	85	**86**	18		4	9,4
1987	-10	87		82	17	15,5		
1986	95-20	78?	89	81	16	18,8		
1985	97-20	75?	92	84	15	15,9	3	
1983	97-10	94	90	16,8	17		3	
1982	04-40	**93+**	93		18		4	
1981	-10	82	88		16	15,4	4	
1979	00-20	87?	92	18	14	16,3		
1978	-15	88?	93		15	16		
1975	▷	74			15			
1970	▷	69	89		18			
1961	-10	88	89		18			

Axelle Thunevin, St.-Emilion

		PAR	WSP	AüW	GAB	VIN	DEC	WIN
2000	-15		89-91	92				

Le Bahans du Ch. Haut-Brion, Pessac-Léognan (Zww. von Ch. Haut Brion), *P.: 5, sehr gut,* ❸; *G.: CB,* ⑤

		PAR	WSP	AüW	GAB	VIN	DEC	WIN
2000	05-18	**88-90**	**89-91**	**89**		**14,5**	**4**	**8,9**
1999	03-12	**87-89**	**85-89**	**87**	**16**			**8,7**
1998	03-15	**88**	**92**	89	17	2		8,7-8,8
1997	02-11	86-87	85-89	15	16			8,2
1996	00-14	88	86	15,5	16			8,3
1995	00-10	89	90-94	15; 87	16			8,1
1994	-05	88	85-89	86				
1993	-07	87	85-89	85	16			
1992	-00	85	80-84	82				
1991		76	75-79	74				
1990	-05	88		85	15	15..		
1989	-05	90	90	87		14..	**5**	
1988	-99	86				14,3		
1987		85		13				
1986		87	86	13,5				
1982	▷	85						

Balac, Haut-Médoc, *O.: CB*

		PAR	WSP	AüW	GAB	VIN	DEC	WIN
1995							3	
1990	96-		85					

Balestard, Médoc

		PAR	WSP	AüW	GAB	VIN	DEC	WIN
2000								**8,1**
1999		**87-88**						
1998		86-87						
1997	-03	86-87						

de Balestard, Bordeaux

		PAR	WSP	AüW	GAB	VIN	DEC	WIN
2000	-10	**88-89**		**90**				
1999	-07	**87-88**					**3**	
1998	02-13	**87**	**87**	87				
1997		**87**	85-89					

Bewertungen jünger als 2 Jahre:	▲ jetzt	▶ austr.	▼ abg.	Schrift normal
älter als 2 Jahre:	△ jetzt	▷ austr.	▽ abg.	Schrift dünn
älter als 4 Jahre:	△ jetzt	▷ austr.	▽ abg.	*Schrift dünn kursiv*

Balestard-La-Tonnelle, St.-Emilion, *O.: GCC; P.: 5, sehr gut,* ❻; *G.: CB*

		PAR	WSP	AüW	GAB	VIN	DEC	WIN
2000	06-15	86-88	89-91	86		15,5	2	8,7+
1999	03-15	85-87		86+	16	14		
1998	03-12	86	90		16	15	3	8,7
1997	00-10	78	85	15	15	1	3	
1996	00-06	83	86	86	16	1	3	
1995	00-12	86		14,5; 82	14	1	4	8,2-8,4
1994	99-10	85?		80	15	1		8,0-8,3
1993	-09			78	16			8,0-8,4
1992	-03	75		72	13			
1990	-08	87		82	15	15		8,4-8,5+
1989	-05	86		80	13			8,6
1988	-10	83		80	14			8,5
1986	-01	85		83				
1985	▷	86		82		15,6		
1983	△	86		12,1				
1982	▲	87	92					
1981	▷	84						
1978	▽	84						
1975	△	87						

Ballan-Larquette, Bordeaux

		PAR	WSP	AüW	GAB	VIN	DEC	WIN
1998			82					

Barateau, Haut-Médoc, *O.: CB; G.:* ⑥

		PAR	WSP	AüW	GAB	VIN	DEC	WIN
2000							1	
1999	03-10			81	14			
1998	01-10			84	15			
1997	02-09			14	14			
1996	01-12				17*			
1995	00-12			14,5	16*			
1994	00-12				16			

de Barbe-Blanche Lussac, St.-Emilion

		PAR	WSP	AüW	GAB	VIN	DEC	WIN
2000	-08		80-84	85				

Barde-Haut, St.-Emilion, *O.: GC; P.: 5, sehr gut; G.: (3)*

		PAR	WSP	AüW	GAB	VIN	DEC	WIN
2000	05-20	91-93	85-88				3	8,3+
1999	02-14	90-92			17			
1998	02-20	90	92		18			
1997	01-14	90			17			
1996	01-12	85-86			16			

La Barde-Les-Tendoux, Côtes de Bergerac

		PAR	WSP	AüW	GAB	VIN	DEC	WIN
1998		87-88						
1995	-04	87						

Bardins, Pessac-Léognan, *O.: unklass.; P.: CB*

		PAR	WSP	AüW	GAB	VIN	DEC	WIN
1996							2	
1995							3	

Baret, Pessac-Léognan, *O.: unklass.; P.: gut*

		PAR	WSP	AüW	GAB	VIN	DEC	WIN
2000	05-10	82-84	85-88			14		8,1
1999	02-11	86-87			15			7,9
1998	02-14	86	88		16			8,2+
1997	00-06	75	83		14			8,1
1996	00-16	80-83	80		*15*		3	*8,1*
1995	99-10		86		*14*			*8,0+*
1993	-08				*14*			*7,9-8,0*
1992	-04		*73*		*14*			
1991			*81*					
1990								*7,9-8,0*
1989	00-		88					8,3

Baron de Brane, Margaux (Zww. von Ch. Brane-Cantenac)

		PAR	WSP	AüW	GAB	VIN	DEC	WIN
2000								8,6
1997							3	
1996	99-		81					
1994			*70-74*					
1993			*75-79*					
1992				14,8				
1989			*89*					

Baron Philippe de Rothschild, Médoc

		PAR	WSP	AüW	GAB	VIN	DEC	WIN
1995	△		80					

Baron Philippe de Rothschild, Pauillac

		PAR	WSP	AüW	GAB	VIN	DEC	WIN
1995	△		85					

Baron Philippe de Rothschild, Pomerol

		PAR	WSP	AüW	GAB	VIN	DEC	WIN
1995	△		81					

Baron Philippe de Rothschild, St.-Emilion

		PAR	WSP	AüW	GAB	VIN	DEC	WIN
1998	▲		83					
1994	△		80					

Baron Villeneuve de Cantemerle, Haut-Médoc (Zww. von Ch. Cantemerle)

		PAR	WSP	AüW	GAB	VIN	DEC	WIN
1994			*75-79*					
1993			*70-74*	14,1				

Bewertungen jünger als 2 Jahre:	▲ jetzt	▶ austr.	▼ abg.	Schrift normal
älter als 2 Jahre:	△ jetzt	▷ austr.	▽ abg.	Schrift dünn
älter als 4 Jahre:	△ jetzt	▷ austr.	▽ abg.	*Schrift dünn kursiv*

Barrabaque, Canon-Fronsac

		PAR	WSP	AüW	GAB	VIN	DEC	WIN
2000	-12		80-84	88*			3*	8,1*
1999	03-14	85-86		82; 86*		15*		
1998	02-15	86-88*	86*	88		15,5*	3*	8,0*
1997	00-10	85*	88	14		3*		7,7+*
1996		85-86		14,5*; 13		1		
1995	00-12			15		2*		
1994		79-82						
1993	98-02					14..		
1992		75-78	80-84					
1991			80-84			14..		
1990						14,5		
1989						14,3		

Barreyre, Bordeaux Supérieur

		PAR	WSP	AüW	GAB	VIN	DEC	WIN
1993	-00					2		

Barreyres, Haut-Médoc, *O.: CB*

		PAR	WSP	AüW	GAB	VIN	DEC	WIN
2000			80-84					
1998	01-05		82	82				
1995	-04		88					

du Barry, St.-Emilion

		PAR	WSP	AüW	GAB	VIN	DEC	WIN
1999	02-12				16			
1998	03-13				15			
1997	01-08			13,5	16			

du Basque, St.-Emilion

		PAR	WSP	AüW	GAB	VIN	DEC	WIN
1995	△		79					

La Bastide Dauzac, Margaux (Zww. von Ch. Dauzac)

		PAR	WSP	AüW	GAB	VIN	DEC	WIN
1998	04-		88					
1997			80-84				3	
1996	01-		86					
1995	99-		84					
1994	97-		79					
1990							4	

La Bastide de Siran, Margaux (Marke von Ch. Siran)

		PAR	WSP	AüW	GAB	VIN	DEC	WIN
1996	00-		83					
1995	00-		87					

Batailley, Pauillac, *O.: 5; P.: 5, gut,* ❻; *G.: 3,* ③

		PAR	WSP	AüW	GAB	VIN	DEC	WIN
2000	07-20	87-88+	85-88			16	4	8,8-8,9

		PAR	WSP	AüW	GAB	VIN	DEC	WIN
1999	02-15	85-87	85-89		17	15		8,6
1998	03-17	87	86		17	15		8,3
1997	02-13	84	79		17	2		8,5
1996	01-20	87	86		18	2		9,0
1995	02-15	87	89	80	18	2	3	8,8-8,9
1994	00-15	85		82	18	2	4	8,8
1993	00-17	76		78	16		3	8,7
1992	-06	77	80	76	15			
1991			83	77	15			
1990	98-10	86		84	18			8,8-9,0
1989	00-18	87	87	86	16		4	9,0
1988	-08	85	90	82	14			8,6
1987	△			74	11	16		
1986	00-15	86		82	16			
1985	-05	86		82	16		3	
1983	-00				15			
1982	-10	87	89		16		4	
1979	-00	83		14	16			
1978	-00	84						
1975	-20	82			17			
1970	-10	82	88		17			
1961	△	84	84		15			

Béard, St.-Emilion, *O.: GC; P.: CB*

		PAR	WSP	AüW	GAB	VIN	DEC	WIN
1999	02-10				14			
1998	02-12				16			
1996	02-12				14			
1995	00-11				15			

Beau-Mayne, St.-Emilion

		PAR	WSP	AüW	GAB	VIN	DEC	WIN
1996		77-79						

Beau-Séjour Bécot, St.-Emilion, *O.: PGCC (B); P.: 3, ausgez.,* ❹; *G.: 3,* ④

		PAR	WSP	AüW	GAB	VIN	DEC	WIN
2000	06-20	90-93	89-91	90		16,5	4	9,1
1999	04-17	86-87		90+	17	14,5	4	9,0
1998	02-18	91	90	91	19	17	4	8,8-9,0
1997	00-15	89	90	16	18	4	3	8,5-8,7
1996	00-17	89	88	91	17	4	3	9,0
1995	00-15	89	92	16; 89	18	3	3	8,7-8,8+
1994	99-12	87	85-89	86	17	3		8,7+
1993	97-10	87	86	85	15	15..		8,2+
1992	-01	86		84		14..		
1990	98-08	88		84		17..		
1989	-05	87		82	14	16..		
1988	98-06	85	87	81	14	17..		
1987				80				
1986	-05	87	79	82				
1985	-05	87		81	16			
1983	△	86						
1982	-05	72	92		15			
1981	▽	70						
1979	▽	72						
1978	▽	78						
1975	△	75			16			
1970	▽	65						

Bewertungen jünger als 2 Jahre:	▲ jetzt	▶ austr.	▼ abg.	Schrift normal
älter als 2 Jahre:	△ jetzt	▷ austr.	▽ abg.	Schrift dünn
älter als 4 Jahre:	△ jetzt	▷ austr.	▽ abg.	*Schrift dünn kursiv*

Beau-Site, St.-Estèphe, *O.: CB; P.: CB; G.: CB,* ⑥

		PAR	WSP	AüW	GAB	VIN	DEC	WIN
2000	08-16	85-86	85-88			15,5		8,4
1999	03-12	74-75		84	16			8,1
1998	02-17	78-80	86	86	16	15,5		8,1+
1997	03-10		83		15		2	8,2+
1996	99-15	83-85	86		16		1	
1995	99-15	80-84	86	15,5	17		3	8,4
1994	-07	82		82	14			
1993	00-13	78		79	15			
1992	97-08		76	74	14			
1991			78	76		14..		
1990	00-20	84	90	82	17			8,2-8,3+
1989	96-08	85	90	83	14			8,3
1988	94-10	77		75	14	14..		8,0
1987	92-99		81	74	12			
1986	△	79	86	76				
1985	-00				15			
1982			86					
1970			82					

Beau Site de la Tour, Fronsac

		PAR	WSP	AüW	GAB	VIN	DEC	WIN
1998	02-07			84				7,3

Beau-Soleil, Pomerol, *P.: sehr gut; G.: (4)*

		PAR	WSP	AüW	GAB	VIN	DEC	WIN
2000	05-15	86-87?	89-91	88		14	2	
1999	03-12	87-88			17	14		8,2
1998	03-14	87	87		16	1		8,4+
1997	02-12	85	84	13	17			8,4
1996	00-12	85-86?	88		18	2?		8,4-8,7+
1995	99-08	87	84		18			

Beauchêne, Pomerol

		PAR	WSP	AüW	GAB	VIN	DEC	WIN
1999	03-12	79-82			16			
1998	03-16				16			
1997	01-09			14	15			
1996	02-16			13,5	16		2	
1995	99-08				16		3	

de Beaulieu, Bordeaux

		PAR	WSP	AüW	GAB	VIN	DEC	WIN
2000			80-84					
1994	▷					1		

Beaulieu, Pomerol (Marke von Mazeyres)

		PAR	WSP	AüW	GAB	VIN	DEC	WIN
1996	-03				15			
1995	-03				15			
1994	-02				14			
1993	-02				14			

Beaulieu Comtes de Tastes, Bordeaux Supérieur

		PAR	WSP	AüW	GAB	VIN	DEC	WIN
2000	-06	87-88						

Beaulieu-Pomerol, Pomerol

		PAR	WSP	AüW	GAB	VIN	DEC	WIN
1995		78-82						
1994		76						
1993		72						

Beaumont, Haut-Médoc, *O.: CB; P.: CB, gut,* 6

		PAR	WSP	AüW	GAB	VIN	DEC	WIN
2000	-10	86-87	89-91	85			3	8,3-8,4
1999	04-12	85-86		85	14			8,0
1998	02-10	82-83	79	83	16		3	7,9-8,0
1997	02-10	82	81	14,5	16		3	7,9
1996	01-09	85-86	87	83	16	1	3	8,3+
1995	99-14	81-85	88	13,5	16		4	7,6+
1994	98-08	81	82	13,5	15			8,0
1993	98-08	84	79	13,5	12			7,8-8,0
1992	-04	75-77	76		12			
1991		83	77	12,5				
1990	-00	85	80		13	14		7,9
1989	-98	85	82		15			8,2
1988	-96	84	82		14	14,2		7,6
1987	-98				12	15		
1986	-00	85	84	12	14			
1985	-95		74		14			
1982	▽		57		13			

Beauregard, Pomerol, *O.: unklass.; P.: (5),* 4*; G.: 4,* 5

		PAR	WSP	AüW	GAB	VIN	DEC	WIN
2000	06-15	88-90	89-91	88		16	3	8,7+
1999	02-14	87-88	85-89	85+	16	15,5	3	8,4
1998	02-15	88	92	87	17	16	4	8,8-8,9
1997	00-08	87	87	13,5	17	3	4	
1996	99-09	87	86	88	17	1,5	4	8,0-8,2
1995	00-10	87	91	14,5	18	2	4	8,5
1994	98-12	87	89	14	17	2	3	8,0-8,2?
1993	98-06	87	87	14,3	16	15..		8,2?
1992	-03	88	85-89		15			
1990	-02	87			16	15,5	4	8,9+
1989	-05		90		15	14..	4	8,4
1988	-04		90	15,5	15		4	
1986	-02				15			
1985	▷				14		4	
1982							3	
1979	▽			12	12			
1975	-05				16			
1970	▷				13			

Beauregard-Ducasse, Graves

		PAR	WSP	AüW	GAB	VIN	DEC	WIN
1998	02-04					14,5*		
1995							2	

Bewertungen jünger als 2 Jahre:	▲ jetzt	► austr.	▼ abg.	Schrift normal
älter als 2 Jahre:	△ jetzt	▷ austr.	▽ abg.	Schrift dünn
älter als 4 Jahre:	△ jetzt	▷ austr.	▽ abg.	*Schrift dünn kursiv*

Beauséjour, Fronsac

		PAR	WSP	AüW	GAB	VIN	DEC	WIN
1998	02-08			83				7,5
1997				14				
1996				12				

Beauséjour (Clos l'Église), St.-Emilion (Montagne)

		PAR	WSP	AüW	GAB	VIN	DEC	WIN
2000			85-88					
1998	02-		85					
1995	△		80					

Beauséjour Duffau-Lagarosse, St.-Emilion, *O.: PGCC (B); P.: 2, ausgez.,* ❸; *G.: 4,* ③

		PAR	WSP	AüW	GAB	VIN	DEC	WIN
2000	08-30	90-93		89			3	8,9
1999	04-18	88-90	85-89	84	17			8,8
1998	02-20	89	92	89	17	17	3	9,0
1997	02-12	85	85-89	15,5	16	3	2	8,5+
1996	00-19	87?	88		17	3	3	8,8
1995	99-20	89+	89	15;89	17	4	4	8,7-8,8
1994	97-16	87?	86	86	17	3		8,8
1993	97-10	87	87	85	16	3		8,3-8,9
1992	-09	87+	80	85	16			
1991					15			
1990	02-30	100	98	94	19	17	4	9,1
1989	98-15	88	89	91	18	17..	5	8,9-9,0
1988	98-10	87	90	89	17	4	3	
1987	-02			79	16	15		
1986	-05	83	91	78	17			
1985	-05	84		79	15			
1983	-10	86			15			
1982	-00	89+	93				3	
1981	△	82						
1979	▷	74						
1978	▷	61						
1970	-02	60			12			

La Bécade, Listrac, *O.: CB*

		PAR	WSP	AüW	GAB	VIN	DEC	WIN
1994		74-76						
1988								7,8
1987						14		

Bel Air, Côtes de Castillon

		PAR	WSP	AüW	GAB	VIN	DEC	WIN
1993	△		81					

Bel Air, Haut-Médoc, *O.: CB*

		PAR	WSP	AüW	GAB	VIN	DEC	WIN
2000							2	
1999	03-10				14			
1998	02-09			85	14			
1997	03-10			14,5	15			
1996	00-12				15	1		

		PAR	WSP	AüW	GAB	VIN	DEC	WIN
1994	99-		87					
1988			85					

de Bel-Air, Lalande de Pomerol, *P.:* ❻

		PAR	WSP	AüW	GAB	VIN	DEC	WIN
2000		84-86						
1999	-09	76-79		82				
1998	02-09	87		85				
1997				14,5				
1996		82-84		84				
1995	98-07			14,5			3	
1994	98-07			*14,5*				
1990	-00	*85*						
1989	-00	*85*						
1986		*86*						

Bel Air, Pomerol, *G.: CB*

		PAR	WSP	AüW	GAB	VIN	DEC	WIN
1999	02-14			86	16			7,7
1998	03-18				17			
1997	00-08			14,5	15			7,7
1996	02-12			13,5	*16*			*7,7?*
1995	00-12			14	*15*	1		*8,0*
1994								*8,0*
1961	△		84					

Bel Air Grand Cuvée, Bordeaux Supérieur

		PAR	WSP	AüW	GAB	VIN	DEC	WIN
2000	-06	87-88						

Bel Air la Royère, Prem. Côtes de Blaye

		PAR	WSP	AüW	GAB	VIN	DEC	WIN
2000		85-86						
1997	-06	87-88+						

Bel-Air La Royère, Premières Côtes de Bordeaux

		PAR	WSP	AüW	GAB	VIN	DEC	WIN
2000								8,2
1999		82-85						
1997	-04	85-86						

Bel Air Perponcher, Bordeaux

		PAR	WSP	AüW	GAB	VIN	DEC	WIN
2000			85-88+					
1996	△		80*					

Bel Ormes Tronquoy de Lalande, Haut-Médoc, *O.: CB; P.: CB*

		PAR	WSP	AüW	GAB	VIN	DEC	WIN
2000							2	8,1
1999	03-12			84	16			8,0-8,3
1998	02-14	74-76	80-84	84	16	1		8,0-8,2
1997	02-14	78	86	13,5	16			7,6+

Bewertungen jünger als 2 Jahre:	▲ jetzt	▶ austr.	▼ abg.	Schrift normal
älter als 2 Jahre:	△ jetzt	▷ austr.	▽ abg.	Schrift dünn
älter als 4 Jahre:	△ jetzt	▷ austr.	▽ abg.	*Schrift dünn kursiv*

Forts. Bel Ormes Tronquoy …		PAR	WSP	AüW	GAB	VIN	DEC	WIN
1996	02-18		83	13	16			7,9-8,0
1995	98-10		86	14	14		4	7,9-8,0
1994	97-09		83	13,5	14			7,8+
1993			70-74					6,4+?
1990	-04				13			
1989	-97				12			8,0
1988								7,5
1982	△		84					

Belair, St.-Emilion, *O.: PGCC (B); P.: 5, gut,* ❻; *G.: 4,* ④

		PAR	WSP	AüW	GAB	VIN	DEC	WIN
2000	10-25			90		17	5	9,4
1999	05-18				17	16		9,1-9,2
1998	03-30	74-76		87	17	3,5	3	9,0-9,1
1997	01-15	86-87	80-84	15,5	16	2	3	8,8-9,0?
1996	99-16	80-85	84	16	18	3	3	8,8-9,0?
1995	00-18	85	85-89	16; 85	17	4	3	8,8-9,0
1994	98-12	85	80-84	84	17	17..	3	8,5-8,7+
1993	99-15	76	81	74	17	3		8,8+
1992	-02	74		70	14			
1991				14				
1990	-15	89	90	85	16	16,5		9,0-9,1+
1989	04-10	88	90	83	16	16..	4	9,2-9,3
1988	-10	85		81	15	14,4	3	8,4-8,6
1987	△	86		79	12	16		
1986	-10	86	82	68	17	18		
1985	-05	77		75	14	15,2	4	
1983	-05	88			14			
1982	-08	88	89				3	
1981	△	74						
1979	▷	85						
1978	▷	80						
1975		70						
1970	-00	68	88		15			
1961	-00		87		17			

de Belcier, Côtes de Castillon

		PAR	WSP	AüW	GAB	VIN	DEC	WIN
2000			85-88					
1998		85-86						
1994	-00	78-82						
1992		75-78						

Belgrave, Haut-Médoc, *O.: 5; P.: CB, gut,* ❺; *G.: 5,* ⑤

		PAR	WSP	AüW	GAB	VIN	DEC	WIN
2000	05-15	87-88+	89-91	88		15	4	8,3
1999	04-15	87-89		85	17	15		8,0
1998	01-25	87	86	89	17	16	4	8,2
1997	02-13	81-84	86	15	17	2	4	8,0-8,1
1996	01-12		88	89	17	3	3	8,4
1995	99-07	86-88	85	13,5; 86	16	1		7,9-8,2?
1994	97-10	86+	84	85	16			
1993	-03	86	81	86	16		3	
1992	-08	74-76		80	16			
1991	95-	74	80	80				
1990	▷			85	15	15		
1989	△		89	83	14			8,4+

		PAR	WSP	AüW	GAB	VIN	DEC	WIN
1988	-00		79	78	14	14,9		8,0
1987				75		17		
1986		86	81	83			3	
1985	-05			79	15		3	
1983	-97				15			
1982			74					
1978	△			.	13			

Belle-Brise, Pomerol

		PAR	WSP	AüW	GAB	VIN	DEC	WIN
1995	99-07				16			
1994	-06				16			

Bellefont-Belcier, St.-Emilion, *O.: GC; P.: CB, gut,* ❹; *G.: (4)*

		PAR	WSP	AüW	GAB	VIN	DEC	WIN
2000	-16	90-92						8,5
1999	-12	88-90						
1998	02-18	87			17	1,5		
1997	00-08	84			17	1		
1996	00-10	87	80-84		16	1,5		
1995	00-15	87	80-84	15,5				8,2
1994	-04	86						

Bellegarde, Margaux (Zww. von Ch. Siran)

		PAR	WSP	AüW	GAB	VIN	DEC	WIN
1997			79					
1996	00-		86					

Bellegrave, Médoc, *O.: CB*

		PAR	WSP	AüW	GAB	VIN	DEC	WIN
1998	00-05			83				
1997	00-03					1		

Bellegrave (van der Voort), Pauillac, *O.: CB; P.: CB*

		PAR	WSP	AüW	GAB	VIN	DEC	WIN
1989	96-		85					
1988								7,2

Bellegrave, Pomerol, *O.: unklass.; P.: CB, gut*

		PAR	WSP	AüW	GAB	VIN	DEC	WIN
2000			85-88				3	8,3
1999	04-12				16			8,4
1998	03-13	85-86	92		16	1		8,6
1997	02-12	87		15	16			7,8
1996	02-14	84		14,5	16			
1995	00-13				14		4	
1994	-03	83-85	84					
1993	-01	80						
1992	-00	85						
1989	-00	84				14..		
1988	△	82						
1986		79						
1985	△	83		11,2			2	

Bewertungen jünger als 2 Jahre:	▲ jetzt	► austr.	▼ abg.	Schrift normal
älter als 2 Jahre:	△ jetzt	▷ austr.	▽ abg.	Schrift dünn
älter als 4 Jahre:	△ jetzt	▷ austr.	▽ abg.	*Schrift dünn kursiv*

Belles Graves, Lalande de Pomerol, *P.:* ❺

		PAR	WSP	AüW	GAB	VIN	DEC	WIN
1999		83-84						
1998		86-87						
1997		84-85						
1996		85-86						
1993	-99	*84-86*						
1986		*86*						

Bellevue-Figeac, St.-Emilion, *O.: GC*

		PAR	WSP	AüW	GAB	VIN	DEC	WIN
2000			85-88					
1998			75-79					
1997	▲		84					
1996			78					
1995			80-84					
1993	△		79					

Bellevue Laffont, Listrac (Zww. von Ch. Fourcas Dupré)

		PAR	WSP	AüW	GAB	VIN	DEC	WIN
1997			76					

Bellevue, Médoc, *O.: CB*

		PAR	WSP	AüW	GAB	VIN	DEC	WIN
2000	-08			87				
1999	-16	90-91						
1998	-09	87						
1997		85						
1995	98-05			14				
1994	-04			*13,25*				

Bellevue, St.-Emilion, *O.: GCC; P.: CB*

		PAR	WSP	AüW	GAB	VIN	DEC	WIN
2000	03-20	92-95	89-91					

Bellile-Mondotte, St.-Emilion, *G.: (4)*

		PAR	WSP	AüW	GAB	VIN	DEC	WIN
2000	05-16	88-90	89-91					8,2
1999	04-10	78-81			17			
1998	03-20	81-84			17			8,5-8,6
1997	00-10	85-86			17			
1996	01-12				*14*			

Belloy, Canon-Fronsac

		PAR	WSP	AüW	GAB	VIN	DEC	WIN
2000		86-87*						
1998	02-07			84				
1997		78-81						
1986		75						

Belregard-Figeac, St.-Emilion

		PAR	WSP	AüW	GAB	VIN	DEC	WIN
2000	04-09	84-86?						

Bergat, St.-Emilion, *O.: GCC; P.: CB; G.: CB,* ⑥

		PAR	WSP	AüW	GAB	VIN	DEC	WIN
2000	08-15	86-87	85-88			15	3	8,9-9,0
1999	03-12	72-74	85-89		17	14,5		8,5
1998	03-13	70-73	85		16		2	
1997	03-10		80		15			7,9-8,0
1996	99-12		82		*15*		2	
1995	99-08		87		*15*		3	*7,9*
1994	-05				*15*			
1993								*8,0+*
1991			*80*					
1990			*86*					
1989	△		87					

Berger, Graves

		PAR	WSP	AüW	GAB	VIN	DEC	WIN
1995							2	

Berliquet, St.-Emilion, *O.: GCC; P.: CB*

		PAR	WSP	AüW	GAB	VIN	DEC	WIN
2000	05-20	90-91	89-91	89		16	4	8,4
1999	02-18	88-89+		89			3	
1998	02-16	89	90-94	87	17	15,5	5	8,5-8,6
1997	01-12	88	85-89	14	17			
1996	02-14	78	85-89		*16*	1	3	
1995	04-14	75			*15*		3	*7,5*
1994		76						*6,0*
1993		78						
1990	-03	86						
1989	-00	82				*15..*		
1988	▷	79		16				
1986	-96	*78*						
1985	-96	*81*						
1983			*90*					

Bernadotte, Haut-Médoc, *O.: CB; P.: CB*

		PAR	WSP	AüW	GAB	VIN	DEC	WIN
2000	02-14	88-90	89-91	86		15	3	8,5
1999	03-11	87-88		84	15			8,3
1998	02-11	87	86		15			
1997	02-10	85-87	78		15		3	8,1-8,2
1996	-05	85?	83	79			3	8,6+
1995	98-07			14				
1994				*14,5*				

Bertineau St.-Vincent, Lalande de Pomerol, *P.:* ❺

		PAR	WSP	AüW	GAB	VIN	DEC	WIN
2000		85-86						7,9
1999	-06	86-87						
1998	-06	87						

Bewertungen jünger als 2 Jahre:	▲ jetzt	▶ austr.	▼ abg.	Schrift normal
älter als 2 Jahre:	△ jetzt	▷ austr.	▽ abg.	Schrift dünn
älter als 4 Jahre:	△ jetzt	▷ austr.	▽ abg.	*Schrift dünn kursiv*

Forts. Bertineau St.-Vincent		PAR	WSP	AüW	GAB	VIN	DEC	WIN
1997	-03	85						
1996		85-86						
1995							4	8,0
1994	-01	85-86						
1992		81-83						
1990								8,0-8,4
1989	-00	86						
1988								7,8

Bertinerie, Prem. Côtes de Blaye

		PAR	WSP	AüW	GAB	VIN	DEC	WIN
1999				14				
1993	-00					2		

La Bessane, Margaux

		PAR	WSP	AüW	GAB	VIN	DEC	WIN
1997	▲		84					

Beychevelle, St.-Julien, *O.: 4; P.: 4, sehr gut,* ❻; *G.: 4,* ④

		PAR	WSP	AüW	GAB	VIN	DEC	WIN
2000	02-21	90-91	89-91	89		14,5	4	9,0+
1999	04-15	86-88	85-89	89	17	14	3	8,7
1998	02-16	87	84	88	17	14	4	8,8-8,9
1997	02-12	78	85	16	16		3	8,7
1996	00-12	86	87	89	17	1	3	9,0+
1995	00-15	85	89	16; 85	17	2	3	9,0+
1994	98-10	85	81	84	17	2	3	8,8?
1993	-09	82	80	80	17	14..	4	8,5-9,0
1992	-06	81	82	82	15			
1991	96-	85	85	83	13	14..		
1990	-12	81	87	82	16	16	4	8,4-8,6
1989	-12	89	93	89	16		3	9,3
1988	00-03	84	90	80	15	17		8,9-9,0
1987	△	78	79	78	12	17		
1986	97-20	92	93	90	18	19	5	
1985	-05	87	91	84	15		4	
1983	-03	85	85		16		3	
1982	-15	92	88		15		3	
1981	△	83	81					
1979	▷	81	92	15,6	14			
1978	△	85	86	14,5	17			
1975	-05	86			16			
1970	-04	85	90		17			
1961	-05	88	89		17			

Bichon Cassignols, Graves

		PAR	WSP	AüW	GAB	VIN	DEC	WIN
1995							3	

Biré, Bordeaux Supérieur

		PAR	WSP	AüW	GAB	VIN	DEC	WIN
2000			80-84					
1998			78					
1996			68					

Biston-Brillette, Moulis, *O.: CB; G.: CB,* ⑥

		PAR	WSP	AüW	GAB	VIN	DEC	WIN
2000	05-14					14,5		
1999	03-12			85	15	14		
1998	02-13		80-84	85	15	14,5		
1997	00-12		82	14,5	16	1	3	
1996	99-10		84	87	15	2	4	
1995	98-16		90	15	*17*	1	4	
1994	98-08			*14,75*	*16*			
1992	-04				*16*			
1990						*15*		
1988	-02	*87*				*14..*		

Blaignan, Médoc, *O.: CB*

		PAR	WSP	AüW	GAB	VIN	DEC	WIN
1998	01-05			82				
1997	02-09				15			
1996	02-18			13,5	*14*			
1995	00-10				*15*			
1989							*4*	*7,5*
1988								*6,8*

Blason d'Issan, Margaux (Zww. von Ch. d'Issan)

		PAR	WSP	AüW	GAB	VIN	DEC	WIN
1996	99-		86					
1995	00-		85					

Le Bocage, Bordeaux Supérieur

		PAR	WSP	AüW	GAB	VIN	DEC	WIN
1997			75-79					
1996			75-79					

Bois Martin, Pessac-Léognan

		PAR	WSP	AüW	GAB	VIN	DEC	WIN
2000			85-88					8,0
1998			79					
1997	▲		85					

Boisset La Chapelle, Bordeaux

		PAR	WSP	AüW	GAB	VIN	DEC	WIN
2000			75-79					
1997	-03	84-85	75-79					
1996			75-79					

Le Bon Pasteur, Pomerol, *O.: unklass.; P.: 4, ausgez.,* ❷; *G.: 4,* ③

		PAR	WSP	AüW	GAB	VIN	DEC	WIN
2000	04-24	91-93+	92-94	90		15,5	43	8,3
1999	04-17	90-91	85-89	89	17	15,5		8,0
1998	02-18	91	91		18	15,5	4	8,8
1997	00-12	88	87	16	17	1	3	
1996	99-15	88	85	91	*17*	1,5	4	
1995	99-15	90	90	89	*17*	3	3	*8,3*
1994	97-12	89	85	86	*17*	*15,5..*		

Bewertungen jünger als 2 Jahre:	▲ jetzt	▶ austr.	▼ abg.	Schrift normal
älter als 2 Jahre:	△ jetzt	▷ austr.	▽ abg.	Schrift dünn
älter als 4 Jahre:	△ jetzt	▷ austr.	▽ abg.	*Schrift dünn kursiv*

Forts. Le Bon Pasteur		PAR	WSP	AüW	GAB	VIN	DEC	WIN
1993	97-08	88	87	83	16	15..		
1992	-02	86	81	82	16			
1990	99-15	91	93	88	16	16	3	8,4
1989	00-08	90	88	86	17		2	
1988	-08	89	85	84	17	17		8,3
1987	-00	86	81	89	16			
1986	-00	87	92	82	18			
1985	△	84	92	79	15		3	
1983	△	85	86					
1982	-05	87; 93M	88		15		3	
1981	△	85						
1979	△	78	91					
1978	△	86						

Bonalgue, Pomerol, *O.: unklass.; P.: CB, gut,* ❺; *G.: CB,* ⑤

		PAR	WSP	AüW	GAB	VIN	DEC	WIN
2000	03-16	87-88	92-94	85			2	
1999	04-17	87-88			17	15		
1998	02-15	87	90	84	17	14,5	3	
1997	00-06	86	76	14	16	1,5		
1996	00-08	86	85	13,5	16			
1995	01-10	86			15	3	3	
1994	98-13	85	80		16	2		
1993	-00	84	86					
1990	-03				16			
1989	-98	85				14..		
1988	△	83						
1986	△	82					4	
1985	△	85						

Le Bonnat, Graves

		PAR	WSP	AüW	GAB	VIN	DEC	WIN
1998	02-		83					
1996			79					
1995			80-84					7,9-8,0
1993			80-84					
1990						14		
1989			81					
1988			87			13,8		
1987			83					

Bonnet, Bordeaux

		PAR	WSP	AüW	GAB	VIN	DEC	WIN
2000		86-87*	85-88					
1998	01-	83-85	85*					
1997	▲	84	85*					
1996	02-		85					
1995	99-		87					
1994	99-		80*			0,5		
1993	-98		82*			2*		
1992			78*					
1991			77*					
1990			82*					
1989	△		85*					

Bonnet Cuvée Divinus, Bordeaux

		PAR	WSP	AüW	GAB	VIN	DEC	WIN
2000		88-89						

Le Boscq, Médoc, *O.: CB; P.: CB, gut,* ❻

		PAR	WSP	AüW	GAB	VIN	DEC	WIN
2000								8,1
1999		83-85*						7,9-8,0*
1998								7,8-8,0*
1997	-05	85-86*						7,2*
1996	-08	86*						8,1*+
1995	-02	85*						7,5-7,8*?
1994	-00	85-86+						8,1
1993	-00	85-86						7,2*
1992		74-76						
1990	-99	86						7,7
1989	-97	85						8,2
1988								7,5
1986		84						

Le Boscq, St.-Estèphe, *O.: CB, P.: CB*

		PAR	WSP	AüW	GAB	VIN	DEC	WIN
2000	06-16		85-88	88		15		
1999	05-12			86		15		
1998	02-15	78-82	80-84	86	17	14,5		
1997	02-12	85-86	87	14,5	18	2	3	
1996	00-16		87	85	17	3	4	
1995	99-10		88	87	15		3	
1994				80				
1993				80				
1992				78				
1990				79				
1989				79				
1988				80				
1987				77				
1986				80				
1985				79				

Le Bourdieu, Médoc, *O.: CB*

		PAR	WSP	AüW	GAB	VIN	DEC	WIN
1997							2	
1996	-06				15		3	
1995	-08				16		2	
1994	-04				14			

Bourdieu La Valade, Canon-Fronsac

		PAR	WSP	AüW	GAB	VIN	DEC	WIN
1997				13				
1996				13				

Le Bourdieu Vertheuil, Haut-Médoc, *O.: CB*

		PAR	WSP	AüW	GAB	VIN	DEC	WIN
1996				13				
1995	00-05			14				

Bewertungen jünger als 2 Jahre:	▲ jetzt	▶ austr.	▼ abg.	Schrift normal
älter als 2 Jahre:	△ jetzt	▷ austr.	▽ abg.	Schrift dünn
älter als 4 Jahre:	△ jetzt	▷ austr.	▽ abg.	*Schrift dünn kursiv*

Bourdillot, Prem. Côtes de Blaye

		PAR	WSP	AüW	GAB	VIN	DEC	WIN
1996				13				

le Bourdillot, Graves

		PAR	WSP	AüW	GAB	VIN	DEC	WIN
1998	02-06					15*		
1995							3	

Bourgneuf (Vayron), Pomerol, *O.: unklass.; P.: 5 (CB), gut,* ❺; *G.: CB,* ⑥

		PAR	WSP	AüW	GAB	VIN	DEC	WIN
2000		86-87?	89-91				3	
1999	04-20	88-89+?	85-89	87	17			
1998	02-20	89+?	87	89	17			
1997	03-12	87?	79	14,5	11			
1996	00-17	87+?	81	88	16		2	7,9-8,2
1995	00-14	89	92	15	17	1,5	3	8,3
1994	98-10	84	82	15	13			8,3
1993	01-10	85	81		16			
1992	-08	74			15			
1991					15			
1990	-05	87	94		16			
1989	-10	84	90	15,5	17			8,3-8,4
1988	00-10	82	90		13	14,6		
1987	-97				14	15		
1986	-08	84			14			
1985	-03	82	86		16		5	
1983	-00				16			
1982	▷		83		15			
1978					10			
1961	▷				16			

Bournac, Médoc, *O.: CB*

		PAR	WSP	AüW	GAB	VIN	DEC	WIN
1999	02-10			83	15			
1998	02-09			84	16			
1997	02-10			12,5	15			
1996	03-16				14			
1995	00-15				15			

Bourseau, Lalande de Pomerol

		PAR	WSP	AüW	GAB	VIN	DEC	WIN
1995							4	

Bouscaut, Pessac-Léognan, *O.: CC; P.: CB, mittel*

		PAR	WSP	AüW	GAB	VIN	DEC	WIN
2000	02-15	84-86	85-88	87		15	3	8,6(+?)
1999	04-13	82-84		86	16			8,4+
1998	02-15	75	85	86	15	14,5	4	8,2+
1997	02-10		84	13,5	13			8,0+
1996	00-06		82	83		2	3	8,3+
1995	00-12		86	14,5; 78	15	2		7,7+
1994	00-08		80-84	75	14			7,6+?
1993	99-08		82	73	14			7,6-8,0?

1992	-05		*70-74*	*79*	*11*			
1991			*70-74*	*69*				
1990	-00	*78*	*88*			*14*		*7,2+*
1989	△	*82*	*89*	*79*		*15..*		*8,3-8,4*
1988	-99	*83*	*87*	*80*	*13*			*8,2*
1987				*74*		*17*		
1986	-00	*75*		*75*	*13*	*17,5*		
1985	-03		*90*		*15*			
1983	-99	*84*			*12*			
1982	-00	*85*	*85*					
1981	△	*74*	*86*					
1978	▽	*78*						
1975	△	*75*						
1970		*72*	*85*					
1961	-98		*85*					

du Bousquet, Côtes de Bourg

		PAR	WSP	AüW	GAB	VIN	DEC	WIN
1998	▲		82					
1995	-00		85					

Boutisse, St.-Emilion, *O.: GC*

		PAR	WSP	AüW	GAB	VIN	DEC	WIN
2000							3	
1999		82-84						
1998		85-86						
1997		84						

Boyd-Cantenac, Margaux, *O.: 3; P.: CB,* ❻

		PAR	WSP	AüW	GAB	VIN	DEC	WIN
2000	06-18	88-89+	85-88			15		
1999	03-15	87-88				15		
1998	03-11	86	86			14,5		
1997		78	85					
1996	99-	77-81	84					
1995	-05		90			1		
1994	01-19				15			
1993	-08				14			
1992	-06				12			
1991					13			
1990	-08	86						
1989	-03	86						8,5
1988								8,1
1986	-05	*78*			*13*	*19*	4	
1985	-10	*83*	*90*		15			
1983	-10	*87*	*86*	*15,3*	15			
1982	-06	*86*	91	*13*	*12*			
1981	▽	*69*						
1979	-96	*84*		*15,1*				
1978	-00	*85*			*13*			
1975	-10	*86*			*13*			
1970	-05				*15*			
1961	△		84					

Bewertungen jünger als 2 Jahre:	▲ jetzt	▶ austr.	▼ abg.	Schrift normal
älter als 2 Jahre:	△ jetzt	▷ austr.	▽ abg.	Schrift dünn
älter als 4 Jahre:	△ jetzt	▷ austr.	▽ abg.	*Schrift dünn kursiv*

Branaire-Ducru, St.-Julien, *O.: 4; P.: 3, ausgez.,* ❸; *G.: 5,* ⑤

		PAR	WSP	AüW	GAB	VIN	DEC	WIN
2000	03-25	90-92	92-94	89		15,5	4	8,8-8,9
1999	02-20	88-90	85-89	87	17	15	3	9,1+
1998	03-16	89	86	89	16	15	4	8,9-9,0
1997	00-12	87	86	15	16	1	3	8,6+
1996	02-18	89	89	90	16	2	3	9,1+
1995	00-18	90	89	16; 88	17	1	3	9,0-9,1
1994	99-13	89	87	87	16	14..	3	8,8
1993	97-10	84?	85	84	15	15..	3	8,3-8,5
1992	-05	82	80-84	80	15			
1991	95-	85	80	82	16			
1990	00-20	88	90	85	17	15,5		8,5+
1989	01-15	92	90	89	16		2	8,5
1988	-08	81	84	78	17	15,9		8,7
1987	△			74				
1986	-04	84		79	15			
1985	-05	85	89	82	16			
1983	△	84	88		14			
1982	-15	90	88		16		4	
1981	-04	85			13			
1979	-94	84		16,2	15			
1978	-98	80			15			
1975	-10	91			14			
1970	-20	84			18			
1961	△	83	80		13			

Branda, St.-Emilion (Puisseguin)

		PAR	WSP	AüW	GAB	VIN	DEC	WIN
2000			80-84					8,0
1999	-05	86-87						8,1
1998	-06	88						
1997		85						

La Brande, Fronsac

		PAR	WSP	AüW	GAB	VIN	DEC	WIN
1998	02-06			85				
1997				13,5				
1996				13				

Brane-Cantenac, Margaux, *O.: 2; P.: 5, gut,* ❻; *G.: 5,* ⑤

		PAR	WSP	AüW	GAB	VIN	DEC	WIN
2000	04-20	91-93	92-94	88		16,5	4	9,2+
1999	03-20	90-92	85-89	89	17	15,5	4	9,0+
1998	04-18	89	90	87	17	15	4	9,1
1997	00-10	84	85-89	15		2	3	8,7-8,8
1996	99-11	85-86	90	88		2	4	8,9
1995	00-15	86	87	14,5; 83	15	1	3	8,5
1994	97-09	82?	81	84	15		2	7,5
1993	98-10	72	85	78	15			7,2
1992	-02		80-84	76	12			
1991			80	70				
1990	-10	88	91	82	17			
1989	-08	88	94	85	17		4	8,1
1988	-96	77	78	74	14			8,2
1987	▷			72	12	16		
1986	-08	88	87	85	15		3	

1985	-05	*87*	*89*	*84*	*16*		4	
1983	-05	*89*	*94*	*15,6*	*16*		3	
1982	△	*76*	*90*		*13*			
1981	-95	*82*			*15*			
1979	▷	*75*	*80*	*15,8*	*13*			
1978	-95	*82*			*14*			
1975	-94	*83*			*13*			
1970	△	*85?*						
1961	△		84					

Branon, Pessac-Léognan

		PAR	WSP	AüW	GAB	VIN	DEC	WIN
2000	03-18	92-95	92-94	88				

Brethous, Premières Côtes de Bordeaux

		PAR	WSP	AüW	GAB	VIN	DEC	WIN
1992		*71-75*						
1990								*7,1*

Du Breuil, Haut-Médoc, *O.: CB*

		PAR	WSP	AüW	GAB	VIN	DEC	WIN
2000							2	
1997	▲		80	13				
1996	△		82	13,5			1	
1995	△		76				3	
1992	△		*80*					
1990								*7,8-7,9*
1989	△		82					

Briand, Bordeaux

		PAR	WSP	AüW	GAB	VIN	DEC	WIN
1996	-03	85-86*						

La Bridane, St.-Julien, *O.: CB; P.: CB*

		PAR	WSP	AüW	GAB	VIN	DEC	WIN
1999	02-09			83	14			
1998	02-12			85	15			
1997	02-11			15	16		4	
1996	04-16			87	*15*		2	
1995	00-15			14,5	*15*		3	
1994	98-08			*15*	*15*			

Brie-Caillou, Médoc

		PAR	WSP	AüW	GAB	VIN	DEC	WIN
1995	99-		82					

Brillette, Moulis, *O.: CB; P.: CB, gut*

		PAR	WSP	AüW	GAB	VIN	DEC	WIN
2000	05-12	87-88	85-88	88		14		8,5+
1999	04-13			84	15	15		8,0
1998	02-16		85-89	85	16	15		
1997	01-10		81	15	15	1		

Bewertungen jünger als 2 Jahre:	▲ jetzt	▶ austr.	▼ abg.	Schrift normal
älter als 2 Jahre:	△ jetzt	▷ austr.	▽ abg.	Schrift dünn
älter als 4 Jahre:	△ jetzt	▷ austr.	▽ abg.	*Schrift dünn kursiv*

Forts. Brillette		PAR	WSP	AüW	GAB	VIN	DEC	WIN
1996	00-10		88*		15	2		
1995	98-12		84	14,5	14		4	
1992	-05				14			
1990			87					
1989			86	14				
1988			81					
1987			72					
1986		85	78	14,5				
1985				11,9		13		
1982	-98	87	85					

Brisson, Côtes de Castillon

		PAR	WSP	AüW	GAB	VIN	DEC	WIN
2000	-07	89-90						
1999	-07	85-86						
1998	-08	88						
1997		87						
1996	-04	85-87						
1995	-04	87						

Brondelle, Graves

		PAR	WSP	AüW	GAB	VIN	DEC	WIN
1996							3*	

de Brousse, Côtes de Castillon (Zww. von Ch. Côte Montpezat)

		PAR	WSP	AüW	GAB	VIN	DEC	WIN
1996			78					

Brown, Pessac-Léognan, *G.: 5*, ⑤

		PAR	WSP	AüW	GAB	VIN	DEC	WIN
2000	02-15	88-90						
1999	03-10	86-88			17			
1998	01-08	87	87		17			
1997	-05		84		16			
1996	00-07		84		17			
1995	00-04		88		16			
1994	97-04		84		15			
1993	-02				14			
1990	▶				15			
1988								8,0
1987						17		

Brown Lamartine, Bordeaux Supérieur

		PAR	WSP	AüW	GAB	VIN	DEC	WIN
2000			80-84					
1994			75-79					
1993			79					
1992			76					

Brulesécaille, Côtes de Bourg

		PAR	WSP	AüW	GAB	VIN	DEC	WIN
1998	04-10					15,5		

		PAR	WSP	AüW	GAB	VIN	DEC	WIN
1997	01-04					15,5		
1994	98-04					3		
1993	-00					2		
1990	01-04					15,5		

Brun-Despagne, Bordeaux Supérieur

		PAR	WSP	AüW	GAB	VIN	DEC	WIN
2000								7,8
1999								7,4

Brun-Despagne Cuvée Héritage, Bordeaux Supérieur

		PAR	WSP	AüW	GAB	VIN	DEC	WIN
2000								8,1
1999								7,7

Le Quintessence de Ch. Brun-Despagne, Bordeaux Supérieur

		PAR	WSP	AüW	GAB	VIN	DEC	WIN
2000								8,4-8,5
1999								8,2

de By, Médoc, *O.: CB*

		PAR	WSP	AüW	GAB	VIN	DEC	WIN
1999	-10			84				
1998	01-05			81				
1996			79				2	

La Cabanne, Pomerol, *O.: unklass.; P.: CB*

		PAR	WSP	AüW	GAB	VIN	DEC	WIN
2000	05-12	83-86?	85-88	87		15	2	8,6
1999	05-15	83-85		86+	16			8,3
1998	02-16	84-87	89	86	16			8,5
1997	00-09		84	13,5	15			8,3
1996	00-15	81-83	85	83	15	1	3	8,3
1995	00-15	86	90	15; 85	15	1	3	8,2
1994	00-05	87		81		2		
1993	-01	77		79				7,5+?
1992	-00	80	75-79	78				
1991			73					
1990	-00	84	87	80		15		7,9+
1989	-00	84	88	80		14	3	7,7+
1988	-98	82		79				
1986	△	73		70			4	
1985	▽	74		71			3	
1982	▷	72	84					
1979				14,3				

Des Cabans, Médoc, *O.: CB*

		PAR	WSP	AüW	GAB	VIN	DEC	WIN
1997	03-11			12,5	12			
1996	03-17			14	15			
1995	99-08				15			

Bewertungen jünger als 2 Jahre:	▲ jetzt	▶ austr.	▼ abg.	Schrift normal
älter als 2 Jahre:	△ jetzt	▷ austr.	▽ abg.	Schrift dünn
älter als 4 Jahre:	△ jetzt	▷ austr.	▽ abg.	*Schrift dünn kursiv*

Cablanc, Bordeaux

		PAR	WSP	AüW	GAB	VIN	DEC	WIN
1996	△		80					

Cadet-Bon, St.-Emilion, *O.: GCC; P.: CB*

		PAR	WSP	AüW	GAB	VIN	DEC	WIN
2000			85-88					
1999	-10			82				8,2
1998	02-12		84	89	17	1	2	
1997	00-11		86	14,5	17			8,2
1996	99-18	84-86	85	84	17		3	8,2
1995	00-		87					
1994	97-10	85-87+	82					
1993		75-79						

Le Cadet de Larmande, St.-Emilion (Zww. von Ch. Larmande)

		PAR	WSP	AüW	GAB	VIN	DEC	WIN
1996	-00		81					
1992				15,4				

Cadet-Peychez, St.-Emilion

		PAR	WSP	AüW	GAB	VIN	DEC	WIN
1995	00-08			14,5				

Cadet-Piola, St.-Emilion, *O.: GCC; P.: 5, sehr gut,* ❹; *G.: CB,* ⑥

		PAR	WSP	AüW	GAB	VIN	DEC	WIN
2000	08-20	86-87?	89-91	85		16	3	8,3+
1999	03-16			87	17	14,5		
1998	02-15		91	86	17	15,5	3	8,0
1997	04-10		85			2,5	2	
1996	99-06		84		15	1	3	
1995	00-15	87		15; 83	16	3		7,8?
1994	-06	89		79	15			7,1
1993	99-12	85		81	15			
1992	-00	72		70				
1991				13,5				
1990	02-20	87		83	17	14,5		8,3-8,4
1989	-10	87		82	15	15..		8,6+
1988	-10	86	89	80		4		
1987	-96			76		16		
1986	-10	85?		77				
1985	-00	86		79		15,2		
1983	△	85		14,1				
1982	-10	81?	91					
1981	-00	85						
1979	△	86						
1978	△	82						
1975	-00	87						

Cadillac-Branda, Bordeaux Supérieur

		PAR	WSP	AüW	GAB	VIN	DEC	WIN
1998	▲		83					

Le Caillou, Pomerol

		PAR	WSP	AüW	GAB	VIN	DEC	WIN
1999	03-10				15			
1998	02-14			85	16			
1997	02-10			14	14			
1996	03-18			13,5	14			
1995	00-12				13		2	
1985							3	

de Callac, Graves

		PAR	WSP	AüW	GAB	VIN	DEC	WIN
1996							2	
1995							2	

Calon, St.-Emilion (Saint-Georges)

		PAR	WSP	AüW	GAB	VIN	DEC	WIN
2000	-08			84				
1999		83						

Calon-Ségur, St.-Estèphe, *O.: 3; P.: 3, ausgez.,* ❸; *G.: 3,* ⑤

		PAR	WSP	AüW	GAB	VIN	DEC	WIN
2000	08-18		95-100	90		17		9,3
1999	04-25	88-89+	85-89		17		3	8,5
1998	04-30	89+	86		17	3		8,9
1997	02-16	80	83		17			8,8+
1996	00-28	92	90		18	1,5	4	9,0
1995	00-35	92+	96	15,5; 92	18	3	3	9,2
1994	98-12	86+?		85	15	15..	3	8,9-9,0
1993	97-06	86	84	84	14	15..		8,4+
1992	-03	74-76		75	14	14..		
1991		84	82	80	12			
1990	-12	90		90	17	16,5		9,0
1989	97-10	88	87	86	14		2	9,2+
1988	-20	91	85	88				9,0
1987	△	75		75		15		
1986	-15	88	86	84	13			
1985	-08	84	88	82	15			
1983	-05	82	83		14			
1982	05-35	93+	87		16			
1981	△	83						
1979	△	80		16				
1978	△	78		15	16			
1975	-06	87						
1970	▷	80	83		17			
1961	-00	83	86		14			

Cambon la Pelouse, Haut-Médoc, *O.: CB*

		PAR	WSP	AüW	GAB	VIN	DEC	WIN
2000	-07	87-88					3	8,2(+)
1999	01-12	86-88		86	16			7,7
1998	02-12			84	16	1,5		
1997	02-10			13,5	15			
1996	03-19			13,5	16		1	
1995	-03				15			
1994	-04				13			

Bewertungen jünger als 2 Jahre:	▲ jetzt	▶ austr.	▼ abg.	Schrift normal
älter als 2 Jahre:	△ jetzt	▷ austr.	▽ abg.	Schrift dünn
älter als 4 Jahre:	△ jetzt	▷ austr.	▽ abg.	*Schrift dünn kursiv*

de Camensac, Haut-Médoc, *O.: 5; P.: CB, gut; G.: 5,* ⑥

		PAR	WSP	AüW	GAB	VIN	DEC	WIN
2000	05-15	87-88	89-91	88		15	3	8,6+
1999	03-13	85-86		83	17	14,5	3	8,3
1998	03-13	86-87	85-89	87	17	15	3	8,3+?
1997	00-13	86	83	15	15	1,5	3	8,1
1996	01-12	85-86	89	86	17		4	8,3-8,5+?
1995	00-14	85	90	14,5	16	1	2	8,5; 8,8
1994	98-11		75-79	13,5	15		1	8,2
1993	00-13			14	16			6,0-8,0
1992	-04				15			
1991					14			
1990	01-09				13			8,6
1989			86	14				8,9
1988	02-12			14,5	15	14,1		8,6+
1987						17		
1986			83	14,5				
1985	-05			11,9	16		3	
1983	-98				15			
1982	△	70	78		14			
1979	-98	86	82		15			
1975	-05				17			

Camus, Graves

		PAR	WSP	AüW	GAB	VIN	DEC	WIN
1998	01-04					15		

Canon, Canon-Fronsac

		PAR	WSP	AüW	GAB	VIN	DEC	WIN
1995			85-89					
1994		77-81	75-79					
1993	-07	85-86	75-79					
1992	-00	78	75-79					
1990	03-	89	85			15		
1989	05-	87	82			14,3		
1988	-10					15		

Canon, St.-Emilion, *O.: PGCC (B); P.: 5, ausgez.,* ❻*; G.: CB,* ⑤

		PAR	WSP	AüW	GAB	VIN	DEC	WIN
2000	05-20	88-89	89-91	88		17,5	3	9,2
1999	04-19	85-86	85-89	89	17	15,5	3	9,0
1998	02-18	87	89	90		17	4	9,1-9,2
1997	00-12	82	85	15,5		1,5	2	8,6+
1996	02-15	80	83	87		1	3	8,8-8,9
1995	00-14	74	86	15,5; 84	16	2	4	8,8-8,9
1994	98-14		80-84	80	13	1		9,1
1993	97-17	76	85	81		16..		9,2-9,4
1992	-04	83	76	86		14..	3	
1991				88				
1990	98-25	87	91	84	17	17..	5	9,2+
1989	98-10	92	90	88	15	17..	5	8,9-9,1
1988	99-12	87	81	87	16	14,8	3	9,2
1987	-98	85	86	83	16	16,5		
1986	97-15	89+	90	88	16	18,3	4	
1985	-07	89	91	86	17	17	5	
1983	-09	88	84		17		3	
1982	00-15	94	96		17		4	

1981	-00	75	82		15		4	
1979	-03	86	90		15			
1978	-05	85	91		13			
1975	▷	68	86		15			
1970	△	84	88		15			
1961	-10	88	90		16			

Canon de Brem, Canon-Fronsac, *P.: 5,* ❺; *G.: CB,* ⑥

		PAR	WSP	AüW	GAB	VIN	DEC	WIN
2000		85-86?	89-91					8,0
1999	04-12	85-86			16			8,2-8,3
1998	02-15	88	85	86	17	14,5		
1997	03-10	86	85	14,5	15	2	3	8,1
1996	00-14	83	86	13,5	16	2		7,5
1995	98-15	86	86	14; 80	15			8,0
1994	01-08	83-85	74	79	15			8,1
1993	-08	79-86	80	14.75	15			
1992	-06	80	75	75	14			
1991				69				
1990	-10	89	89	73	17	14,5		8,3
1989	-08	87	84	69	16	14		8,2
1988	▷			68	15			8,0
1987		85				14,5		
1986	▷	86	86	68	15			
1985				82				
1982			91					
1978	△				15			

Canon-La-Gaffelière, St.-Emilion, *O.: GCC; P.: 2, hervorr.,* ❷; *G.: 3,* ③

		PAR	WSP	AüW	GAB	VIN	DEC	WIN
2000	02-20	94-96	92-94	92		15,5	3	8,3-8,7
1999	02-17	91-93	90-94	89+	17	15,5	5	8,6
1998	03-22	93	95	90	19	15,5	5	8,7?
1997	02-15	90	87	16	19	3	4	7,9; 8,1
1996	00-20	90	89	90	18	2,5	4	8,6+
1995	00-20	91+	95	15,5; 92	17	3,5	3	8,5
1994	99-17	90	89	87	17	3		8,1-8,3+
1993	98-09	88	92	85	15	3		8,0; 8,8
1992	-06	87	82	85	16	14..		
1990	98-15	92	95	91	15	17..	3	8,6-8,7+?
1989	00-08	89	89	87	16	17..	3	
1988	98-08	90	90	86	17	16..		8,3
1987	-96			81	14	14,3		
1986	-05	87	91	85	17			
1985	-02	85		84	15	16,3	3	
1983	▷	82		15,4				
1982	▷	76						
1981	▽	72						
1979	-95	75			16			
1978	▽	75		12				
1961	-02				19			

Canon-Moueix, Canon-Fronsac, *P.: 5,* ❻; *G.: CB,* ⑥

		PAR	WSP	AüW	GAB	VIN	DEC	WIN
2000		84-86					3	
1999	04-11	84-85		84	16			7,5
1998	02-18	87	88	87	17	2,5	3	8,4+
1997	01-12	86	81	15	16	2	3	7,9

Forts. Canon-Moueix		PAR	WSP	AüW	GAB	VIN	DEC	WIN
1996	00-14	81-83	83	85	16	2		7,5
1995	98-13		87	14,5	15	1		8,1
1994	97-08	82-84	80	14,75	15	14,5..		8,2
1993	98-08	82-84	81	14,5	16			
1992	-06	83	78	14,5	14			
1990	-05	89		12,5	16	15		
1989	-08		86	13,5	15	14,8		8,2
1988	-04			13,5	15	14		
1987	△				12			
1986	-02	85			16			

Cantelauze, Pomerol

		PAR	WSP	AüW	GAB	VIN	DEC	WIN
2000	-02			85				
1999	02-09				15			
1998	02-12			82	15			
1997	03-10			13	15			
1996	04-16			13,5	14			
1995	00-10			14	15		5	

Canteloup, Médoc (Zww. von Ch. La Gorce)

		PAR	WSP	AüW	GAB	VIN	DEC	WIN
1995	△		78					

Cantelys, Pessac-Léognan

		PAR	WSP	AüW	GAB	VIN	DEC	WIN
2000			85-88					
1998	06-		90					
1997	▲		81					
1996	99-		82				3	
1995	00-		88					

Cantemerle, Haut-Médoc, *O.: 5; P.: 3, sehr gut,* ❹; *G.: 5,* ⑥

		PAR	WSP	AüW	GAB	VIN	DEC	WIN
2000	05-15	87-88	92-94	88		16	4	8,9-9,0
1999	03-15	86-87	85-89	87	17	15		8,4-8,6
1998	03-13	84	79	89	17	15	3	8,7+
1997	02-12	85-86	83	15	16		4	8,6
1996	00-16	87	91	89	17	1,5	4	9,0-9,1
1995	00-12	86	82	15,5; 86	16	1	3	8,4; 8,9-9,1?
1994	00-08	86	75-79	80	15	1	2	8,4
1993	00-10	87	75-79	86	15			8,0
1992	-03	86	75-79	82	14			
1991		76	80	73	15			
1990	-10	86	81	83	15	15,5	4	8,2-8,3
1989	-10	91	95	87	16		3	9,2+
1988	-00	86	85	83	13			8,8
1987		86	87	78		17.13		
1986	△	82	89	79	15	19	3	
1985	-02	85		82	15			
1983	-05	91					2	
1982	-05	86	86		14			
1981	△	82	70					
1979	▷	82	78					
1978	△	81			11			

		PAR	WSP	AüW	GAB	VIN	DEC	WIN
1975	-10	*84*			*15*			
1970	△	*87*	*88*					
1961	-00	*92*	*84*					

Cantenac, St.-Emilion, *O.: GC*

		PAR	WSP	AüW	GAB	VIN	DEC	WIN
2000	-07	87-88	89-91					

Cantenac Brown, Margaux, *O.: 3; P.: 5, gut; G.: 4,* ⑤

		PAR	WSP	AüW	GAB	VIN	DEC	WIN
2000	05-25	89-91	89-91	87		16,5	3	8,8-8,9
1999	04-18	88-89+	85-89	88	17	15,5	3	8,9+
1998	03-25	88	**86**	88	17	**14,5**	3	8,6+
1997	00-12	83-85	**82**	15,5	**16**	1,5	3	8,2-8,4
1996	99-15	85-87	85	**88**	**17**	2	*3*	*8,7-8,9*
1995	00-10	78	88	15,5; 83	16	2		*8,0?*
1994	99-15	79	85	81	15	1	3	*8,1*
1993	97-10	74	85	82	*16*	*14..*		*6,8*
1992	-03	*78*	*84*	76	*15*			
1991		*74*	*82*	73	*13*	*15..*		
1990	-15	*87*	**93**	82	**15**	*16,5*		*8,8-9,,0*
1989	-08	*85?*	89	82	*14*		**3**	*8,8*
1988	-07	*82*	78	81	*17*	*15,4*		*8,2*
1987	-98		*78*	77	*12*			
1986	-10	*85*		81	*14*			
1985				82				
1983	-05	*85*						
1982	▷	*77*	*91*					
1981	-04	*81*	*91*					
1979	△			*15,5*				
1978	△	*74*						
1975	-10	*84*			*13*			
1970	-15	*86*	*83*		*17*			
1961	△		*82*		*11*			

de Cantin, St.-Emilion

		PAR	WSP	AüW	GAB	VIN	DEC	WIN
2000			85-88					
1997			80					

Canuet, Margaux (Zww. von Ch. Cantenac-Brown (ab 1986)), *O.: CB*

		PAR	WSP	AüW	GAB	VIN	DEC	WIN
1999	03-10				**16**			
1998	04-12				16			
1997	-05	83-85	**86**		**15**		3	
1996	00-04		88		**16**			
1995	99-08		90		*15*			
1994	97-12	*68-72*	80		14			
1992	-04	*71-75*	74	15,5	*14*			
1991		*70*	*69*		*13*			
1990	-04		*89*		*15*		*4*	
1989	-04		*82*		*15*			*8,2-8,3*
1988	-97	*76*			*12*	*13,5*		
1987	△		*74*		*13*			
1986			*88*					
1983	▷				*12*			

Bewertungen jünger als 2 Jahre:	▲ jetzt	▶ austr.	▼ abg.	Schrift normal
älter als 2 Jahre:	△ jetzt	▷ austr.	▽ abg.	Schrift dünn
älter als 4 Jahre:	△ jetzt	▷ austr.	▽ abg.	*Schrift dünn kursiv*

Cap de Faugères, Côtes de Castillon

		PAR	WSP	AüW	GAB	VIN	DEC	WIN
2000		89-91	80-84					7,8
1999	-10	88-90	85-89					7,7
1998	-11	88	79					
1997	-04	85-86	84				4	
1996	00-		85					
1995	-03	85						
1993	-00	84-85				1		

Cap-de-Haut-Maucaillou, Haut-Médoc (Zww. von Ch. Maucaillou)

		PAR	WSP	AüW	GAB	VIN	DEC	WIN
1996			79					

Cap Léon Veyrin, Listrac, *O.: CB*

		PAR	WSP	AüW	GAB	VIN	DEC	WIN
1997	00-03					1		
1995							3	

Cap de Mourlin, St.-Emilion, *O.: GCC; P.: CB, gut,* ❻; *G.: 4,* ⑤

		PAR	WSP	AüW	GAB	VIN	DEC	WIN
2000	08-16	85-86	89-91	88		14,5	3	8,1-8,5
1999	01-11	83-85		85	17	14		8,3+
1998	02-16	83-85		87	17	14	2	
1997	00-11			13,5	15	1	3	8,2
1996	99-10		82	13,5	17	1	3	8,3+
1995	00-12	80		14; 85	16	1	3	8,0-8,2
1994	98-11	84?		82	16	1		8,1+
1993	-06			80	16			7,4+?
1992	-02	76		73	15			
1990	-10	87		84	18			8,4
1989	-06	86	87	83	16	14..		8,4
1988	-04	85	84	82	14			8,3
1986	-96	85	87	82				
1985	△	86		83		14,7		
1983	△	85		14				
1982	△		89					
1970	▷				14			

Capbern Gasqueton, St.-Estèphe, *O.: CB*

		PAR	WSP	AüW	GAB	VIN	DEC	WIN
1998	03-	81-83	86					
1997	-06			13,5	14			
1996	03-05		78			2		
1995	98-15		85	14,5	14		4	
1994	98-08			14,25	15			
1991			74					
1990						14,5		8,3-8,4
1989			84					
1988								8,2
1986			76					
1985			85	15				
1982	△		82					

Capet Bégaud, Canon-Fronsac

		PAR	WSP	AüW	GAB	VIN	DEC	WIN
1998	02-08			85				

Carbonnieux, Pessac-Léognan, *O.: CC; P.: CB, gut,* ❻; *G.: CB,* ⑥

		PAR	WSP	AüW	GAB	VIN	DEC	WIN
2000	05-16	87-88	85-88	86		15	3	8,3+
1999	02-12	86-87	80-84	86	16	14,5		8,1-8,2; 8,3+
1998	04-18	87	86	89	16	15	2	8,7-8,8
1997	02-10	81	84	14,5	15	1,5		8,4
1996	00-18	86	87	84	16	1	5	8,8+
1995	98-18	87	89	15; 86	17	2	4	8,3+
1994	97-10	79	80	81	15	1	3	8,2+
1993	98-08	85	82	82	16			8,4-8,6
1992	-04	86	84	83	14			
1991		86	78	82	12			
1990	-08	85	87	82	15	16		8,2; 8,8
1989	-00	83	85	14	15	15..		8,1-8,2
1988	-00	83	86	79	14	14,3		8,2-8,3
1987			80	76		14,5		
1986	-98	85	87	82	13	16,5		
1985	-00	85	87	81	15			
1983	-97	85			16			
1982	-05	86	83					
1981	-98	73			12			
1979	▽	71				14,7		
1978	△	79		13				
1975	▷				14			
1970	-05		84		15			
1961	-00		86					

Carcanieux, Médoc, *O.: CB*

		PAR	WSP	AüW	GAB	VIN	DEC	WIN
1998	01-06				15			
1995	03-17				16		3	

de Cardaillan, Graves

		PAR	WSP	AüW	GAB	VIN	DEC	WIN
1996							2	
1995							2	

Cardeneau, Fronsac

		PAR	WSP	AüW	GAB	VIN	DEC	WIN
1990						15		
1989						15,5		
1986		86				14,3		

La Cardonne, Médoc, *O.: CB; P.: CB; G.: CB*

		PAR	WSP	AüW	GAB	VIN	DEC	WIN
2000	-08		85-88	86				
1999	02-10			82	16			
1998	01-11		85	84	16			
1997	02-10		81	13	16			
1996	-10		87	82	17		3	

Forts. La Cardonne		PAR	WSP	AüW	GAB	VIN	DEC	WIN
1995	-00		90		16		4	
1994	99-05		89	13	15			8,1
1991				13	12			
1990	-00			14	13	15		8,0
1989	-00			14,5	13			
1986			84					
1985			83					
1983			79					
1982	-05		86		15			

Cardus, Médoc (Zww. von Ch. La Cardonne)

		PAR	WSP	AüW	GAB	VIN	DEC	WIN
1998			80-84					
1997			79					
1996			78					
1995	99-		85					

Carignan, Premières Côtes de Bordeaux

		PAR	WSP	AüW	GAB	VIN	DEC	WIN
1999		82-83						
1997			78*					
1990							4	

du Carillon, Fronsac

		PAR	WSP	AüW	GAB	VIN	DEC	WIN
1994	△		83					

Le Carillon de l'Angélus, St.-Emilion (Zww. von Ch. Angélus)

		PAR	WSP	AüW	GAB	VIN	DEC	WIN
1999	05-10					15		8,4

de Carles, Fronsac

		PAR	WSP	AüW	GAB	VIN	DEC	WIN
2000			89-91					
1999	02-09				15			8,0
1998	01-10			85	16			7,9-8,0
1997	00-08			13,5	15			7,6
1996	02-06			14	15			7,6
1995	00-12		90	14,5	15			7,9-8,0
1994	99-06	78-83	85-89	13,5	15			7,9-8,0
1993	99-05	81-85	81	13	15			
1992	-02	81			15			
1990	-05	86			16			8,1+
1989	-00	86			14			
1988				13				
1987	-96				13			
1986		87						

Les Carmes Haut Brion, Pessac-Léognan, *O.: unklass.; P.: 4, ausgez.,* ❹; *G.: 5,* ④

		PAR	WSP	AüW	GAB	VIN	DEC	WIN
2000	03-25	91-95	80-84	89		16	3	9,0
1999	02-16	88-90		87	17	15		

		PAR	WSP	AüW	GAB	VIN	DEC	WIN
1998	02-30	90	88	86	17	18	4	8,7+
1997	02-08	87	81	14,5	17	1	3	7,7; 8,3
1996	-09	87	79	83	17		3	7,9+?
1995	01-10	87	87		16		4	
1994	-05	87			16			
1993	-04	86			16			
1990	-05	86						
1989	△	86				15..		
1988	-99	87						
1987	△	86				16		
1986	-05	88						
1985	-00	87						
1961	-98		86					

Caroline, Moulis

		PAR	WSP	AüW	GAB	VIN	DEC	WIN
1997							1	
1996							2	
1995							2	

de Carolus, Fronsac

		PAR	WSP	AüW	GAB	VIN	DEC	WIN
2000								8,3(+?)
1999	-09			82				8,2-8,3+
1998	02-07			85				8,3+

Caronne Ste Gemme, Haut-Médoc, *O.: CB; P.: CB*

		PAR	WSP	AüW	GAB	VIN	DEC	WIN
2000			85-88				3	8,2
1999	04-12	82-84		86	16			8,1+
1998	04-12	75-78	86		15			
1997	▲	78	82				2	8,1+
1996	01-05	86	90					8,1+
1995	△		89					
1994	99-05				14			
1990	-02				14			7,8+
1989	-05				13		1	
1988	-05				14			
1986	-05			13,5	15			
1985	-05				14			
1982	▷				14			

Les Carruades de Lafite, Pauillac (Zww. von Ch. Lafite), *P.:* ❹; *G.: 5,* ⑤

		PAR	WSP	AüW	GAB	VIN	DEC	WIN
2000	03-25	87-89	92-94	85		15,5	4	9,1
1999	04-13	89-91	85-89	84	17	15		8,2+
1998	02-15	90	88	83	17	15	4	
1997	00-10	88	86	14,5	17		3	8,3
1996	00-15	86-88	87	81	17	2,5		8,0+?
1995	00-14	87	90	14,5	16	2		8,7+?
1994	98-08		86	14	16	2		8,3
1993	98-06	84-86	83	14	16	15..		8,0-8,2+
1992	-07	82	84	16	15			
1991		84	70-74	16,6	16			
1990	-05	86		15,6	15	16..		9,0
1989	-08	85	89	16	14		2	8,9-9,0

Bewertungen jünger als 2 Jahre:	▲ jetzt	▶ austr.	▼ abg.	Schrift normal
älter als 2 Jahre:	△ jetzt	▷ austr.	▽ abg.	Schrift dünn
älter als 4 Jahre:	△ jetzt	▷ austr.	▽ abg.	*Schrift dünn kursiv*

Forts. Les Carruades …		PAR	WSP	AüW	GAB	VIN	DEC	WIN
1988	-05	86	88		17	15,4		
1987	▷				14			
1986	-04				15			
1985	-03			12,9	13			
1983	-03		88		14			
1982	-97		84					
1981	▷				13			
1979	-97				15			
1961	-00		90		16			

Carsin, Premières Côtes de Bordeaux

		PAR	WSP	AüW	GAB	VIN	DEC	WIN
2000		85-86						
1999		83-84						7,2
1997								6,9

Carsin Cuvée Noir, Premières Côtes de Bordeaux

		PAR	WSP	AüW	GAB	VIN	DEC	WIN
2000		85-86						7,8
1999		83-84						7,6+
1998		85-86						
1997		86						6,8
1996		86						7,8
1995								7,7
1994								7,2

Carsin Cuvée Rouge, Premières Côtes de Bordeaux

		PAR	WSP	AüW	GAB	VIN	DEC	WIN
1998		85-86						
1997		85						
1996	-02	85						
1993	△		83					

Carteau-Côtes-Daugay, St.-Emilion

		PAR	WSP	AüW	GAB	VIN	DEC	WIN
2000							3	
1999		83-85						

Cartier, St.-Emilion

		PAR	WSP	AüW	GAB	VIN	DEC	WIN
1996				13,5				
1990				11,5				
1988				13,5				

du Cartillon, Haut-Médoc, *O.: CB*

		PAR	WSP	AüW	GAB	VIN	DEC	WIN
2000			80-84				3	
1999	02-10			83	15			
1998	01-08			82	15			
1997	01-09		77	14,5	15		2	
1996			74				2	
1995	98-10		78	14	11		2	

1994	97-05		77		15			
1993			76					
1992			75-79					
1991			74					
1989	-00				15			
1988	-96				14			7,1
1987	△				13			
1970	△				15			

Cassagne Haut-Canon La Truffière, Canon-Fronsac, *P.: 5*

		PAR	WSP	AüW	GAB	VIN	DEC	WIN
2000	10-20		80-84	87		14	3	8,0
1999	-14			86				7,7
1998	02-08			86			3	7,9-8,0
1997	00-12	81-83	86	14	14	2		7,8-7,9
1996		76-78		14,5		1		7,7
1995	10-25					2		8,1-8,2+
1994	00-08	80-83				1		
1992	-05	81						
1990	-96	82				15		7,8
1989	-05	90		15,3	16		3	8,2-8,3
1988	-00				15			

Castaing, Côtes de Bourg

		PAR	WSP	AüW	GAB	VIN	DEC	WIN
1996	-03		82					

Le Castelot, St.-Emilion, *O.: GC*

		PAR	WSP	AüW	GAB	VIN	DEC	WIN
1995	99-		77					
1989	-98					14..		

Castéra, Médoc, *O.: CB*

		PAR	WSP	AüW	GAB	VIN	DEC	WIN
1999	02-09			81	14			
1998	02-10			83	13			
1997	00-12			12	16	1	2	
1996	02-16			12	15	1	4	
1995	02-15				16		3	

du Cauze, St.-Emilion

		PAR	WSP	AüW	GAB	VIN	DEC	WIN
2000	-11	87-88						
1999	02-09	85-86?			16			
1998	03-12	87-88			17			
1997	01-08	82-83			16			
1996	02-14				17			
1995	02-10	85			16			

Cazebonne, Graves

		PAR	WSP	AüW	GAB	VIN	DEC	WIN
1998	02-06					14,5		
1995							2	

Bewertungen jünger als 2 Jahre:	▲ jetzt	▶ austr.	▼ abg.	Schrift normal
älter als 2 Jahre:	△ jetzt	▷ austr.	▽ abg.	Schrift dünn
älter als 4 Jahre:	△ jetzt	▷ austr.	▽ abg.	*Schrift dünn kursiv*

Certan-Giraud (s. Ch. Hosanna), Pomerol, *O.: unklass.; P.: 5, sehr gut,* ❺

		PAR	WSP	AüW	GAB	VIN	DEC	WIN
1998	01-12	87-88						
1997	02-12	86		15	15		3	
1996	04-18	84		85	17		3	
1995	00-16	87	85		16	2,5		
1994	-04	87						
1993	00-12	86			14			
1990	-05	87						
1989	-05	87			15			
1988	-99	85	89					
1987	▷				13			
1986	-03	78	86		15			
1985	-04	84	85		13		5	
1983	△	87						
1982	-00	88	90					
1981	▷	84						
1978	▷				13			
1975	▷				13			
1961	▷		87		16			

Certan Marzelle, Pomerol

		PAR	WSP	AüW	GAB	VIN	DEC	WIN
2000	-14	89-91	89-91	89				8,2(+?)

Certan de May de Certan, Pomerol, *O.: unklass.; P.: 2, ausgez.,* ❸; *G.: 5,* ④

		PAR	WSP	AüW	GAB	VIN	DEC	WIN
2000	03-18	90-93	89-91				4	
1999	05-25	85-86	75-79	88	18	15	3	8,9
1998	04-30	86?	93	91	18	3		
1997	00-15	87	87	15,5	16	3	4	9,0+
1996	99-25	87?	85	89	16	1	3	8,5
1995	00-30	90+	96	89	18	4	4	
1994	98-09	87	90	88		2,5	3	
1993	04-18		85-89	84	16			
1992	-06	87?		83			3	
1991					15			
1990	96-11	91	91	90	13	17	5	
1989	02-09	87	89	86	17	16..	2	
1988	00-15	92+	89	88	17	4	4	
1987	-98	87		86	15	16,5		
1986	96-15	90	93	87	16M	17,3	3	
1985	96-08	94	90	90	16		3	
1983	98-10	86	96		17		3	
1982	00-30	98	93				5	
1981	99-12	90	95				3	
1979	-10	93	90		17			
1978	△	85						

Chadenne, Fronsac

		PAR	WSP	AüW	GAB	VIN	DEC	WIN
2000								8,2

Chambert-Marbuzet, St.-Estèphe, *O.: CB; P.: (5), gut*

		PAR	WSP	AüW	GAB	VIN	DEC	WIN
2000	08-16			86		15,5		

1999	03-17	77-80?		87	15			8,3+
1998	03-15	85-86		87	16	1,5		7,9
1997	▲	84	81					7,9
1996		79-82	79					8,6
1995	01-10	83	84		15			7,7-7,9+?
1994	97-06	76	84		13	14,5..		8,1
1993	△	74	79					7,6+
1992	-99	76	76		14			
1991	94-		83		14			
1990	-02	89	86		14	16,5		8,4-8,5
1989	-00	86			15			8,4
1988	-98	83			14	13		8,2
1987	△	74	79					
1986	△	87	89	12,8				
1985	△	86	87					
1983			77					
1982			88					

de Chambrun, Lalande de Pomerol

		PAR	WSP	AüW	GAB	VIN	DEC	WIN
2000	-09	91-93						8,6+
1999	-11	89-90	80-84					8,4+
1998	02-12	90	90-94					8,1
1997	-10	88						
1996	-10	87						
1995							3	8,2-8,4

La Chandellière, Médoc, *O.: CB*

		PAR	WSP	AüW	GAB	VIN	DEC	WIN
1997				13				
1996				13				

Chantalouette, Pomerol (Zww. von Ch. de Sales)

		PAR	WSP	AüW	GAB	VIN	DEC	WIN
1999	02-10			83	14			
1998	02-12			84	15			
1997	00-06			13	13			
1996	02-15			13	14			
1995							2	

Chante-Alouette, St.-Emilion, *P.: CB*

		PAR	WSP	AüW	GAB	VIN	DEC	WIN
2000	08-14					14		
1997			83					
1996	△		81					
1995	00-		87					

Chante-Grive, Côtes de Castillon

		PAR	WSP	AüW	GAB	VIN	DEC	WIN
1994	-00					3*		
1993	-00					2		

Bewertungen jünger als 2 Jahre:	▲ jetzt	▶ austr.	▼ abg.	Schrift normal
älter als 2 Jahre:	△ jetzt	▷ austr.	▽ abg.	Schrift dünn
älter als 4 Jahre:	△ jetzt	▷ austr.	▽ abg.	*Schrift dünn kursiv*

de Chantegrive, Graves, *O.: unklass.; P.: CB, gut*

		PAR	WSP	AüW	GAB	VIN	DEC	WIN
2000	03-15	87-88	85-88	90			3	
1999	02-12	85-86		88	17			7,9-8,0
1998	02-12	86-87	89	86	16		3	8,4+
1997	00-08	78	85	14	15			7,8-7,9
1996	01-		88	82			2	8,2
1995	00-14		84	13,5	15		3	7,2+
1994	99-08	80-82		14,5*; 13	14			7,8+
1993	-99	81						
1992			80-84					
1991			72					
1990	-01	85; 86*	88*	12,5		14,5		6,4-6,6
1989	-06	85	90*	12				7,4-7,7
1988	△	85*						7,7
1986		83						
1982			88					

Chantelys, Médoc, *O.: CB*

		PAR	WSP	AüW	GAB	VIN	DEC	WIN
1999	02-10			84	15			
1998	02-11			85	15			
1996	02-16			14	15	1	2	
1995	99-08				14		3	
1994	-04			13,5				

Chapelle d'Ausone, St.-Emilion (Zww. von Ch. Ausone)

		PAR	WSP	AüW	GAB	VIN	DEC	WIN
2000	-16	90-91						
1999		88-89						
1998	06-	87	90					

La Chapelle de la Mission-Haut Brion, Pessac-Léognan (Zww. von Ch. La Mission Haut Brion)

		PAR	WSP	AüW	GAB	VIN	DEC	WIN
2000	06-15	90-91	89-91	85			4	8,6+
1999	01-10		85-89	84	15			8,5-8,6
1998	03-16	89	91	87	16	2		8,4
1997	03-09	83-85	80-84	14,5	15			8,1
1996	01-13	86-87	84	14,5	15			7,9-8,0
1995	00-18	90	85-89	14	16			
1994			80-84					
1993	98-05	85-86	80-84	13				7,5+
1992	-03	86		12,5				

Charlemagne, Canon-Fronsac (s. La Croix-Canon)

		PAR	WSP	AüW	GAB	VIN	DEC	WIN
1995	00-15				17	1		8,1+
1994	-04				16			

Charmail, Haut-Médoc, *O.: CB; P.: 5; G.: 5,* ③

		PAR	WSP	AüW	GAB	VIN	DEC	WIN
2000	04-19	88-90	85-88			14,5	3	7,6-8,0
1999	03-13	89-90		85	16			7,8

		PAR	WSP	AüW	GAB	VIN	DEC	WIN
1998	02-14	88		86	17	1		
1997	00-15	88	88	13,5	17		4	
1996	00-12	89		86	17	2	4	
1995	98-14	88		14	17		4	
1994	01-13		78		17			
1993	-10				17			
1992	-03				16			
1991					15			

Le Charme Labory, St.-Estèphe (Zww. von Ch. Cos Labory)

		PAR	WSP	AüW	GAB	VIN	DEC	WIN
1997							1	
1995	01-		87					

Les Charmes Godard, Côtes de Francs

		PAR	WSP	AüW	GAB	VIN	DEC	WIN
1995	99-		88					
1989	-05		87					

Les Charmes de Kirwan, Margaux (Zww. von Ch. Kirwan)

		PAR	WSP	AüW	GAB	VIN	DEC	WIN
1997							4	
1996			87					
1995	△		88					
1993				16				

Les Charmes de Liversan, Haut-Médoc (Zww. von Ch. Liversan)

		PAR	WSP	AüW	GAB	VIN	DEC	WIN
1995	△		81					

du Charron, Bordeaux

		PAR	WSP	AüW	GAB	VIN	DEC	WIN
1998			84					
1993			78					

Charron, Prem. Côtes de Blaye

		PAR	WSP	AüW	GAB	VIN	DEC	WIN
2000			85-88					
1995	△		83					

Chartreuse d'Hosten, Listrac (Zww. von Ch. Fourcas Hosten)

		PAR	WSP	AüW	GAB	VIN	DEC	WIN
1996								7,8-7,9

Chasse Spleen, Moulis, *O.: CB; P.: 4 (3), ausgez.,* ❺; *G.: 4,* ③

		PAR	WSP	AüW	GAB	VIN	DEC	WIN
2000	05-25	88-89	89-91	88		16		8,8+
1999	04-17	81-84	80-84	88	17	15,5		8,5-8,6
1998	03-20		88	87	17	16	4	8,4-8,7
1997	02-12	84	84	15	17	2,5	4	7,7

Bewertungen jünger als 2 Jahre:	▲ jetzt	▶ austr.	▼ abg.	Schrift normal
älter als 2 Jahre:	△ jetzt	▷ austr.	▽ abg.	Schrift dünn
älter als 4 Jahre:	△ jetzt	▷ austr.	▽ abg.	*Schrift dünn kursiv*

Forts. Chasse Spleen		PAR	WSP	AüW	GAB	VIN	DEC	WIN
1996	00-24	86-87?	90	**89**	18	2,5	**2**	7,8+?; 8,4?
1995	00-12	86	90	15,5; 86	17	2	4	7,8+?
1994	97-13	80	85	84	*16*	1		
1993	98-10	*86*	88	83	*17*	*15..*		*8,4*
1992	98-04	*85*	*80*	81	*15*	*14..*		
1991		*80*	*84*	76	*14*			
1990	96-15	88	*90*	86	17	**15,5**		
1989	04-15	91	91	88	*17*	**15,5**	1	*9,1*
1988	00-10	*86*	82	83	*16*	*16,5*		*8,4*
1987	△		82	81	*13*	*13,8*		
1986	-25	*90*	*90*	87	*18*			
1985	-05	*90*	*86*	92	*16*			
1983	96-00	*86*	*90*		*15*			
1982	-04	*86*	86		*16*			
1981	-10	*79*	*88*		15			
1979	△	*83*						
1978	-00	*85*			*16*			
1975	-10	*90*						
1970	-10	*90*	*84*		*13*			
1961	△		82					

Chauvin, St.-Emilion, *O.: GCC; P.: CB, sehr gut,* ❻; *G.: 5,* ⑤

		PAR	WSP	AüW	GAB	VIN	DEC	WIN
2000	07-25	**90-92+**					3	**8,8**
1999	04-21	**88-89**		**84**	**17**	**14**		
1998	02-15	**89+**		83	17	**14**	**3**	8,4
1997	00-10	**88**		14	16	1	3	
1996	02-16	88			*16*	1	3	
1995	00-18	85		14; 86	*16*	2	4	*8,2+*
1994	00-10	*87*		84	*15*			
1993	01-10	*82*		82	*13*			*8,2*
1992	-99	*79*		78				
1990	-05	*88*		85	*17*			
1989	-01	*86*		83				
1988	-05	*84*		81	*16*	*15,6*		
1987	-97				*14*			
1986	△	*77*		75				
1985	△	*76*		74				

La Chenade, Lalande de Pomerol

		PAR	WSP	AüW	GAB	VIN	DEC	WIN
2000	-08			**86**				
1999								**8,2**
1996	99-		85					
1995	-00		83					

Le Chêne, Haut-Médoc (Zww. von Ch. La Tonnelle)

		PAR	WSP	AüW	GAB	VIN	DEC	WIN
1996							2	
1995							3	

Cheret-Pitres, Graves, *P.: CB, gut*

		PAR	WSP	AüW	GAB	VIN	DEC	WIN
1994		*85-86*						
1993	97-		83					

Cheval Blanc, St.-Emilion, *O.: PGCC (A); P.: 1, hervorr.,* ❶; *G.: 1,* ①

		PAR	WSP	AüW	GAB	VIN	DEC	WIN
2000	10-30	99-100	95-100	98-100		18,5	5	9,6
1999	02-20	94-95	90-94	90-	18	17	5	9,5
1998	04-40	93	98	95	20	18,5	5	9,7+
1997	00-18	87	87	17	18	3	4	8,8-8,9; 9,0
1996	00-25	90	85-89	90	18	5	5	9,5-9,6
1995	00-30	92	92	16,5; 92	19	5	4	9,4-9,6+?
1994	02-25	88+?	86	89	18	5	4	9,2
1993	00-15	87	84	86	17	4		9,4
1992	-07	77	80	79	16	17..	3	
1990	-20	99	93	96	19	18,5	5	9,8-9,9+
1989	04-20	89	91	89	17	17..	4	9,7-10?
1988	99-20	87	92	88	19	18..	4	9,3+
1987	△	85	82	85	16	15,9		
1986	99-18	92	89	90	18	18,5	4	
1985	-15	93	92	92	19	18,2	5	
1983	-20	95	96	16,8	19		4	
1982	05-15	99	96	94	20M		5	
1981	-09	90	90		17	17,3	4	
1979	-03	84	77		18DM	16,8		
1978	-16	87	84	17	17			
1975	-16	90	88		18			
1970	-08	85	91		17			
1961	-30	93	96		20			

Cheval Noir, St.-Emilion

		PAR	WSP	AüW	GAB	VIN	DEC	WIN
2000			85-88					

Chevalier de Lascombes, Margaux (Zww. von Ch. Drittwein von Ch. Lascombes)

		PAR	WSP	AüW	GAB	VIN	DEC	WIN
1999								8,4
1997							2	

La Chèze, Premières Côtes de Bordeaux

		PAR	WSP	AüW	GAB	VIN	DEC	WIN
1997			79					
1993						0,5*		

Cieux sur Terre, St.-Emilion

		PAR	WSP	AüW	GAB	VIN	DEC	WIN
1998	03-16	87						

Cissac, Haut-Médoc, *O.: CB; P.: CB, gut*

		PAR	WSP	AüW	GAB	VIN	DEC	WIN
2000	08-16		85-88	85		14,5	3	8,4
1999	04-12			85+	15			8,1-8,2+
1998	02-13	81-83	82	87	15	14,5		8,2+
1997	02-12	81	81	14,5	14	1,5	3	7,8+
1996	02-16	81-83	81	83	16	1,5	2	8,0
1995	00-15		86	14	13	1	3	7,4-7,6+?
1994	99-08	76-78		13,5	14			7,4
1993	00-10				14	14..		

Bewertungen jünger als 2 Jahre:	▲ jetzt	▶ austr.	▼ abg.	Schrift normal
älter als 2 Jahre:	△ jetzt	▷ austr.	▽ abg.	Schrift dünn
älter als 4 Jahre:	△ jetzt	▷ austr.	▽ abg.	*Schrift dünn kursiv*

Forts. Cissac		PAR	WSP	AüW	GAB	VIN	DEC	WIN
1992	98-04		81		13	14..		
1991			76		14			
1990	99-20	79	88		13	15		7,9-8,0?
1989	-10	82	90		14			
1988	00-10				15	15..	5	
1987	-98		81		13	16		
1986	-06		79	14,5	13	18,5		
1985	-95		79		13			
1983						16		
1982	△		81	16	15			
1970	△				12			
1961	-98		88					

Citran, Haut-Médoc, *O.: CB; P.: 5, ausgez.,* ❹; *G.: 4,* ③

		PAR	WSP	AüW	GAB	VIN	DEC	WIN
2000	05-12		85-88	83		14	3	8,2-8,3
1999	04-15	86-87		86	17			8,0
1998	02-15	86	85	85	17	15	3	8,4-8,6
1997	02-10	86	86	14,5	17	1,5	4	8,0
1996	99-15	86-87	86	86	17	1	3	8,0
1995	00-10	86	87	15; 85	17	2	4	8,6-8,7
1994	98-10	86+	82	84	17	1		8,0
1993	98-04	86	80	82	16	14..		
1992	-04	82	80-84	80	16			
1991		86	84	83	15	14..		
1990	-08		86	85	18	15		8,4-8,5
1989	-08	88	90	85	17			8,3
1988	-04	86	91	84	17	15..		8,2
1986	-05			79	16			
1983			82					
1982	▷		78		15			
1979	△				13			
1961			77					

La Clare, Médoc, *O.: CB*

		PAR	WSP	AüW	GAB	VIN	DEC	WIN
1999	02-09			80	15			
1998	01-12			82	15			
1997	01-08			12,5	14			
1996	03-19			12	15		3	
1995	02-15				16			

Clarke, Listrac, *O.: CB; P.: CB, gut; G.: CB*

		PAR	WSP	AüW	GAB	VIN	DEC	WIN
2000	06-14	87-88		86		14,5		8,3-8,4
1999	04-12	86-87+		86	16			8,0+
1998	02-15	87		83		14	3	7,8
1997	00-10		84	13	15	1	2	8,1+
1996	99-12		85	82	16	2	4	8,0
1995	99-10		86	13,5; 81	15	2	3	8,3+
1994	-04			80	15			
1993	97-	79-82		78				8,1
1992	-02		80-84	75	15			
1991			83	72				
1990	-05		83	16,3	16	14,5		6,9-7,1
1989	-08		90	75				8,2
1988	98-05		81	73		15..		

1986	-02		*90*	*78*	*17*			
1985	-96			*75*	*13*			
1982	-95				*13*			
1979	-97				*13*			

Clauzet, St.-Estèphe, *O.: CB*

		PAR	WSP	AüW	GAB	VIN	DEC	WIN
2000			85-88					
1999	04-13				17			
1998	02-15				17			
1997	-08				16		2	

Les Clauzots, Graves

		PAR	WSP	AüW	GAB	VIN	DEC	WIN
1998	01-04					14,5		
1995							2	

Clément-Pichon, Haut-Médoc, *O.: CB; P.: CB, gut*

		PAR	WSP	AüW	GAB	VIN	DEC	WIN
2000	06-15		85-88	87		14,5	3	
1999	02-12	83-84		86+	16			7,8
1998	02-10	82-85	69	85	16	15		
1997	00-09	85	79	14	16	1	4	
1996	00-		87				4	
1995	99-12		86	14,5	*13*	1		
1994	98-05		71	*14,25*	*16*			
1993	△		80					
1991		*74*	68					
1989								*8,3*
1988			*78*			*15,3*		*7,8*
1987			*73*					
1986			*85*					

Le Clémentin du Ch. Pape Clément, Pessac-Léognan
(Zww. von Ch. Pape Clément)

		PAR	WSP	AüW	GAB	VIN	DEC	WIN
1996				84				

Clerc Milon, Pauillac, *O.: 5; P.: 4, gut,* ❸; *G.: 3,* ③

		PAR	WSP	AüW	GAB	VIN	DEC	WIN
2000	08-25	90-92+	89-91	88		15,5	4	9,1
1999	02-16	88-89	85-89	89	16	15,5	3	8,5
1998	04-25	91	88	90	16	15,5	4	9,1
1997	00-15	89	88	15	16	2	4	8,7+
1996	01-20	90	88	87	18	2	4	
1995	00-15	89	95	15,5; 85	*18*	3	4	*9,3*
1994	98-20	87+?	89	84	18	3	4	*8,0*
1993	98-13	87	89	85	*17*	*15..*		*8,7+*
1992	98-06	*87*	88	82	*16*	*15..*		
1991		*79*	85	78	*16*	*14..*		
1990	00-20	*86*	*94*	92	18	*16,5*		*8,7-8,9*
1989	-10	*90*	96	86	*17*		5	*8,9-9,0*
1988	00-15	*89*	*94*	84	*18*	*15,9*		
1987	-00	*76*		74	*12*	*15,7*		
1986	96-15	*90*	*97*	87	18		5	

Bewertungen jünger als 2 Jahre: ▲ jetzt ► austr. ▼ abg. Schrift normal
älter als 2 Jahre: △ jetzt ▷ austr. ▽ abg. Schrift dünn
älter als 4 Jahre: △ jetzt ▷ austr. ▽ abg. *Schrift dünn kursiv*

Forts. Clerc Milon		PAR	WSP	AüW	GAB	VIN	DEC	WIN
1985	98-05	89	90	94	15		4	
1983	▷	79	87					
1982	-00	84	86		15		4	
1981	△	82	88					
1979	△			14,4	13			
1978	-96			14	15			
1961			76					

Clinet, Pomerol, *O.: unklass.; P.: 1, hervorr.,* ❷; *G.: 2,* ①

		PAR	WSP	AüW	GAB	VIN	DEC	WIN
2000	04-20	89-91?	95-100	91		16	3	8,8
1999	04-20	88-91	85-89	89+	18	15,5	3	8,0-9,0?
1998	02-20	90?	91	91	18	15	4	9,2-9,4
1997	00-12	89	89		18	2		8,8
1996	99-20	91+?	85	85	18	2	4	8,8+; 9,3
1995	00-25	96	95	16; 95	19			9,1?
1994	99-25	92	93	91	17	17,5..		9,2+
1993	99-12	90	90	89	18	16..		8,4?
1992	96-08	88+	85	87	16			
1991		87	85	85	15			
1990	00-20	95		90	18		4	8,9-9,1
1989	01-30	100	89	94	19		5	8,8-9,0
1988	02-12	90	93	91	18	4	4	9,0-9,1
1987	-00	90		89	15			
1986	-06	88	78	85	16		5	
1985	△	87	91	89	15		5	
1982	-05	73	78		17			
1979	-00			15	18			
1975	▷				16			
1970	▷		84		16			
1961	-10		88		16			

Le Cloître de Prieuré-Lichine, Margaux (Marke von Ch. Prieuré-Lichine)

		PAR	WSP	AüW	GAB	VIN	DEC	WIN
1997							2	

Clos Alphonse Dubreuil, Côtes de Bourg

		PAR	WSP	AüW	GAB	VIN	DEC	WIN
1998	04-10					14,5		

Clos Badon, St.-Emilion

		PAR	WSP	AüW	GAB	VIN	DEC	WIN
2000	-10	86-87	85-88	89				8,8(?)
1999	02-11	87-88			16			8,3
1998	02-15	90	93	88	17			

Clos Beauregard, Pomerol

		PAR	WSP	AüW	GAB	VIN	DEC	WIN
2000	06-12					14		
1999	04-13				15			
1997	02-11			14,5	14			
1996	02-14			13,5	15			
1995	99-08				14		2	
1993			84					

Clos Chaumont, Premières Côtes de Bordeaux

		PAR	WSP	AüW	GAB	VIN	DEC	WIN
2000	-07	89-91	85-88					
1999		86-88						
1998	-09	88						
1996		86						
1995	00-		87					

Clos du Clocher, Pomerol, *O.: unklass.; P.: CB, gut,* ❺; *G.: 3,* ④

		PAR	WSP	AüW	GAB	VIN	DEC	WIN
2000	06-15	88-90	89-91	88		15	3	
1999	02-18	88-91			17			
1998	02-15	88	90		17	15,5	3	
1997	00-07	85	84	14,5	15	1		
1996	01-07	86	82	13,5	16	3		
1995	00-10	86			16	3	2	
1994	99-15	88-90	84		*17*	3		
1993	97-08	*80?*	86		*16*			
1992	-04	*85?*			*13*			
1991					*13*			
1990	-15	*87*			*18*			
1989	-10	*88*			*17*		3	
1988	-08	*85*			*16*			
1987		*86*						
1986	-05	*84*			*17DM*			
1985	-05	*85*	*88*		*16*			
1982	△	*87*	*83*					

Le Clos Daviaud, St.-Emilion (Montagne)

		PAR	WSP	AüW	GAB	VIN	DEC	WIN
1996			79					

Clos Dubreuil, St.-Emilion

		PAR	WSP	AüW	GAB	VIN	DEC	WIN
2000	03-16	91-94						
1999	02-16	90-93						
1998	-17	92						
1997	-06	89						

Clos de l'Eglise, Lalande de Pomerol

		PAR	WSP	AüW	GAB	VIN	DEC	WIN
1999	-13			85				
1998							4	
1997							3	
1996				14			*3*	
1995	98-08			15			3	
1990							3	
1988							3	
1986							*4*	

Clos l'Eglise, Pomerol, *O.: unklass.; P.: CB, ausgez.,* ❻; *G.: 3,* ⑤

		PAR	WSP	AüW	GAB	VIN	DEC	WIN
2000	02-20	95-97	95-100	91			4	8,8
1999	02-20	89-92		90	18	15,5		

Forts. Clos l'Eglise		PAR	WSP	AüW	GAB	VIN	DEC	WIN
1998	02-18	93	92	92	18	4		
1997	00-15	90	85	16,5	17	2,5		
1996	01-11				16	1,5		
1995	00-12		91		16	2		8,3+
1994	98-09	72-74	85	15,5	16	15..		8,4
1993	98-05		85		15			
1992	-05	78	80-84		14			
1991			75-79		16	15..		
1990	-03	87			16	16		8,5-8,6
1989	-10	76		16,8	17			8,7-8,8
1988	-00	72	83	13,5	15	14,5		8,7
1986	△	81	86	12,8	12	17		
1985	-98	78			16			
1983	△	83						
1982	△	74	88		13			
1979				15,4				
1978	-02				15			

Clos de l'Eglise, Côtes de Castillon

		PAR	WSP	AüW	GAB	VIN	DEC	WIN
2000	-12	89-91	85-88	88			4	7,8
1999	-13	88-90	80-84	87				7,9-8,0

Clos la Fleur Figeac, St.-Emilion

		PAR	WSP	AüW	GAB	VIN	DEC	WIN
1994	△		86					

Clos Floridène, Graves, *O.: unklass.*

		PAR	WSP	AüW	GAB	VIN	DEC	WIN
2000	-10	85-86		88				
1998	05-20	84-86				16		
1996		82-84						
1985				12,9				

Clos Fourtet, St.-Emilion, *O.: PGCC (B); P.: (5), sehr gut,* ❹; *G.: 4,* ③

		PAR	WSP	AüW	GAB	VIN	DEC	WIN
2000	08-20	90-92	92-94	88		16,5	5	9,0
1999	03-16	89-91	85-89	89	17	15,5	3	8,0
1998	04-18	90	92	88	17	16,5	3	8,7-8,8+
1997	01-15	90	88	15,5	17	2,5	3	8,6
1996	00-18	89	87	90	17	3	4	8,8-8,9
1995	00-18	88	90	15,5; 85	17	2	4	8,7+
1994	97-18	88	86	84	16	2		8,1-8,6
1993	00-12	86	82	82	15			8,2-8,4
1992	-04	86	78	82	16			
1990	-10	90	90	86	17	16		8,6-8,7
1989	04-08	86	90	82	17	16..		8,4
1988	-08	79	86	76	17	15,6	3	8,1
1987	-97			74	15	17		
1986	-08	78	80	75	17			
1985	-05	84		80	17	16,9		
1983	-00	78			16			
1982	△	84	84				3	
1981	△	78						
1979	▷	82				15		

		PAR	WSP	AüW	GAB	VIN	DEC	WIN
1978	-96	84			16			
1975	▽	70						
1970		72						
1961	-10		84		11			

Clos des Galvesses, Lalande de Pomerol

		PAR	WSP	AüW	GAB	VIN	DEC	WIN
1995							3	

Clos la Grâce-Dieu, St.-Emilion, *O.: GC*

		PAR	WSP	AüW	GAB	VIN	DEC	WIN
2000		85-87						

Clos Grand Faurie, St.-Emilion

		PAR	WSP	AüW	GAB	VIN	DEC	WIN
2000	04-12	84-86						

Clos des Jacobins, St.-Emilion, *O.: GCC; P.: 5, sehr gut,* ❻; *G.: 5,* ④

		PAR	WSP	AüW	GAB	VIN	DEC	WIN
2000			89-91				4	
1999	03-14	82-84		85	16			
1998	02-20		86	87	17		2	8,0
1997	02-09	83-85	81	14,5	17			
1996	99-10	82	87	88	17	1	3	
1995	99-12		90	15; 86	16	2	3	7,9
1994	00-12		87	85	17			
1993	97-10	83	85	84	16			
1992	-02		75-79		16			
1991			77		13			
1990	-13	86	77	84	15			7,8-7,9+
1989	-05	86	90	84	17			
1988	-05	89	90	82	16	15,1		8,2
1987	-99		73		13			
1986	-02	86	94	84	15			
1985	△	84	89	80	15			
1983	△	87						
1982	-02	89	91		17		3	
1981	▷	85	81					
1979	△	84			16			
1978	△	86			13			
1975	△	86						

Clos du Jaugueyron, Haut-Médoc

		PAR	WSP	AüW	GAB	VIN	DEC	WIN
1999	-06	86-88						
1998	-07	87						

Clos du Jaugueyron, Margaux

		PAR	WSP	AüW	GAB	VIN	DEC	WIN
2000	05-20	91-93						
1999	-16	90-93						
1998	-11	88-90						

Clos Larcis, St.-Emilion

		PAR	WSP	AüW	GAB	VIN	DEC	WIN
2000			85-88					
1998	04-		85					
1997			80-84					
1996			75-79					
1995	△		82			1		
1994	97-		84					
1993	△		79					
1992			*83*					
1991			*78*					
1990			*85*					
1989	△		88					

Clos Lascombes, Prem. Côtes de Blaye

		PAR	WSP	AüW	GAB	VIN	DEC	WIN
2000		85-87*						
1999		82-83						
1993	-99					1*		

Clos la Madeleine, St.-Emilion, *O.: GC; P.: 5 (CB)*

		PAR	WSP	AüW	GAB	VIN	DEC	WIN
2000	05-10	87-88+?				14		
1999	02-12				17			
1998	01-10				15			
1997	01-09				16			
1996	00-12				*16*			
1995	99-08				*15*			
1994								*7,5*

Clos Magne-Figeac, St.-Emilion

		PAR	WSP	AüW	GAB	VIN	DEC	WIN
1995								*7,8*
1994								*8,0*

Clos Magne Figeac, St.-Emilion

		PAR	WSP	AüW	GAB	VIN	DEC	WIN
1999		85-87						

Clos Margalaine, Margaux (Zww. von Ch. Marojallia)

		PAR	WSP	AüW	GAB	VIN	DEC	WIN
2000		87-88	92-94					8,3
1999		85-87						

Clos du Marquis, St.-Julien (Zww. von Ch. Léoville Las Cases), *P.:* ❸; *G.: CB*

		PAR	WSP	AüW	GAB	VIN	DEC	WIN
2000	04-25	88-90		89		16,5	4	8,9+
1999	02-15	88-90					3	8,5?
1998	02-16	90				16		
1997	02-09	86				3		
1996	02-18	90	85-89	87		3		
1995	99-13	90	90	15	*16*	3		8,6+
1994	98-09	88		*15*	*15*	2,5		8,5

		PAR	WSP	AüW	GAB	VIN	DEC	WIN
1993	98-06	87		14,5	14			8,6
1992	98-05	86+		16,4	13			
1991		85		16,8	15	14..		
1990	-05	88		15,1	16	15..		8,5+
1989	-05	88		14,9	15			
1988	-04	85	80	14	14			
1987	-97	85	79		12	17; 14		
1986	-04		84	14,5	15	15,9		
1985	-00		84		14	15,8		
1983	-96				15			
1982	-00	87	89					
1981	-00				14			

Clos Marsalette, Pessac-Léognan

		PAR	WSP	AüW	GAB	VIN	DEC	WIN
2000	04-10			84			3	
1998			79					
1997			75-79					
1996	△		82					
1995	00-		88					
1994	97-		85					
1993	97-		84					

Clos des Menuts, St.-Emilion

		PAR	WSP	AüW	GAB	VIN	DEC	WIN
1997				13,5				

Clos du Moulin, St.-Estèphe

		PAR	WSP	AüW	GAB	VIN	DEC	WIN
1998	01-10				15			
1997	-08				15			
1996	01-10				15			

Clos du Notaire, Côtes de Bourg

		PAR	WSP	AüW	GAB	VIN	DEC	WIN
1998	04-10					15		

Clos de l'Oratoire, St.-Emilion, *O.: GCC; P.: 3 (4-5), ausgez.,* ❷; *G.: 4,* ⑥

		PAR	WSP	AüW	GAB	VIN	DEC	WIN
2000	04-20	91-94	89-91	89		15	4	8,4
1999	02-15	90-92	85-89	88	17		3	8,1
1998	02-20	92	94	89	17	15	5	8,1+
1997	02-15	89	89	15	18	2,5	4	7,8
1996	00-17	90	87	85	17	2	4	8,4
1995	99-15	89	90		16	1,5	5	8,5+
1994	98-11	87	90	14,75	17	1		7,9-8,0
1993	99-12	86	88		15			7,0-8,0?
1992	-02		81		15			
1990	-08	88	94	12,5	16			8,4-8,5
1989	-98			13	13			
1985	-96					15,1		
1983	△			7,6				
1982	△		78					
1978	△			15				
1975	▷				14			

Clos du Pèlerin, Pomerol

		PAR	WSP	AüW	GAB	VIN	DEC	WIN
1998	02-06			83				

Clos Plince, Pomerol

		PAR	WSP	AüW	GAB	VIN	DEC	WIN
2000			92-94					
1998	05-		91					
1997	▲		83					

Clos de Prince, St.-Emilion

		PAR	WSP	AüW	GAB	VIN	DEC	WIN
2000	-16	88-90						

Clos des Quatre Vents, Margaux

		PAR	WSP	AüW	GAB	VIN	DEC	WIN
2000			80-84					

Clos René, Pomerol, *O.: unklass.; P.: 5, gut,* ❺; *G.: CB*

		PAR	WSP	AüW	GAB	VIN	DEC	WIN
2000	06-13	88-89	89-91			14,5		
1999	03-15	85-87		87	16	14		8,0
1998	03-13	86	90	89	16		3	
1997	02-12	85-86	85	15,5	15		2	
1996	03-15	81-83	84	14	*15*		2	
1995	00-12		87		*16*	1	3	*8,0*
1994	02-12	*88-91*			16		3	
1993	-08				*12*			
1992	-04	*75*			*13*			
1991		*78*			*12*			
1990	-08	*88*				*15,5*		
1989	△	*85*		*15*			2	
1988	-99	*86*	*88*					
1986	△	*84*		*13*				
1985	△	*87*	*92*					
1983	△	*86*						
1982	-05	*86*	*87*		*12*			
1981	△	*84*						
1979	-00	*74*			*13*			
1978	△	*83*						
1975	△	*80*			*16*			

Clos Le Rouzes Clinet, Pomerol

		PAR	WSP	AüW	GAB	VIN	DEC	WIN
1997				13				

Clos du Roy, Fronsac

		PAR	WSP	AüW	GAB	VIN	DEC	WIN
2000								7,8-8,0*
1998	02-08			86				
1997				14				
1996				14*; 13,5				
1995	00-08			14,5				

Clos Saint-Julien, St.-Emilion, *O.: GC*

		PAR	WSP	AüW	GAB	VIN	DEC	WIN
2000	-13	88-89	89-91					7,5

Clos Saint Martin, St.-Emilion, *O.: GCC; P.: CB, gut,* ❺; *G.: (4),* ⑥

		PAR	WSP	AüW	GAB	VIN	DEC	WIN
2000	05-22	90-93	89-91	87		15,5		8,1(?)
1999	03-16	88-90	90-94	86+	17		3	
1998	02-18	90	90	85	18			8,3
1997	02-10	86	88	13,5	16			
1996	99-16		85	13,5	*14*		2	
1995	03-12	81			*14*		4	*8,5-8,6*
1994	00-10	*81*			*14*			*7,8*
1993	-00	*85*						*7,9*
1992	-98	*83*						
1991				*12,5*				
1990	-10	*89*		*14*	*16*		*3*	*8,3*
1989	-02	*86*		*13,5*	*16*			
1988	△	*86*						
1987						*14*		
1985						*15,8*		

Clos de Sales, Pomerol, *G.: (4)*

		PAR	WSP	AüW	GAB	VIN	DEC	WIN
1999	03-12				17			
1998	02-13				17			

Clos de Sarpe, St.-Emilion, *G.: (4)*

		PAR	WSP	AüW	GAB	VIN	DEC	WIN
2000	06-30	90-93+?				15		
1999	04-20	88-92			17			
1998	04-22	90+?			17	2		
1997	01-09	77-79			14			
1995	00-12				*13*			
1982	00-		90					

Clos de la Vieille Eglise, Pomerol, *G.: (4)*

		PAR	WSP	AüW	GAB	VIN	DEC	WIN
2000	03-12	86-87?						
1999	03-12				17			
1998	04-15				17			
1997			83					
1996	00-15			14	16			
1995							3	

Clos Villemaurine, St.-Emilion

		PAR	WSP	AüW	GAB	VIN	DEC	WIN
1999	-14			86				

La Closerie de Camensac, Haut-Médoc (Zww. von Ch. de Camensac)

		PAR	WSP	AüW	GAB	VIN	DEC	WIN
1997							2	7,8-7,9
1996			84					7,8-7,9

Bewertungen jünger als 2 Jahre:	▲ jetzt	▶ austr.	▼ abg.	Schrift normal
älter als 2 Jahre:	△ jetzt	▷ austr.	▽ abg.	Schrift dünn
älter als 4 Jahre:	△ jetzt	▷ austr.	▽ abg.	*Schrift dünn kursiv*

La Closerie de Malescasse, Haut-Médoc (Zww. von Ch. Malescasse)

		PAR	WSP	AüW	GAB	VIN	DEC	WIN
1996	00-		80					

La Clotte, St.-Emilion, *O.: GCC; P.: CB, gut,* ❹; *G.: CB,* ⑥

		PAR	WSP	AüW	GAB	VIN	DEC	WIN
2000	-13	88-90	89-91				3	8,5
1999	02-14	88-89		86	17			
1998	02-15	89	83	86	17	1,5	2	
1997	02-10	85-86	75-79	14,5	15		2	
1996			77				2	
1995	00-14		86		16		3	8,4
1994	-05	86-87						8,1+
1993	-02	83						
1992	-02	85			12			
1990	-10	89			16			
1989	-05				14			8,6+
1988	-00				15		3	8,5
1985			87					

La Clusière, St.-Emilion, *O.: GCC; P.: CB; G.: CB,* ⑥

		PAR	WSP	AüW	GAB	VIN	DEC	WIN
2000	06-25	93-95	92-94	91			4	8,6?
1999	03-18	91-93		91	17	14		8,7?
1998	05-20	90+						8,5
1997	02-12	77-79	85-89	13,5	17			
1996	04-13	80-83	85-89		16	1	2	
1995	-05	81-84			16	1	3	7,7-7,8+
1994	-06	78			13			6,9
1993	-07	85			14			
1992	-02	76			12			
1990	-05	89		13	15	14,5		7,9
1989	-03	77?		13	14			
1988		79						
1987						16		
1985	-06				16	14,8		
1983				13,8				

Colbert, Côtes de Bourg

		PAR	WSP	AüW	GAB	VIN	DEC	WIN
1998	02-06					15		
1994						0,5*		

Le Colombier de Château Brown, Pessac-Léognan (Zww. von Ch. Brown)

		PAR	WSP	AüW	GAB	VIN	DEC	WIN
1996	99-		80					
1995	△		78					

Colombier Monpelou, Pauillac, *O.: CB; P.: CB*

		PAR	WSP	AüW	GAB	VIN	DEC	WIN
2000		85-86						
1999	03-10			83	14			7,7
1998	02-10			86				
1997	02-10			14,5	15			7,7

		PAR	WSP	AüW	GAB	VIN	DEC	WIN
1996	00-14			15	*16*	2		
1995	98-15			14	15	1,5		
1994	98-05	*75-78*		*13,5*	*15*			*7,8-8,1*
1992		*75-78*						
1990	-98	*81*						*7,8-8,1*
1989	△	*78*						*8,3-8,4*
1988	△	*78*						*7,7*
1987						*16*		
1986	△	*80*						
1985	△	*74*						

La Commanderie, Pomerol

	PAR	WSP	AüW	GAB	VIN	DEC	WIN
1996			13,5				
1995		85-89					
1991		*72*					
1990							*7,3-7,5*
1989							*8,3*

La Commanderie, St.-Emilion, *O.: GC*

		PAR	WSP	AüW	GAB	VIN	DEC	WIN
2000			**89-91**					
1999	03-10				**16**			
1998	03-13		**88**		15			
1997	02-09	75-78	**81**		16			
1996	02-07	75-78	80		15			
1995	00-10		85-89	15	*15*			
1994	97-05		83		*14*			
1993	-05		83		*13*			
1992	-02		*75-79*		*15*			
1991			*75-79*		*13*			
1990	-05	*85*			*15*			
1989	▷		90		*14*			

La Commanderie, St.-Estèphe, *O.: CB*

		PAR	WSP	AüW	GAB	VIN	DEC	WIN
2000								8,0
1999	04-14			**86**	**16**			
1998	02-15		**85**	84	15			
1997	-06		**81**		16			
1996	02-10			13,5	14		**3**	
1995	00-13			14	*15*		3	

Comte, Fronsac (Marke von Ch. Vrai Canon Bouché)

	PAR	WSP	AüW	GAB	VIN	DEC	WIN
2000							8,3

Connétable de Talbot, St.-Julien (Zww. von Ch. Talbot)

		PAR	WSP	AüW	GAB	VIN	DEC	WIN
1997							2	
1996	00-		87					
1995	△		84					

Bewertungen jünger als 2 Jahre:	▲ jetzt	▶ austr.	▼ abg.	Schrift normal
älter als 2 Jahre:	△ jetzt	▷ austr.	▽ abg.	Schrift dünn
älter als 4 Jahre:	△ jetzt	▷ austr.	▽ abg.	*Schrift dünn kursiv*

La Conseillante, Pomerol, *O.: unklass.; P.: 2, hervorr.,* ❷*; G.: 3,* ③

		PAR	WSP	AüW	GAB	VIN	DEC	WIN
2000	02-25	96-100	89-91	90		19,5	3	9,3-9,4
1999	03-20	88-91	85-89	89+	17	18	3	9,0
1998	03-20	90	91	95	18	19	4	9,3
1997	00-15	88	88	16,5	17	4	2	8,5-8,8
1996	99-14	88	87	91	17	4	5	8,5-8,8
1995	00-20	89	94	17; 87	18	4		9,1-9,3
1994	99-14	88	80-84	85	18	4		
1993	98-08	87		84	17	3		8,2-9,2
1992	-00	79	77	85	15	16..		
1991		83		80	16	15..		
1990	97-18	97	94	93	17		4	9,6
1989	00-18	97	90	87	17	17..	4	9,5-9,6
1988	98-12	86	90	92	15	17..	3	8,8
1987	△	86	86	81	16			
1986	98-05	87	93	85	15	18,3	4	
1985	-08	94	93	95	18		4	
1983	98-00	87	84		16		3	
1982	00-08	95	92		16		4	
1981	△	89	88		14		3	
1979	△	78		17,2	13			
1978	▷	75			15			
1975	-06	89			15			
1970	-06	93	94		17M			
1961	-10	87	87		19			

Corbin, St.-Emilion, *O.: GCC; P.: CB, gut,* ❻

		PAR	WSP	AüW	GAB	VIN	DEC	WIN
2000	-21	88-89					3	
1999	03-12	86-88		84	16			
1998	02-12	88		82	17			
1997	-04	85		13				
1996	00-18	80?			16		3	
1995	-04	86					4	7,8
1994	-02	85						
1993	-00	80						
1990	-04	87		16		17,5		
1989	-04	87		16,5				
1988		74		16,5		15,2		
1986	△	75						
1985	△	83						
1983	△	86						
1982	-97	87						
1978	△	84						

Corbin-Michotte, St.-Emilion, *O.: GCC; P.: (5), sehr gut,* ❹

		PAR	WSP	AüW	GAB	VIN	DEC	WIN
2000	-12			87				
1999	04-17			87	16			
1998	02-08	86-87		84				
1997	04-13	86-87		14,5	15			
1996	03-15	86			12		3	
1995	00-13	89	85-89		13		3	
1994	00-08	89			14			
1990	-01	87						
1989	-02	86						
1988	△	83	72					
1985	△	86						

		PAR	WSP	AüW	GAB	VIN	DEC	WIN
1982	△	87	88					
1961	-00		86					

Cordeillan Bages, Pauillac

		PAR	WSP	AüW	GAB	VIN	DEC	WIN
2000			89-91					
1996	00-		87					
1995	04-		91					
1994	99-07	83-86	88					
1993			85-89					
1992	-98	78	85					
1991		77	83		14			
1990	-05	81	95		15			
1989	-05	84	95		16		5	
1988	98-05				14	15..		
1987	-98				12			
1986	-02				13			
1985	▷				13			

Cormeil Figeac, St.-Emilion, *O.: GC; P.: CB*

		PAR	WSP	AüW	GAB	VIN	DEC	WIN
1996	99-		84					
1990	-01	85						
1989	-01	85						
1988	△	81	85					
1986	-00	83	75					
1985	△	85						

Cos d'Estournel, St.-Estèphe, *O.: 2; P.: 1, hervorr.,* ❷; *G.: 3,* ②

		PAR	WSP	AüW	GAB	VIN	DEC	WIN
2000	07-30	88-91	95-100	89		18,5	4	8,8(+?)
1999	04-25	87-88	85-89	88	17	17,5	3	8,2+?
1998	04-18	88	87	89	17	17,5		8,6+?
1997	01-15	87	89	16	15	17	5	8,8-8,9
1996	05-30	93+	95	91	19	18	5	9,4-9,5
1995	00-25	95	93	16; 89	18	17	5	9,2-9,3+
1994	03-25	91	91	88	16	18	4	9,1
1993	98-11	89	88	86	16	17	3	8,6
1992	98-10	88	87	15,5	17	15-16..		
1991	01-	87	88	86	18	18,5		
1990	04-20	95	90	91	18	18	4	9,1
1989	02-15	88	95	92	18	17,5	3	9,3-9,5+?
1988	00-15	87	95	90	19	18	5	8,5
1987	△	83	81	85	13	16,8		
1986	95-20	95	93	91	18	18	4	
1985	97-10	93	93	91	18		4	
1983	△	81	91	16,8	16		3	
1982	00-20	96	95	18,5	19	18		
1981	-05	83	87	15,5	17			
1979	-10	86	87	16,2	18			
1978	-05	85	93	16,5	15			
1975	▷	76	88	17	17			
1970	-21	86?	89		17			
1961	-02	92	89		18			

Bewertungen jünger als 2 Jahre:	▲ jetzt	▶ austr.	▼ abg.	Schrift normal
älter als 2 Jahre:	△ jetzt	▷ austr.	▽ abg.	Schrift dünn
älter als 4 Jahre:	△ jetzt	▷ austr.	▽ abg.	*Schrift dünn kursiv*

Cos Labory, St.-Estèphe, *O.: 5; P.: CB, gut,* (6)

		PAR	WSP	AüW	GAB	VIN	DEC	WIN
2000	03-25	87-88+	85-88	89		15,5	3	8,5-8,8
1999	04-15	84-86	85-89	84	16	15		8,3-8,5+?
1998	04-15	86	82	85	16	15	3	8,1
1997	02-14	86	85	14,5	13	1,5	2	8,3-8,4
1996	03-18	88	88	85	13	2	4	9,0
1995	00-15	88+?	88	14; 87	16	2	4	7,7-8,3?
1994	99-12	86?	86	84	16	2	2	8,7
1993	98-14	85	80	82	16	15..		6,5-8,5
1992	96-08	82?	85	77	16			
1991	98-	86	83	83	12	15..		
1990	-10	89	91	85	13	17	4	8,8-9,0
1989	05-15	89	91	84	13			8,9-9,0
1988	-04	84	85	80	16			8,3
1987				74		16		
1986	△	79		75			3	
1985	△	85	87	80			3	
1983	▷	70						
1982	-12	75	86		17			
1979	▷	65		13,3	13			
1978	▽	67						
1975	-02	64			14			
1970	▷	70						
1961			75					

Cossieu-Coutelin, St.-Estèphe

		PAR	WSP	AüW	GAB	VIN	DEC	WIN
1995							4	

Coste de Mons,

		PAR	WSP	AüW	GAB	VIN	DEC	WIN
1998	01-06					15		

Côte de Baleau, St.-Emilion

		PAR	WSP	AüW	GAB	VIN	DEC	WIN
2000	05-16	89-91	92-94			15		8,1(+?)
1999	03-15	87-88+			17			
1998	03-20	89+?	91		18	2		8,2
1997	01-08	85	87		15			
1996	03-17				14			
1979				15,4				

Côte Montpezat, Côtes de Castillon

		PAR	WSP	AüW	GAB	VIN	DEC	WIN
2000			75-79					
1998	▲		81					
1997								6,8
1994	-00		86			0,5		
1993	-98		83			1		
1989				11				

Côtes de Rol, St.-Emilion

		PAR	WSP	AüW	GAB	VIN	DEC	WIN
2000			89-91					
1998			79					
1997	▲		81					
1996			75-79					
1995	△		80					

Coucheroy, Pessac-Léognan, *P.: gut*

		PAR	WSP	AüW	GAB	VIN	DEC	WIN
1998			78					
1996			79					
1995	99-		85			1	3	
1993	△		84					

Coucy Maurèze, St.-Emilion (Montagne)

		PAR	WSP	AüW	GAB	VIN	DEC	WIN
2000	-06	87-88	85-88					

Coufran, Haut-Médoc, *O.: CB; P.: CB, gut,* ❻*; G.: CB,* ⑥

		PAR	WSP	AüW	GAB	VIN	DEC	WIN
2000	06-14		85-88	84		14,5	3	8,0-8,2
1999	02-12	82-85		82	16			7,9
1998	02-10	86-87	86	86	16	14	4	7,8
1997	00-10	84	83	14	16	1	3	7,8+
1996	00-13	86	86	85	17	1	3	8,2+
1995	98-14	85	87	14,5; 86	17	1		7,8-7,9
1994	98-06	86+	85	85	14		2	7,8-8,0
1993	98-05	86	80-84	87		13..		7,7-8,0+?
1992	-04	80-82	81	80	15			
1991		83	78	80		14..		
1990	-06	86	88	82	15	14,5		7,9-8,1
1989	-04	85	89	81	15			8,3
1988	-00		84	80	14	14..		8,0
1987			81	78		15		
1986	-97	85	82	82	15			
1985			85	80				
1982	▶	79	85	11,7				
1979	-97				15			
1978	-92				15			

La Cour d'Argent, Bordeaux

		PAR	WSP	AüW	GAB	VIN	DEC	WIN
2000	-04	86-87						
1995	-03	86						

Du Courlat, St.-Emilion (Lussac)

		PAR	WSP	AüW	GAB	VIN	DEC	WIN
1995	-02	85						
1982	△		86					

Bewertungen jünger als 2 Jahre:	▲ jetzt	▶ austr.	▼ abg.	Schrift normal
älter als 2 Jahre:	△ jetzt	▷ austr.	▽ abg.	Schrift dünn
älter als 4 Jahre:	△ jetzt	▷ austr.	▽ abg.	*Schrift dünn kursiv*

La Couronne, Pauillac, *O.: CB; P.: CB*

		PAR	WSP	AüW	GAB	VIN	DEC	WIN
1997			80-84					
1996			80-84					

La Couronne, St.-Emilion, *O.: GC*

		PAR	WSP	AüW	GAB	VIN	DEC	WIN
1998	02-		81					
1996			76					
1995	△		78					

La Couronne, St.-Emilion (Montagne)

		PAR	WSP	AüW	GAB	VIN	DEC	WIN
1999	05-10					15		
1998	02-06					14		
1996						I		
1995						I		

Couronneau, Bordeaux Supérieur

		PAR	WSP	AüW	GAB	VIN	DEC	WIN
1996			76					

La Couspaude, St.-Emilion, *O.: GCC; P.: 4, ausgez.,* ❷*; G.: (3)*

		PAR	WSP	AüW	GAB	VIN	DEC	WIN
2000	04-18	90-92	92-94	91			3	8,1-8,3
1999	03-15	87-88		89	17		3	8,2
1998	02-20	92		89	18		3	
1997	02-10	88	89	13	17			
1996	02-18	89	85		17		4	
1995	00-15	90	65-69	15,5; 85	17			
1994	-04	89		86				
1993	-06	86		84				
1992	-98	85		83				
1990				82				
1989				81				
1988				80				
1987				76				
1986				79				
1985				79				

Coustolle, Canon-Fronsac

		PAR	WSP	AüW	GAB	VIN	DEC	WIN
2000								8,0
1998	02-07			84				
1997				14,5				7,6-7,8
1996				13,5				
1986		82						
1982	△		84					

Coutelin-Merville, St.-Estèphe, *O.: CB; P.: CB, gut*

		PAR	WSP	AüW	GAB	VIN	DEC	WIN
1999	04-12			83	15			8,1?
1998	02-13			84	16			

		PAR	WSP	AüW	GAB	VIN	DEC	WIN
1996	03-19	78-80			16	1	3	8,1?
1995	98-12			14	14		3	8,0
1994	98-07	84-85		14,25	15			8,0
1993	-08	85-87						

Coutet, St.-Emilion, *O.: GC*

		PAR	WSP	AüW	GAB	VIN	DEC	WIN
2000	06-12					14		

Coutreau, Fronsac (Zww. von Ch. La Vieille Cure)

		PAR	WSP	AüW	GAB	VIN	DEC	WIN
1997			75-79					

Couvent des Jacobins, St.-Emilion, *O.: GCC; P.: 5, gut,* ❹

		PAR	WSP	AüW	GAB	VIN	DEC	WIN
2000	-16	88-89					4	8,8+
1999	-11	86-87						8,6
1998	03-16	86			16		3	8,4-8,8
1997	02-09	86			15			
1996	-05				16		3	
1995	00-15			15,5; 85	15		4	8,8+
1994	-03	87-89		85				8,4
1993				84				7,8-8,1
1992	-00	85		82				
1990	-01	85		82				
1989	-00	86	89	83				
1988			81	84		15,1		
1987				82				
1986	-01	87		84				
1985	△	86	84	83				
1983	▷	85	95					
1982	-01	87	92					
1981	△	76						

La Crabitey, Graves

		PAR	WSP	AüW	GAB	VIN	DEC	WIN
1995							2	

Le Crock, St.-Estèphe, *O.: CB; P.: CB; G.: CB*

		PAR	WSP	AüW	GAB	VIN	DEC	WIN
2000	06-10					14		8,5
1999	04-12	76-78		83	14			8,3
1998	02-17	78-82	75-79	85	15	1		7,7+
1997	00-11		85	14,5	16	1		8,0+
1996	04-15	78-80	80-84	14	15	1	2	8,6
1995	98-15	86	87	14	15	2	3	8,1+
1994	98-06	74		14,75	15			7,2
1993								7,7+
1990	-15	87			15			8,3-8,4
1989	-15	83			15			
1988	00-10	82			13	15..		7,4
1987	-00		79		13			
1986	-15	74	92		16			
1985	△	73	79					
1982			80					

Bewertungen jünger als 2 Jahre:	▲ jetzt	▶ austr.	▼ abg.	Schrift normal
älter als 2 Jahre:	△ jetzt	▷ austr.	▽ abg.	Schrift dünn
älter als 4 Jahre:	△ jetzt	▷ austr.	▽ abg.	*Schrift dünn kursiv*

de la Croix, Médoc, *O.: CB*

		PAR	WSP	AüW	GAB	VIN	DEC	WIN
1999	-09			83				
1998	02-05			83				

La Croix, Pomerol, *O.: unklass.; P.: CB, gut,* ❻; *G.: 4,* ④

		PAR	WSP	AüW	GAB	VIN	DEC	WIN
2000	-15			88				
1999	04-20	86-87			18	14,5		
1998						1		
1997	02-10				16			
1996	04-16		82	13	16			
1995	00-15				17	2		
1993	-06	78			15			
1992	-01				16			
1990	-20	87			19			
1989	-05	85			17		5	
1988	-03	82	82		14			
1986	-00	84		12	14		4	
1985	△	84	93				2	
1983	△	86	84					
1982	-00	86	89					
1981	△	84	72					
1979	△			12,3				

La Croix, Graves

		PAR	WSP	AüW	GAB	VIN	DEC	WIN
1995							3	

La Croix-Beaucaillou, St.-Julien (Zww. von Ch. Ducru-Beaucaillou)

		PAR	WSP	AüW	GAB	VIN	DEC	WIN
1995	00-		87					

La Croix Bellevue, Lalande de Pomerol

		PAR	WSP	AüW	GAB	VIN	DEC	WIN
1999	-08			82				
1995							3	

La Croix Canon, Canon-Fronsac (bis 95 Ch. Charlemagne), *G.: 5,* ④

		PAR	WSP	AüW	GAB	VIN	DEC	WIN
2000	08-12	84-86	89-91	87		15	3	8,0(+?)
1999	04-12	84-86			17			8,1-8,2
1998	03-16	88	84	86	16	16	3	8,2
1997	02-12	87	85		16	2,5		8,0+
1996	00-18	86	84	14	17	2		7,6
1995	98-15		85-89	14	17			
1994	-04		85-89		16			

La Croix Cardinal, St.-Emilion

		PAR	WSP	AüW	GAB	VIN	DEC	WIN
1996	△		84					

La Croix du Casse, Pomerol, *O.: unklass.; P.: 5, ausgez.,* ❸; *G.: 5,* ⑤

		PAR	WSP	AüW	GAB	VIN	DEC	WIN
2000	08-18	86-88?	89-91	89			3	8,7
1999	03-16	87-88		88	16	14,5		8,3-8,4
1998	02-13	87	88	86	16	2	3	8,5+
1997	01-10	88	89	14,5	17		3	8,3-8,4
1996	00-15	88	81		17			8,7-8,8
1995	99-15	90	89		17			
1994	97-09	89	89		16			
1993	-08	86	78		15			
1992	-05	86			14			
1990	-10	89			17			
1989	-03	87	87		16			
1988	-05	86	81		17			
1986	▷				13			
1985	▷		82		15			
1982			79					

Croix de la Chenevelle, Lalande de Pomerol

		PAR	WSP	AüW	GAB	VIN	DEC	WIN
1995							4	

La Croix de Gay, Pomerol, *O.: unklass.; P.: 5, sehr gut,* ❺; *G.: 5,* ⑤

		PAR	WSP	AüW	GAB	VIN	DEC	WIN
2000	06-12	87-88	89-91	86		15	3	8,9
1999	03-14	87-88	85-89	87	17	15	3	8,6
1998	02-15	87	90	89	17	14,5	3	8,8
1997	01-12	86	84	15	16	1,5	2	8,2-8,3
1996	00-16	85	82	86	14	1	3	8,0; 8,5?
1995	00-12	87	89	15,5; 84	16	2	3	8,6-8,8
1994	97-12	87+	87	85	16	2	3	8,5
1993	97-08	86	85	84	15	14..		8,5
1992	-09	86	82	82	17		3	
1991		82	78					
1990	-15	86	94	82	17	16		
1989	-05	86	88	83	17		1	8,2-8,3
1988	△	86	89	82	14			8,0
1986	-02	85		82	15		4	
1985	-03	85	91	81	15		3	
1983	△	80	94					
1982	-05	77	91		16M			
1961	△	85M	82					

Croix de Labrie, St.-Emilion, *G.: (3)*

		PAR	WSP	AüW	GAB	VIN	DEC	WIN
2000	-16	91-94+	89-91	90				8,6+
1999	04-14	91-93		88+	18		4	8,7
1998	02-14	93			18			
1996			87					

La Croix des Moines, Lalande de Pomerol

		PAR	WSP	AüW	GAB	VIN	DEC	WIN
1999	-11			85				
1997			78					
1995							4	
1988								7,6

Bewertungen jünger als 2 Jahre:	▲ jetzt	► austr.	▼ abg.	Schrift normal
älter als 2 Jahre:	△ jetzt	▷ austr.	▽ abg.	Schrift dünn
älter als 4 Jahre:	△ jetzt	▷ austr.	▽ abg.	*Schrift dünn kursiv*

La Croix de Roche, Bordeaux Supérieur

		PAR	WSP	AüW	GAB	VIN	DEC	WIN
2000	-04	**86-87**						
1999		**83-84**						
1997	-05	84-86						
1996		85						

La Croix Saint André, Lalande de Pomerol

		PAR	WSP	AüW	GAB	VIN	DEC	WIN
1998	-08	**85-87**						
1997	-03	**85**						
1992		*81-83*						
1986		*86*						

La Croix Saint Georges, Pomerol

		PAR	WSP	AüW	GAB	VIN	DEC	WIN
2000	05-17	**89-91+**						**8,6+**
1999	03-14	**88-89**			**17**		**3**	**8,0+**
1998	02-04					**14**		
1997	02-12			15,5	16			
1996	02-14			14,5	*13*			
1995	-06		87		*15*			
1994	99-08				*14*			
1993	-03				*14*			

La Croix Toulifaut, Pomerol

		PAR	WSP	AüW	GAB	VIN	DEC	WIN
1999		**84-86**						
1997	00-05			12,5		1		
1996				13				
1995	-04					2		
1994				16,5				
1982	△		84					

Croizet-Bages, Pauillac, *O.: 5; P.: CB*

		PAR	WSP	AüW	GAB	VIN	DEC	WIN
2000	02-14	**86-88**	**89-91**	**87**			**3**	**8,6**
1999	-14	**85-86**	**80-84**	**85**				**8,7-8,9**
1998	02-14	**81**	85-89	86	16			8,8
1997	-10	**81**	**78**	14	**15**		3	8,4+?
1996	03-14	87	83	**85**			3	8,5
1995	99-09	85	86	14; 81			**4**	8,4-8,6
1994	97-05	78	75	79			1	*7,7-8,0?*
1993	-05	84	74	80				7,2
1992	-02			72	*11*			
1991				74	*12*			
1990	-02			71	*13*	*14,5*		*7,3-7,5*
1989	-97	*73*		70	*13*			*8,1*
1988	△	*74*	*73*	71	*11*	*12,9*		*8,1*
1987	△	*69*		67		*14*		
1986	△	*76*	*78*	72			3	
1985	△	*73*		74				
1983	▷	*68*			*13*			
1982	△	68	89					
1981	▽	*72*						
1979	▷			*14,9*	*13*			

		PAR	WSP	AüW	GAB	VIN	DEC	WIN
1975	▷				14			
1970	▽				11			
1961	-98		85					

Croque Michotte, St.-Emilion, *O.: GC; P.: 5 (CB); G.: CB*

		PAR	WSP	AüW	GAB	VIN	DEC	WIN
1999	02-13	85-86			14			
1998	03-12	87			16			
1997	03-11				16			
1994		72						
1993		76						
1989	-98	87						
1988	-00	85						
1986	-96	86						
1985	△	87						
1983	△	80						
1982	△	85	90					
1978	▽	75						

Cros-Figeac, St.-Emilion

		PAR	WSP	AüW	GAB	VIN	DEC	WIN
2000								8,5+
1999	-08	86-88						
1998	04-12	87				2		

de Cruzeau, Pessac-Léognan, *O.: unklass.; P.: CB, gut*

		PAR	WSP	AüW	GAB	VIN	DEC	WIN
2000	04-10	87-88	85-88	87			3	
1999		85-86						
1998	04-	85-86	84					
1997	▲	84	82					
1996	99-		81				3	
1995	00-		90				3	
1994	98-03	86-87	84					
1993	△		83					
1992			75					
1990			91					
1989	-97		85	14		14..		
1988			87					
1987						14		
1986			87			18,3		
1982			91					

Les Cruzelles, Lalande de Pomerol

		PAR	WSP	AüW	GAB	VIN	DEC	WIN
2000	-12	87-89	85-88	88				8,5(?)

Curé-Bon, St.-Emilion, *O.: GCC; P.: (5)*

		PAR	WSP	AüW	GAB	VIN	DEC	WIN
1999	03-14			86	16			8,4
1998	04-12		85-89	89				8,1
1997	02-12	85-86	88	15	17			8,4
1996	02-15	76-78	83	88	15		3	8,4
1995	△		86				3	8,3-8,6
1994	97-15	85-86	84					7,5?

Bewertungen jünger als 2 Jahre:	▲ jetzt	▶ austr.	▼ abg.	Schrift normal
älter als 2 Jahre:	△ jetzt	▷ austr.	▽ abg.	Schrift dünn
älter als 4 Jahre:	△ jetzt	▷ austr.	▽ abg.	*Schrift dünn kursiv*

Forts. Curé-Bon		PAR	WSP	AüW	GAB	VIN	DEC	WIN
1993		74-77						
1992	-00	76						
1985	-01	86						
1983	△	85						
1982	△	88	90					
1981	△	84						
1979	▽	85						
1978	△	86						
1961	▷				15			

Dalem, Fronsac, *P.: 5,* ❻

		PAR	WSP	AüW	GAB	VIN	DEC	WIN
2000	06-14	85-86	85-88	87		15,5	3	8,3
1999	05-15	85-86				16		
1998	05-12	86	88			15,5	4	8,2+
1997	04-10	85	85			3		
1996	99-	82-83	81			1		
1995	00-10	85	88	15		2		
1994	00-05	85-86				1		
1993	00-06	84-86				14..		
1992			80-84					
1991			80-84			14..		
1990	-01	86	86			16		8,4
1989	-98	85				15,8		
1988								7,1
1986		84						

Damase, Bordeaux Supérieur

		PAR	WSP	AüW	GAB	VIN	DEC	WIN
1996			78					

La Dame de Montrose, St.-Estèphe (Zww. von Ch. Montrose), *G.: CB*

		PAR	WSP	AüW	GAB	VIN	DEC	WIN
2000	-13	88-90		87				8,8
1999	03-10			84	16			8,1+
1998	03-10				16			
1997	-08		85-89		15			8,0
1996	99-12		87	83	16			8,5
1995	01-12		85		17			8,3+
1994	97-05		78		15			
1993	-08			16,3	15			7,7-8,0
1992	-02	85-86						
1991		85						
1990	▷				16		5	8,2-8,4
1989	-05				14			
1987				13,5		15		
1986	▷			13	11			

Dassault, St.-Emilion, *O.: GCC; P.: CB, gut,* ❻; *G.: 5,* ⑥

		PAR	WSP	AüW	GAB	VIN	DEC	WIN
2000	-12	85-87	89-91	87			2	8,8
1999	04-17	86-87		89+	16			8,1+
1998	03-12	87	91	89	18	1,5	3	8,8
1997	01-10	86		15	15		3	8,3+
1996	03-17	76?	81	88	17	1	3	8,5+

1995	99-14	85	90	14,5; 86	17	2	3	8,7+
1994	99-09	79		78	16			8,3
1993	-05	82?		81	15			8,0-8,3
1992	-06			76	16			
1990	-05	87		76	16	14	3	8,3
1989	-00	84		76	14			7,3
1988	-05	85	83	83	14			7,8
1987				80				
1986	-00	82		78	13			
1985	△	83		79		15,6		
1983				12,5				
1982			90				3	
1978				14				

Dasvin-Bel-Air, Haut-Médoc, *O.: CB*

		PAR	WSP	AüW	GAB	VIN	DEC	WIN
2000							2	
1999	-09			83				
1998	02-06			85				

Daugay, St.-Emilion, *P.: CB, gut,* ❻

		PAR	WSP	AüW	GAB	VIN	DEC	WIN
1999		78-81						
1998	-09	87						
1997	-05	84						
1996	-06	85-86						
1995		85						
1994	-03	86						
1993	-04	86						

de la Dauphine, Fronsac, *P.: 5,* ❻

		PAR	WSP	AüW	GAB	VIN	DEC	WIN
2000	05-10	83-85	85-88	87		14	2	7,8
1999	04-11	84-86		82	15			8,2
1998	02-12	87	83	86	16	14,5		8,3
1997	02-08	86	84	14,5	15	2		7,9
1996	00-14	86	81	84	15	2		7,7
1995	98-12	87	89	14	15	2		8,0+
1994	97-06	77-81	79	14	14			7,9-8,0
1993	-06	79-83	82	13,5	15			
1992	-04	77	75	13	13			
1990	-05	88	81	13	15	14,5		8,2+
1989	-10	86	83	13	16	15,3		7,2
1988	-06				13			7,8
1987					11			
1986	▷	84		13	14			
1985			84					

Dauzac, Margaux, *O.: 5; P.: 5, gut; G.: CB*

		PAR	WSP	AüW	GAB	VIN	DEC	WIN
2000	02-20	88-90	92-94	88		15,5	4	8,6-8,7
1999	03-16	88-90	85-89	89	16	15,5		8,3+
1998	02-17	87	85-89	89	17	3	4	8,0
1997	00-10	86	87	14,5	15		3	8,2+
1996	00-16	86	88	83	16	2	3	8,6
1995	00-15	86+	92	15; 76	15	2	4	8,0

Forts. Dauzac

		PAR	WSP	AüW	GAB	VIN	DEC	WIN
1994	00-20	87	88	79	16	1	3	8,0
1993	99-20	88	86	76	16	14..	4	7,7
1992	96-08	73	84	72	14			
1991		72		70	15	14..		
1990	-00	74	85	72	13			8,1
1989	-00	76	87	74		15,5	3	7,7
1988	-00	83	90	76	14			8,0
1987				72		14		
1986	△	76		72			3	
1985	△	77	87	74			3	
1983	△	80			13			
1982	△	82	86					
1981	▽	77						
1979	△	75						
1978	▷	76		12,5	14			

David, Médoc

		PAR	WSP	AüW	GAB	VIN	DEC	WIN
1998	01-05			83				
1996							3	
1995							3	

Le Defi Fontenil, Fronsac

		PAR	WSP	AüW	GAB	VIN	DEC	WIN
2000	-15	89-91		92				

Demoiselle de Sociando-Mallet, Haut-Médoc (Zww. von Ch. Sociando-Mallet)

		PAR	WSP	AüW	GAB	VIN	DEC	WIN
1996	99-		81					
1995			79					
1993								6,9
1992			80					
1990								7,7-7,8
1989			84	14,9				

Desmirail, Margaux, *O.: 3; P.: CB; G.: CB*

		PAR	WSP	AüW	GAB	VIN	DEC	WIN
2000	06-16					15,5		
1999	04-13				17	15,5		
1998	02-08					15,5		
1997	01-12				15	1,5		
1996						2		
1995							3	
1994	97-09		83		13		3	
1993	97-		83					
1992	-04		80-84		15			
1991			78					
1990			91					
1989			86					
1988								8,1
1987				13		15		
1986			90				3	
1985	-98			13,7	13		3	
1983	▷				12		2	
1982	△		86					

Destieux, St.-Emilion, *O.: GC; P.: CB, gut,* ❻

		PAR	WSP	AüW	GAB	VIN	DEC	WIN
2000	05-22	88-90	85-88					
1999	02-14	87-88						
1998	03-14	87						
1997	-10	86	80-84					
1996	02-12	86+	85-89					
1995	01-10	85						
1994	-10	85-86						
1993	-11	70						
1992		80-82						
1989	-05	85						
1988		77						
1986	-05	86						
1985	-01	87						

La Devise de Lilian, St.-Estèphe (Zww. von Ch. Lilian-Ladouys)

		PAR	WSP	AüW	GAB	VIN	DEC	WIN
1996			79					
1995	99-		84					

Deyrem Valentin, Margaux, *O.: CB; P.: CB*

		PAR	WSP	AüW	GAB	VIN	DEC	WIN
2000	-10			86				
1999	04-14			86	15			6,5
1998	02-13			86	16	1,5		
1997	04-12	76-78		14	14			
1996	02-15	74-76		14	15			8,2+
1995	00-15		85-89		14	3		
1994	98-12		82	14	16			
1992	-05				14			

Diane de Belgrave, Haut-Médoc (Zww. von Ch. Belgrave)

		PAR	WSP	AüW	GAB	VIN	DEC	WIN
1993	▷		75	15,3				

Dillon, Haut-Médoc, *O.: CB*

		PAR	WSP	AüW	GAB	VIN	DEC	WIN
2000							3	
1999	03-10			84	14			
1998	00-09			80	15			
1997	03-09			13,5	14			
1996	01-12			13,5	14			
1995			80-84					

Domaine de l'A, Côtes de Castillon

		PAR	WSP	AüW	GAB	VIN	DEC	WIN
2000	-15	90-92	89-91	87			4	
1999	-08	87-88						

Domaine Bois de Laborde, Lalande de Pomerol

		PAR	WSP	AüW	GAB	VIN	DEC	WIN
1995							3	

Bewertungen jünger als 2 Jahre:	▲ jetzt	▶ austr.	▼ abg.	Schrift normal
älter als 2 Jahre:	△ jetzt	▷ austr.	▽ abg.	Schrift dünn
älter als 4 Jahre:	△ jetzt	▷ austr.	▽ abg.	*Schrift dünn kursiv*

Domaine les Chagnasses, Lalande de Pomerol

		PAR	WSP	AüW	GAB	VIN	DEC	WIN
1995							2	

Domaine de Chapelain, Lalande de Pomerol

		PAR	WSP	AüW	GAB	VIN	DEC	WIN
1994		78-82						

Domaine de Chastelet, Premières Côtes de Bordeaux

		PAR	WSP	AüW	GAB	VIN	DEC	WIN
1992		72-76						
1990								7,2

Domaine de Chevalier, Pessac-Léognan, *O.: CC; P.: 3 (2), gut,* ❻*; G.: 4,* ③

		PAR	WSP	AüW	GAB	VIN	DEC	WIN
2000	03-20	88-90	89-91	90		16,5	4	9,1
1999	02-25	88-89+	85-89	90	18	16		8,6+; 8,8
1998	02-20	87	93	92	17	17	5	9,0
1997	02-14	85	88	16	17	3	4	8,6-8,8
1996	00-20	88	86	89	17	3	4	9,0-9,1
1995	99-20	80?	87	15,5; 84	17	4		8,2+?
1994	97-08	77?	85	84	15	2		8,4-8,8
1993	97-09	76	84	85	16	3		8,6-8,8+
1992	96-06	85	80	82	15	14-15..		
1991		87	86	85	15	16..		
1990	98-30	88	92	89	19	18		8,9-9,1
1989	99-15	89	96	89	17	17	4	9,2
1988	98-10	90	86	88	18	4		8,9
1987	-03	86		83	15	16,3		
1986	97-12	88	89	88	18	4		
1985	-15	86	91	90	18			
1983	-05	91	91		17			
1982	-04	69	86		14			
1981	-00	83	94					
1979	-00	85	87	18,1	17	15,3		
1978	-05	92		16,5	15			
1975	-00	68			16			
1970	-03	90			16			
1961	-05	86	90					

Domaine de Courteillac, Bordeaux Supérieur

		PAR	WSP	AüW	GAB	VIN	DEC	WIN
2000	-05	87-88						
1999		84-85						
1998		85-86						
1997	-02	84-85						
1996			75-79					
1995	99-		90					
1994	-99	84-86	84			1		
1993	△		79					

du Domaine de L'Église, Pomerol, *O.: unklass.; P.: 5, sehr gut,* ❹*; G.: 5,* ④

		PAR	WSP	AüW	GAB	VIN	DEC	WIN
2000	06-20	88-90	89-91	85		15		8,9

		PAR	WSP	AüW	GAB	VIN	DEC	WIN
1999	04-15	87-89	85-89	86	18	14,5		8,6
1998	04-20	87	85-89		17			
1997	02-09	85-86	79		17			8,4
1996	02-15	85-86	76		17			7,9
1995	99-16	87	88		17		4	8,8-8,9
1994	02-12	86			16			9,0
1993	-04	78			16			
1992	-00		80		14			
1991			82		15			
1990	-05	82	87		16	15		8,9-9,0
1989	-15	90	87		16			
1988	-05				16			8,1
1986	-05				16			
1985	▷				14		3	
1982	△		84					
1961			87					

Domaine de Gachet, Lalande de Pomerol

		PAR	WSP	AüW	GAB	VIN	DEC	WIN
1995							3	

Domaine de Gartieux, Pauillac (Zww. von Ch. Pichon Longueville Comtesse de Lalande)

		PAR	WSP	AüW	GAB	VIN	DEC	WIN
1996	▲		84					
1995	01-07		88					

Domaine de Grandmaison, Pessac-Léognan

		PAR	WSP	AüW	GAB	VIN	DEC	WIN
1996							3	
1995							3	
1988								7,4
1982			78					

Domaine de Larrivet, Pessac-Léognan (Zww. von Ch. Larrivet-Haut-Brion)

		PAR	WSP	AüW	GAB	VIN	DEC	WIN
1996	00-		86					
1995	00-		89					

Domaine des Lucques, Graves

		PAR	WSP	AüW	GAB	VIN	DEC	WIN
1995							2	

Domaine de Martialis, St.-Emilion (Zww. von Ch. Clos Fourtet)

		PAR	WSP	AüW	GAB	VIN	DEC	WIN
1995			72					

Domaine Naudin de Larchey, Pessac-Léognan (Zww. von Ch. La Garde)

		PAR	WSP	AüW	GAB	VIN	DEC	WIN
1992				14				

Bewertungen jünger als 2 Jahre:	▲ jetzt	► austr.	▼ abg.	Schrift normal
älter als 2 Jahre:	△ jetzt	▷ austr.	▽ abg.	Schrift dünn
älter als 4 Jahre:	△ jetzt	▷ austr.	▽ abg.	*Schrift dünn kursiv*

Domaine Perin de Naudine, Graves

		PAR	WSP	AüW	GAB	VIN	DEC	WIN
1995							3	

Domaine de la Solitude, Pessac-Léognan

		PAR	WSP	AüW	GAB	VIN	DEC	WIN
1998			85-89					
1996	00-		81			1	3	
1993	△		77					
1989	98-					14..		

Le Dôme, St.-Emilion

		PAR	WSP	AüW	GAB	VIN	DEC	WIN
1999							3	

Domeyne, St.-Estèphe, *O.: CB*

		PAR	WSP	AüW	GAB	VIN	DEC	WIN
1999	03-10			83	14			
1997	03-12			14	15			
1995	98-07			14	14			
1994	98-10			13,5	13			

La Dominique, St.-Emilion, *O.: GCC; P.: 3, ausgez.,* ❸; *G.: 3,* ③

		PAR	WSP	AüW	GAB	VIN	DEC	WIN
2000	08-16	88-91	89-91	88		16	4	8,9
1999	03-15	88-90	85-89	87	17	14	3	8,2
1998	03-17	90	90	88	17	15	3	8,7-8,8
1997	02-11	87	89	15	17		3	8,7
1996	99-12	88	86	89	17	1,5	4	8,7
1995	00-16	89	89	16; 88	18	1	4	8,3-8,6
1994	98-17	88	87	87	17	2,5		7,2; 7,6; 8,1
1993	97-12	86	87	84	18	14..		8,4
1992	-05	79	83	75	14			
1991			80					
1990	-11	92	88	90	16	15		
1989	-11	93	91	91	16	16..	4	8,5-9,0
1988	-01	87	86	85				7,9-8,1
1987				79		16		
1986	-05	88	95	86				
1985	-03	74	83	72	15	14,4		
1983	-00	87	88	13,9				
1982	-10	92	92					
1981	△	84						
1979	△	75	81		12			
1978	-00	85						
1975	△	79						
1970	△	88			13			
1961	-00		85					

Le Doyenné, Premières Côtes de Bordeaux

		PAR	WSP	AüW	GAB	VIN	DEC	WIN
2000	-04	87-88	85-88					
1999	-05	86-87						
1998	-06	89						

		PAR	WSP	AüW	GAB	VIN	DEC	WIN
1997	▲		81					
1996	-03	86						
1995	△		86					

Duc de Tutiac, Prem. Côtes de Blaye

		PAR	WSP	AüW	GAB	VIN	DEC	WIN
1994	-00					2		

Ducla, Bordeaux

		PAR	WSP	AüW	GAB	VIN	DEC	WIN
1998	▲		84					
1996	99-		84					

Ducluzeau, Listrac, *O.: CB; P.: CB, sehr gut*

		PAR	WSP	AüW	GAB	VIN	DEC	WIN
1993			77					

Ducru-Beaucaillou, St.-Julien, *O.: 2; P.: 1, hervorr.,* ❶*; G.: 1,* ②

		PAR	WSP	AüW	GAB	VIN	DEC	WIN
2000	06-40	93-95	95-100	91		16,5	5	9,2(+?)
1999	04-20	90-92	85-89	90	18	17	4	8,5+
1998	04-25	91+	88	91	18	17	5	8,9
1997	04-20	87	85	16	17	4	4	8,5
1996	03-35	96	92	92	18	5	5	9,8-9,9
1995	00-35	94	97	17,5; 88	19	5	4	9,6; 9,8
1994	97-25	90	87	87	17	3	4	8,9+
1993	00-18	87	81	88	17	15..		9,0
1992	98-10	87+	79	85	16	15..		
1991	96-	86+	83	84	16	15..		
1990	99-18	89+	89	80	14	17..	4	9,3+
1989	00-30	89+?	89	88	18	17..	1	9,6-9,7
1988	00-20	88?	92	86	18	15,5		9,1
1987	-06	83	86	80	16	17		
1986	95-30	92	91	91	17	4		
1985	97-20	92	89	84	18			
1983	96-10	87	87		16		3	
1982	-20	94	91	17	16			
1981	98-10	88	89		16			
1979	△	84	87	14,8	11			
1978	-25	90	84	17	19			
1975	-20	87+			17			
1970	-15	92	91		18			
1961	-15	96	92		19			

Duhart-Milon-Rothschild, Pauillac, *O.: 4; P.: 3, sehr gut,* ❸*; G.: CB,* ⑤

		PAR	WSP	AüW	GAB	VIN	DEC	WIN
2000	05-25	87-88	89-91	88		16	4	9,2
1999	02-17	87-90	85-89	86	16	15		8,2
1998	03-20	89+	82	86	16	16		
1997	02-12	87	85	15,5	16	3	3	8,2
1996	00-20	90	89	89	16	3,5	4	8,1
1995	00-14	87	90	15; 88	17	3	4	8,4-8,5
1994	97-04	86?	88	86	15	2	3	7,8
1993	97-06	85	80	85	15	14..		8.4+
1992	-03	85	76	82	15			

Bewertungen jünger als 2 Jahre:	▲ jetzt	▶ austr.	▼ abg.	Schrift normal
älter als 2 Jahre:	△ jetzt	▷ austr.	▽ abg.	Schrift dünn
älter als 4 Jahre:	△ jetzt	▷ austr.	▽ abg.	*Schrift dünn kursiv*

Forts. Duhart-Milon …		PAR	WSP	AüW	GAB	VIN	DEC	WIN
1991		84	80-84	81	13			
1990	98-10	88	92	89	16	16	4	8,9-9,0+
1989	01-08	88	90	84	17		2	9,2-9,3
1988	97-10	88	88	84	15	14,7		8,1-8,5
1987	-96	81	79	78	13	17		
1986	-08	87	90	88				
1985	-00	86	93	86			4	
1983	-05	86	89		17		2	
1982	-10	93	87		16			
1981	-05	84	87		16			
1979	△	83	86	15,2	12			
1978	△	84		14	15			
1975	▷	75						
1970	-00				17			
1961	▷				15			

Duluc, St.-Julien (Zww. von Ch. Branaire-Ducru)

		PAR	WSP	AüW	GAB	VIN	DEC	WIN
1997							3	
1996	00-		85					
1995	-04		77					8,0
1994	97-		76					
1991			77					
1989		78	84					
1988								7,9

Duplessis, Moulis

		PAR	WSP	AüW	GAB	VIN	DEC	WIN
1999	02-10			83	14			8,5
1998	04-12				14			
1997	03-12				14			
1996	01-08				11		4	
1995	00-10				15			

Duplessis Hauchecorne, Moulis, *O.: CB; P.: CB*

		PAR	WSP	AüW	GAB	VIN	DEC	WIN
2000	06-14					14		
1998	04-07			85		1		
1996				84		1		
1995	98-06			14				
1994	98-06			14,25				
1993			76					

Durfort-Vivens, Margaux, *O.: 2; P.: 5, gut,* ❺; *G.: 5,* ⑤

		PAR	WSP	AüW	GAB	VIN	DEC	WIN
2000	06-25					15,5	4	8,9
1999	04-18				17	16		8,6-8,8
1998	04-22				17	15,5	4	9,0+
1997	01-14				16	1,5		
1996	02-13			86	16	2	2	8,6-8,8
1995	00-10	86		15,5; 84	15	1,5		8,0?
1994	00-08		80-84	82	14		3	7,9-8,0
1993	97-06		84	81	15			7,4
1992	-02		70-74	74	13			
1991			83	71	15			

1990	-06		88	75	16			
1989	-05	86	92	82	16		**4**	8,5
1988	-02	76	73	73	15			8,0
1987				59		15		
1986	-05	84	90	79	17		3	
1985	-00	87		82	15		4	
1983	-05	86		15,8			**3**	
1982	-00	87	86	16,5			**1**	
1981	-00	74		13,5	13			
1979				15,9				
1978	▽	76		15,5				
1975	▽	52						
1970	▽				12			

Dutruch Grand Poujeaux, Moulis, *O.: CB; P.: CB, gut*

		PAR	WSP	AüW	GAB	VIN	DEC	WIN
2000	06-14			**85**		**15**		**8,4+**
1999	03-12			**86**	**15**			**8,0+**
1998	01-08			84	15	1		
1997	04-12			14	15			
1996	01-08	84-86		**86**	**15**	1	**2**	
1995	98-10			14,5	16	1	3	
1994	98-06			14,75	15			
1992	-00				13			
1988	98-05					14..		

L'Eglise-Clinet, Pomerol, *O.: unklass.; P.: 2, hervorr.,* ❶*; G.: 1,* ①

		PAR	WSP	AüW	GAB	VIN	DEC	WIN
2000	07-22	**90-92**	**95-100**	**94**			**4**	**9,4-9,5**
1999	03-25	**90-92**	**90-94**	**93**	**18**		**4**	**9,4**
1998	05-35	**94+**	**96**	97	**20**		5	9,5
1997	00-18	**91**	**91**	17	19	3	4	8,9
1996	01-20	93	90	**93**	18		5	8,9-9,0
1995	00-30	96	96	16,5; 95	18		**5**	8,8-9,0
1994	00-22	90	86	90	18			8,7+
1993	99-14	87	90	88	17			8,9-9,0
1992	-01	85	84	84	13			
1991		84	88	81				
1990	00-20	92	94	**89**	**18**	14,5	4	8,6
1989	-12	90?	**92**	**89**	16		**5**	
1988	02-25	88	89	**91**	18		4	
1987	-98		86	82	15			
1986	-25	92	89	92	17	17,5	4	
1985	00-20	95	94	94	18		3	
1983	-10	86	88		17		3	
1982	-05	89	92		16		3	
1981	-06	84			15			
1979	△			16	17DM			
1978	-10	82			17			
1975	-25	92			17			
1970	▽				13			
1961	-08	92	88		18			

l'Église Saget, Bordeaux Supérieur

	PAR	WSP	AüW	GAB	VIN	DEC	WIN
1997							7,6+
1996							7,6+

Bewertungen jünger als 2 Jahre:	▲ jetzt	▶ austr.	▼ abg.	Schrift normal
älter als 2 Jahre:	△ jetzt	▷ austr.	▽ abg.	Schrift dünn
älter als 4 Jahre:	△ jetzt	▷ austr.	▽ abg.	*Schrift dünn kursiv*

Emilius de Trimoulet, St.-Emilion (Zww. von Ch. Trimoulet)

		PAR	WSP	AüW	GAB	VIN	DEC	WIN
1996	△		82					

L'Enclos, Pomerol, *O.: unklass.; P.: 5, sehr gut*

		PAR	WSP	AüW	GAB	VIN	DEC	WIN
2000	-07	84-86	85-88					8,0
1999	02-13	80-82		85	15			
1998	06-	85-86	87					
1997	02-12	82	83	15	16			
1996	03-15	77-80	87	13,5	14			
1995	00-14	86	90		16		4	7,8
1994	-05	72						
1992	△	74					3	
1991		72						
1990	-06	89					3	
1989	-04	87	82		16	14..	2	
1988	△	83	85					
1986	△	84	92				3	
1985	△	85					3	
1983	△	86					4	
1982	-05	87	88				3	
1981	△				16			
1979	△	85		12				
1975	-01	89						
1970	△	86						

L'Enclos Maucaillou, Margaux

		PAR	WSP	AüW	GAB	VIN	DEC	WIN
1996	02-16				17			
1995	99-13				16			
1994	99-13				17			
1993	-04				16			

Epicure, Bordeaux

		PAR	WSP	AüW	GAB	VIN	DEC	WIN
1998	01-		84*					

Epicure, Graves

		PAR	WSP	AüW	GAB	VIN	DEC	WIN
1998	-04		87*					

Epicure, Médoc

		PAR	WSP	AüW	GAB	VIN	DEC	WIN
1998	▲		85					

Epicure, St.-Emilion

		PAR	WSP	AüW	GAB	VIN	DEC	WIN
1998	-04		86*					

Epicurea, Côtes de Bourg

		PAR	WSP	AüW	GAB	VIN	DEC	WIN
2000	-07	87-88						

L'Epine, St.-Emilion

		PAR	WSP	AüW	GAB	VIN	DEC	WIN
1998						1,5		

L'Ermitage, Listrac

		PAR	WSP	AüW	GAB	VIN	DEC	WIN
1996							3	

L'Escarderie, Fronsac

		PAR	WSP	AüW	GAB	VIN	DEC	WIN
1999	-08			82				
1996				12,5				

D'Escurac, Médoc, *O.: CB*

		PAR	WSP	AüW	GAB	VIN	DEC	WIN
2000	-09	87-88						
1999	03-10	85-86		81	16			7,5
1998	01-12			83	17			
1997	02-12			13,5	16			
1996	02-18			14	*16*		3	
1995	98-10			14	16			

L'Espérance, Bordeaux Supérieur

		PAR	WSP	AüW	GAB	VIN	DEC	WIN
1994			81					

Esprit de Chevalier, Pessac-Léognan (Zww. von Ch. Domaine de Chevalier)

		PAR	WSP	AüW	GAB	VIN	DEC	WIN
1999								8,0
1997	-02		86					8,0
1996	00-		86				4	*8,0*
1994	97-		80					
1992				15				
1990				16				
1989				16,8				

L'Esprit de Teyssier, Bordeaux (Zww. von Ch. Teyssier (St. Emilion))

		PAR	WSP	AüW	GAB	VIN	DEC	WIN
1994								*7,4*

Esterling, Fronsac

		PAR	WSP	AüW	GAB	VIN	DEC	WIN
1989								*7,5*
1988								*7,0*

L'Evangile, Pomerol, *O.: unklass.; P.: 1, hervorr.,* ❶*; G.: 2,* ②

		PAR	WSP	AüW	GAB	VIN	DEC	WIN
2000	08-30	94-96	95-100			17	4	9,7
1999	02-18	89-92	90-94	91	17	17	4	9,3
1998	03-20	92+	98	92	19	4	5	9,2-9,3
1997	03-18	89	89	17	17	3	4	9,0
1996	00-25	90?	89	91	18	3	4	9,0
1995	01-25	92+	94	92	19	4		9,6-9,7
1994	98-20	92	90-94	17	17	5	4	9,3+
1993	97-12	89	87	87	18	4		9,2
1992	-05	78	80-84	80	16			
1991				15,5				
1990	00-20	96	95	96	17	17	5	8,8?
1989	01-10	90	92	91	17	17..	2	9,4
1988	-08	87	85	87	16	15,1	5	8,7
1987	-02	85				13,8		
1986	-03	87	88	85	15	18	4	
1985	-15	95	92	97	19		3	
1983	97-08	90	92		17			
1982	-20	95	86		16		4	
1981	△	73	82		15		3	
1979	-98	88		18	16			
1978	-96	84		15,5	16			
1975	00-25	96			16			
1970	△	84			17			
1961	-09	99	83					

Faget, St.-Estèphe, *O.: CB*

		PAR	WSP	AüW	GAB	VIN	DEC	WIN
1997							3	
1996							3	
1995							3	

La Fagnouse, St.-Emilion

		PAR	WSP	AüW	GAB	VIN	DEC	WIN
1996		80-83						

La Fagotte, Haut-Médoc

		PAR	WSP	AüW	GAB	VIN	DEC	WIN
2000							1	
1999	02-10			82	16			
1998	01-09			82	14			
1997	02-10			13	14			
1996	03-18			13	14			
1995	98-05			14				

Faizeau, St.-Emilion (Montagne), *P.:* ❺

		PAR	WSP	AüW	GAB	VIN	DEC	WIN
2000		87-88*	89-91*					8,6+
1999	-12	86-87*						8,3+
1998	-10	86*	88*					8,4-8,5*
1997	-03	85*	86*					
1996	99-	82-83*	85*					8,5+
1995	00-	85-87	90					8,6*
1994	97-	86	86*					8,3
1993	△		84*					

		PAR	WSP	AüW	GAB	VIN	DEC	WIN
1992		*80-83*	*78*					
1991			*80*					
1990			*89**					
1989	02-		*90**					

Falfas, Côtes de Bourg

		PAR	WSP	AüW	GAB	VIN	DEC	WIN
2000	-10			88				
1997				15				
1994		*85-86*						
1993						0,5		

Faugères, St.-Emilion, *O.: GC; P.: 5, sehr gut,* ❸; *G.: 5,* ④

		PAR	WSP	AüW	GAB	VIN	DEC	WIN
2000	06-17	90-91	92-94					8,0 (?)
1999	02-12	89-91			17			
1998	04-15	90	91		17	15		
1997	02-12	87	88		17			
1996	99-12	87	85		16			
1995	-08	87	90-94	16	16			*8,0*
1994	-09				*15*			
1993	-02	*85*						
1992	-99	*85*			15			

Faurie de Souchard, St.-Emilion, *O.: GCC; P.: CB; G.: CB*

		PAR	WSP	AüW	GAB	VIN	DEC	WIN
2000	07-12	87-88		82		14		8,0
1999	02-15	85-87		86	17			
1998	02-12	87		87	16		2	
1997	00-06			14,5	14			
1996	02-10				13	1	2	
1995	03-14	75-79			*14*	1	3	*8,1*
1994	99-10	78-81			*15*			
1993		*78-84*						
1990	-04			*13,5*	*14*			*7,9-8,0?*
1989	-00			*13*	*13*			
1985	▷				*13*			
1983	△			*14,8*		*14,1*		
1982	△		90					

Le Fer de Cheval Noir, St.-Emilion

		PAR	WSP	AüW	GAB	VIN	DEC	WIN
2000			85-88					
1999		84-86						

Ferran, Pessac-Léognan

		PAR	WSP	AüW	GAB	VIN	DEC	WIN
1995							3	

Ferrand, Pomerol

		PAR	WSP	AüW	GAB	VIN	DEC	WIN
1998	02-08			85		14		
1995			80-84					

Bewertungen jünger als 2 Jahre:	▲ jetzt	▶ austr.	▼ abg.	Schrift normal
älter als 2 Jahre:	△ jetzt	▷ austr.	▽ abg.	Schrift dünn
älter als 4 Jahre:	△ jetzt	▷ austr.	▽ abg.	*Schrift dünn kursiv*

de Ferrand, St.-Emilion, *O.: GC; P.: CB,* ❸

		PAR	WSP	AüW	GAB	VIN	DEC	WIN
1995	-04	90-92						
1994	-04	89-91						
1993	-03	87-88						
1990	-01	87						
1989	-08	85		11,5				
1988	-02	84						
1986	-01	85						
1985	-00	89						
1983	△	82						
1982	-98	88						

Ferrand-Lartigue, St.-Emilion, *O.: GC; P.: 4, ausgez.,* ❷; *G.: 4,* ③

		PAR	WSP	AüW	GAB	VIN	DEC	WIN
2000	04-16	89-90						
1999	03-11	87-88			17			
1998	04-16	90			17			
1997	02-09	88			16			
1996	01-14	90			17			
1995	02-10	89			17			
1994	00-08	89+			17			
1993	-05	88			17			

Ferrande, Graves, *P.: CB, gut*

		PAR	WSP	AüW	GAB	VIN	DEC	WIN
2000	02-12		80-84	86			2	
1999	00-12	75-76		88	16			7,9-8,0
1998	02-17	68-70	79	84	16		1	7,7
1997	00-04			13,5	14			7,6
1996			79					
1995	-05		90					
1989			81					
1988								7,4

Ferrière, Margaux, *O.: 3; P.: CB; G.: 4,* ③

		PAR	WSP	AüW	GAB	VIN	DEC	WIN
2000	06-15		92-94	89		17	3	8,9-9,0
1999	04-17		85-89	88	18	16	3	9,0
1998	03-20	85-87	89	88	17	15,5	3	9,0
1997	00-12	84	88		17	2		8,0
1996	02-14	86	87		18	3		9,0
1995	00-15	86+	94		17	3	5	9,0-9,1
1994	98-23		85		17	3	3	8,6
1993	98-10		87	13,5	17	14..	4	
1992	-04	74	81		15			
1987						17		
1986				15			3	
1983	-98				15			
1975	-06				16			

Feytit Clinet, Pomerol, *O.: unklass.; P.: CB; G.: CB*

		PAR	WSP	AüW	GAB	VIN	DEC	WIN
2000		86-88					3	
1999	03-12				16	14,5		8,5
1998	02-16	87-89		89	16			8,5

		PAR	WSP	AüW	GAB	VIN	DEC	WIN
1997	01-11				15	1	2	
1996	00-10			15	**16**	1	2	
1995	98-12		85	15	15	1		8,2
1994	-08	81-83	85-89	14,75	15			8,3
1993	-06	76	80-84	14,25	14			8,5
1992	-07	76	80-84		12			
1990	-03	86			16			8,2-8,4
1989	-06	84			15	14..		8,3
1988	-03	84						8,3
1986		85						
1985	△	84	88					
1983			70					
1982	-00		87		13			
1981	△				15			

Les Fiefs de Lagrange, St.-Julien (Zww. von Ch. Lagrange)

		PAR	WSP	AüW	GAB	VIN	DEC	WIN
1999	01-10				**16**			**8,1+**
1998	01-08				15			8,2
1997	02-08				15		**3**	8,1+
1996	00-16		84		16			8,1
1995	00-10		88		15			7,8-8,0
1994	99-07		81		15			
1993	△		85					
1992		72-74		16,9				
1991			79		13			
1990	-02		88	14,8	14	13..		
1989	-00				13			8,2
1988	-02		92		15			
1987	-00				13	16		
1986	-04	86		12	16	14		
1985	-98				14			
1983			85					

de Fieuzal, Pessac-Léognan, *O.: CC; P.: 4 (2-3), ausgez.,* ❹; *G.: 3,* ③

		PAR	WSP	AüW	GAB	VIN	DEC	WIN
2000	03-15	**89-91**		**88**		**16**	**3**	**9,0**
1999	03-20	**86-87**	**75-79**	**87**	**18**	**15**	**3**	**8,8+**
1998	02-20	**86**	85-89	90	17	1,5	5	8,7-8,8
1997	00-12	**80**	**87**	15	17	1,5	2	8,8+
1996	02-20	88+	88	**88**	17	2	4	8,8+
1995	00-25	90	91	15,5; 87	18	2	4	8,2-8,3?
1994	99-13	88-90	87	87	16	2,5	3	8,6
1993	97-15	87+	87	86	16	14..		8,6-8,9
1992	96-05	86	82	82	15			
1991		82	79	79	14			
1990	98-12	88	92	80	17	17		8,9-9,0
1989	99-10	87	84	85	**17**	17..		9,0-9,1
1988	97-12	86	91	84	16	16		8,8
1987	-00	86	81	82	12	14,5		
1986	01-16	87	90	83	16	18,8		
1985	96-06	87	90	82	17			
1983	-01	86	85					
1982	-96	86	85		14			
1981	-95	80	88		13			
1979	▷		83		14			
1978	-00	82		13,5				
1975	-05	78						
1970	-02	87			17			

Bewertungen jünger als 2 Jahre:	▲ jetzt	▶ austr.	▼ abg.	Schrift normal
älter als 2 Jahre:	△ jetzt	▷ austr.	▽ abg.	Schrift dünn
älter als 4 Jahre:	△ jetzt	▷ austr.	▽ abg.	*Schrift dünn kursiv*

Figeac, St.-Emilion, *O.: PGCC (B); P.: 2, ausgez.,* ❺; *G.: 3,* ②

		PAR	WSP	AüW	GAB	VIN	DEC	WIN
2000	02-30	92-94	92-94	90		18	4	9,5
1999	02-25	91-93	75-79	88	17	16,5	5	8,8-9,0?
1998	06-25	90	90-94	92	19	17,5	4	9,0-9,1
1997	02-12	76	88	15,5	16	4	3	8,6-8,7
1996	00-12	82	85	87	17	4	3	9,0
1995	00-18	89	95	16; 88	17	4	4	9,4-9,6
1994	99-15	84	88	86	17	4	4	8,5?
1993	97-15	79	87	78	17	3		9,0-9,2
1992	△			79	12			
1990	97-20	94	92	90	18	18	4	9,1-9,2+
1989	00-20	83	91	87	18	17,5	3	9,2-9,3
1988	-15	83	84	87	17	17,2	4	8,6
1987	-03		83	81	16	16		
1986	-15	87	84	88	17	18,5	4	
1985	-10	86	90	88	17	16	3	
1983	-10	87	91	16,2	17			
1982	-10	95	93		19		5	
1981	△	82	87		13		3	
1979	-05	79	88	16,1	17M			
1978	-05	85	89	16	17			
1975	-07	87	78		18			
1970	△	90	92		18			
1961	-10	94?	90		18			

La Fleur, St.-Emilion, *O.: GC; P.: CB,* ❺

		PAR	WSP	AüW	GAB	VIN	DEC	WIN
2000			89-91					8,3
1999	02-09	85-87						
1998	-09	89	84					
1997	01-09	87	84	15				8,2
1996	-05	86	80-84	13,5				
1995	99-06	87	85	15,8				8,3
1994	98-05	86	82	13,5				7,9
1993	-03	86?	85	13,75				7,9
1992	-00	86	77					
1990	-00	86	89					8,1+
1989	-98	83	84			14..		8,1
1988	-96	82						
1986			82					
1982	△		89					

La Fleur de Boüard, Lalande de Pomerol

		PAR	WSP	AüW	GAB	VIN	DEC	WIN
2000	-11	89-90+	92-94				4	8,4?
1999	02-17	90-93	90-94					
1998	03-13	89	85					

La Fleur-Cailleau, Canon-Fronsac

		PAR	WSP	AüW	GAB	VIN	DEC	WIN
1997		74-76						
1994		86-87						
1989							3	

Fleur-Cardinale, St.-Emilion, *O.: GC; P.: CB*

	PAR	WSP	AüW	GAB	VIN	DEC	WIN
1999 02-10	78-81			16			
1998 02-17	87-88			17			
1997 01-08	86			15			
1996 02-10	84-86	85-89		16		4	
1995 99-12	86	87		16			
1994 98-		85					
1993 △		84					
1992	78-82						

La Fleur Chaigneau, Lalande de Pomerol

	PAR	WSP	AüW	GAB	VIN	DEC	WIN
2000							8,0

La Fleur du Château Bouqueyran, Listrac

	PAR	WSP	AüW	GAB	VIN	DEC	WIN
2000 03-18	88-90						

La Fleur de Château Rose Ste. Croix, Listrac

	PAR	WSP	AüW	GAB	VIN	DEC	WIN
2000 03-15	88-89						

La Fleur de Gay, Pomerol, *O.: unklass.; P.: 2, hervorr.,* ❸*; G.: 3,* ③

	PAR	WSP	AüW	GAB	VIN	DEC	WIN
2000 06-20	90-92+	92-94	89		16,5		9,4
1999 03-18	90-92	85-89		17	16,5	3	9,0-9,2
1998 02-20	90	94		18	15,5		9,8
1997 01-08	86	82		16	1		8,8-9,0
1996 00-16	85	85-89	90	18	3		8,8-9,0
1995 00-18	90+	90	16; 88	18			9,2-9,5
1994 98-14	89+	88	86	18	3		9,0+?
1993 97-11	87	94	75	16	16..		9,1
1992 96-06	87	85	82	15			
1991	85	85	81				
1990 -15	92	96	88	17	16,5	3	
1989 00-15	94+	94	92	16		4	9,2+
1988 05-10	93	97	90	17			8,3-8,4
1987 -02	90		87	15			
1986 99-12	89+	95	87	17			
1985 98-03	89	92	83	17			
1983 △	88	89		14			
1982 -97	79	88		14			

La Fleur Gazin, Pomerol, *O.: unklass.; P.:* ❻

	PAR	WSP	AüW	GAB	VIN	DEC	WIN
2000 03-14	86-88?		82				
1999	85-86	85-89					
1998 01-15	86-88				1		8,7+?
1997 -06	85						
1996 -09	86						8,1?
1995	86-87						8,2
1994 -05	86						
1993	85						8,4

Bewertungen jünger als 2 Jahre:	▲ jetzt	▶ austr.	▼ abg.	Schrift normal
älter als 2 Jahre:	△ jetzt	▷ austr.	▽ abg.	Schrift dünn
älter als 4 Jahre:	△ jetzt	▷ austr.	▽ abg.	*Schrift dünn kursiv*

Forts. La Fleur Gazin		PAR	WSP	AüW	GAB	VIN	DEC	WIN
1990	-98	85						
1989	-00	78						
1988	-98	84						

La Fleur de Jaugue, St.-Emilion, *P.: 5,* ❸

		PAR	WSP	AüW	GAB	VIN	DEC	WIN
2000	03-17	90-91						
1999	-08	88-90						
1998	-12	90						
1997	-06	87						
1996	-05	87						
1995	-08	89						
1994	99-05	87						
1993	-02	86						

la Fleur Jonquet, Graves

		PAR	WSP	AüW	GAB	VIN	DEC	WIN
1998	03-10					14,5		
1995							3	

Fleur Lartigue, St.-Emilion

		PAR	WSP	AüW	GAB	VIN	DEC	WIN
1995	△		78					

La Fleur-Milon, Pauillac, *O.: CB; P.: CB*

		PAR	WSP	AüW	GAB	VIN	DEC	WIN
1995	98-10			14	15			
1994	98-05			14	13			
1990	-98				14			
1989	▷				13			
1988	-02				14			
1986	-04				15			
1975	▷				15			

La Fleur Mongiron, Bordeaux

		PAR	WSP	AüW	GAB	VIN	DEC	WIN
2000	-04	87-88						7,9-8,0

La Fleur Morange, St.-Emilion

		PAR	WSP	AüW	GAB	VIN	DEC	WIN
2000	05-20	88-91+						

La Fleur-Pétrus, Pomerol, *O.: unklass.; P.: 3, ausgez.,* ❸; *G.: 2,* ③

		PAR	WSP	AüW	GAB	VIN	DEC	WIN
2000	06-21	88-90	89-91	90		17	4	8,5
1999	05-18	87-89	85-89	90	18	16	3	8,8-8,9
1998	03-25	92	94	91	19	17,5	4	9,2+
1997	02-12	89	89	15,5	17	2	3	8,8
1996	99-18	89+	86	**89**	17	3	3	8,3?
1995	99-25	93	89	16; 88	18	3	**3**	9,3
1994	98-18	89+	88	87	17	3	3	8,5-8,7+?

1993	97-16	87	86	84	16	17..		9,4-9,5
1992	-08	87	84	83	16	15..	3	
1990	97-15	88	90	85	**16**	17	5	9,0-9,2
1989	05-10	91	92	86	17	17	**3**	9,5-9,6
1988	00-05	85	92	82	16	16,1	4	8,9
1987	-00	87		83	16	14		
1986	95-06	83	93	80	15	16,5		
1985	-10	85	90	81	18		3	
1983	-04	81	86		16			
1982	03-06	**90**	96		18		3	
1981	△	84	86		17			
1979	△	85			17			
1978	△	84			17			
1975	-10	90			16			
1970	-98	87			16			
1961	-10	92	89					

La Fleur Peyrabon, Pauillac (Zww. von Ch. Peyrabon)

		PAR	WSP	AüW	GAB	VIN	DEC	WIN
1997							4	
1996							4	
1995							3	

La Fleur Pourret, St.-Emilion, *O.: GC*

		PAR	WSP	AüW	GAB	VIN	DEC	WIN
2000			85-88					
1996	01-09				14			
1995	01-09		85-89		15			
1994	-06	83-86			14			
1993	-04		80-84		14			
1992	-05	79	78		15			
1991		64	70-74		11			
1990	-03				14			
1989	-99				15			
1988	-00				15			

La Fleur St. Georges, Lalande de Pomerol (Zww. von Ch. Fleur de Bouard)

		PAR	WSP	AüW	GAB	VIN	DEC	WIN
1998	02-08			86				
1997	△		84					
1996			75-79					
1995	99-		85					
1994	97-		78					
1993	-00	83-85						
1990			88					

La Fleur Tressac, Pomerol

		PAR	WSP	AüW	GAB	VIN	DEC	WIN
1998	02-06			84				

Florestan, Premières Côtes de Bordeaux

		PAR	WSP	AüW	GAB	VIN	DEC	WIN
1999								6,9-7,1
1997								7,7
1996								7,7

Fombrauge, St.-Emilion, *O.: GC*

		PAR	WSP	AüW	GAB	VIN	DEC	WIN
2000	06-16	88-90	85-88	88		15		
1999	03-15	87-90			17			
1998	03-11	86	86		16			
1997	-06		82	13,5	14			
1996	99-08		86		14			
1995	03-08		88		14			
1994	99-09		84		13			
1993	98-02					14..		
1990	-08		74		14			
1988	-02		85		12	12,5		
1987	-97				13			
1986	-00		86		14			
1985	-98		87		13			
1978	▷				13			

Fonbadet, Pauillac, *O.: CB; P.: (5)*

		PAR	WSP	AüW	GAB	VIN	DEC	WIN
2000			85-88					
1999	02-10			84	14			
1998	02-12	82-84	75-79	87	14	14		
1997	01-09	79	81	14	14		2	
1996	02-20		83	13,5	15	2	4	
1995	98-15		89	14,5	14	2	3	
1994	98-05	76-78		13,5				7,9-8,0
1993								7,8-8,0
1992		79-82						
1990	-03	87						8,5+
1989	△	83						8,4-8,6
1988	△	75	89			15..		7,9
1986	-03	86		12,6				
1985	△	80		14,5				
1983	△	85						
1982	-00	87	86					
1981	▷	84						
1978	▷	86						

Fongabon, St.-Emilion (Puisseguin)

		PAR	WSP	AüW	GAB	VIN	DEC	WIN
1994								8,0

Fonplégade, St.-Emilion, *O.: GCC; P.: CB, gut*

		PAR	WSP	AüW	GAB	VIN	DEC	WIN
2000	05-18	88-90	85-88	87		14,5	3	8,2+
1999	03-12			85	15	14		7,9-8,0
1998	02-12	72-76	79	85	15	1	1	7,9-8,0
1997	02-14		79	15	14		2	7,8+
1996	02-08	76-78	81	86	15	1	2	8,1
1995	00-12	86	88	14; 84	16	1	3	8,2
1994	-05	75		78	15			7,8
1993	-04	85		82				8,0
1992	-00	80	77	78				
1990	-05	88	90	85	12	15..		7,8
1989	-02	85		81	14	14..		7,8
1988	-96	78	85	75		14,3		7,7
1987				76		15		

1986	-96	*78*		*75*				
1985	-05	*85*		*81*	*17*			
1983				*12,7*		*15,9*		
1982	-00	*86*	*77*					
1981	△	*78*						
1975	△	*83*						
1961	-00		*86*					

Fonréaud, Listrac, *O.: CB; P.: CB, gut; G.: CB*

		PAR	WSP	AüW	GAB	VIN	DEC	WIN
2000	06-16	84-86	85-88	86		15,5		8,5
1999	03-13	81-83		85	16			8,2
1998	02-12		81	85	17	14	3	8,0
1997	03-10		81	14	15	1	3	8,2
1996	99-09		81	82	16	1	3	8,2
1995	00-14	78-80	85	13,5; 81	*16*	1		*8,1*
1994	-05	72		79	*16*			
1993	-02	73		78	*15*			*7,0-7,9*
1992	-99	*73-76*	*76*	78	*12*			
1991		*70*	*70-74*	75				
1990	-05		*83*	79	*15*			*7,8*
1989	-05			80	*15*			*8,2*
1988	-98		*82*	79	*13*			*7,6*
1987				77				
1986				80				
1985				79				
1970	-05				*16*			

Fonroque, St.-Emilion, *O.: GCC; P.: CB, gut; G.: CB,* ⑤

		PAR	WSP	AüW	GAB	VIN	DEC	WIN
2000	03-14	85-86	89-91	88		14		8,3?
1999								7,3
1998	02-18	81-83	85-89	87	16	2	**2**	8,1+
1997	02-10	78-82	80-84	15	15			8,1
1996	04-16	76	80-84	**84**	*16*			*7,3*
1995	98-15	87	88	14,5; 85	*16*	2		8,2+
1994	-08	*74-76?*	*75-79*	84	16			8,2+
1993	-08	*84-85*	83	80	*16*			*8,0+?*
1992	-09	*74?*	78	76	*15*			
1990	-08	*88*	*94*	85	*17*	*14,5*	*3*	*8,1-8,2*
1989	-07	*86*	*88*	86	*16*	*14..*		*8,2+*
1988	00-10	*83*		81	*14*	*13,7*	*3*	*8,1*
1987				79		*16*		
1986	-02	*85*		69	*15*	*16*		
1985	-06			75	*16*	*16,4*		
1983	-97	*85*		*13,2*	*14*			
1982	-97	*85*	*89*	*14*	*16*		*3*	
1981	▷	*84*			*13*			
1979	▽	*74*						
1978	△	*83*						

Fontenil, Fronsac, *P.: 5,* ❹

		PAR	WSP	AüW	GAB	VIN	DEC	WIN
2000	06-16	90-91	89-91	90		15,5	3	8,3
1999	05-17	87-90		88+		16		7,8-7,9
1998	02-15	88	90	87	16	16	4	8,0+
1997	00-10	86	87	15,5	16	3	3	7,9
1996	99-04	85-86	86	88		2		*7,8-7,9*

Forts. Fontenil		PAR	WSP	AüW	GAB	VIN	DEC	WIN
1995	00-12	87	90		14	1		7,7; 8,0+
1994	97-10	87-89	84		14			
1993	-04	84-86	83					
1992		80-82	75-79					
1990	-09	88	91			16		8,2
1989	-05	87	87			14,2		
1988				15				7,7
1986		87	76					
1985			87					

de Fontenille, Bordeaux

		PAR	WSP	AüW	GAB	VIN	DEC	WIN
1999		82-83						6,9-7,0
1998		84-85						
1997								6,6
1996								6,9-7,0
1995								7,4
1994								7,2
1989								7,1

Fontestau, Haut-Médoc, *O.: CB*

		PAR	WSP	AüW	GAB	VIN	DEC	WIN
2000							2	
1999	-09			82				
1997							3	
1996				14			3	
1995	98-06			14		1	3	

Fontis, Médoc, *O.: CB*

		PAR	WSP	AüW	GAB	VIN	DEC	WIN
2000	10-15					15,5		
1999	02-09			83	14			7,5; 8,0
1998	02-12			84	15	15		7,9
1997	01-09		81	13	15			7,2
1996	02-15			13,5	13		4	7,9
1995							3	

Les Forts de Latour, Pauillac (Zww. von Ch. Latour), *P.: 4, sehr gut;,* ❸ *G.: 4,* ④

		PAR	WSP	AüW	GAB	VIN	DEC	WIN
2000	08-25	90-92	92-94	90		15,5	4	8,3+
1999	01-17	87-88	85-89	89	17		4	8,5-8,6
1998	04-25	88	85-89	87	17	15	4	
1997	03-10	87	85-89	14,5	16	2	3	8,2
1996	00-18	90	88	86	18	2,5		8,8?
1995	00-15	89+	91	16; 88	18	2		9,2
1994	97-06	87	82	85	16	2		8,2
1993	98-12	86-87	83	14,9	16	15..		8,9+
1992	-06	85	80	16,6	16			
1991		86	78	17	15			
1990	98-05	90	94	16,9; 88	17	15..	4	8,8+
1989	-08	87	91	85	16		4	9,0+
1988	-05	84		84	17			
1987	-97	86		82	15			
1986	-05	86		82	16			
1985	-00	84	87	80	15			

		PAR	WSP	AüW	GAB	VIN	DEC	WIN
1983	△	84	85		13			
1982	-15	91	93		15			
1981	△	85			15			
1979	-96		87					
1978	-05	87			18			
1975	00-25	85			18			
1970	-05	84			17			

Fougas, Côtes de Bourg

		PAR	WSP	AüW	GAB	VIN	DEC	WIN
2000								7,8
1999	01-09	87-88						
1996		86						
1993	-99					2		

Fougas Cuvée Maldoror, Côtes de Bourg

		PAR	WSP	AüW	GAB	VIN	DEC	WIN
2000	-10	90-93						
1999	-09	88-90						
1998	04-11	90				15		
1996	02-06					15,5		

Fourcas-Dumont, Listrac

		PAR	WSP	AüW	GAB	VIN	DEC	WIN
1997	▲		82					

Fourcas Dupré, Listrac, *O.: CB; P.: CB, gut*

		PAR	WSP	AüW	GAB	VIN	DEC	WIN
2000	08-14	87-88	85-88	86		14		8,5
1999	04-12	83-85		83	15			8,3
1998	02-15		80-84	83	14		3	8,0
1997	04-12	85-86	80	14	16		2	7,9-8,0
1996	01-10	84-86	88	83	16	1	2	8,3
1995	00-10	84	86	14; 79	14	1	4	8,3
1994	-05	75		76	15			
1993		77		77				7,0+?
1992	-05	70-73	79	77	13			
1991		70	74	72				
1990	-03	77	82	75	14	14,5		8,1
1989	-02	83	86	80	13			7,8
1988	00-05		83	74	13	14..		7,9
1987				75		15		
1986		86		77				
1985				76				
1983	-96				13			
1982			75					
1979	-96				13			

Fourcas Hosten, Listrac, *O.: CB; P.: CB, gut; G.: CB*

		PAR	WSP	AüW	GAB	VIN	DEC	WIN
2000	06-14	86-87	85-88	87		14,5		8,5
1999	04-14	83-85		85	16			8,1+
1998	02-13		80-84	85		14,5	3	8,0+
1997	-04	84-85	82	13,5			2	8,0
1996	00-10	79-82	85	82	16		4	8,1+

Bewertungen jünger als 2 Jahre:	▲ jetzt	▶ austr.	▼ abg.	Schrift normal
älter als 2 Jahre:	△ jetzt	▷ austr.	▽ abg.	Schrift dünn
älter als 4 Jahre:	△ jetzt	▷ austr.	▽ abg.	*Schrift dünn kursiv*

Forts. Fourcas Hosten		PAR	WSP	AüW	GAB	VIN	DEC	WIN
1995	00-12	80-83?	85-89	14; 80	16		4	8,0
1994	97-	81	85	79				
1993		78		79				7,9+?
1992	-03	74-78	76	78	13			
1991		72	79	77				
1990			85	74		14,5		7,3
1989	△		87	79				8,2-8,3
1988	-05		82	79	13	15..		
1987				76				
1986			79	78				
1985				79				
1983			83					
1982			90					
1979	△				14			
1961	△		81					

Fourcas Loubaney, Listrac, *O.: CB; P.: 5, ausgez.,* ❺; *G.: 5,* ⑤

		PAR	WSP	AüW	GAB	VIN	DEC	WIN
2000	08-15	86-87				15,5		
1999	05-13	83-85		80	16			
1998	02-12	85-87		83	17			
1997	01-12	83		14	16	1,5		
1996	02-10	85-86				2		
1995	00-12	87		14,5	17	2	4	
1994	99-06	86			16			
1993	98-05				16	14..		
1992	-00				16			
1991					14			
1990	-08	88			17			
1989	-03	85		12,5	16			
1988	98-10	88			15	15..		
1987	-99				14			
1986	-06	89			16			
1985	-03	87			15			

Fournas Bernadotte, Haut-Médoc, *O.: CB*

		PAR	WSP	AüW	GAB	VIN	DEC	WIN
1998	01-05			84				
1996	03-14			14	14			
1995	-10				13			
1994	-05				13			

Franc-Jaugue-Blanc, St.-Emilion

		PAR	WSP	AüW	GAB	VIN	DEC	WIN
1999		83-84						
1995	△		82					

Franc Maillet, Pomerol

		PAR	WSP	AüW	GAB	VIN	DEC	WIN
2000	03-14	87-88	85-88			14,5		8,5
1999								8,4
1995							2	

Franc Maillet Cuvée Jean Baptiste, Pomerol

		PAR	WSP	AüW	GAB	VIN	DEC	WIN
2000	05-16	88-89+	89-91					8,4
1999	-14	88-90						
1998	-09	87						

Franc-Mayne, St.-Emilion, *O.: GCC; P.: CB, gut*

		PAR	WSP	AüW	GAB	VIN	DEC	WIN
2000	06-18	88-90	92-94	86		15	4	8,5+
1999	02-18	87-88+	90-94	86		15		7,8+
1998	03-15	88	90	87		1,5	3	8,7-8,8
1997	00-12	76	87	14,5	15	1	3	8,2
1996	99-10	84-86	86	85		1	3	8,2
1995		82-84	80-84	15,5				
1994	98-13	*83-86*	80-84	*14*	*13*			*7,5+?*
1993	-06	*76*	81	*13,75*				*7,7*
1992		*76*	*79*					
1991	95-	*73*	82					
1990	-15	*89*	*91*		16			
1989	04-06	*87*	94		*13*			
1988	-05	*79*	*83*		*15*	*14,3*		
1987	▷				*14*			
1986	▷	*79*						
1983	-02				*14*			
1978	-95				*16*			

Franc-Pérat, Premières Côtes de Bordeaux

		PAR	WSP	AüW	GAB	VIN	DEC	WIN
1998			84					

Franc Pipeau, St.-Emilion, *O.: GC*

		PAR	WSP	AüW	GAB	VIN	DEC	WIN
1999	02-09				15			
1998	04-16				17			
1997	02-10				15		3	
1996	02-13				*15*			
1995	02-14				*16*			

Franc la Rose, St.-Emilion

		PAR	WSP	AüW	GAB	VIN	DEC	WIN
1997			82					

de France, Pessac-Léognan, *O.: unklass.*

		PAR	WSP	AüW	GAB	VIN	DEC	WIN
2000	04-12	84-86	85-88	86		14,5	3	
1999	02-10	83-84		85	15	14		8,0+
1998	02-15	74-76	88	82	15	1	4	8,5-8,7
1997	00-12		85	14	15			8,1-8,3
1996	-08	78-82	83	87		1	4	8,4+
1995	00-15	78	86	14,5; 74	*16*	2	4	7,8-
1994	99-08	73		73	*14*			7,2
1993	-07	83		72	15			7,1-7,4?
1992	-02	*69-72*	*76*	74	*14*			
1991		*78*	*78*	70				

Bewertungen jünger als 2 Jahre:	▲ jetzt	▶ austr.	▼ abg.	Schrift normal
älter als 2 Jahre:	△ jetzt	▷ austr.	▽ abg.	Schrift dünn
älter als 4 Jahre:	△ jetzt	▷ austr.	▽ abg.	*Schrift dünn kursiv*

Forts. de France		PAR	WSP	AüW	GAB	VIN	DEC	WIN
1990			85	72		15,5		7,2
1989	△	78	84	73		15..		8,1
1988			92					7,7
1987				14,5		16		
1986						11,8		
1982			79					

de Francs, Côtes de Francs

		PAR	WSP	AüW	GAB	VIN	DEC	WIN
2000			85-88					
1996			78					
1994		77-81						
1992		74-77						
1991				12,5				
1990				13				
1989				13				

de Francs les Cerisiers, Côtes de Francs

		PAR	WSP	AüW	GAB	VIN	DEC	WIN
2000	-08	88-89						

Frank Phélan, St.-Estèphe (Zww. von Ch. Phélan Ségur)

		PAR	WSP	AüW	GAB	VIN	DEC	WIN
1996	01-		85					
1995	99-		85					
1992				16				
1990							3	

Franquet Grand Poujeaux, Moulis, *O.: CB*

		PAR	WSP	AüW	GAB	VIN	DEC	WIN
1996	00-12			14,5	15			
1995	02-12				14			

La Freynelle (Cuvée Emotion), Bordeaux

		PAR	WSP	AüW	GAB	VIN	DEC	WIN
1998		84-85						
1995	-01	86	86					

de Fronsac, Fronsac

		PAR	WSP	AüW	GAB	VIN	DEC	WIN
2000								8,0

Fugue de Nenin, Pomerol (Zww. von Ch. Nénin)

		PAR	WSP	AüW	GAB	VIN	DEC	WIN
2000								8,3
1999								8,3+
1998		88						
1997		85-87						

de Fussignac, Bordeaux Supérieur

	PAR	WSP	AüW	GAB	VIN	DEC	WIN
1999							6,6
1997							6,6
1995							7,3
1994							6,3

du Gaby, Canon-Fronsac

	PAR	WSP	AüW	GAB	VIN	DEC	WIN
2000							7,7
1986	84						

Gachon, St.-Emilion (Montagne)

	PAR	WSP	AüW	GAB	VIN	DEC	WIN
2000	86-87	85-88					8,2
1999							8,2

La Gaffelière, St.-Emilion, *O.: PGCC (B); P.: 3, sehr gut,* ❺; *G.: 5,* ⑤

		PAR	WSP	AüW	GAB	VIN	DEC	WIN
2000	06-20	89-91	89-91			15,5	4	8,9-9,0
1999	03-26	86-88	85-89	86	17	15,5	4	8,2-8,5
1998	04-18	89	92	89		15,5	2	8,5
1997	01-10	85	84	15	16	2	2	8,3
1996	99-25	87	88	88	16	2	3	8,6+?
1995	00-25	87	89	15,5; 84	16	2	4	8,8+
1994	99-12	84		81	16	1	3	8,5-8,6
1993	00-10	77		80	16			
1992	-03	85		81	15			
1991		78		75	14			
1990	-15	90		86	17	16	3	8,7+
1989	-10	89		85	16		2	8,4+
1988	-00	87	84	84			4	
1987	-00			78	11	17		
1986	-06	87		84	12	17,8		
1985	-03	86		82	15	16,3		
1983	△	84			14			
1982	-20	88	89		16		3	
1979	▷	76						
1978	▷	67		14	13			
1975	-07	79			18			
1970	△	86			15			
1961	△	85	79		15M			

de Gaillat, Graves

	PAR	WSP	AüW	GAB	VIN	DEC	WIN
1995						2	

La Ganne, Pomerol

		PAR	WSP	AüW	GAB	VIN	DEC	WIN
1999	04-12			84	15	14		
1998	02-18			86	17	1		
1997	00-08			14,5	15	1,5		
1996	03-15			13,5	16			
1995	02-13				14			

Bewertungen jünger als 2 Jahre:	▲ jetzt	▶ austr.	▼ abg.	Schrift normal
älter als 2 Jahre:	△ jetzt	▷ austr.	▽ abg.	Schrift dünn
älter als 4 Jahre:	△ jetzt	▷ austr.	▽ abg.	*Schrift dünn kursiv*

La Garance, Graves (Zww. von Ch. Rahoul)

		PAR	WSP	AüW	GAB	VIN	DEC	WIN
1995							2	

de la Garde, Bordeaux Supérieur

		PAR	WSP	AüW	GAB	VIN	DEC	WIN
2000		85-87						
1999								7,5
1998		84-85						
1997								6,7
1995		86-88						
1994		87*						
1993		87*						

La Garde, Pessac-Léognan, *O.: unklass.; P.: CB, sehr gut,* ❺; *G.: CB,* ⑥

		PAR	WSP	AüW	GAB	VIN	DEC	WIN
2000	05-15	87-88	85-88	87		15	4	
1999	03-12	85-87		84	16	14,5		
1998	04-15	84-86	88		16	15,5		
1997	02-09	85-86	83		15			
1996	99-10	78-82	85		15	1		
1995	00-10	88	90	87*	16			
1994	97-08	88	87	84*	14			
1993	-05	87	83*	83*	16			
1992	-00		75-79	80*	14			
1991			78	80*				
1990	▷			81*	15			7,6-7,8
1989				81*				

Garraud, Lalande de Pomerol

		PAR	WSP	AüW	GAB	VIN	DEC	WIN
1996		80-82						
1995							5	
1994		74-76						
1992		68-70						

Garreau, Côtes de Bourg

		PAR	WSP	AüW	GAB	VIN	DEC	WIN
1997	-03		85					

Garreau, Prem. Côtes de Blaye

		PAR	WSP	AüW	GAB	VIN	DEC	WIN
2000	-05	86-88						
1998	-06	87						
1997			79					

Garreau Cuvée Armande, Prem. Côtes de Blaye

		PAR	WSP	AüW	GAB	VIN	DEC	WIN
2000	03-08	88-89						

La Garricq, Moulis

		PAR	WSP	AüW	GAB	VIN	DEC	WIN
1997	▲		86					

Le Gay, Bordeaux Supérieur

		PAR	WSP	AüW	GAB	VIN	DEC	WIN
1999								7,3
1998		84-85						
1997								6,7
1996								7,8
1995								7,8+

Le Gay, Pomerol, *O.: unklass.; P.: 4, sehr gut,* ❺; *G.: 4,* ③

		PAR	WSP	AüW	GAB	VIN	DEC	WIN
2000	05-17	85-86+?	85-88	88		15,5	3	8,6
1999	-16	86-87	80-84	86				
1998	04-16	89	87					
1997	03-13	86	86		17			
1996	00-12	74	80-84	88	16	1	2	8,2
1995	00-15	82	90	15,5	16	2		8,6+
1994	98-12	86	85-89	15	15	1		8,4
1993	00-17		80	14,5	16			8,3
1992	-07	78	73		15		3	
1990	02-22	88	96		18	16	3	
1989	00-25	90	95		19		3	
1988	-20	86	84		18			
1986	-10	87			16			
1985	-08	86			18		4	
1983	-00	83						
1982	02-20	92	89		17M		3	
1979	△	84						
1975	-16	89+?						
1961	-00	68	82M					

Gazin, Pomerol, *O.: unklass.; P.: 5, ausgez.,* ❸; *G.: 2,* ②

		PAR	WSP	AüW	GAB	VIN	DEC	WIN
2000	07-20	89-90+?	85-88	88		16,5;17	4	8,4(?)
1999	04-20	90-93	85-89	88	17	15		8,5; 8,6-8,8?
1998	04-20	90	91	90	17	17	4	
1997	00-13	87?	84	16	17	2,5	2	8,3
1996	00-20	89-91+	86	91	18	3	4	8,3
1995	00-20	90+	90	16,5; 86	19	4	3	9,3
1994	99-18	90	90	5	18	4	3	8,8-9,0
1993	97-15	89	87	83	17	3		9,0
1992	-10	89	78	84	18			
1991	95-		81		16			
1990	-20	93	88	90	19	15,5	4	9,0+
1989	-15	89	80	89	18	15..	3	9,0
1988	00-15	87	90	88	18	15,4		8,5
1987	▷				15			
1986	-05	79		74	16			
1985	-05	76	90	70	15			
1983	▷			15	15			
1982	-00	81	91		14			
1981	-03				14			
1979	▷			16,1	17DM			
1978	-05				16			

Bewertungen jünger als 2 Jahre:	▲ jetzt	▶ austr.	▼ abg.	Schrift normal
älter als 2 Jahre:	△ jetzt	▷ austr.	▽ abg.	Schrift dünn
älter als 4 Jahre:	△ jetzt	▷ austr.	▽ abg.	*Schrift dünn kursiv*

Forts. Gazin		PAR	WSP	AüW	GAB	VIN	DEC	WIN
1975	-10				*18*			
1970	-04				*16*			
1961	-10	*93*	*84*		*19*			

Gazin-Rocquencourt, Pessac-Léognan, *P.: gut*

		PAR	WSP	AüW	GAB	VIN	DEC	WIN
2000	04-12						**3**	
1997	-04	85-86						
1996							**3**	
1988				*13,5*				

Gigault-Cuvée Viva, Prem. Côtes de Blaye

		PAR	WSP	AüW	GAB	VIN	DEC	WIN
2000	-06	**88-89**	**92-94**					
1999	01-08	**87-88**	**85-89**					
1998	-07	**89**	**90**					

de Gironville, Haut-Médoc, *O.: CB*

		PAR	WSP	AüW	GAB	VIN	DEC	WIN
1995							4	

Giscours, Margaux, *O.: 3; P.: 3, gut,* ❻*; G.: 5,* ⑥

		PAR	WSP	AüW	GAB	VIN	DEC	WIN
2000	03-20	**89-91**	**92-94**	**88**		**15,5**	**4**	**8,9+**
1999	03-15	**88-89**	**85-89**	**87**	**17**	**14,5**		**8,8+?**
1998	02-15	**87**	**86**	89	17	**14,5**	3	8,4
1997	00-13	**85**	**83**	15,5	17		2	8,1
1996	00-14	84	85	**87**	**17**	1	3	*8,4-8,8*
1995	00-13	85	92	15; 86	17	1	**3**	*8,6; 8,8-9,0*
1994	98-15	*86*	*85-89*	82	16	1	3	*8,1+; 8,4*
1993	97-04	*85*	86	81	*12*			*7,6*
1992	-03	*86*	*80-84*	82	15			
1991		*86*	78	84	*17*			
1990	-10	*86*	**91**	82	**15**	*16*		*8,8+*
1989	05-08	*87*	92	84	*15*		**3**	*9,0+*
1988	-06	*78*	*89*	73	*16*	*13,8*		*8,0*
1987	△			75	*11*	*16*		
1986	-04	*74*	*83*	73	*14*	*19,3*		
1985	-04	*84*	*86*	83	*13*			
1983	△	*86*	*78*	*15,4*	*13*			
1982	-04	86	87		16			
1981	-00	*86*	*82*		*16*			
1979	-05	89	*87*	*16,8*	16			
1978	-08	90	*87*	*15*	*15*			
1975	-15	*92*			18			
1970	-10	88	*86*		19			
1961	▷	*87*	80		15			

du Glana, St.-Julien, *O.: CB; P.: CB; G.:* ⑥

		PAR	WSP	AüW	GAB	VIN	DEC	WIN
2000			85-88					**8,2**
1999	04-12			**83**	**16**	**14,5**		**8,1**
1998	01-15	75-78	**87**	88	15			8,2+
1997	00-10	85-86	**82**	14	16	1*	**5**	

1996	01-12	85-87*	88	14	16	2*	**4***	*8,1*
1995	99-12		87	15; 87*	*17**	2*	4	
1994	97-05		80	86*	*14*			
1993			*85-89**	84*				
1990			*88*					
1989			*87*					
1987			*81*					
1986		*83*	*84*					
1982	△		85					

Gloria, St.-Julien, *O.: CB; P.: 4, sehr gut,* ❹*; G.: 4,* ④

		PAR	WSP	AüW	GAB	VIN	DEC	WIN
2000	08-16		**89-91**			**15**		**8,3**
1999	05-19		**80-84**		**16**	**14,5**		
1998	04-18	85-86	**84**		17	**14,5**		
1997	01-12	87-88	**86**		17	1		
1996	00-20	87-88+	88		*17*	1,5		
1995	00-15	88	90	84	*17*	1		
1994	99-12	*87*	84	83	*16*			
1993	02-12		*85-89*	82	*16*			
1992	-02		*84*	80	*15*			
1991			*77*	80	13			
1990	-10	*84*	*89*	81	16	*15,5*		
1989	00-15	*86*	89	82	17		1	*8,4-8,5*
1988	-12	*85*	*88*	83	16	*16..*		*8,3*
1987	△	*78*	*84*	78				
1986	02-15	*86*	*89*	72	17			
1985	02-12	*86*	*90*	81	16			
1983	△	*82*	*83*					
1982	-05	*88*	89		*15*			
1981	△	*80*	*83*					
1979	△	*82*	*83*					
1978	-96	*83*	*74*		*16*			
1975	-02	*87*	*83*		*14*			
1970	-08	*87*	*88*		*18*			
1961	-10		*88*		18			

Godeau, St.-Emilion, *O.: GC; P.: CB; G.: CB,* ⑥

		PAR	WSP	AüW	GAB	VIN	DEC	WIN
1999	03-12				**16**			
1998	02-15			87	16			
1997	02-10				16			
1996	02-10				16			
1995	-04				16			
1994	-04		83		16			
1993	-02				14			

Gombaude-Guillot, Pomerol, *O.: unklass.; P.: 5, sehr gut,* ❻*; G.:* ⑥

		PAR	WSP	AüW	GAB	VIN	DEC	WIN
2000	05-10	75-79?	85-88	85		14	3	
1999	02-14			85	**15**			
1998	03-18		**90**		16	**14,5**	3	
1997	02-10		**80**	13	16		3	
1996	99-16	78-81	84		*17*	1	*3*	
1995	01-14		87		*15*	1	**3**	
1994	-05				*15*			
1993	-02				*16*	*14..*		
1992	-00				*14*			

Bewertungen jünger als 2 Jahre:	▲ jetzt	▶ austr.	▼ abg.	Schrift normal
älter als 2 Jahre:	△ jetzt	▷ austr.	▽ abg.	Schrift dünn
älter als 4 Jahre:	△ jetzt	▷ austr.	▽ abg.	*Schrift dünn kursiv*

Forts. Gombaude-Guillot		PAR	WSP	AüW	GAB	VIN	DEC	WIN
1991					15			
1990	-06	85			17	14		
1989	-05	86; 87*		13,8	15			
1988	-03	84; 89*			14			
1987	△	78			12			
1986	▷				15		4	
1985	-08	88; 93*			15		4	
1982	△	87						

La Gomerie, St.-Emilion, *O.: GC; P.: 2, hervorr.; G.: (3)*

		PAR	WSP	AüW	GAB	VIN	DEC	WIN
2000	03-21	92-94	92-94	91		15,5		
1999	04-18	90-93		89	18	15	3	
1998	02-15	94	92		17	15		
1997	-10	89	89				3	
1996	00-18	92	87	90	17	2,5	3	
1995	00-12	93	93	13,5	17	2		

des Gondats, Bordeaux Supérieur

		PAR	WSP	AüW	GAB	VIN	DEC	WIN
1995								7,7
1994		84-85						6,8
1993								5,9
1990								7,4
1989								7,2
1988								7,5

La Gorce, Médoc, *O.: CB*

		PAR	WSP	AüW	GAB	VIN	DEC	WIN
1999	02-09			81	14			
1998	01-12			82	15			
1997	04-13				15			
1996							2	
1995	01-12				15		3	

La Gorre, Médoc, *O.: CB*

		PAR	WSP	AüW	GAB	VIN	DEC	WIN
1998	01-10			82	14			
1997	00-08			13	13			
1996	03-18				16		3*	
1995	98-10			14	15			
1994	-06				15			
1993	-03				15			

La Grace Dieu, St.-Emilion, *O.: GC*

		PAR	WSP	AüW	GAB	VIN	DEC	WIN
2000		85-86						
1997				13				

La Grace Dieu les Menuts, St.-Emilion, *O.: GC*

		PAR	WSP	AüW	GAB	VIN	DEC	WIN
2000	06-10	85-87				14		

Gracia, St.-Emilion, *O.: GC; P.: sehr gut; G.: (4)*

		PAR	WSP	AüW	GAB	VIN	DEC	WIN
2000	04-16	92-94		88				8,3-8,4
1999	02-16	90-93		88	17			8,8
1998	02-18	92	85-89		17			8,7+
1997	02-12	89	86		17			

du Grand Abord, Graves

		PAR	WSP	AüW	GAB	VIN	DEC	WIN
1995							3	

Grand Barail, Canon-Fronsac

		PAR	WSP	AüW	GAB	VIN	DEC	WIN
1995	00-07			14				

Grand-Barrail-Lamarzelle-Figeac, St.-Emilion

		PAR	WSP	AüW	GAB	VIN	DEC	WIN
2000								8,3
1997			85-89	13				
1996			80-84					

du Grand Bos, Graves

		PAR	WSP	AüW	GAB	VIN	DEC	WIN
1998	02-10					16		
1995							3	

du Grand Chambellan, Lalande de Pomerol

		PAR	WSP	AüW	GAB	VIN	DEC	WIN
1995							4	

Grand Corbin, St.-Emilion, *O.: GC*

		PAR	WSP	AüW	GAB	VIN	DEC	WIN
2000		86-88						
1999		65-70?	85-89					
1998	03-14	88-89+					3	
1996	-12	*87-88*						
1995								*7,9*
1993	-02	*86*						

Grand-Corbin-Despagne, St.-Emilion, *O.: GC; P.: CB; G.: 5*

		PAR	WSP	AüW	GAB	VIN	DEC	WIN
2000	04-20	89-91	89-91					8,3
1999	04-16	88-89+			17			8,0
1998	03-16	88+	87		17		3	
1997	00-14	85			17	1	3	8,0
1996	02-13				16	1,5		*8,0*
1995	03-14				*15*			
1994		*85-87*						*7,9-8,0*
1993								*7,5*
1985				*12,2*				
1961	△		*84*		15			

Bewertungen jünger als 2 Jahre:	▲ jetzt	▶ austr.	▼ abg.	Schrift normal
älter als 2 Jahre:	△ jetzt	▷ austr.	▽ abg.	Schrift dünn
älter als 4 Jahre:	△ jetzt	▷ austr.	▽ abg.	*Schrift dünn kursiv*

Grand-Launay, Côtes de Bourg

		PAR	WSP	AüW	GAB	VIN	DEC	WIN
1998	04-10					15		
1994	-04					3*		

Grand Mayne, St.-Emilion, *O.: GCC; P.: 3, ausgez.,* ❷*; G.: 5,* ⑤

		PAR	WSP	AüW	GAB	VIN	DEC	WIN
2000	06-25	91-93+	92-94	89		16	3	8,8
1999	02-20	90-92	85-89	86	17	15,5	4	8,0?
1998	02-20	93	93	88	16	16	2	
1997	02-13	87	87	15	18	2	3	8,0-8,4?
1996	02-14	88	77	88	17	3	3	8,0-8,4?
1995	00-13	90	90	14,5; 87	18	4	4	8,3+?
1994	00-09	88?		83	15	3		8,0+
1993	98-07	87-89		86	14	3		8,4
1992	-02	86		85	16	14..		
1991				81	15	14..		
1990	98-12	90		88	19	17..	3	
1989	05-11	92	92	89	16	16..	4	
1988	-05	87	89	84	17	17..		
1987	-98	85		80	16			
1986	-02	87	87	81	13			
1985	△	86		80	12			
1982	△		87					

du Grand Mouëys, Premières Côtes de Bordeaux

		PAR	WSP	AüW	GAB	VIN	DEC	WIN
2000								7,6
1999		82-83						7,3-7,4
1998		85-86; 86-87*						7,9
1997								6,9-7,0
1996		85						7,8+
1995								7,8+
1994	-00					2		
1993	-98					1	4	

Grand Moulinet, Pomerol

		PAR	WSP	AüW	GAB	VIN	DEC	WIN
1998	02-07			84			3	
1996	△		82					
1995	-05		90				3	

Grand Ormeau, Lalande de Pomerol, *P.:* ❹

		PAR	WSP	AüW	GAB	VIN	DEC	WIN
2000		86-88						
1999	-14	86-87+		86				
1998	-08	88-89						
1997	-04	86						
1996	-03	85-86						
1995	-03	86					3	
1994	-01	85-86						
1992		80-82						

Grand Ormeau Cuvée de Madelaine, Lalande de Pomerol

		PAR	WSP	AüW	GAB	VIN	DEC	WIN
1998	-09	89						

Grand-Pontet, St.-Emilion, *O.: GCC; P.: 5, sehr gut, ❺; G.: 5*

		PAR	WSP	AüW	GAB	VIN	DEC	WIN
2000	06-15	90-92	92-94	85		15	3	8,5
1999	-12	82-83		88				
1998	02-16	90-91	91	88	17	15	3	
1997	04-14	87	86	14	17	1	3	
1996	00-14	89	87		17	1	3	
1995	00-15	88	91	13,5	15	2	4	7,9
1994	99-07	88			14	1		
1993	99-04	87	86					7,9
1992	-99	82						
1990	-05	89					5	
1989	-00	84				15..		
1988	-97	82	86					
1986	△	83						
1985	▷	77						
1961	△		82					

Grand-Puy Ducasse, Pauillac, *O.: 5; P.: 5, gut, ❺; G.: CB, ⑤*

		PAR	WSP	AüW	GAB	VIN	DEC	WIN
2000	02-18	85-86	85-88	87		15	3	8,6
1999	02-14	87-88	85-89	87	17	14	3	8,0
1998	02-18	87	81	87	16		3	8,1
1997	01-12	86	87	14	16		2	8,6
1996	00-20	87	85	86	17	1	3	8,5+
1995	00-10	87	85	14,5; 86	15	1	4	7,8+
1994	00-11	87		85		1	3	7,7+?
1993	00-08	81		82	15	14..		7,0+?
1992	-07	86	80-84	84	15			
1991				85	15			
1990	-16	84		85	16	15		8,4-8,7?
1989	-02	87	91	83	15			8,9-9,0
1988	-00	85	91	82	13	13,8		8,4
1987	△			79		14,3		
1986	-04	85	85	82	17	19		
1985	-00	86	90	83	17		3	
1983	-00				15			
1982	-99	86	87M		15			
1981	△				14			
1979	-95	82		15,4	16			
1978	-97	82			16			
1975	-05	84			16			
1961	-00		87		15			

Grand-Puy-Lacoste, Pauillac, *O.: 5; P.: 3, ausgez., ❷; G.: 2, ①*

		PAR	WSP	AüW	GAB	VIN	DEC	WIN
2000	03-40	90-93	92-94	89		16,5	4	8,8
1999	03-18	89-90	85-89	88	17	16	3	8,0-8,2
1998	03-22	90	86	90	17	16	4	8,7
1997	02-15	87	81	15,5	17	3	4	8,4
1996	01-30	93+	90	90	19	3,5	5	9,1-9,2
1995	00-25	95	92	16,5; 88	18	2,5	4	9,0-9,2
1994	99-20	90	88	86	18	2	4	8,4+

Forts. Grand-Puy-Lacoste		PAR	WSP	AüW	GAB	VIN	DEC	WIN
1993	97-15	87	85	85	16	14..		
1992	-03	86	76	84	16			
1991		87	82	85	14	14..		
1990	04-30	95	95	92	19	16,5		8,9-9,0
1989	98-20	89	93	87	19		2	9,4
1988	01-08	85	91	80	16	14,7		8,7
1987	-02	76	77	74	15	17		
1986	96-20	91	88	88	19	4		
1985	98-20	89	90	85	19			
1983	-02	86	84		16		2	
1982	-25	93	92		19		4	
1981	-02	80	88		15			
1979	-07	83	88	16,4	19			
1978	-08	88		15,5	16			
1975	▷	85?			14			
1970	-06	91	90		10			
1961	-98	88?	86		17			

Grand-Renouil, Canon-Fronsac

		PAR	WSP	AüW	GAB	VIN	DEC	WIN
2000								8,2
1999	-12			84				
1998	02-08			86			3	
1997				13,5				
1996				13,5				
1995	00-08			14				
1991						14..		
1989						15,7		

Grand Village, Bordeaux Supérieur

		PAR	WSP	AüW	GAB	VIN	DEC	WIN
1997	▲		83					
1996			83					
1995	00-		88					

La Grande Clotte, St.-Emilion (Lussac)

		PAR	WSP	AüW	GAB	VIN	DEC	WIN
1995								7,7+

Les Grandes Murailles, St.-Emilion, *O.: GCC; G.: (4)*

		PAR	WSP	AüW	GAB	VIN	DEC	WIN
2000	04-20	91-93	92-94	88				8,4
1999	03-16	88-90	85-89	88	17		3	7,0?
1998	02-16	90	91	84	18			
1997	02-10	87	86	14,5	16			
1996	-10	86; 87*	80-84				2	
1995	01-11				14			

Grandis, Haut-Médoc, *O.: CB*

		PAR	WSP	AüW	GAB	VIN	DEC	WIN
2000	10-25					15,5	2	
1999	-10			83				
1998	01-12			83		14		
1997	01-04			13,5		1		

		PAR	WSP	AüW	GAB	VIN	DEC	WIN
1996	02-16			13,5		3		
1995	02-20					3		

Grands Champs Cuvée Christophe, St.-Emilion

		PAR	WSP	AüW	GAB	VIN	DEC	WIN
2000	-09	87-88						

Les Grands Chênes, Médoc, *O.: CB*

		PAR	WSP	AüW	GAB	VIN	DEC	WIN
2000	07-15	86-87				14,5		8,2
1999	03-12	85-86		85	16			8,1
1998	02-11	85-87		84	16			8,0
1997	03-11			13,5	14		3	7,6
1996	03-15	85-86		13,5	13		3	8,1-8,2+
1995	99-09	86	85-89		15		3	8,1
1994	-05			13,5				7,8
1989				11				

Les Grands Chênes Cuvée Prestige, Médoc, *P.:* 4

		PAR	WSP	AüW	GAB	VIN	DEC	WIN
2000		87-88						8,3+
1999		85-86+						8,1+?
1998		87-88						8,0
1997								7,6+
1996	-05	87-88						8,3-8,4
1995	-05	86+						8,3+
1994		85-87						
1993	-02	85-87						

Les Grands Maréchaux, Prem. Côtes de Blaye

		PAR	WSP	AüW	GAB	VIN	DEC	WIN
2000	-07	87-88	85-88					
1999			85-89					
1998	-04	86	85					
1997			85					

Les Grands Sillons Gabachot, Pomerol

		PAR	WSP	AüW	GAB	VIN	DEC	WIN
2000			89-91					

La Grange Clinet, Premières Côtes de Bordeaux

		PAR	WSP	AüW	GAB	VIN	DEC	WIN
2000			75-79					
1998			78					
1996	01-		80					
1995	△		83					
1993			80					

La Grange de Grenet, Bordeaux

		PAR	WSP	AüW	GAB	VIN	DEC	WIN
1995	△		85					

Grange Neuve, Pomerol, *O.: unklass.*

		PAR	WSP	AüW	GAB	VIN	DEC	WIN
1997				13				
1990						14,5		
1989	-00					14..		

La Grangère, St.-Emilion, *G.: (4)*

		PAR	WSP	AüW	GAB	VIN	DEC	WIN
2000	03-18	88-90						8,3
1999	03-10				18			
1998	03-15				17			
1997	02-10		85-89		17			
1996	02-08		75-79		17			

Graulet, Prem. Côtes de Blaye

		PAR	WSP	AüW	GAB	VIN	DEC	WIN
1996	-01	86-87						

Grava Lacoste, Pessac-Léognan

		PAR	WSP	AüW	GAB	VIN	DEC	WIN
1996							2	

La Grave, Fronsac

		PAR	WSP	AüW	GAB	VIN	DEC	WIN
1997		76-78						
1996				12,5				

La Grave Figeac, St.-Emilion, *O.: GC; P.: CB*

		PAR	WSP	AüW	GAB	VIN	DEC	WIN
2000		84-85						
1999								8,4
1997								8,4
1996								8,4

de la Grave Nectar, Côtes de Bourg

		PAR	WSP	AüW	GAB	VIN	DEC	WIN
1998	04-08					14		

La Grave à Pomerol, Pomerol, *O.: unklass.; P.: 5, sehr gut,* ❹; *G.: 5,* ④

		PAR	WSP	AüW	GAB	VIN	DEC	WIN
2000	06-14	86-87	89-91	88		15	3	8,4
1999	04-15	87-88	85-89	87	16	15		7,9
1998	04-25	90	93	89	18	15	3	8,6-8,7
1997	01-13	87	88	15	16	1,5	3	8,3
1996	00-18	86-87	84	88	17		2	7,9
1995	98-12	86	89	15,5	16			8,0
1994	98-10	85-86	88	15,5	16			8,0+?
1993	97-08		87	15	16			8,2
1992	-07	85	80	14,5	15		3	
1990	02-18	89	92	13,5	18		3	8,3-8,4
1989	-08	87	88	14	17		3	8,7

		PAR	WSP	AüW	GAB	VIN	DEC	WIN
1988	-10	*86*			*16*	*15,9*	*3*	*8,4*
1987	-00				*14*	*14*		
1986	-04	*81*	*89*	*12,5*	*14*	*17*		
1985	-04	*84*			*17*			
1983	△	*85*						
1982	△	*86*	*86*					
1981	△	*81*						
1979	△		*90*					
1970			*90*					

La Gravette de Certan, Pomerol (Zww. von Ch. Vieux Châteaux Certan)

		PAR	WSP	AüW	GAB	VIN	DEC	WIN
1995				16,3				
1993				16,1				

Gravettes-Samonac, Côtes de Bourg

		PAR	WSP	AüW	GAB	VIN	DEC	WIN
1998	05-10					14,5		
1993	98-03					2		

Graveyron, Graves

		PAR	WSP	AüW	GAB	VIN	DEC	WIN
1998	01-04					14,5		

Les Gravières, St.-Emilion, *G.: (4)*

		PAR	WSP	AüW	GAB	VIN	DEC	WIN
2000	-13	88-89						
1999	02-10	87-89			17			
1998	02-14	88			17			
1997	01-08				17			
1996	00-15				*17*			
1995	00-10				*16*			

Gree Laroque, Bordeaux Supérieur

		PAR	WSP	AüW	GAB	VIN	DEC	WIN
2000			80-84					

Gressier Grand Poujeaux, Moulis, *O.: CB; P.: (5), gut*

		PAR	WSP	AüW	GAB	VIN	DEC	WIN
1994		*77-81*						
1993	△		85					
1992		*77-78*						
1989	99-15	*88*		*14*				
1988	-08	*87*						*8,2*
1986	-20	*89*						
1985	-10	*87*						
1982	-10	*89*						
1979	-01	*86*						
1970	-05	*90*						

Bewertungen jünger als 2 Jahre:	▲ jetzt	▶ austr.	▼ abg.	Schrift normal
älter als 2 Jahre:	△ jetzt	▷ austr.	▽ abg.	Schrift dünn
älter als 4 Jahre:	△ jetzt	▷ austr.	▽ abg.	*Schrift dünn kursiv*

Greysac, Médoc, *O.: CB; P.: CB, gut*

		PAR	WSP	AüW	GAB	VIN	DEC	WIN
2000	-12		80-84	86				8,2
1999	03-12	85-86		85	16			8,1
1998	02-12		85-89	83	16		4	8,3
1997	00-09		83	14	13	1	2	7,9
1996	03-10		79	84	14	1	2	7,9
1995	99-08		83	14; 78	15			
1994	99-	85-86	87	78				7,9-8,0
1993			80-84	76				7,6
1992		78-82		77				
1991		77		75				
1990			84	76		14,5		7,4
1989	-04		79	78	16			8,1
1988	-02		87			15..		7,3
1986		77	85					
1982	△		83					

La Griffe de Cap d'Or, St.-Emilion (Saint-Georges)

		PAR	WSP	AüW	GAB	VIN	DEC	WIN
2000	-05	87-88	85-88					8,2
1999	-07	86-87					3	8,5
1998	-09	89+?	92					

Grimon (Dubois), Côtes de Castillon

		PAR	WSP	AüW	GAB	VIN	DEC	WIN
2000	05-17	90-91	89-91					
1999	-10	87-89						
1998	02-12	89+						
1997		86						

Grivière, Médoc, *O.: CB*

		PAR	WSP	AüW	GAB	VIN	DEC	WIN
2000	-10		85-88	85				
1999	04-12			81	14			
1998	01-10		88	84	16			
1997	02-10		79	13	15			
1996	00-18		86	13,5	16		3	
1995	99-		88				4	
1993			73					

La Grolet, Côtes de Bourg

		PAR	WSP	AüW	GAB	VIN	DEC	WIN
1990								6,7
1988								7,2

Gros Caillou, St.-Emilion

		PAR	WSP	AüW	GAB	VIN	DEC	WIN
1999	03-12				17			
1997	02-10				15			
1996	02-14				16			
1995	04-12				15			

Gruaud-Larose, St.-Julien, *O.: 2; P.: 2, ausgez.,* ❷; *G.: 2,* ②

		PAR	WSP	AüW	GAB	VIN	DEC	WIN
2000	08-35	93-95	95-100	93		17	4	9,0-9,2
1999	03-25	89-91	85-89	89	18	16	5	8,9+
1998	04-20	88	86	93	17	16	5	9,0
1997	00-20	87	86	17	18	3,5	4	8,8
1996	01-25	89	90	91	18	3	3	9,1+
1995	99-20	89	88	16,5; 88	18	3	4	9,4-9,6
1994	98-20	82?	82	80	17	3	3	8,7+?
1993	97-15	86	88	84	17	16..	3	8,4-8,8
1992	98-06	86	85	82	17	16..		
1991		85	85	83	16			
1990	97-20	93	90	91	15	17,5		8,8-9,2
1989	03-23	89	91	95	17		3	9,7-9,8
1988	98-25	88	92	86	17	4		9,1
1987	-05	84	78	79	16	17		
1986	00-40	94+	93	94	19	19	4	
1985	-18	90	87	88	17	15,1	4	
1983	98-10	90	90		18		4	
1982	07-30	96+	94	18	19		4	
1981	-15	88	91		18			
1979	-10	88	83	16,7	17			
1978	-10	87	91	17	18			
1975	05-25	89+?	89		15			
1970	-05	86?	86		14			
1961	-15	96	90		15			

Guadet-St-Julien, St.-Emilion, *O.: GCC; P.: CB*

		PAR	WSP	AüW	GAB	VIN	DEC	WIN
2000	06-12			85		14,5		8,5
1999	03-13			85	16			
1998	02-12			84	16	14	3	
1997	02-10			14,5	16			
1996	00-08				15	1	2	
1995	03-15				16	1		7,8+
1994	99-08				14			7,6
1993	-00				13			
1990	-10			14,5	15	14,5		8,2
1989	-98	72		13,5	13	14..		
1988		73		16,5				
1987				11,1				
1986				12				
1985	▷				14			
1983				13,5				

Guerry, Côtes de Bourg

		PAR	WSP	AüW	GAB	VIN	DEC	WIN
1999								7,6
1997								7,1
1996		78-80						7,6
1995	02-04					14		
1993	-98					1		

Guibot la Fourvieille, St.-Emilion (Puisseguin)

		PAR	WSP	AüW	GAB	VIN	DEC	WIN
2000	-09	87-88						

Guillot, Pomerol, *G.:* ④

		PAR	WSP	AüW	GAB	VIN	DEC	WIN
2000			89-91				3	
1999	03-10				16			
1998	01-14			85	16	1		
1997	00-06			13	14			
1996	03-18				17			
1995	00-12				16			7,9
1994	-07	85-87						
1990	-10				17			
1989	-02				17			

Guillot-Clauzel, Pomerol

		PAR	WSP	AüW	GAB	VIN	DEC	WIN
2000							3	
1999	02-15			88	16			
1998	05-20				16			
1996	99-18		81	14,5	16		4	
1995	00-12		90		15			
1994	97-	86-87	88					
1993	98-05	86-87	88					

La Gurgue, Margaux, *O.: CB; P.: CB, gut; G.: 5,* ⑤

		PAR	WSP	AüW	GAB	VIN	DEC	WIN
2000	08-16		89-91			16		8,6
1999	02-14			86	16	15		8,2
1998	02-10	78-79	77	86	17	14,5		
1997	01-09	76	84	14,5	16	1		7,9-8,0
1996	00-10	84-85?	87		17	2	4	8,6
1995	98-12		90	14,5; 79	16	1	3	
1994	99-17	74-78	85	78	16	2		7,9-8,0
1993	98-07		85	76	16	14..		
1992	-04	76-78	75-79	74	15			
1991			84	74	15	14..		
1990	-08	83	87	79	16	15,5		7,8
1989	00-04	86	90	82	17			8,5
1988	-05	85	88	80	15	15..		7,4
1987	-96		81	74	13	15		
1986	-06	88	85	83	16			
1985	-02	86	90	79	15			
1983	△	85	90					
1982	-96		83		15			
1981	-05				15			

Hanteillan, Haut-Médoc, *O.: CB; P.: CB*

		PAR	WSP	AüW	GAB	VIN	DEC	WIN
2000							3	
1999	04-12			85	16			
1998	01-12			85	16	1		
1997	02-09		81	12,5	14		2	
1996	03-18		83		14	1	3	
1995	98-14		85	14	14	2	3	
1994	98-05			14				
1991			75					
1990	-00	85	81			15,5		7,9-8,0
1989	-97	74	77					
1988	-00					14..		7,4

		PAR	WSP	AüW	GAB	VIN	DEC	WIN
1987			75	14,8				
1986		79	81					
1982			86					

Haut-Bages Averous, Pauillac (Zww. von Ch. Lynch Bages), *G.: CB*, ⑥

		PAR	WSP	AüW	GAB	VIN	DEC	WIN
2000	05-08					14		8,6+
1999	03-12				16			8,1
1998	03-13				16			8,3
1997	03-10	81-84			16			7,9-8,0
1996	00-08		86		16			
1995	00-12		89		15			7,9
1994	99-08		79		16			
1993	-07	78-82	79		14			5,8
1992	-02	75	71		13			
1991		74	79		11			
1990	-05	86	91		15	14..	4	
1989	-02	85	90	14	16			8,3
1988	-03	81	93	14	14	15,4		7,8
1987	▷		85	13,5	11	16		
1986	▷		90	14,2	15	18,5		
1985	▷		82		15			
1982	▷		81		16			
1981	▷				14			
1979			84					

Haut-Bages Libéral, Pauillac, *O.: 5; P.: 5*, ❺; *G.: CB*, ⑤

		PAR	WSP	AüW	GAB	VIN	DEC	WIN
2000	07-20		92-94	88		16,5	4	8,8
1999	04-14		80-84	86	16	15		7,2-7,8
1998	03-18	82-85?	85	89	17	15	4	8,6
1997	00-16	87	87	14,5	16		3	8,4
1996	03-20	87+	88	86	17	2	3	8,3+?
1995	00-15	85	90	15; 84	16	2	4	8,0+?
1994	98-15	86	84	83	16	2	3	8,2?
1993	98-09	85	84	82	15	14..		
1992	-03	76	79	74	14			
1991			84	74	15			
1990	96-12	87	83	85	17		4	8,8
1989	-08	84	88	83	16			
1988	-05	81	88	78	16	16		
1987	△	72		76	13	15		
1986	-15	90	91	88	16		3	
1985	-06	89	88	86	17		4	
1983	-99	85			14			
1982	-13	91	88		17		4	
1981	-00	84						
1979	△	83		15,4				
1978	△	70						
1975	-11	88						
1970	▷	70						

Haut-Bages Monpelou, Pauillac, *O.: CB; P.: CB; G.: CB*

		PAR	WSP	AüW	GAB	VIN	DEC	WIN
2000	05-10		85-88			14		8,4+
1999	02-12			84	15			8,2-8,3
1998	02-18			88	16			
1997	02-11				16		4	

Bewertungen jünger als 2 Jahre:	▲ jetzt	▶ austr.	▼ abg.	Schrift normal
älter als 2 Jahre:	△ jetzt	▷ austr.	▽ abg.	Schrift dünn
älter als 4 Jahre:	△ jetzt	▷ austr.	▽ abg.	*Schrift dünn kursiv*

Forts. Haut-Bages Monpelou		PAR	WSP	AüW	GAB	VIN	DEC	WIN
1996	02-14				16			
1995	98-10			14	16		5	
1994	98-08			14,5	14	14..		
1993	-05				14			
1992	-02				14		4	
1989	-04				13			8,2
1988	-00				15			
1986	-03				13			

Haut-Bailly, Pessac-Léognan, *O.: CC; P.: 3, ausgez.,* ❹; *G.: 5,* ④

		PAR	WSP	AüW	GAB	VIN	DEC	WIN
2000	05-25	89-91	89-91	89		17,5	4	9,3-9,4
1999	02-15	87-89	80-84	89	16	16,5	3	8,6-8,7; 8,9
1998	03-20	88	90	91	17	17	5	9,2+
1997	02-12	86	82	15,5	16	3	4	8,6-8,7
1996	02-15	87	90	88	17	4	5	9,0
1995	00-20	90	92	16; 86	16	4	5	8,3-8,5?
1994	99-25	88	90	85	17	3	4	8,7-8,8
1993	97-10	87	86	83	16	4		8,7; 9,0
1992	-08	86	87	81	16	15..	4	
1990	96-30	92	88	88	17	19,5		8,3-8,6
1989	05-20	89	92	87	17	18	4	8,6-8,7
1988	00-10	89	88	86	17	18..		9,0
1987	-99	85		76	12	16,3		
1986	-06	85	91	82	17	4		
1985	-04	86	91	84	16			
1983	△	87	91		16			
1982	-08	77	79		16			
1981	△	84	87					
1979	-05	87	84		17	16,9		
1978	△	81		14				
1975	▷	76			15			
1970	-00	87			17			
1961	-05	93	88		16			

Haut-Batailley, Pauillac, *O.: 5; P.: 5, sehr gut,* ❺; *G.: CB,* ⑤

		PAR	WSP	AüW	GAB	VIN	DEC	WIN
2000	02-20	88-89	89-91	88		15	4	8,6+
1999	04-13	83-86	85-89	85	16	14,5	3	8,0
1998	02-18	86	88	86	17	15	4	8,5
1997	02-14	86	87	15	16	2	3	8,3-8,4
1996	02-25	89-91	89	88	18	2,5	4	8,9
1995	00-15	89	90	15,5; 85	16	2	4	8,7-8,8
1994	98-11	86	85	84	15	2	3	8,2+
1993	98-10	85	84	83	15	14..		8,3-8,5
1992	-07	81	80	78	13			
1991		84	79	79				
1990	00-12	88	84	85	15	15,5		8,6-8,7
1989	01-06	87	90	84			2	8,7+
1988	00-15	83	87	80	16	5		8,3
1987	△	82	86	78		16		
1986	-08	84	85	80	16	19		
1985	△	85	81	81	16			
1983	-02	82			13		2	
1982	-10	86	91		17			
1981	△	85			16			
1979	△	76	82	16,4	13			
1978	-95	82		14	16			

		PAR	WSP	AüW	GAB	VIN	DEC	WIN
1975	-05	81			16			
1970	△	87			16			
1961	-04	84	87		17			

Haut-Beauséjour, St.-Estèphe, *O.: CB*

		PAR	WSP	AüW	GAB	VIN	DEC	WIN
2000			89-91					
1999	03-12			85+	15			
1998	01-14	72-75	85	84	15	15		
1997	01-11		80	14,5	15	2	3	
1996	02-16		78	84	15	2		
1995	00-15		85	14,5	15	2	4	
1994			88				3	
1993			85				3	

Haut Bergey, Pessac-Léognan, *O.: unklass.; P.: CB; G.: CB*

		PAR	WSP	AüW	GAB	VIN	DEC	WIN
2000	04-15	92-94	89-91	88		14	4	
1999	03-12	86-88		86	17			8,2
1998	04-20	87	88	89	17	1	4	8,8
1997	02-12	78	83	15	16		2	8,0+?
1996	-08		80	87	16	1	3	8,6-8,7
1995	00-18	82-85	87	15	14		4	7,3
1994	98-09	75	79	15,5	14			8,0
1993	-06	77		15	14			7,5-7,8
1992	-05	74			12			
1991		78						
1990						15		6,9-7,0
1989	▷				14			7,6
1988								7,7
1986		84						

Haut-Bernat, St.-Emilion (Puisseguin)

		PAR	WSP	AüW	GAB	VIN	DEC	WIN
2000			80-84					

Haut Bertinerie, Prem. Côtes de Blaye

		PAR	WSP	AüW	GAB	VIN	DEC	WIN
1996				15,5				

Haut Breton Larigaudière, Margaux, *O.: CB*

		PAR	WSP	AüW	GAB	VIN	DEC	WIN
1999	04-12			84	15			
1998	02-12			86	15			
1997	05-15			14	16		2	
1996							2	
1995	00-08				16		4	
1994	98-14			13,75	15			

Haut Brion, Pessac-Léognan, *O.: I; P.: I, hervorr.,* ❶; *G.: I,* ①

		PAR	WSP	AüW	GAB	VIN	DEC	WIN
2000	07-40	96-98	92-94	93		18,5	5	9,4-9,5
1999	05-25	91-93	90-94	93	19	17	4	9,3

Bewertungen jünger als 2 Jahre:	▲ jetzt	► austr.	▼ abg.	Schrift normal
älter als 2 Jahre:	△ jetzt	▷ austr.	▽ abg.	Schrift dünn
älter als 4 Jahre:	△ jetzt	▷ austr.	▽ abg.	*Schrift dünn kursiv*

Forts. Haut Brion		PAR	WSP	AüW	GAB	VIN	DEC	WIN
1998	06-35	**96+**	**97**	96	19	5	5	9,6-9,7
1997	01-20	**89**	**90**	17	18	**4**	5	9,2
1996	03-30	92+	91	**94**	18	5	5	9,4-9,5
1995	00-30	96	94	17; 94	19	5		9,1-9,2
1994	02-25	93	93	89	18	5	4	9,5
1993	98-20	92	91	88	*18*	4		9,2-9,4
1992	99-14	*90*	88	87	16	*16..*		
1991		*86*	85	84	*16*	*16..*		
1990	02-30	96	**95**	**97**	**19**	*18*		*8,8*
1989	03-25	100	**97**	**99**	20	*18-20*	**5**	*10*
1988	00-25	*91*	98	**90**	18	*18..*		9,3-9,4
1987	-02	*87*	*84*	86	*16*	*17,6*		
1986	00-30	96	**86**	**89**	19	*19,5*		
1985	98-15	94	93	90	19			
1983	-15	*87*	*88*		*18*			
1982	02-20	**94**	**95**	**95**	18		**4**	
1981	-10	*85*	*82*		*18*	*18,4*		
1979	-06	93	88	*17,8*	18	*18,9*		
1978	-03	90?	*90*		*17*			
1975	99-18	*93+*	*90*		*18*			
1970	-08	*85*	90		*18*			
1961	-15	*100*	*96*	**98**	*20*			

Haut-Brisson, St.-Emilion

		PAR	WSP	AüW	GAB	VIN	DEC	WIN
2000	03-15	89-90						

Haut-Canteloup, Médoc, *O.: CB*

		PAR	WSP	AüW	GAB	VIN	DEC	WIN
1998	01-05			82				
1996						1	**4**	

Haut de Carles, Fronsac

		PAR	WSP	AüW	GAB	VIN	DEC	WIN
2000	03-21	90-92						8,2
1999	02-14	87-90			17		3	
1998	02-14	**88**		86	**17**		3	
1997	-08	**87**		13,5				7,8-8,0?
1995	-04	86						

Haut-Chaigneau, Lalande de Pomerol

		PAR	WSP	AüW	GAB	VIN	DEC	WIN
2000	-08	88-89	85-88				3	8,1
1999	-06	85-87						7,9-8,0
1998	-06	**86**	85-89					8,3+
1997		85*	84*					
1996	99-		86					
1995	99-		88*				4*	

Haut-Condissas, Médoc (Cuvée von Rollan de By), *G.: (4)*

		PAR	WSP	AüW	GAB	VIN	DEC	WIN
2000			85-88					
1999	03-16	87-88*		88	17			
1998	03-20	88*			17			

		PAR	WSP	AüW	GAB	VIN	DEC	WIN
1997	01-		88*					
1996				91				
1995	00-15				17			

Haut-Corbin, St.-Emilion, *O.: GCC; P.: CB,* ❺

		PAR	WSP	AüW	GAB	VIN	DEC	WIN
2000		85-87	89-91					
1999	03-14			86	14			
1998	02-10	87-89	93	87				
1997	01-10	85	88	15	16			
1996	99-	81-84	86				3	
1995	01-11	85	88		16		3	7,4
1994	-07		85-89		16			
1993			85-89					
1991			76					
1990	-10	87	91		16			7,6-7,7
1989	-03	87	91		13			
1988	-01	86						8,1

Haut-Cormey, St.-Emilion (Zww. von Ch. Cormeil-Figeac)

		PAR	WSP	AüW	GAB	VIN	DEC	WIN
1996			79					

Haut-Coteau, St.-Estèphe

		PAR	WSP	AüW	GAB	VIN	DEC	WIN
1995							3	

Haut Ferrand, Pomerol

		PAR	WSP	AüW	GAB	VIN	DEC	WIN
1999	04-14				16			
1998	02-16			84	16			
1995							2	

Haut Gardère, Pessac-Léognan, *O.: unklass.; P.: CB, gut*

		PAR	WSP	AüW	GAB	VIN	DEC	WIN
1999								8,3
1997			85-89					8,3
1996	00-20	76-78	84		16			8,3
1995	00-18		89		16	1	3	8,1
1989	95-					14..		
1988	-02				16			

Haut la Grace Dieu, St.-Emilion

		PAR	WSP	AüW	GAB	VIN	DEC	WIN
2000		87-89						8,7

Haut-Gravet, St.-Emilion

		PAR	WSP	AüW	GAB	VIN	DEC	WIN
1999		86-87+?						
1998	02-10	87-89						

Haut Guiraud, Côtes de Bourg

		PAR	WSP	AüW	GAB	VIN	DEC	WIN
1998	02-06					14,5		
1994	-02					2		

Haut Lagrange, Pessac-Léognan

		PAR	WSP	AüW	GAB	VIN	DEC	WIN
2000	-09			85				
1998	02-		83					
1997			79					
1996	00-		80				3	
1995	00-		90				4	
1994	97-		79					
1993	△		81					
1992	96-		*81*					
1991			*83*					

Haut-Lariveau, Fronsac

		PAR	WSP	AüW	GAB	VIN	DEC	WIN
2000	-08			85				
1999								7,4
1998	02-		88					
1997	00-10	86-87	87	15				7,9+
1996	99-10		85	15		1,5		7,4
1995	00-08		89	14,5				
1990							*3*	

Haut-Logat, Haut-Médoc, *O.: CB*

		PAR	WSP	AüW	GAB	VIN	DEC	WIN
1997							2	
1996			83				4	
1995	00-08			14,5			2	

Haut Macô, Côtes de Bourg

		PAR	WSP	AüW	GAB	VIN	DEC	WIN
1998	03-08					14,5		
1995	01-05					15,5		

Haut Macô Cuvée Jean Bernard, Côtes de Bourg

		PAR	WSP	AüW	GAB	VIN	DEC	WIN
1998	04-10					15		

Haut-Madrac, Haut-Médoc

		PAR	WSP	AüW	GAB	VIN	DEC	WIN
2000							3	
1999	-07			81				
1998	01-05			82				

Haut-Maillet, Pomerol, *O.: unklass.; P.: CB*

		PAR	WSP	AüW	GAB	VIN	DEC	WIN
2000			89-91					

		PAR	WSP	AüW	GAB	VIN	DEC	WIN
1999	04-12			84	16	14,5		
1998	02-16	78-81?	93	85	16	14		
1997	00-09	75-80	81		15	1		
1996	02-15	80	81		15			
1995	00-11	81-84	87		13		2	
1994	-05	78						
1993		74						
1990	-99	85	88			14,5		
1989	-98	84	82					
1988	-96	76						
1986							4	
1985							2	

Haut-Marbuzet, St.-Estèphe, *O.: CB; P.: 3, ausgez.,* ❸; *G.: CB,* ④

		PAR	WSP	AüW	GAB	VIN	DEC	WIN
2000	-15		85-88	90				8,4(+?)
1999	03-15	87-88	85-89	88	16	15		8,4
1998	05-11	87	88					7,9-8,0
1997	03-12	85	88	15	17		4	8,4
1996	00-15	87-88	90	89	16		4	9,0
1995	01-15	87	91	85	17		5	8,5-8,6+
1994	99-06	89	87	81	16	14..		8,3+
1993	-07	82	85	79	15	13..		8,0-8,2
1992	-00	82?	83	78	15		4	
1991		84	84	79	14	14..		
1990	97-09	93	92	90	16	15,5		8,7+?
1989	02-06	86	90	87	17			8,6+
1988	-00	89	90	85	14	16,9	5	8,4
1987	▷	82	82	78	14	16,7		
1986	-06	90	92	87	17			
1985	-04	88	88	85	17			
1983	△	88	90		17			
1982	△	89	94		18			
1981	△	85	90					
1979	-05	85	85		17			
1978	△	80						
1970	▷				17			

Haut-Maurac (Bellecour), Médoc, *O.: CB*

		PAR	WSP	AüW	GAB	VIN	DEC	WIN
1998	02-06			85				

Haut-Mayne, Graves

		PAR	WSP	AüW	GAB	VIN	DEC	WIN
1995							3	

Haut-Mazeris, Canon-Fronsac

		PAR	WSP	AüW	GAB	VIN	DEC	WIN
1999	-10			83				

Haut Mondain, St.-Emilion (Montagne)

		PAR	WSP	AüW	GAB	VIN	DEC	WIN
1999								6,9
1997								6,9
1996								6,9

Bewertungen jünger als 2 Jahre:	▲ jetzt	▶ austr.	▼ abg.	Schrift normal
älter als 2 Jahre:	△ jetzt	▷ austr.	▽ abg.	Schrift dünn
älter als 4 Jahre:	△ jetzt	▷ austr.	▽ abg.	*Schrift dünn kursiv*

Haut-Mondésir, Côtes de Bourg

	PAR	WSP	AüW	GAB	VIN	DEC	WIN
1998 04-10					15,5		

Haut Nouchet, Pessac-Léognan

	PAR	WSP	AüW	GAB	VIN	DEC	WIN
1996						3	
1994		70-74					
1993 △		78					

Haut du Peyrat, Prem. Côtes de Blaye

	PAR	WSP	AüW	GAB	VIN	DEC	WIN
2000	85-86						

Les Hauts de Pez, St.-Estèphe (Zww. von Ch. Tour de Pez)

	PAR	WSP	AüW	GAB	VIN	DEC	WIN
1996 99-		85					

Haut-Pezat, St.-Emilion

	PAR	WSP	AüW	GAB	VIN	DEC	WIN
1997 △		80					
1996		76					

Haut-Plantade, Pessac-Léognan

	PAR	WSP	AüW	GAB	VIN	DEC	WIN
1995						3	

Haut-Pontet, St.-Emilion

	PAR	WSP	AüW	GAB	VIN	DEC	WIN
2000	85-87						
1982 △		88					

Haut Pradier, Côtes de Bourg

	PAR	WSP	AüW	GAB	VIN	DEC	WIN
1998 02-06					14		

Haut-Redon, Bordeaux

	PAR	WSP	AüW	GAB	VIN	DEC	WIN
1994		83					

Haut-Sarpe, St.-Emilion, *O.: GCC; P.: CB*

	PAR	WSP	AüW	GAB	VIN	DEC	WIN
2000 06-14			84		15		8,7+
1999 05-12			84		14		
1998 02-13			86	16	14	1	8,2+?
1997 00-12			15	15	1	2	
1996 00-07		80		15		3	
1995 99-06		82		14		3	

		PAR	WSP	AüW	GAB	VIN	DEC	WIN
1994								*7,6*
1993		*72-74*						
1992		*72*						
1990	-09	*88*			*16*			*8,2-8,4*
1989	-04	*81*			*15*	*14..*		
1988	-00	*79*	*83*					
1987				*13,5*		*14*		
1986				*15*				
1985						*15,4*		
1982	-00	*85*	*87*					
1981	△	*83*						
1979			*78*					
1978	△	*82*		*14*				

Haut-Selve, Graves

		PAR	WSP	AüW	GAB	VIN	DEC	WIN
1998	04-		87					
1997			80-84					

Haut Sociando, Prem. Côtes de Blaye

		PAR	WSP	AüW	GAB	VIN	DEC	WIN
1998		84-85						
1996		80-83						
1994	-00	81-83						
1992		80-82						
1990	-98	*85*						
1986		*80*						

Haut-Surget, Lalande de Pomerol

		PAR	WSP	AüW	GAB	VIN	DEC	WIN
1996	△		84					
1995	△		87				5	
1986		*76*						

Haut-Tropchaud, Pomerol

		PAR	WSP	AüW	GAB	VIN	DEC	WIN
1999	-14			85				
1995								*8,2*

Haut Vigneau, Pessac-Léognan

		PAR	WSP	AüW	GAB	VIN	DEC	WIN
2000			80-84					
1998			79					
1997	-02		87					
1996	99-		84					
1995			74					

Haut-Vignoble-du-Parc, Haut-Médoc, *O.: CB*

		PAR	WSP	AüW	GAB	VIN	DEC	WIN
1997				14				
1996	△		82					
1995	98-05		85	14				

Haut-Villet, St.-Emilion, *O.: GC; G.: CB*

		PAR	WSP	AüW	GAB	VIN	DEC	WIN
2000		87-88?						
1999	02-14	88-89+			16			
1998	01-16	87			16			
1997	02-08	80-83			15			
1996	03-16	74-76			13			
1995	02-13				16			

Haut-Villet Cuvée Pomone, St.-Emilion, *O.: GC*

		PAR	WSP	AüW	GAB	VIN	DEC	WIN
2000	05-20	87-89+?				14		
1999	02-16	88-89+			17			
1998	01-20	89+?			15			
1997	00-08				16	1		

Les Hauts de Bergey, Pessac-Léognan (Marke von Ch. Haut Bergey)

		PAR	WSP	AüW	GAB	VIN	DEC	WIN
1996			75					
1995							3	

Les Hauts Conseillants, Lalande de Pomerol

		PAR	WSP	AüW	GAB	VIN	DEC	WIN
2000		87-88	80-84					
1998	-08	86-87						
1997	-03	84						
1996	00-	72-74	86					
1995							3	
1993	△		84					
1992		72-74						
1986		84						

Les Hauts de Pontet, Pauillac (Zww. von Ch. Pontet-Canet)

		PAR	WSP	AüW	GAB	VIN	DEC	WIN
1998								8,3+
1997							3	
1996	02-		88					8,4+
1995			80-84				1	8,5
1989								7,7

Les Hauts de Smith, Pessac-Léognan (Zww. von Ch. Smith Haut Lafitte)

		PAR	WSP	AüW	GAB	VIN	DEC	WIN
1996	01-		85					
1995	99-		85					
1994	97-		79					
1993	△		79					

La Haye, St.-Estèphe, *O.: CB*

		PAR	WSP	AüW	GAB	VIN	DEC	WIN
1999	04-12			82	15			
1997	04-12			13	15		3	
1996							3	
1995	98-05			14	16		4	

L'Hermitage, St.-Emilion, *O.: GC; P.: 5, ausgez.; G.: (2)*

		PAR	WSP	AüW	GAB	VIN	DEC	WIN
2000	-15	90-91						
1999	03-20	87-89		91+	17			
1998	03-25	89+	90		19			
1997	05-20	88	85-89		18			

La Horse, Fronsac

		PAR	WSP	AüW	GAB	VIN	DEC	WIN
1999	-15			88				

Hortevie, St.-Julien, *O.: CB; P.: CB, sehr gut,* 4

		PAR	WSP	AüW	GAB	VIN	DEC	WIN
1998		84-86						
1997		85						
1996	01-12	87-89						
1995	00-12	87						
1994	-05	87						
1993	-04	87						
1992		74-76						
1990	-99	86						
1989	-00	87						
1988	-99	85						
1986	-01	87						
1985	△	85						

Hosanna (bis 1998 Ch. Certan-Giraud), Pomerol, *P.:* 5

		PAR	WSP	AüW	GAB	VIN	DEC	WIN
2000	03-16	90-93	89-91	92		15,5	3	8,9
1999	05-24	90-92	85-89	89	18	15,5	4	8,6
1998	-09	85						

l'Hospitalet de Gazin, Pomerol (Zww. von Ch. Gazin)

		PAR	WSP	AüW	GAB	VIN	DEC	WIN
1998	01-10			84				

Hostens Picant, Bordeaux

		PAR	WSP	AüW	GAB	VIN	DEC	WIN
2000		85-86						
1998		84-85						
1996		84-85						
1995		85						

Hostens Picant Cuvée Luculus, Bordeaux

		PAR	WSP	AüW	GAB	VIN	DEC	WIN
2000		86-88						

Hourbanon, Médoc, *O.: CB*

		PAR	WSP	AüW	GAB	VIN	DEC	WIN
1990								7,8

Bewertungen jünger als 2 Jahre:	▲ jetzt	▶ austr.	▼ abg.	Schrift normal
älter als 2 Jahre:	△ jetzt	▷ austr.	▽ abg.	Schrift dünn
älter als 4 Jahre:	△ jetzt	▷ austr.	▽ abg.	*Schrift dünn kursiv*

La Houringue, Haut-Médoc

		PAR	WSP	AüW	GAB	VIN	DEC	WIN
2000							3	

Hourtin-Ducasse, Haut-Médoc, *O.: CB*

		PAR	WSP	AüW	GAB	VIN	DEC	WIN
2000							3	
1995	98-07			14				

de la Huste, Fronsac

		PAR	WSP	AüW	GAB	VIN	DEC	WIN
2000			80-84					
1998			85-89					8,2-8,4
1997	▲		87					

L'Interdit de Badon Thunevin, St.-Emilion

		PAR	WSP	AüW	GAB	VIN	DEC	WIN
2000								9,1

L'Interdit de Valandraud, St.-Emilion

		PAR	WSP	AüW	GAB	VIN	DEC	WIN
2000		85-87?						8,7

d'Issan, Margaux, *O.: 3; P.: 5,* (6); *G.: CB*

		PAR	WSP	AüW	GAB	VIN	DEC	WIN
2000	05-20		89-91			16,5	4	8,9-9,0
1999	03-20	90-92	85-89		16	15,5		8,7
1998	02-15	87	79	87	15	15		8,4+
1997	02-12	86	81		14	3		8,8
1996	00-22	88	90		16	3	4	9,2
1995	00-15	87	89	81	15	2	4	8,9-9,1+
1994	98-13	84	83	80	16	1	2	
1993	00-10	73	83	78	14			8,4
1992			75-79	77				
1991			80-84	78	13			
1990	98-20	85	86	82	15	16		9,2+
1989	-02	83	84	80	15		3	9,1
1988	△	75	89	76	14			9,0
1987			76	74		14		
1986	-05	77	83	75	13	19		
1985	-04	86	88	84	14			
1983	-05	87	91	17,7			3	
1982	-02	84	87		13			
1981	△	82						
1979	△	78		15,6				
1978	-99	86						
1975	-08	82			15			
1970	-00	79			14			

Jacques Blanc, St.-Emilion, *O.: GC*

		PAR	WSP	AüW	GAB	VIN	DEC	WIN
2000			80-84					

Jacques Blanc Cuvée Alienor, St.-Emilion, *O.: GC*

		PAR	WSP	AüW	GAB	VIN	DEC	WIN
2000		85-86						

Jacques Blanc Cuvée du Maitre, St.-Emilion, *O.: GC*

		PAR	WSP	AüW	GAB	VIN	DEC	WIN
2000		85-87						

Jean Faure, St.-Emilion, *O.: GC; P.: CB*

		PAR	WSP	AüW	GAB	VIN	DEC	WIN
1988								*8,3*
1986				*13,5*				
1982	△		89					

Jean de Gué, Lalande de Pomerol

		PAR	WSP	AüW	GAB	VIN	DEC	WIN
2000	-07	88-90*						
1999	-09	87-89*						
1998	-09	88*						
1997	-04	85-86*						

Jean Voisin, St.-Emilion, *G.: (4)*

		PAR	WSP	AüW	GAB	VIN	DEC	WIN
2000	06-12					14,5		
1999	02-10				17			
1998	04-18				17			
1997	01-08				16			
1995	03-13				*13*			

Jeanrousse, Fronsac

		PAR	WSP	AüW	GAB	VIN	DEC	WIN
1995	00-08			14				

Jonqueyres, Bordeaux Supérieur

		PAR	WSP	AüW	GAB	VIN	DEC	WIN
2000			80-84					7,9
1998								7,9-8,0+
1995	△		85					*8,1*
1993	-00	*85-86**						

Les Jonqueyres, Prem. Côtes de Blaye

		PAR	WSP	AüW	GAB	VIN	DEC	WIN
1999								7,7+
1996								*7,8-8,0*
1993	-02					3		
1992	-97	*85*						
1990	98-05					*16..*		

Bewertungen jünger als 2 Jahre:	▲ jetzt	▶ austr.	▼ abg.	Schrift normal
älter als 2 Jahre:	△ jetzt	▷ austr.	▽ abg.	Schrift dünn
älter als 4 Jahre:	△ jetzt	▷ austr.	▽ abg.	*Schrift dünn kursiv*

Jouanin, Côtes de Castillon

		PAR	WSP	AüW	GAB	VIN	DEC	WIN
1999								**7,5**
1998		85-86						
1997								*7,5; 7,0**
1996		*78-80*						*7,5; 7,7**
1995								*7,3+*
1994								*7,0*
1990								*7,2*
1989								*7,5*
1988								*7,3*

La Joye, Bordeaux Supérieur

		PAR	WSP	AüW	GAB	VIN	DEC	WIN
1990								*7,8+*
1989								*7,5*
1988								*7,3+*

du Juge, Premières Côtes de Bordeaux

		PAR	WSP	AüW	GAB	VIN	DEC	WIN
1999								**7,2-7,3**
1997								*7,2-7,3*
1996								*7,2-7,3*

Julien, Haut-Médoc, *O.: CB*

		PAR	WSP	AüW	GAB	VIN	DEC	WIN
2000							2	
1999	-09			82				

Le Jurat, St.-Emilion, *O.: GC; P.: CB*

		PAR	WSP	AüW	GAB	VIN	DEC	WIN
2000			89-91					
1999	02-10				14			
1998	03-12		*85-89*		*15*			
1997	02-10		**83**	*14,5*	*15*			
1996	01-07		*79*		*14*	*1*		
1995	99-07		*86*		*15*			
1994	97-06		*87*		*15*			
1993			*80-84*					
1991			*76*					
1990	-06	*84*			*16*			*7,4-7,6*
1989	-05	*86*						*8,3*
1988	-97	*86*						*7,6+*
1986	-00	*85*			*15*			
1985	△	*81*						

Karolus, Haut-Médoc (Cuvée von Ch. Sénéjac)

		PAR	WSP	AüW	GAB	VIN	DEC	WIN
2000	-12	87-89	89-91	87				7,9(+?)
1999		85-86						

Kirwan, Margaux, *O.: 3; P.: 5,* ❺; *G.: CB,* ⑥

		PAR	WSP	AüW	GAB	VIN	DEC	WIN
2000	05-30	91-92+	92-94	89		16	4	8,7
1999	04-25	90-91	85-89	88	15	15	3	8,3
1998	03-25	90	89	88	15	15	4	8,8-8,9
1997	01-12	87	88	15	17	1	3	8,0?
1996	03-25	88	90	89	16	2	3	8,4-8,5
1995	00-18	85	93	16; 86	16	1	4	7,8-8,8
1994	97-18	86	85	81	18	1	3	8,1-8,3
1993	97-15	86	86	84	16		5	8,3-8,5
1992	96-09	85	78	83	14			
1991		77	75-79	76				
1990	-05	78	90	75	15	15		8,0
1989	-08	83	86	80	16			6,9-7,0
1988	-08	79	87	76	14			7,5
1987				78				
1986	△	85	82	82		18	3	
1985	-00	85	90	82			3	
1983	-05	87	86		14			
1982	△	84	88		14			
1981	△	75						
1979	-02	83		16,7	13			
1978	△	80						
1975	△	71						

L. de Louvière, Pessac-Léognan (Zww. von Ch. La Louvière)

		PAR	WSP	AüW	GAB	VIN	DEC	WIN
1996			78					
1995	△		82				5	
1994	97-		84					
1993	△		80					
1992				14,9				

Labat, Haut-Médoc (Zww. von Ch. Caronne Ste Gemme)

		PAR	WSP	AüW	GAB	VIN	DEC	WIN
1997			80-84					
1996			85-89					
1995			87					

Labatut-Bouchard, Premières Côtes de Bordeaux

		PAR	WSP	AüW	GAB	VIN	DEC	WIN
1996		86						
1993						0,5		

Labégorce, Margaux, *O.: CB; P.: CB; G.: CB*

		PAR	WSP	AüW	GAB	VIN	DEC	WIN
2000	02-12	86-87	89-91	87				8,5
1999	04-12	85-86		85+	17			7,7+
1998	03-20	81-83	83	88	17	1,5	4	8,3-8,4
1997	00-10	78	80	14	16	1	3	7,9
1996	00-15	85-86+	87	84	17	2	4	8,5
1995	00-12		85-89	13,5	17		4	8,4
1994	98-09	67-70		13,5	15			7,8
1993	98-05	72-74		13,5	13			7,6
1992	-04		75-79		13			
1991			74	14	13			

Forts. Labégorce		PAR	WSP	AüW	GAB	VIN	DEC	WIN
1990	-07		82		14	15,5		8,3-8,5
1989	-04		87	14,8	14			
1988	-02				14	14..		7,7
1987			77					
1986	▽		86		13			
1982	△		80	13,7				
1970	-02				16			

Labégorce Zédé, Margaux, *O.: CB; P.: 5 (CB), gut,* ❻; *G.: 5,* ⑤

		PAR	WSP	AüW	GAB	VIN	DEC	WIN
2000	08-20	86-87	89-91	88		15,5		
1999	05-15	85-86	85-89	87	17	15		8,4
1998	04-12	84-85			16	15		
1997	01-12	86-87	83	15	16	1	2	8,0
1996	02-20	85-86		87	17	2,5	2	8,4
1995	98-10	85	89	14,5; 79	16	1	4	
1994	98-20	74-76		80	17	14,5..		
1993	98-12			70	15	14..		7,3
1992	98-09	73	79	72	16			
1991		70	84	68				
1990	-08	88	89	85		15,5		7,7
1989	-06	87	86	84	16		1	8,4
1988	98-05	78	83	75		15..		
1987			84	74				
1986	△	84	91	81	13			
1985	-05	85	84	82	15			
1983	△	86	88	16,5				
1982			87					
1975	-94				15			

Laborde, Lalande de Pomerol

		PAR	WSP	AüW	GAB	VIN	DEC	WIN
1995							3	

Lacaussade-St.-Martin, Prem. Côtes de Blaye

		PAR	WSP	AüW	GAB	VIN	DEC	WIN
2000			80-84					
1998			79					
1996			75-79					

Lachesnaye, Haut-Médoc, *O.: CB*

		PAR	WSP	AüW	GAB	VIN	DEC	WIN
2000			85-88					
1998			75-79					
1997			79				2	
1996	00-		85			1,5		
1995	02-08		87					
1992	△		70					
1991			65-69					
1990			88					7,9-8,0
1989	00-10		88					
1988								7,8

Laclaverie, Côtes de Francs

		PAR	WSP	AüW	GAB	VIN	DEC	WIN
1997			75-79					
1996			75-79					
1994		74-76						
1989	-05		87					
1988							4	

Lacombe-Noaillac, Médoc, *O.: CB*

		PAR	WSP	AüW	GAB	VIN	DEC	WIN
1997			79					
1996			76			1	1	
1995	△		79				4	
1994	97-		79					

Lacoste Borie, Pauillac (Zww. von Ch. Grand-Puy Lacoste)

		PAR	WSP	AüW	GAB	VIN	DEC	WIN
1993			75					
1990			87					
1989		78	89					7,9-8,0
1988			89	13				8,0
1986			84	14,5		16,5		

Lafite Rothschild, Pauillac, *O.: I; P.: I, hervorr.,* ❶*; G.: I,* ①

		PAR	WSP	AüW	GAB	VIN	DEC	WIN
2000	09-50	94-96	95-100	94		19,5	5	10+
1999	04-30	93-95	90-94	91	18	17	4	9,6
1998	06-35	98	93	92	18	18	5	9,8
1997	05-20	92	90	17,5	18	5	4	9,0+
1996	02-50	100	96	93	17	5	5	9,9+
1995	00-30	95	97	17; 94	18	5		9,7-9,9?
1994	02-30	90+?	93	90	18	5	3	9,3
1993	98-20	88	86	89	17	5		9,2-9,5
1992	97-14	89	89	86	18	15-16..		
1991		86	85	83	16	15..		
1990	05-35	92+	96	90	19	19		9,9-10
1989	98-25	90+	88	91	19	18..	4	10
1988	99-35	94	90	88	18	17,4		9,5
1987	-04	87	88	85	16	17,3		
1986	00-30	100	94	92	19			
1985	98-20	87	90	90	19			
1983	96-30	93	91		18		5	
1982	07-70	100	94	93	18		4	
1981	-18	91	88		17	17,4		
1979	-12	87	92	16,7	16	17,9		
1978	-15	87	94	18	17			
1975	-28	92?			15			
1970	-98	85	92		14			
1961	-20	84	94M		18			

Lafleur, Pomerol, *O.: unklass.; P.: I, hervorr,* ❶*.; G.: I,* ①

		PAR	WSP	AüW	GAB	VIN	DEC	WIN
2000	15-40	93-95+	89-91	94			5	
1999	05-25	91-94	90-94	91	18		3	9,3
1998	08-35	90?	96		19	17		
1997	01-18	88?	89	17	17	3		

Bewertungen jünger als 2 Jahre:	▲ jetzt	▶ austr.	▼ abg.	Schrift normal
älter als 2 Jahre:	△ jetzt	▷ austr.	▽ abg.	Schrift dünn
älter als 4 Jahre:	△ jetzt	▷ austr.	▽ abg.	*Schrift dünn kursiv*

Forts. Lafleur		PAR	WSP	AüW	GAB	VIN	DEC	WIN
1996	00-25	90+?	89	90	17	4	4	8,2
1995	98-50	93+	95	17,5; 95	18	4	3	9,0-9,2
1994	02-30	93+	85-89	93	18	5		9,1-9,5+?
1993	99-20	90+	88	90	18			
1992	96-15	91	88	90	18			
1990	99-45	97	95	97	19	17,5	5	
1989	00-40	95+	97	92	19	18..	4	
1988	00-35	94	98	94	19	17..	5	
1986	05-30	94+	95	95	16		4	
1985	-20	96	90	95	19		5	
1983	98-20	93	91		19		3	
1982	00-30	100	99		18		5	
1981	-05	?	87	15,3	16		4	
1979	00-30	98+	87	19,2	19			
1978	00-20	93	92	15	18			
1975	00-50	100	85		20			
1970	06-30	88?	96		20			
1961	98-30	98	82		20M			

Lafleur, St.-Emilion

		PAR	WSP	AüW	GAB	VIN	DEC	WIN
1998	02-10	86-88						

Lafleur Gazin, Pomerol, *P.: CB; G.: CB,* ⑥

		PAR	WSP	AüW	GAB	VIN	DEC	WIN
2000	04-08					14	3	8,3
1999	04-13	85-86		85	16			8,1
1998	03-18	89	83	89	16		3	8,6
1997	02-12	86-88	79	14,5	16		2	8,0-8,2
1996	99-16		84	86	16			
1995	98-12		90	15	16			
1994	97-06		83	14,5	15			8,2+
1993	-05	73	85	14	15			
1992	-04	72	80-84		15		3	
1990	-10	83	90		16			
1989	00-08	78	88		16	14..		8,3
1988	△	84			15			
1982	△		90					
1981	▷				15			
1979				14,9				

Lafleur de Plince, Pomerol

		PAR	WSP	AüW	GAB	VIN	DEC	WIN
2000	03-15	87-89						

Lafleur du Roy, Pomerol, *O.: unklass.; P.: CB*

		PAR	WSP	AüW	GAB	VIN	DEC	WIN
1999	03-10			83	15			
1998	04-15				15			
1997	00-05			14	15			
1995							2	
1989	-03	70						

Lafon, Médoc, *O.: CB; G.: CB,* ⑤

		PAR	WSP	AüW	GAB	VIN	DEC	WIN
2000		86-87						8,3+
1999	04-12			85	16			8,1
1998	04-15			87	16			
1997	04-14			14,5	16			
1996	00-20			15	**17**			
1995	98-14			14,5	*17*		4	
1994	-06			*14,25*				
1993	-03				*16*			
1990	-05				*16**			
1989	-03				*15**			
1988	▷				*14**			

Lafon-Lamartine, Prem. Côtes de Blaye

		PAR	WSP	AüW	GAB	VIN	DEC	WIN
1994	98-03					2		

Lafon Menaut, Pessac-Léognan

		PAR	WSP	AüW	GAB	VIN	DEC	WIN
2000			80-84					
1998	02-		80					
1997	▲		82					
1996			79					

Lafon-Rochet, St.-Estèphe, *O.: 4; P.: 4, sehr gut,* ❸*; G.: 5,* ⑥

		PAR	WSP	AüW	GAB	VIN	DEC	WIN
2000	04-20	90-91		91		15	4	8,8
1999	02-12	85-87	85-89	85	16	14,5	3	8,2-8,8
1998	03-16	**88**	**87**	89	17	2	4	8,7-8,8
1997	01-14	**87**	**87**	15	17	1	3	8,4-8,5
1996	01-20	90	90	**89**	17	1	4	*8,4+*
1995	00-18	89+	93	14,5; 89	17	2	**3**	*8,9-9,0*
1994	99-25	89+	88	85	16	1	3	*8,4+*
1993	00-10	86	88	83	16		4	
1992	98-08	*85?*	*84*	82	15			
1991		*85*	78	81	15			
1990	-22	*89*	**90**	83	**15**	*16,5*		*8,4-8,5*
1989	00-15	*88*	90	86	13		**3**	*8,3-8,6*
1988	-10	*87*		84	*13*			*8,3*
1987	△	*71*		69		*16; 13*		
1986	-15	*88*		85	*16*		3	
1985	-99	*83*		80	*16*			
1983	-05	*86*			*12*		**3**	
1982	-10	*86*	*90*					
1981	△				*12*			
1979	-99	*85*		*14,6*	*13*			
1978	△	*82*			*14*			
1975	-00	*82*						
1970	-00	*87*	*80*					
1961	△	*85*						

Lafon la Tuilière, St.-Emilion

		PAR	WSP	AüW	GAB	VIN	DEC	WIN
2000		86-88						

Bewertungen jünger als 2 Jahre:	▲ jetzt	▶ austr.	▼ abg.	Schrift normal
älter als 2 Jahre:	△ jetzt	▷ austr.	▽ abg.	Schrift dünn
älter als 4 Jahre:	△ jetzt	▷ austr.	▽ abg.	*Schrift dünn kursiv*

Laforge, St.-Emilion

		PAR	WSP	AüW	GAB	VIN	DEC	WIN
1999							4	8,8

de Lagarde, Bordeaux

		PAR	WSP	AüW	GAB	VIN	DEC	WIN
1996								7,5
1995								7,3+

Lagarosse, Premières Côtes de Bordeaux

		PAR	WSP	AüW	GAB	VIN	DEC	WIN
1990								7,3+

Lagrange, Pomerol, *O.: unklass.; P.: CB; G.: 4,* ④

		PAR	WSP	AüW	GAB	VIN	DEC	WIN
2000	05-12	84-86		87		14,5		8,3
1999	04-15	82-84	80-84	87	16			7,8
1998	03-17	86-88	85-89	90	17	14,5	3	8,6+
1997	02-10	85	85-89	15,5	16		3	7,8
1996	01-14	76	80-84	87	16		2	7,8
1995	00-13	86	90-94	15,25	16	1		8,3
1994	98-10	86	86	15	17			8,3
1993	-07	77	83	14,5	17			8,6
1992	-07	84+	75	14	16			
1990	-14	86	95		17	14,5		8,4-8,5
1989	98-05	75	87		16	15..	2	8,5-8,6
1988	-05	77			16	14,7		8,4
1987	-98				15			
1986	-02	73		10,5	15			
1985	-05	83			17		3	
1982	△		91					
1981	▷				15			

Lagrange, St.-Julien, *O.: 3; P.: 3 (2), ausgez.,* ❸; *G.: 4,* ③

		PAR	WSP	AüW	GAB	VIN	DEC	WIN
2000	04-18	87-88?	89-91	87		15,5	4	9,0+
1999	02-16	88-90	85-89		17	15	4	8,6
1998	02-15	88	87	89	17	15,5	3	8,8
1997	02-15	85	88	15	17	4	4	8,7
1996	02-22	90	90	91	17	3	3	8,9-9,0
1995	00-20	90	91	16; 86	17	4	4	8,1; 8,4-8,7?
1994	98-22	88	88	84	17	2,5	3	
1993	97-10	87	89	85	15	14..	5	
1992	96-15	87	87	84	16			
1991			86	81	12	14..		
1990	00-25	93	95	90	18		4	
1989	-12	90	94	87	17		3	8,6-8,7
1988	01-10	86	96	83	17	15,6		
1987	-97			76	13	17		
1986	00-25	92	86	89	18	18,5	4	
1985	97-10	89	91	96	17		4	
1983	-00	86	88				1	
1982	-00	85	94		15			
1981	△		85					
1979	▷	78		16,1				
1978	▷	80			13			

		PAR	WSP	AüW	GAB	VIN	DEC	WIN
1975	△	70						
1970	△	84			16			
1961	-00	85	86		17			

Lagrave Martillac, Pessac-Léognan (Zww. von Ch. La Tour Martillac)

		PAR	WSP	AüW	GAB	VIN	DEC	WIN
1993				14,9				

Lague, Fronsac

		PAR	WSP	AüW	GAB	VIN	DEC	WIN
2000								8,0
1998	02-05			83				7,7+
1997				13				
1996								7,8+
1995								8,0+
1994								7,6

La Lagune, Haut-Médoc, *O.: 3; P.: 2 (3), ausgez.,* ❹; *G.: 5,* ⑤

		PAR	WSP	AüW	GAB	VIN	DEC	WIN
2000	05-18			89		16	4	9,1
1999	01-18	81-84		88	16	15,5		8,6-8,7
1998	-08	83-85				1		8,8+
1997	-06	86	88					8,2+
1996	00-18	86	85	88	16			9,0+
1995	00-12	88	85	85				9,0
1994	01-12	85		85	16		3	8,5
1993	00-12	87		82	15	15..		8,0-8,4
1992	-05	85		81	14			
1991		81		78	15	2		
1990	96-10	90	95	87	16			8,6+
1989	03-12	90	90	88	17		2	8,9-9,0
1988	-05	85	84	80	15			8,7
1987	-98	82	89	78	13	14		
1986	00-15	88	89	88	16	19,3		
1985	-04	86	89	84	16			
1983	-00	87	91					
1982	00-20	92	90	15	16			
1981	△	83	91					
1979	-05	82	86	16,6	17			
1978	-05	88			14			
1975	-10	86			14			
1970	-20	87M	87		19			
1961	-00	60	88		19			

Lalande, Listrac, *O.: CB*

		PAR	WSP	AüW	GAB	VIN	DEC	WIN
1996	-07				16			
1995	00-10				14			
1994	99-07				13			

Lalande d'Auvion, Médoc, *O.: CB*

		PAR	WSP	AüW	GAB	VIN	DEC	WIN
1998	02-05			80				

Bewertungen jünger als 2 Jahre:	▲ jetzt	▶ austr.	▼ abg.	Schrift normal
älter als 2 Jahre:	△ jetzt	▷ austr.	▽ abg.	Schrift dünn
älter als 4 Jahre:	△ jetzt	▷ austr.	▽ abg.	*Schrift dünn kursiv*

Lalande Borie, St.-Julien, *O.: CB; P.: CB, gut,* ❺

		PAR	WSP	AüW	GAB	VIN	DEC	WIN
1995	00-		87	81				
1994	-05	85-87		81				7,8
1993	-04	86	85	82				8,1
1992			80-84	79				
1991			77	78				
1990			90	81				8,2+
1989	-04	86	88	82				8,1-8,2
1988	-00	81	87	78				7,8
1987			81	78		15		
1986	-05	85	91	82		17,3		
1985	△	84		81				
1982			91					

Lalande de Gravelongue, Médoc

		PAR	WSP	AüW	GAB	VIN	DEC	WIN
1996			75					

Lamarche, Bordeaux Supérieur

		PAR	WSP	AüW	GAB	VIN	DEC	WIN
1998			84					

Lamarche-Canon, Canon-Fronsac

		PAR	WSP	AüW	GAB	VIN	DEC	WIN
2000			80-84					
1999	-16			88+				
1998	02-10		87	88				
1997	02-08			15				

de Lamarque, Haut-Médoc, *O.: CB; P.: CB, gut*

		PAR	WSP	AüW	GAB	VIN	DEC	WIN
2000	-12	84-85	85-88	86			3	8,2-8,3
1999	02-11			84+	15			8,0
1998	02-12	85-86	80-84	85	14		3	8,2
1997	00-09	79	80	14	15		3	7,7+
1996	00-16	78-80	86	14	13		3	8,1
1995	00-15	81-84		14; 80	14		3	8,1+
1994	-07	78		78	16			7,7
1993		74		78				7,8+
1992			74	77				
1991			80	75				
1990	95-01	87	86	85	11	15		8,1+
1989	-00	85	89	82				8,2+
1988			86	78				8,0
1987			74	69		16		
1986	92-	84	75	72	15			
1985				78				
1983	△				14			
1982			82					
1981	△				13			
1979	-96				13			
1975	▷				13			
1970	▷				15			

Lamartine, Bordeaux Supérieur (Zww. von Ch. Cantenac Brown)

		PAR	WSP	AüW	GAB	VIN	DEC	WIN
1993			*70-74*					
1992			*75-79*					
1989								*7,8*

Lamarzelle, St.-Emilion, *O.: GCC; G.: (4)*

		PAR	WSP	AüW	GAB	VIN	DEC	WIN
2000		87-88+						
1999	03-13			84	17			
1998	04-15				17		3	
1997	▲		87					
1996			80-84					

Lamothe-Bergeron, Haut-Médoc, *O.: CB; G.:* ⑥

		PAR	WSP	AüW	GAB	VIN	DEC	WIN
2000	08-15					15,5	4	
1999	03-10			84	16			
1998	02-10			85	16	14,5		
1997	02-09			13,5	15	1	3	
1996	02-12	85-86+		14,5	18	2,5		
1995	00-13			14,5	*16*	2		
1994	-03				*15*			
1993					*13*			
1989								*7,7*
1988	-98					*14,5*		*7,7*

Lamothe-Cissac, Haut-Médoc, *O.: CB*

		PAR	WSP	AüW	GAB	VIN	DEC	WIN
2000							2	
1999	-10			84+				
1998	01-05			82				
1996							4*	
1995	98-05			14			3	

Landat, Haut-Médoc, *O.: CB*

		PAR	WSP	AüW	GAB	VIN	DEC	WIN
2000							3	
1999	-07			81				
1998	01-05			82				
1996							3	
1995	00-07			14			3	

Landiras, Graves

		PAR	WSP	AüW	GAB	VIN	DEC	WIN
1998	04-15					16		
1996			80-84; 85-89*					
1995	△		80					

Lanessan, Haut-Médoc, *O.: CB; P.: 5, ausgez.,* ❹

		PAR	WSP	AüW	GAB	VIN	DEC	WIN
2000	06-20	88-90	85-88				4	8,4+
1999	04-12	86-87			16			8,4+

Forts. Lanessan		PAR	WSP	AüW	GAB	VIN	DEC	WIN
1998	03-15	86-87	85		14	14,5		8,4
1997	-12	87	81				2	7,8+
1996	00-16	88	87		13	2		8,4+
1995	-08	87	86	82				8,1+
1994	98-09	84-86		82	16			7,9
1993	-09	86		82	15			8,3+
1992	-99	83	73	80				
1991				72	12			
1990	-06	88	86	85	15	15		8,5-86
1989	01-04	87	90	84	15			8,5
1988	-08	86	80	82				8,2
1987	△	74		70		12,7		
1986	-10	88		85				
1985	93-03	87	87	83	13			
1982	△	86	80	13,8				
1978	△				13			

Langoa Barton, St.-Julien, *O.: 3; P.: 5, sehr gut; G.: 4,* ④

		PAR	WSP	AüW	GAB	VIN	DEC	WIN
2000	06-35	88-90	92-94	89		16	4	9,0
1999	04-20	88-90	85-89	88	17	15	4	8,7+
1998	02-25	89+	87	90	17	15	4	8,9-9,0
1997	00-16	84	85	15,5	17	1,5	4	8,3+
1996	00-22	86+?	90	89	17	1,5	3	8,7
1995	00-20	86+?	93	16; 85	17	3	4	8,9-9,0
1994	99-14	86+?	88	82	16	2	4	8,5
1993	98-09	86	86	83	17	15..	3	8,2; 8,7+
1992	-09	83	75-79	81	16	14..		
1991		86	77	83	14	14..		
1990	-18	87	90	85	16	15,5		8,6-8,7
1989	02-05	86	92	84	15		5	8,8
1988	-04	85	88	83	16			8,6
1987	△	84		81	14	16		
1986	00-12	87		83	17	19,3		
1985	-03	88	91	82				
1983	-05	84			15			
1982	-10	89	91		17			
1981	△	82			16			
1979	△	78		15,3				
1975	-02	87						
1970	-00	88	85					
1961	▷	89						

Laniote, St.-Emilion, *O.: GCC; P.: CB; G.:* ⑥

		PAR	WSP	AüW	GAB	VIN	DEC	WIN
2000		84-86						8,8
1999	02-09	80-82		80	14			
1998	01-20	88-90		86	17		3	8,4
1997	02-10	86		15	17		3	
1996							3	
1995							3	8,3
1994								8,0
1993	00-10				13			7,9-8,0
1991					13			
1989	-00				15			
1988	-05				16			
1986	▷				15			

Lapelletrie, St.-Emilion

		PAR	WSP	AüW	GAB	VIN	DEC	WIN
1998	01-		87					
1996	△		80					
1990			*79*					
1989			*82*					

Laplagnotte, St.-Emilion

		PAR	WSP	AüW	GAB	VIN	DEC	WIN
2000	05-16	90-91						

Laplagnotte-Bellevue, St.-Emilion, *O.: GC; P.:* ❻

		PAR	WSP	AüW	GAB	VIN	DEC	WIN
2000	06-10	85-86				14,5		
1999		84-86						
1998	03-16	85-87			15			
1997	01-08				16			
1996	00-13	85-86			*15*			
1995	01-12	86			*14*			
1994	-00	85						
1993		80						

Larcis-Ducasse, St.-Emilion, *O.: GCC; P.: 5, gut,* ❺; *G.: CB,* ⑥

		PAR	WSP	AüW	GAB	VIN	DEC	WIN
2000	06-16	87-89	85-88	88		15	2	9,0
1999	03-20	82-85	80-84	88	16	14,5		8,7
1998	02-15	86	88	87	17	1,5	1	8,9-9,0
1997	-08	84	80	14,5	16		2	8,7+
1996	00-15	81	86	86	15	1	3	8,5
1995	99-15	87	88	15; 76	16	1		*8,7-8,9*
1994	99-09	87	80	78	*16*	1		*8,2-8,4*
1993	98-08	*85*		73	*13*	*14..*		*8,0*
1992	-00	*76*	*80-84*	72	*15*			
1991		*76*	*74*		*14*			
1990	-13	*90*	*90*	87	16	*15,5*		*8,7-8,8*
1989	02-10	*86*	91	83	*15*	*15..*		*8,8-9,0*
1988	-10	*87*	*82*	84	*16*			*7,9*
1987	-98			79	*13*	*14*		
1986	-02	*85*		82	*11*			
1985	-05	*79*		76	*16*	*15,3*	*3*	
1983	-10	*86*		*15,4*	*16*			
1982	-05	*87*	87		*17*			
1981	▷	*75*			*15*			
1979	▷	*78*						
1978	▷	*72*		*14*				

Larmande, St.-Emilion, *O.: GCC; P.: 3, ausgez.,* ❹; *G.: 5,* ⑤

		PAR	WSP	AüW	GAB	VIN	DEC	WIN
1999	04-18	87-88	80-84	88	16	14	3	8,2; 8,5
2000	06-16	87-88	89-91	89		15,5	3	8,9-9,0
1998	03-17	87	88	89	17	15	3	8,5
1997	00-13	86	87	15,5	13	1	3	8,0-8,3
1996	99-15	88	85	89	17	1	4	*8,2; 8,5*
1995	00-15	88	93	16; 88	*17*	2	4	*8,4-8,5*
1994	98-15	86+?	88	86	17	*15..*		8,2+
1993	98-12	86	87	85	*17*	*14..*		8,5

Bewertungen jünger als 2 Jahre:	▲ jetzt	▶ austr.	▼ abg.	Schrift normal
älter als 2 Jahre:	△ jetzt	▷ austr.	▽ abg.	Schrift dünn
älter als 4 Jahre:	△ jetzt	▷ austr.	▽ abg.	*Schrift dünn kursiv*

Forts. Larmande		PAR	WSP	AüW	GAB	VIN	DEC	WIN
1992	-02	85	84	82	16			
1990	98-08	88	94	86	16	15,5	4	8,4+
1989	-06	88	93	85	15	15..	3	8,3-8,4
1988	-08	90	86	87	16		3	8,7
1987				81		16		
1986	-08	86	91	82	15			
1985	-05	87	89	83	15	17,3		
1983	△	87	88	15,2				
1982	00-03	88	92				4	
1981	△	83	89					
1978	▷	82		16				

Laroche Belair, Premières Côtes de Bordeaux

		PAR	WSP	AüW	GAB	VIN	DEC	WIN
1990								7,1-7,2

Laroche Pipeau, Fronsac

		PAR	WSP	AüW	GAB	VIN	DEC	WIN
1996				13				
1995	00-08			14				

Laroque, St.-Emilion, *O.: GCC; P.: CB*

		PAR	WSP	AüW	GAB	VIN	DEC	WIN
1999	04-14			85		14		
1998	02-07			85		14	3	
1997	-07	76-78		13,5			2	
1996		80-82		13			3	
1995				15,5				

Larose Perganson, Haut-Médoc

		PAR	WSP	AüW	GAB	VIN	DEC	WIN
2000		85-86	85-88				5	8,2
1999	-10	85-86		83				8,0
1998		85-87						7,7+
1997		86					2	8,2+
1996	-07	86	85-89	14,5			3	8,2+

Larose-Trintaudon, Haut-Médoc, *O.: CB; P.: CB*

		PAR	WSP	AüW	GAB	VIN	DEC	WIN
2000		85-86	85-88					8,0
1999	-13			85+				7,9
1998	02-12	83-85+?	85	84	16	1		7,7
1997	00-15	85	80-84	14	16	1	3	7,7
1996	99-15	86	84	83	15	1,5		8,1+
1995	98-10		84	14,5	16	1	3	7,9-8,0
1994	97-05	85-86	84	14				7,9+
1993		84-86						7,2
1990	-99	86	75			14,5		7,8
1989	-98	82	85					8,2
1988			84			14..		7,7
1986		75	78					
1983			73					
1982			79					
1979			76					

Laroze, St.-Emilion, *O.: GCC; P.: CB,* ❻*; G.: CB*

		PAR	WSP	AüW	GAB	VIN	DEC	WIN
2000	06-10	87-88		84		14	3	8,7+
1999	02-12	86-88	85-89	82	16	14		
1998	02-14	87		83	17	14,5	2	7,9-8,0
1997	03-13	85-87		12,5	15		3	
1996	03-18	86			*15*		2	
1995	03-13				*17*	1		*7,8+*
1994	01-10	*85-87*			*13*			*7,7+*
1993		*72-74*						*7,8*
1992	-99	*74*						
1990	-00				*15*			
1988	-08				*15*			
1986	-00				*15*			
1985	-00				*15*			
1983	-03				*13*			
1982	△		88					
1978	-98				*13*			

Larrivet-Haut-Brion, Pessac-Léognan, *O.: unklass.; P.: CB,* ❻*; G.: CB*

		PAR	WSP	AüW	GAB	VIN	DEC	WIN
2000	03-20	90-92	89-91	88		16	4	8,6-8,7
1999	04-14	88-89	85-89	86	17	14,5	3	8,4-8,5
1998	02-18	90	90	89	16		4	8,8
1997	01-10	86	85	15	16	1,5	2	8,1
1996	99-12	87	84	89	*16*	1	4	*8,7-8,8*
1995	00-15	83-85	86	14; 81	*14*	2	4	*8,0*
1994	97-07	78	88	79	*14*			*8,0*
1993	00-10	84	86	82	*13*			*8,0-8,3*
1992	-03	*85*	*79*	75	*14*			
1991		*70*		74	*12*			
1990	△	*86*		82		*15*		*7,6+*
1989	△	*73*	86	80		*14..*		*8,1*
1988	-06	*85*	*94*	81	*15*			*7,9*
1987						*17; 14*		
1986	△	*78*	*82*	79		*18,5*		
1985	-05	*84*		81	*14*			
1982	-94				*17*			

Larruau, Margaux, *O.: CB; P.: (5), gut*

		PAR	WSP	AüW	GAB	VIN	DEC	WIN
1994	98-05			*13,25*		*14..*		

Lartigue, St.-Estèphe

		PAR	WSP	AüW	GAB	VIN	DEC	WIN
1990								*7,3+*

Lascombes, Margaux, *O.: 2; P.: 5 (4), gut; G.: CB,* ⑥

		PAR	WSP	AüW	GAB	VIN	DEC	WIN
2000	06-20	90-92	89-91	90		14,5	4	8,9+
1999	03-15	77-79		87	16	14,5		8,8-8,9
1998	03-17	83		89	17	1,5	3	8,4
1997	02-12	77	80-84	16	16	1	3	8,4
1996	00-20	80	85	90	*17*	1	*4*	*8,5-8,6*
1995	00-13	79?	92	15; 88	*16*	1	4	*8,8+*
1994	97-20	85-86	88	87	15	1	2	*7,8+?*

Bewertungen jünger als 2 Jahre:	▲ jetzt	▶ austr.	▼ abg.	Schrift normal
älter als 2 Jahre:	△ jetzt	▷ austr.	▽ abg.	Schrift dünn
älter als 4 Jahre:	△ jetzt	▷ austr.	▽ abg.	*Schrift dünn kursiv*

Forts. Lascombes		PAR	WSP	AüW	GAB	VIN	DEC	WIN
1993	-05	85	80	84	12			7,7-7,9
1992	-01	82	80-84	80	13			
1991		82		80	11	14..		
1990	-03	86	86	82	12	16		
1989	-06	85	87	81	17			8,2
1988	-02	85	82	80	14			7,4-7,9
1987				79		14		
1986	-03	78		80	15	18,8	3	
1985	-04	85		82	17			
1983	-00	87	84	16,8	16		4	
1982	-04	87	88	14,5	18			
1981	▷	72	85		15			
1979	△	76	84	16,1	14			
1978	-05	76			17			
1975	-05	87			17			
1970	△	87			16			
1961	-00	85	86		17			

Latour, Pauillac, *O.: 1; P.: 1, hervorr.,* ❶; *G.: 1,* ①

		PAR	WSP	AüW	GAB	VIN	DEC	WIN
2000	08-50	96-100	95-100	95		18,5	4	9,8
1999	05-30	93-95	90-94	93	18	17,5	4	9,6-9,7
1998	06-30	90	89	94	18	18	5	9,3
1997	03-20	89	88	17	17	4,5	4	9,2-9,3
1996	08-50	99	96	93	19	5	5	9,9
1995	00-50	96+	94	17,5; 95	19	5		10+
1994	02-35	94	91	90	18	5	4	9,3
1993	00-25	90+	89	88	17	4		9,4-9,6
1992	99-10	88+	90	86	17	17..		
1991	05-	89	91	89	18	4		
1990	05-30	96	99	94	20	18..		10
1989	05-20	89	92	91	17	18..	5	10
1988	05-30	91	96	88	19	18..		9,3
1987	-10	86	84	85	14	16..		
1986	02-40	90+	90	91	19	20		
1985	99-20	88	95	92	18			
1983	98-10	88	88	18	17		5	
1982	-40	100	98	94	20			
1981	-15	88	89		17	19,3		
1979	02-18	88?	89	16,5	16	16,8		
1978	-10	90	88	17	17			
1975	-20	90?	91		17			
1970	06-30	89; 97	90		20			
1961	00-40	100	99		20			

Latour à Pomerol, Pomerol, *O.: unklass.; P.: 3, ausgez.,* ❸; *G.: 3,* ③

		PAR	WSP	AüW	GAB	VIN	DEC	WIN
2000	03-15	87-88	89-91	89		15,5	3	8,4
1999	05-15	87-88	85-89	89	17	15		8,3-8,5
1998	04-20	90	94	90	18	16,5	4	8,7
1997	00-15	88	88	16	16	1,5	2	8,4-8,6
1996	00-14	88	82	89	19	2,5	3	8,4?
1995	00-20	89+	89	16,5; 89	17	3		9,2
1994	98-11	89	89	87	17	2		8,8-9,2+?
1993	99-12	87	81	85	16			9,3-9,4
1992	-08	86	80	85	16			
1990	97-15	88	90	85	18	16	5	8,5-8,7
1989	04-15	87	90	84	16		2	

		PAR	WSP	AüW	GAB	VIN	DEC	WIN
1988	97-06	87	90	83	16	15,7	4	
1987	△			71	15	16		
1986	95-02	87	86	85	13	16		
1985	-10	88	90	86	17		3	
1983	97-06	88	92		17DM			
1982	-08	93	90		18		5	
1981	-00	85	88		17		3	
1979	-00	85	85		17			
1978	▷	83						
1975	00-02	67	80		17			
1970	-00	93	91					
1961	-26	100	94M					

Des Lauves, St.-Emilion

		PAR	WSP	AüW	GAB	VIN	DEC	WIN
2000	03-15	86-88						

La Lauzette, Listrac, *O.: CB*

		PAR	WSP	AüW	GAB	VIN	DEC	WIN
1998	02-12			82	16			
1997	00-07			13,5	15		3	
1996	-07				15		3	
1995	00-15				16		3*	

Laville Haut-Brion, Pessac-Léognan

		PAR	WSP	AüW	GAB	VIN	DEC	WIN
2000	05-25						4	

Lavillotte, St.-Estèphe, *O.: CB; P.: CB-5, gut; G.: CB*

		PAR	WSP	AüW	GAB	VIN	DEC	WIN
1999	03-10			82	15			
1998	02-12			84	16			
1997	01-10			13,5	16			
1996	03-17			13,5	17		3	
1995	98-12			13,5	15			7,8
1994	98-06	71-75		14	11			

Léoville Barton, St.-Julien, *O.: 2; P.: 2, hervorr.,* ❷; *G.: 2,* ②

		PAR	WSP	AüW	GAB	VIN	DEC	WIN
2000	08-40	96-99+	95-100	92		18,5	5	9,2-9,3
1999	04-25	88-90	85-89	90	17	17	5	9,1-9,2
1998	04-35	91	90	92	18	17	5	9,1
1997	02-15	86	88	16,5	17	3,5	4	8,8
1996	00-30	92	90	92	19	5	5	9,2
1995	00-25	91	93	17; 89	19	4	4	9,3-9,4
1994	99-30	90+	90	87	18	4,5	4	8,9-9,0
1993	99-23	88+	88	86	17	4	4	8,8; 9,0
1992	98-08	87	80-84	85	17	15-16..		
1991	95-	87	84	85	16	4		
1990	00-25	92+	90	91	17	19		8,8-9,0
1989	01-20	90	92	85	17	18	4	9,2
1988	98-12	88	87	85	17	4		8,9
1987	△	85	80	80	15	16		
1986	97-30	92	90	88	18	16,7	4	
1985	00-10	92	90	89	16			

Forts. Léoville-Barton		PAR	WSP	AüW	GAB	VIN	DEC	WIN
1983	-02	86	90		16			
1982	10-50	92+	88	14,5	18		4	
1981	△	84	88		17			
1979	△	75		15,3	13			
1978	-08	86		16	16			
1975	-11	90			17			
1970	-05	87			13			
1961	-02	92	87		12			

Léoville Las Cases, St.-Julien, *O.: 2; P.: 1, hervorr.*, ❶; *G.: 1*, ①

		PAR	WSP	AüW	GAB	VIN	DEC	WIN
2000	10-50	94-96	95-100	95		18,5	5	9,8
1999	03-15	90-92				17,5	4	9,1-9,2+
1998	06-30	93				18		
1997	06-20	90				5		
1996	04-35	98+	90-94	91	19	5		
1995	00-25	95	95	17; 94	18	5		9,6-9,7+
1994	00-25	93		89	17	5		9,0-9,1
1993	00-13	90		88	17	3		9,0+?
1992	98-10	89; 90	84	87	14	15-16..		
1991		89	89	84	17			
1990	00-27	96	93	97	19	18		9,4-9,6
1989	03-30	91	90	92	18		4	9,2
1988	97-17	92	92	92	18	17..		9,0
1987	-00	87	84	81	14	18		
1986	00-30	98+	96	92	19	5		
1985	02-18	93	94	85	19			
1983	-15	91	87	16,5	18		5	
1982	00-35	100	95	18,5	20		3	
1981	-10	89	88	16,5	16			
1979	-08	86	90	16,8	16			
1978	-15	90	94	18	18			
1975	01-30	92+	88	16	17			
1970	-16	79	89		17			
1961	-05	85	85		13			

Léoville Poyferré, St.-Julien, *O.: 2; P.: 2, ausgez.*, ❷; *G.: 2*, ②

		PAR	WSP	AüW	GAB	VIN	DEC	WIN
2000	05-30	92-95	95-100	91		16,5	4	9,2
1999	03-16	89-90	85-89	88	17	16	3	8,7-8,8
1998	04-18	88	91	88	18	16	4	8,9-9,0
1997	00-18	87	89	15,5	17	3,5	4	8,7
1996	02-28	93	88	90	18	3,5	3	9,2-9,4
1995	00-30	90+	93	15,5; 89	18	4	4	8,8-9,1
1994	00-15	87+	85-89	88	17	2	4	8,4-8,6+?
1993	98-10	87	75-79	86	16	15..		7,8-8,0
1992	-03	79		78	13			
1991		84	81	81	16			
1990	07-37	96	92	92	19	16,5		9,2
1989	00-20	89+?	90	85	18		4	9,2
1988	-08	82	86	79	17	16,1		8,2
1987	△	73	86	68	15	17		
1986	05-30	87	86	84	18	18,5	4	
1985	-10	85	92	83	17			
1983	-10	90	83		18		3	
1982	06-30	94	91	15	17		4	
1981	△	83	88					
1979	△	78		15,9	11			

		PAR	WSP	AüW	GAB	VIN	DEC	WIN
1978	△	80		13,5	13			
1975	-06	82?			16			
1970	-97	65	85		17			
1961	-05	87	85		18			

Lescalle, Bordeaux Supérieur

		PAR	WSP	AüW	GAB	VIN	DEC	WIN
1999								7,4
1997								6,9
1996								7,4
1995								7,6

Lestage, Listrac, *O.: CB; P.: CB, gut*

		PAR	WSP	AüW	GAB	VIN	DEC	WIN
2000			80-84					
1999	03-09			82	15			7,9
1998	02-12	85-86	80-84	85	15			7,9-8,0
1997		85						7,9
1996	-07	83-85	78	14,5	16	1	2	7,9
1995	00-15				16	1		7,9+
1994	00-06	84-85			15			
1993								7,4
1992	-03	77-80			12			
1990	-06		88		15			8,0-8,2
1989	-04				13			8,0
1988			82					7,4
1986	-00	75			12			
1985	△				12			

Lestage Simon, Haut-Médoc, *O.: CB*

		PAR	WSP	AüW	GAB	VIN	DEC	WIN
2000	-14			86			3	
1999	03-14			86	15			
1998	02-10			85	14			
1997	02-14		80	13	16	1		
1996	01-08				15	1	3	
1995	98-10			14	15		3	
1992			75-79					
1991			80-84					
1988	-02					14..		
1986			85					
1982			84					

Lézongars, Premières Côtes de Bordeaux

		PAR	WSP	AüW	GAB	VIN	DEC	WIN
2000	-06	87-88	85-88					8,0
1999								7,4
1995								7,3+

Lieujean, Haut-Médoc, *O.: CB*

		PAR	WSP	AüW	GAB	VIN	DEC	WIN
2000			75-79				1	
1999	-10			83				
1997			75	14				
1996							3	

Lilian Ladouys, St.-Estèphe, *O.: CB; P.: gut; G.:* ⑥

		PAR	WSP	AüW	GAB	VIN	DEC	WIN
2000	-12		89-91	86				
1999	03-12	65-69		85	15			8,0
1998	02-10	82-83	80	86	16	1		7,7+
1997	▲	78	83	13,5			3	7,9
1996	00-12	85-86+	88	86		2	3	7,6-8,3?
1995	98-15	81	85	15	17		4	7,8-8,2
1994	97-17	86	81	15,25	14	14..		
1993	00-06		82		16	13..		
1992	-04		80-84		16			
1991			75-79		14	14..		
1990	-10				17			
1989	-05				15		1	

Lion Beaulieu, Bordeaux

		PAR	WSP	AüW	GAB	VIN	DEC	WIN
1996			76					

Liouner, Listrac, *O.: CB*

		PAR	WSP	AüW	GAB	VIN	DEC	WIN
2000			85-88					
1999	02-10			81	14			
1997	01-08			13,5	16			
1996	02-09				15			
1995	99-09				15			
1994	00-08				12			

Listran, Médoc

		PAR	WSP	AüW	GAB	VIN	DEC	WIN
1999	-07			80				
1995							3	
1994	-03			12				

Liversan, Haut-Médoc, *O.: CB; P.: CB, gut*

		PAR	WSP	AüW	GAB	VIN	DEC	WIN
1999	03-10			84	15			7,9+
1998	01-10	82-84		84	14			7,9-8,0
1997		85	81					7,6
1996	03-18	86	85		15		3	8,3+
1995	99-08		85		15		4	7,8+
1994	97-	73-74	76					7,8
1993	98-		85					
1992		78-80	80-84					
1991			75-79					
1990	-03	85	89		15	15		8,1
1989	00-05	85	90		17			7,9-8,0
1988	-04	86	87		15	15..		8,3
1987	-95				15			
1986	94-	85			16			
1985	-03		90		14			
1983	▷				13			
1982			85					
1961	△		84					

La Longua, Fronsac (Zww. von Ch. Dalem)

		PAR	WSP	AüW	GAB	VIN	DEC	WIN
1997	▲		82					

La Loubière, Pomerol

		PAR	WSP	AüW	GAB	VIN	DEC	WIN
1997	△		83					
1996		77-79						
1983			77					

Loudenne, Médoc, *O.: CB; P.: CB; G.:* ⑥

		PAR	WSP	AüW	GAB	VIN	DEC	WIN
2000	06-12		85-88			14		
1999	03-12	78-80		84+	15			7,7-7,9
1998	02-13		85-89	82	15		3	8,0-8,1
1997	00-10	85-86	85	13	16	1	3	7,9-8,1
1996	00-18	82-84	87	13,5	*16*		2	*8,1+*
1995	00-08	81-84	85	13,5; 77	16	2	3	
1994		76		76				*7,6*
1993		80		76				*7,3*
1992	-00	*78-80*	*73*	74	*13*			
1991		*74*	*80*	73	*14*			
1990	-02		*87*	76	16	*14,5*		*6,0-7,5?*
1989	▷		*81*	77	*15*			*8,1-8,2*
1988	-04		*82*	78	*12*			*7,9*
1987			*75*	75				
1986	-98		*74*	76	*16*			
1985			*75*	75				
1982			*88*					
1981			*84*					

Louis Rapin, St.-Emilion (Montagne) (Cuvée von Ch. Maison Blanche)

		PAR	WSP	AüW	GAB	VIN	DEC	WIN
1999								8,4
1998								8,5-8,6
1997								8,5
1996								*8,5*
1995				15,5				*8,7-8,9*

Lousteauneuf, Médoc

		PAR	WSP	AüW	GAB	VIN	DEC	WIN
2000			80-84					
1999	-09			81				
1998	01-05			83				
1997				13				
1996							2*	

Le Louvetier, Pessac-Léognan

		PAR	WSP	AüW	GAB	VIN	DEC	WIN
1998			77					

Bewertungen jünger als 2 Jahre:	▲ jetzt	▶ austr.	▼ abg.	Schrift normal
älter als 2 Jahre:	△ jetzt	▷ austr.	▽ abg.	Schrift dünn
älter als 4 Jahre:	△ jetzt	▷ austr.	▽ abg.	*Schrift dünn kursiv*

La Louvière, Pessac-Léognan, *O.: unklass.; P.: 4, ausgez.,* ❹*; G.: CB,* ⑥

		PAR	WSP	AüW	GAB	VIN	DEC	WIN
2000	03-20	89-91	92-94	86		15,5	4	
1999	03-12	86-87	85-89	86	16	15		8,2-8,3
1998	02-18	88	85	86	16	2	4	8,3+?
1997	02-10	83	85	14	16	1,5	3	
1996	99-15	87	86	85	16	1,5	4	8,2-8,6
1995	00-15	87	87	16; 84	17	2	4	8,0-8,2+
1994	99-12	89	83	86	16	2,5		8,4+
1993	97-10	87	85	82	15	14..		8,2-8,4
1992	96-05	87	80	83	15			
1991			79	82	14	14..		
1990	99-14	90	91	87	17	16		7,6
1989	-06	88	86	85	13	15,5		7,9
1988	-02	89	90	85	16			8,0
1987	△			80	13	16		
1986	-05	85	91	82	16	19,3		
1985	△	85	87	81	14			
1983	-03	87	78					
1982	-00	87	83					
1981	△	75						
1979	-97				16			
1978	▷	83		15				
1975	△				15			
1970	▷				16			

Lucie, St.-Emilion, *O.: GC; P.: CB, gut*

		PAR	WSP	AüW	GAB	VIN	DEC	WIN
1998		78-82						
1997		84-85						
1996	-05	85-87						
1995	-03	87						

Ludeman-La-Côte, Graves

		PAR	WSP	AüW	GAB	VIN	DEC	WIN
1995	98-		84					

Ludon Pomiès Agassac, Haut-Médoc (Zww. von Ch. La Lagune)

		PAR	WSP	AüW	GAB	VIN	DEC	WIN
1997			78					
1996			77					

Lusseau, St.-Emilion, *G.:* ⑥

		PAR	WSP	AüW	GAB	VIN	DEC	WIN
2000	-12	90-91	89-91	88			4	
1999	02-08	85-87			16			
1998	02-13	87-89	90		16			
1997	00-10	85	79		16	1,5		
1996	99-09	86	75-79		14			
1995	99-12	86	86		16			
1994	-05				15			

Lynch-Bages, Pauillac, *O.: 5; P.: 2, ausgez.,* ❶; *G.: 2,* ②

		PAR	WSP	AüW	GAB	VIN	DEC	WIN
2000	04-30	94-96	95-100	90		17,5	4	9,0
1999	02-17	90-91	85-89	90	17	15	3	8,6-8,8
1998	03-20	89	90	90	18	16,5	4	8,9
1997	01-12	86	87	16	17	3,5	3	8,4-8,6
1996	02-25	94	92	90	18	2,5	4	8,9
1995	00-20	91	94	16; 88	18	2		8,5-8,8+
1994	99-15	88	89	86	17	2,5	3	8,0-8,2
1993	98-09	86	87	85	17	15..	4	7,7
1992	96-05	86	81	84	17	14..		
1991	95-	86	86	84	16	15..		
1990	-20	94	95	92	18	17	4	8,2-8,8
1989	04-30	95+	98	92	19		5	9,2+
1988	98-12	92	97	91	18	4		8,9
1987	-02	82	86	79	15	17		
1986	96-25	92+	94	86	18	19,8	3	
1985	97-10	92	97	88	18		4	
1983	-02	88	90		16			
1982	04-15	94	96	16	18		4	
1981	△	85	90		17			
1979	△	79	91	16,3	16			
1978	△	82	92		15			
1975	00-10	86	90		17			
1970	-20	91	90		19			
1961	-18	95	88		17			

Lynch-Moussas, Pauillac, *O.: 5; P.: CB; G.: CB*

		PAR	WSP	AüW	GAB	VIN	DEC	WIN
2000	02-16	86-88	89-91	89		14,5	3	8,8-8,9
1999	02-13	85-87		84	16	14	3	8,3-8,4
1998	03-16	87	77	87	16	14		8,2
1997	00-12	81	86	15	16	1	2	8,4
1996	01-12	86	80-84	88	17	2	3	9,0-9,1
1995	00-16	86	87	15,5; 86	17	1	4	8,7-8,8+
1994	99-09	82		81	16		3	8,5+
1993	99-12	76		78	15			8,3-8,5
1992	-05		75-79	80	15			
1991			73	73	12			
1990	-05		87	88	13	16		
1989	▷	79	89	76			1	8,3-8,4
1988	-98	80	85	79	13			8,2
1987				72		15		
1986	△	77	86	75				
1985	△	78		77				
1982			81					
1981	△				13			
1979	▽			14,1	13			
1961	-98		84					

Lynsolence, St.-Emilion, *G.: (4)*

		PAR	WSP	AüW	GAB	VIN	DEC	WIN
2000	03-15	90-91						8,1
1999	05-15	87-88			17			
1998	04-20	89			17			

Bewertungen jünger als 2 Jahre:	▲ jetzt	▶ austr.	▼ abg.	Schrift normal
älter als 2 Jahre:	△ jetzt	▷ austr.	▽ abg.	Schrift dünn
älter als 4 Jahre:	△ jetzt	▷ austr.	▽ abg.	*Schrift dünn kursiv*

Du Lyonnat, St.-Emilion (Lussac)

		PAR	WSP	AüW	GAB	VIN	DEC	WIN
1995	-01		81					

Macay, Côtes de Bourg

		PAR	WSP	AüW	GAB	VIN	DEC	WIN
1998	03-08					14		

Magdelaine, St.-Emilion, *O.: PGCC (B); P.: 3, sehr gut,* ❸; *G.: 3,* ②

		PAR	WSP	AüW	GAB	VIN	DEC	WIN
2000	03-16	89-91	92-94	88		15,5	3	9,0(+?)
1999	02-14	87-89	85-89	86	17	15,5		8,8-9,0?
1998	04-20	92	90	89	19	15,5	3	9,4
1997	00-12	87	85	15,5	17	2	3	8,5; 8,9-9,0
1996	00-15	88	85	88	17	2		7,7-8,0?
1995	00-20	91	91	15,5; 89	17	2	3	8,8-9,0
1994	98-15	88	90	86	17	2,5		9,0+
1993	99-12	87	85	85	17	16..		9,1
1992	-07	86	80	84	16	15..	3	
1990	-10	92	90	89	19	16,5	4	9,3-9,6
1989	99-20	90	91	88	17	16..	3	9,7-9,8
1988	-10	87	87	84	17	14,9	4	9,0
1987	-97			63	15	17		
1986	-04	75	94	77	16	17,5		
1985	-05	84		79	18	16,7	5	
1983	-10	85		14,8	16		3	
1982	-12	90	96		18		5	
1981	-00	80			15		3	
1979	△	84	89		13			
1978	△	86		15	13			
1975	-15	88						
1970	-10	89	92		17			
1961	-05	92	90					

Magneau, Graves

		PAR	WSP	AüW	GAB	VIN	DEC	WIN
1999								7,8+
1998	02-10					15		
1997								7,8+
1996								7,8+
1995							3	
1994	-99	83-85						
1993	-00	85-86						
1992		77-80						
1990								7,5

Magnol, Haut-Médoc, *O.: CB; P.: CB, gut*

		PAR	WSP	AüW	GAB	VIN	DEC	WIN
1996							4	
1995							3	
1993	98-		84					

Magondeau, Fronsac

		PAR	WSP	AüW	GAB	VIN	DEC	WIN
1998	02-06			83				
1997				13				
1996				12,5				
1989						*14,5*		

Magrez Fombrauge, St.-Emilion

		PAR	WSP	AüW	GAB	VIN	DEC	WIN
2000	05-20	94-96	89-91	90				

Maine-Gazin, Prem. Côtes de Blaye

		PAR	WSP	AüW	GAB	VIN	DEC	WIN
2000			85-88					
1995	-03		88					

Maison-Blanche, St.-Emilion (Montagne)

		PAR	WSP	AüW	GAB	VIN	DEC	WIN
1999								8,0
1998								8,0-8,2
1997								8,3+
1996								*8,3+*
1995								*8,1*

de Maison Neuve, St.-Emilion (Montagne)

		PAR	WSP	AüW	GAB	VIN	DEC	WIN
1990							*4*	

Malagar, Premières Côtes de Bordeaux

		PAR	WSP	AüW	GAB	VIN	DEC	WIN
1997			78					
1994			70					
1992			*78*					

Malaire, Médoc

		PAR	WSP	AüW	GAB	VIN	DEC	WIN
1998			75-79					
1997			78					
1996			74					
1995	△		79					
1993			*83*					

Malartic-Lagravière, Pessac-Léognan, *O.: CC; P.: CB; G.: 5,* ⑤

		PAR	WSP	AüW	GAB	VIN	DEC	WIN
2000	03-20	90-92	85-88	90		15	4	8,9-9,0+
1999	03-18	88-89	85-89	86	17	15	3	8,2-8,6
1998	04-20	89+	85-89	91	17	15	4	8,6-8,9
1997	02-12	88	88	15	17		2	8,6
1996	01-13	76	89	87	16	1,5	4	*7,9-8,2+?*
1995	00-15	76	88	16; 81	*16*	3	4	*8,1*
1994	97-20	74	81	76	*16*	*15..*	2	8,3-8,4

Forts. Malartic-Lagravière		PAR	WSP	AüW	GAB	VIN	DEC	WIN
1993	97-08	77	83	77	15	14..		8,0-8,3
1992	-05	71		73	12			
1991		72		70	11			
1990	-00	73		70	14			5,6
1989	00-07	82	90	79	15			8,5
1988	-05	77	84	74	16			8,8-9,0
1986	△	82	90	79				
1985	-05	84		80	15			
1983	-98	80			15			
1982	△	82	86M					
1981	-95				15			
1979	▷	74			16	15,6		
1978	▽	62						
1975	△	70			13			
1970	▷				15			

Malescasse, Haut-Médoc, *O.: CB; P.: CB, gut,* ❻; *G.: CB*

		PAR	WSP	AüW	GAB	VIN	DEC	WIN
2000	06-14	**86-87**	**85-88**	**85**		**14,5**	**4**	**8,5**
1999	04-13	**82-84**	**85-89**	**84**	**16**			**7,9-8,0+**
1998	02-09	**84-86**	80-84	84	16		3	8,2
1997	00-12	**84**	**82**	14,5	16	1	**2**	7,7
1996	01-18	82-84	88	**87**	15	2	**3**	7,8-8,0+
1995	99-10		79	14; 79	15	3	3	8,1+
1994	98-10	85-86	85	78	15			7,9
1993	97-10	85-87	83	83	17			7,7; 8,0
1992	-03	80-83	75-79	74	15			
1991		72	78	67	12			
1990	-02	86		68	13	14,5		7,8-7,9
1989	-98	81	84	72	13			7,7
1988				73	11			7,4
1987				70		15		
1986		86		70				
1985				71				
1982			82	13,8				

Malescot Saint Exupéry, Margaux, *O.: 3; P.: 3, ausgez.,* ❹

		PAR	WSP	AüW	GAB	VIN	DEC	WIN
2000	03-20	**92-94**		**89**		**15**	**4**	**8,4**
1999	02-14	**88-90**		**88+**		**15**		**8,5-8,6**
1998	03-17	**90**	**87**	**88-89**		**15**	3	8,6
1997	-07	**82**	85-89	14,5			3	8,1
1996	00-25	90	89	**91**		1	3	8,3+
1995	00-18	90	91	**88+**		1,5	**3**	8,8
1994	99-16	87+	86	**89**		1	3	8,2+
1993	-05	85		84			3	7,7-8,0
1992	-07	82	80-84	80	13			
1991		84		81		14..		
1990	-15	90	87	**91**	**16**	16		8,7-8,8+
1989	-07	87	87	81			**3**	
1988	-05	84	90	79				
1987						17		
1986	-06	82	88	79	15		2	
1985	-04	74	87	71	14		3	
1983	-03	83	82	16	13			
1982	-00	85	89		**15**			
1981	-03	78	87		13			
1979	-00	83		16,7	14			

		PAR	WSP	AüW	GAB	VIN	DEC	WIN
1978	-99	78			14			
1975	-00	72		**77**	16			
1970	-05	82			16			
1961	-10	92	85		17			

de Malleprat, Pessac-Léognan

		PAR	WSP	AüW	GAB	VIN	DEC	WIN
1995							4	

de Malleret, Haut-Médoc, *O.: CB*

		PAR	WSP	AüW	GAB	VIN	DEC	WIN
2000							**4**	
1998	01-15			83	14			
1997	01-10			14	15		**3**	
1996	△		80				**3**	
1995	99-08		87		14		5	
1991			79					
1989			90					
1975	-05				16			

Malmaison, Moulis, *O.: CB*

		PAR	WSP	AüW	GAB	VIN	DEC	WIN
1999	02-10			**82**	**15**			
1997	01-07		**83**	14	14		**2**	
1996	-08		79		13			
1995	99-08		81		15			
1994	98-09			13,5	16			
1992			80-84					
1991			71					
1990			89					
1989			85					

de Marbuzet, St.-Estèphe (Zww. von Ch. Cos d'Estournel – bis 1993), *O.: CB*, ❻; *G.: CB*, ⑤

		PAR	WSP	AüW	GAB	VIN	DEC	WIN
2000	06-14		**85-88**	**84**		**14**		
1999	03-13				**16**			
1998	03-13	82-85	80-84		16			
1997	01-10	85-86	**80**	14,5	15	1,5	3	8,1
1996	00-12		89	**86**	17	2		
1995	99-12		85	14; 84	17	1	4	
1994	98-10	85-86	80	83	17			
1993	-06		78	82	15			7,9
1992	96-00	80-81	78	77	15			
1991		84		17,1	14			
1990	96-04	86	86	76	16	15		8,0
1989	-10	85	89	78	17			7,5
1988	-02	80	92	72	15	14,8		
1987			80	69				
1986	-05	85	86	78	15			
1985	△	85	87	78				
1983			91					
1982	△		89		16			
1975	▷				14			

La Marche Canon, Fronsac

		PAR	WSP	AüW	GAB	VIN	DEC	WIN
1996			75-79					

Les Maréchaux, Prem. Côtes de Blaye

		PAR	WSP	AüW	GAB	VIN	DEC	WIN
1999			85-89					
1998			85-89					
1997	▲		85					
1996			80-84					

Margaux, Margaux, *O.: I; P.: I, hervorr.,* ❶; *G.: I,* ①

		PAR	WSP	AüW	GAB	VIN	DEC	WIN
2000	08-50	94-96	95-100	98-100		18,5	5	10+
1999	04-25	92-94	90-94	92	18	18,5	4	9,6-9,7
1998	04-30	91+	90	94	18	18	5	9,5-9,7
1997	02-20	90	90	17	18	4	5	9,4
1996	05-40	99	95	92	19	5	5	10+
1995	00-40	95	100	17,5; 84	19	5		9,5-9,8
1994	99-30	92	90	90	18	5	4	9,1
1993	99-18	89	90	88	18	4		9,0-9,1
1992	-09	89	81	86	16	17..		
1991		88	85	89	19	4		
1990	-28	100	99	98	19	19		10
1989	00-24	89	97	90	17	18..	5	
1988	00-15	88	95	90	18	18,1		9,3-9,4
1987	-10	86	87	83	17	19		
1986	00-50	96+	93	94	19	19,5		
1985	00-20	94	95	91	19			
1983	98-30	96	98	18,7	20		5	
1982	05-35	94	94	95	18			
1981	97-15	91	95	16,5	18	17,6		
1979	-10	93	91	18,3	19	18,8		
1978	00-20	92	92	18	19			
1975	▽	74	88		11			
1970	-15	76	70		15			
1961	-05	93	92		18			

Margaux de Giscours, Margaux (Zww. von Ch. Giscours)

		PAR	WSP	AüW	GAB	VIN	DEC	WIN
1993				16,3				

Marjosse, Bordeaux

		PAR	WSP	AüW	GAB	VIN	DEC	WIN
2000	-05	88-89	85-88					7,6
1999		81-83						
1998	▲	85-86	80					
1997		85-86	80-84					
1996	-02	86	80-84					
1995			80-84					
1994			77					
1993	△		80					
1992			75					

Marojallia, Margaux

		PAR	WSP	AüW	GAB	VIN	DEC	WIN
2000	05-18	90-91	92-94	89				8,9
1999	05-25	90-92		89+			4	

Marquey, St.-Emilion, *O.: GC*

		PAR	WSP	AüW	GAB	VIN	DEC	WIN
2000			85-88					

Marquis d'Alesme-Becker, Margaux, *O.: 3; P.: CB*

		PAR	WSP	AüW	GAB	VIN	DEC	WIN
2000	06-16					15,5		
1999	08-12					14,5		
1998	04-08		85-89			1,5		
1997			85-89					
1995	-05		87					
1994	04-20				16			
1993	00-10				13			
1990	-00	79						
1989				14,5				
1988	△	80						
1987						16		
1986	△	78						
1985	△	83	84	11,5				
1983	-98	83	84		15			
1982	-03	81			15			
1979	▷	78		15,8	13			
1978	▷	80						
1975	▷	77			14			
1970	-05				15			

Marquis de Terme, Margaux, *O.: 4; P.: 5 (4), sehr gut,* ❻; *G.: CB,* ⑤

		PAR	WSP	AüW	GAB	VIN	DEC	WIN
2000	04-18	87-88		86		15,5	3	8,5
1999	06-15	78-80?		86		15		7,5; 8,5
1998	03-13	82-83	86	88		15,5	3	8,5
1997	02-10	79		15			3	8,0
1996	00-25	89-90	85	87	17	2	3	8,8
1995	00-15	85+	90	15; 84	15	1		8,9
1994	04-23	83		85	18	14..	3	8,1+?
1993	00-05	81		82		14..		8,0
1992	-05	76	75-79	76	14			
1991		74		74				
1990	-20	87		83	17			8,4-8,6
1989	-06	89		83	16		3	9,1
1988	03-20	86	88	82	17	16,7		8,7
1987				75		16,3		
1986	-15	90?		85	12	4	3	
1985	-05	88		85	14		3	
1983	-07	88		15,4	15		3	
1982	△		88					
1979	-96	82		15,6	15			
1978	-04	50			12			
1970	▷	84						
1961	-00		82		17			

Bewertungen jünger als 2 Jahre:	▲ jetzt	▶ austr.	▼ abg.	Schrift normal
älter als 2 Jahre:	△ jetzt	▷ austr.	▽ abg.	Schrift dünn
älter als 4 Jahre:	△ jetzt	▷ austr.	▽ abg.	*Schrift dünn kursiv*

Marsac, Côtes de Francs

		PAR	WSP	AüW	GAB	VIN	DEC	WIN
1996	-05	86-87						
1995	-03	87						

Marsac Séguineau, Margaux, *O.: CB; P.: CB, gut*

		PAR	WSP	AüW	GAB	VIN	DEC	WIN
1998	02-12			85	14			
1997	00-08	77-78		14	15		**4**	
1996	01-13			13,5	*15*			
1995	02-14				*12*			
1994	98-05			*13*	*15*			
1990								*8,1*
1989								*8,4*
1988								*7,6*
1986						*15*		

Marsau, Côtes de Francs, *P.:* ❺

		PAR	WSP	AüW	GAB	VIN	DEC	WIN
2000	-09	**88-89**	**85-88**					
1999	-11	**87-88**						
1998	04-11	**87**	**87**					
1997	00-05	85-86+	**89**					
1996	99-	80-82	84					
1995	00-	86-88	88					
1994		85	75					

Martet, Bordeaux Supérieur

		PAR	WSP	AüW	GAB	VIN	DEC	WIN
1998	02-10			87				

Martinat, Côtes de Bourg

		PAR	WSP	AüW	GAB	VIN	DEC	WIN
1998	02-06					**14,5**		

Martinens, Margaux, *O.: CB; P.: CB*

		PAR	WSP	AüW	GAB	VIN	DEC	WIN
2000			**89-91**					
1999	02-08			**81**	**14**			
1997	04-10	81-83		14	13	0,5	3	
1996	03-18	73-74		**84**	*13*		*3*	
1995	00-14			13,5	*12*	1	3	*6,0?*
1993	00-10	*74-76*			*10*			
1992	-04				*11*			
1991		*72*						
1990					*11*	*15,5*		*8,5*
1989								*8,4-8,5*
1986				*14*				

Marzy, Pomerol

		PAR	WSP	AüW	GAB	VIN	DEC	WIN
1995								*7,8*
1994								*8,3+*

Matras, St.-Emilion, *O.: GCC; P.: CB*

		PAR	WSP	AüW	GAB	VIN	DEC	WIN
1996							3	
1995							3	7,7
1994								7,5

Maucaillou, Moulis, *O.: CB; P.: 5, ausgez.; G.: CB,* ⑥

		PAR	WSP	AüW	GAB	VIN	DEC	WIN
2000	05-12	86-87	89-91	85		14,5		8,3
1999	03-12	81-84		87	16		3	8,5
1998	02-12	84-85?	75-79	85	16		3	8,4+?
1997	00-10	84	85-89	15	17	1	3	8,0-8,2
1996	02-10	84-85?	81	89	17		2	8,5
1995	00-12	83-86		15; 84	15	1	2	8,3+
1994	00-10	74		78	16			
1993		76		79				7,5
1992	-02	70-73	73	85	15			
1991		71		82	12			
1990	95-02			78	15	14,5		7,4
1989	-04	87		79	15			8,3
1988	-03	86	82	78	15	15..		7,8-7,9
1987		83		79		15; 13		
1986	△	86		83				
1985	△	85	88	81				
1983	△		87		14			
1982	-96		74		15			
1981	-02		88		15			
1978	-98				13			

Maucamps, Haut-Médoc, *O.: CB*

		PAR	WSP	AüW	GAB	VIN	DEC	WIN
2000	06-14	85-86				15	3	8,4
1999	03-12			82	14			
1998	02-12			84	14			7,9
1997	02-10			14	14			7,7
1996	02-12			14	15		3	8,1
1995	03-10				15	1	4	7,7
1994	-07				15			
1993	-08				16			
1992	-04				14			
1990	-04				16			
1989	-02				16			
1988	-10				16	15,7		
1986	-02				16			

Maurac, Haut-Médoc, *O.: CB*

		PAR	WSP	AüW	GAB	VIN	DEC	WIN
1999	-08			83				
1995							2	

La Mauriane, St.-Emilion (Puisseguin)

		PAR	WSP	AüW	GAB	VIN	DEC	WIN
2000		86-87	85-88					8,5
1999	03-10	86-88	85-89		17			8,3
1998	02-12	87			17			
1997	00-09	85			16			

Mauvezin, St.-Emilion, *O.: GC; P.: CB*

		PAR	WSP	AüW	GAB	VIN	DEC	WIN
1995						1	3	7,8
1994								7,4
1993								7,7-8,0
1989	-00					15..		

du Mayne, Graves

		PAR	WSP	AüW	GAB	VIN	DEC	WIN
1995							1	

Mayne de Grissac, Côtes de Bourg (Zww. von Ch. de Grissac)

		PAR	WSP	AüW	GAB	VIN	DEC	WIN
1990							3	

Mayne-Lalande, Listrac, *O.: CB; P.: CB, gut; G.: CB,* ④

		PAR	WSP	AüW	GAB	VIN	DEC	WIN
2000	07-15					15,5		8,4
1999	04-14			84	17			
1998	02-15			84	17	15		
1997	01-12			14,5	17	1,5	3	
1996	02-13			13,5	17	2	3*	
1995	00-13				16	2	4	7,9-8,0
1994	-08				15	14..		
1992	-06				14	14..		
1990	05-20				16	14,5		
1989				12,8				
1988	00-10					16..		
1987				13				

Mayne René, Pomerol

		PAR	WSP	AüW	GAB	VIN	DEC	WIN
1999	03-10				15			
1998	02-20			84	17			
1997	03-10			13,5	16			
1996	00-12			14	15			
1995	-02	86						

Mayne Vieil, Fronsac

		PAR	WSP	AüW	GAB	VIN	DEC	WIN
2000	-10	86-88		85				8,3
1999	-12	83-84		85				7,7; 7,9+?*
1998	02-07	85-86; 86-87*		85*				
1997		78		14				7,9; 7,9*
1996								7,7; 7,9*
1995								7,9+
1994	-02	82-84						

Mayne Vieil Cuvée Alienor, Fronsac

		PAR	WSP	AüW	GAB	VIN	DEC	WIN
2000		87-89						

Mazeris, Canon-Fronsac, *P.:* ❺

		PAR	WSP	AüW	GAB	VIN	DEC	WIN
2000	-12		89-91	86				
1999	04-12	83-85			16			8,2
1998	02-14	86-88	85-89	86	15	14,5		8,3
1997	01-09	85-86+	85-89	14	15	1		8,0+
1996	01-08	84	80	14	14			7,4?
1995	98-13		82	14,5	14	1		8,0
1994	98-08	79-84	75	14,5	14			8,0
1993	-07	85-86	78		14			
1992	-05	82			13			
1990	-05	87	80		13	14		8,2+
1989	-05				15	14,7		
1988				12				
1986		86		13				
1985	-03				13			

Mazeris Bellevue, Canon-Fronsac

		PAR	WSP	AüW	GAB	VIN	DEC	WIN
2000	06-12		85-88	85		14	1	7,8
1998	02-08			83				
1997	-04	78-80	80					
1996		79-82						
1994		72-74						
1993	-05		75-79	14,3				
1992			75-79					
1991			75-79					
1990			88					
1989						14,3		

Mazeyres, Pomerol, *O.: unklass.; P.: CB; G.:* ⑤

		PAR	WSP	AüW	GAB	VIN	DEC	WIN
2000	05-10			86		14,5	3	8,1
1999	04-12	85-86		84	15	14,5		8,0?
1998	02-13	88	85-89	86	17	15	3	
1997	02-08	74-76	80-84	14,5	16		3	
1996	00-10	74			16	1,5	2	
1995	00-09		88		16	1	3	
1994	98-13	87-88	86		16			
1993	-03	78-81	84		15			

Méaume, Bordeaux Supérieur

		PAR	WSP	AüW	GAB	VIN	DEC	WIN
1990							3	
1988				12,4				

Mémoires, Premières Côtes de Bordeaux

		PAR	WSP	AüW	GAB	VIN	DEC	WIN
1999								6,8; 7,8+*
1997								7,5; 7,8+*
1996								7,5; 7,8+*

Bewertungen jünger als 2 Jahre:	▲ jetzt	▶ austr.	▼ abg.	Schrift normal
älter als 2 Jahre:	△ jetzt	▷ austr.	▽ abg.	Schrift dünn
älter als 4 Jahre:	△ jetzt	▷ austr.	▽ abg.	*Schrift dünn kursiv*

Mercier, Côtes de Bourg

		PAR	WSP	AüW	GAB	VIN	DEC	WIN
1998	02-08					14,5		

Mérissac, St.-Emilion (Zww. von Ch. Dassault)

		PAR	WSP	AüW	GAB	VIN	DEC	WIN
1996	△		80					

Merville, St.-Estèphe

		PAR	WSP	AüW	GAB	VIN	DEC	WIN
1997	00-05				15			
1996	-05		81		15			
1995	-04				15			

de la Meulière, Premières Côtes de Bordeaux

		PAR	WSP	AüW	GAB	VIN	DEC	WIN
1990								7,3

Meyney, St.-Estèphe, *O.: CB; P.: 5 (3), sehr gut,* ❺*; G.: 5,* ④

		PAR	WSP	AüW	GAB	VIN	DEC	WIN
2000	10-20		85-88	88		15,5		
1999	05-18		80-84	86+	17	14,5		8,2
1998	03-20	82-84	86	86	16	2,5		
1997	04-12	78	78	14,5	17		2	
1996	00-18	85	86	86	16	2	3	
1995	98-15	89	85	15; 86	17	3	4	
1994	98-15	88	87	87	17			
1993	98-10	78	86	83	16			
1992	-05	81	83	80	16			
1991			79		15	14..		
1990	-10	88	89	85	15	15,5		
1989	-20	90	93	87	17		1	8,7+
1988	-15	88		85	16	14..		8,0
1987	△	82	87	75	14			
1986	-15	90	88	87	16	16,2		
1985	-06	87		84	16			
1983	-08	85			16			
1982	00-20	93	90		16			
1981	-00	85			15			
1979	△	81	87		15			
1978	-00	84		12	15			
1975	-15	90			18			
1970	△	83						
1961	△		83					

Le Meynieu, Haut-Médoc, *O.: CB*

		PAR	WSP	AüW	GAB	VIN	DEC	WIN
1999	02-12			85	15			
1998	01-06			83	16			
1997	00-05			13	15			
1996	-04			14,5	15		3	
1995	98-05			14	15			8,0
1994	▷	73-74			14			7,6
1988	-00					15..		

Meyre, Haut-Médoc, *O.: CB*

		PAR	WSP	AüW	GAB	VIN	DEC	WIN
2000							2	8,0
1999	03-11			83	15			
1998	01-12			83	14			
1997	02-10			13,5	15			
1996	03-18				*15*		3*	
1995	98-18			14	*15*			
1994	-08				*16*			

Michel Lynch (Cabernet Sauvignon), Bordeaux

		PAR	WSP	AüW	GAB	VIN	DEC	WIN
1998	▲		78					

Michel Lynch (Merlot), Bordeaux

		PAR	WSP	AüW	GAB	VIN	DEC	WIN
1998	-04		83					

Milens, St.-Emilion

		PAR	WSP	AüW	GAB	VIN	DEC	WIN
2000	-11	87-89+	89-91					8,4
1999	-09	87-88						
1998	-08	88						

Mille Roses, Haut-Médoc

		PAR	WSP	AüW	GAB	VIN	DEC	WIN
2000	-06	87-88						

Millerie, St.-Emilion (Puisseguin) (Zww. von Ch. Roc de Boissac)

		PAR	WSP	AüW	GAB	VIN	DEC	WIN
1997			78					
1996			77					

Millet, Graves

		PAR	WSP	AüW	GAB	VIN	DEC	WIN
1995							3	

Mirabeau, Graves

		PAR	WSP	AüW	GAB	VIN	DEC	WIN
1996							4	

Mirefleurs, Bordeaux Supérieur

		PAR	WSP	AüW	GAB	VIN	DEC	WIN
1996			78					
1995			85					

La Mission Haut Brion, Pessac-Léognan, *O.: CC; P.: 1, hervorr.,* ❶; *G.: 1,* ①

		PAR	WSP	AüW	GAB	VIN	DEC	WIN
2000	05-40	98-100	95-100	91		18	5	9,3-9,4
1999	03-20	89-91	90-94	89	18	15,5	4	8,8-8,9
1998	06-30	93+	95	94	18	17,5	5	9,5
1997	01-18	87	87	16	17	3	5	8,8
1996	00-20	89+?	89	91	17	2,5	5	9,0-9,1
1995	00-25	91	93	16,5; 92	18	3	4	9,0+
1994	99-22	91	85-89	89	18	5	4	9,0
1993	98-12	90	89	88	18	4		8,3-8,6
1992	96-10	89	84	86	17	15..	4	
1991		87	85	85	15	15..		
1990	03-20	94+	95	89	19	17,5		9,5
1989	00-30	100	96	96	20	18..	5	9,5-9,6
1988	00-20	90	96	93	18	4		9,0
1987	-01	87	84	85	15	18		
1986	98-20	91	97	88	18	4		
1985	-20	92	90	89	17			
1983	98-30	89	93		19			
1982	00-15	99+	94		17			
1981	-15	90	87		17			
1979	-10	91	86	16,6	17	15,3		
1978	-15	96	94	15	19			
1975	-30	100	90		20			
1970	-10	94			12			
1961	-14	100	96		19			

Les Moines, Médoc, *O.: CB*

		PAR	WSP	AüW	GAB	VIN	DEC	WIN
1998	01-05			81				
1995	98-05			14			3	

Les Moines Cuvée Cantemerle, Prem. Côtes de Blaye, *O.: CB*

		PAR	WSP	AüW	GAB	VIN	DEC	WIN
2000			80-84					

Monbadon, Côtes de Castillon

		PAR	WSP	AüW	GAB	VIN	DEC	WIN
1994			83					

Monbousquet, St.-Emilion, *O.: GC; P.: 3, ausgez.,* ❶; *G.: 3,* ③

		PAR	WSP	AüW	GAB	VIN	DEC	WIN
2000	04-20	94-96	89-91	91		14,5	3	8,2
1999	02-16	92-94	85-89	89	18	14	4	8,1
1998	03-20	94	93		18	2	3	8,2
1997	02-14	90	88	14	17		3	
1996	00-17	90	88	91	17			
1995	00-22	92	92		18			
1994	99-15	90	85-89		17			
1993	97-09	89	88		17			
1990	▷				14			

Monbrison, Margaux, *O.: CB; P.: gut,* ❻; *G.: 3,* ④

		PAR	WSP	AüW	GAB	VIN	DEC	WIN
2000	03-20	88-89	89-91	87		17,5		8,2
1999	04-16	87-88		88	17	16,5		8,4-8,6
1998	03-15	87	88	89	17	16	3	8,3+
1997	00-12	76	82	15	16	1	3	8,0
1996	00-16	85-86+?	84	87	18	2	4	8,4
1995	99-15	86	87	15,5; 85	17	1	3	8,6+
1994	97-18	76	79	79	16	1		7,9
1993	98-06	79	75	79	16	16..		7,9-8,0
1992	-02	74	77	72	13			
1991		85	81	82				
1990	97-12	88	91	85	17	16		8,4-8,6
1989	02-10	89	91	86	17			8,5-8,6
1988	00-10	90	90	87	17	17..		8,5
1987	-00		86	75	15	16,5		
1986	96-08	87	92	86	17			
1985	△	86	90	87	16			
1983	-96	86	86	15,9	15			
1982	-96		90		15			
1981	△		82					

Moncets, Lalande de Pomerol

		PAR	WSP	AüW	GAB	VIN	DEC	WIN
1995							3	

Mondot, St.-Emilion (Zww. von Ch. Troplong-Mondot)

		PAR	WSP	AüW	GAB	VIN	DEC	WIN
1998								8,5
1995	△		86					
1989				14,6				

La Mondotte, St.-Emilion, *O.: GC; P.: 1, hervorr.; G.: (2)*

		PAR	WSP	AüW	GAB	VIN	DEC	WIN
2000	08-35	96-98	92-94	92				
1999	05-25	95-97	90-94	91	18		4	8,1; 8,7
1998	03-35	96+	96	93	19		4	8,7
1997	02-17	94	90	16,5	19	4	4	8,7-8,8
1996	04-25	97+	89	92	18			8,7-8,8
1990	-05				16			

Mont-Pérat, Premières Côtes de Bordeaux

		PAR	WSP	AüW	GAB	VIN	DEC	WIN
2000		87-88						

Le Monteil d'Arsac, Haut-Médoc, *O.: CB*

		PAR	WSP	AüW	GAB	VIN	DEC	WIN
2000							2	
1995	00-07			14			4	

Montgrand-Milon, Pauillac

		PAR	WSP	AüW	GAB	VIN	DEC	WIN
1997	△		81					

Bewertungen jünger als 2 Jahre:	▲ jetzt	► austr.	▼ abg.	Schrift normal
älter als 2 Jahre:	△ jetzt	▷ austr.	▽ abg.	Schrift dünn
älter als 4 Jahre:	△ jetzt	▷ austr.	▽ abg.	*Schrift dünn kursiv*

du Monthil, Médoc

		PAR	WSP	AüW	GAB	VIN	DEC	WIN
1999								7,8
1997				13				6,9
1996	00-		84				2	7,8
1995	00-05					1		7,7+
1994								7,3

Montlisse, St.-Emilion

		PAR	WSP	AüW	GAB	VIN	DEC	WIN
2000			85-88					

Montrose, St.-Estèphe, *O.: 2; P.: 2, hervorr,* ❷*.; G.: 1,* ②

		PAR	WSP	AüW	GAB	VIN	DEC	WIN
2000	08-35	93-95	92-94	94		17,5		9,6
1999	04-20	87-90	85-89	89	17	17	3	8,6-8,8
1998	04-30	90+	86		18	16,5		8,4
1997	02-15	87	88	16,5	16	3,5	4	8,8-9,0
1996	04-30	91+	95	92	18	4	5	9,4-9,5
1995	00-30	93	88	16,5; 89	19	3,5	3	8,7-8,9
1994	98-25	91	84	90	19	3	4	8,3-8,6+?
1993	98-15	87	90	85	17	3	3	8,1-8,6
1992	98-10	87	86	85	17	15-16..		
1991	98-	88	85	86	16	4		
1990	97-40	100	94	98	20	16,5	4	9,7
1989	01-30	96	93	93	19	17	3	9,3
1988	00-20	83	88	85	17	5		8,4
1987	-00		80	80	12	15,8		
1986	95-25	91	96	89	14	4		
1985	96-10	85	89	86	14			
1983	-10	83	85		16		3	
1982	02-20	90	90	13	18			
1981	-00	84	88					
1979	△	82	81	15,9	15			
1978	-08	84			16			
1975	98-10	87?			17			
1970	03-40	92+	87		19			
1961	00-30	95	85		13			

Montviel, Pomerol, *G.: CB,* ⑥

		PAR	WSP	AüW	GAB	VIN	DEC	WIN
2000	06-12		89-91	88		14	3	8,3
1999	03-11	82-84		83	16	14		8,0+
1998	02-12	85-86	90	86	15	1	3	8,6
1997	01-08	84	85	14,5	16		3	
1996	99-14	81-83	86		17			
1995	00-08	82-85	88		16	1	2	
1994	-07	82			16			
1993	-05	83			14			
1992		77-80						
1986							4	

Le Moulin, Pomerol

		PAR	WSP	AüW	GAB	VIN	DEC	WIN
2000	-16	90-93		90				8,7
1999	-11	88-90						8,4+

		PAR	WSP	AüW	GAB	VIN	DEC	WIN
1998	-13	90						
1997	-07	86						8,2

Moulin du Cadet, St.-Emilion, *O.: GCC; P.: CB,* ❻

		PAR	WSP	AüW	GAB	VIN	DEC	WIN
2000	06-14	79-82?	89-91	86		15		8,2(?)
1999								7,6
1998	-12	86-88					2	
1997	00-08			15		1		8,2
1996	02-14			13,5	16		2	7,6
1995	98-13	85-87	85-89	14	15			8,3
1994	99-06	85-86	80-84	13,5	15			7,9
1993	-08	86	79	13	14			7,9+?
1992	-06		70		15		3	
1990	-05	86	91	13,5	14	14,5		8,1+
1989	-03	85	86	14	15		3	8,2
1988	-04	75			13		3	8,2
1987	-97				12			
1986	△	74						
1985	-05				14			

Moulin de Castillon, Médoc

		PAR	WSP	AüW	GAB	VIN	DEC	WIN
1995	00-07			14,5				

Moulin de Duhart, Pauillac (Zww. von Ch. Duhart-Millon-Rothschild)

		PAR	WSP	AüW	GAB	VIN	DEC	WIN
1999								7,9
1997								7,9
1996			86	13,5				7,9
1995	00-		81					
1994	97-		78					7,6
1993	▷		79					
1992				14,1				
1990			75					
1989			84					
1988								7,9

Moulin Galhaud, St.-Emilion

		PAR	WSP	AüW	GAB	VIN	DEC	WIN
1999		84-86						
1998		85-86						
1997		79						

Moulin Haut-Laroque, Fronsac, *P.: 5,* ❻

		PAR	WSP	AüW	GAB	VIN	DEC	WIN
2000	10-20	87-89	85-88	87		18	4	8,4
1999	06-20	85-86				17		
1998	02-20	85-86	88			18		
1997	00-20	85	88			4	3	
1996	00-05	76-78				3		
1995	03-20					3		7,9-8,0
1994	00-10	85-86				2,5		
1993	02-10					15..		
1992		76-78	80-84					

Bewertungen jünger als 2 Jahre:	▲ jetzt	▶ austr.	▼ abg.	Schrift normal
älter als 2 Jahre:	△ jetzt	▷ austr.	▽ abg.	Schrift dünn
älter als 4 Jahre:	△ jetzt	▷ austr.	▽ abg.	*Schrift dünn kursiv*

Forts. Moulin Haut-Laroque	PAR	WSP	AüW	GAB	VIN	DEC	WIN
1991		80-84			15..		
1990 -05	86	89			16		
1989 04-		90	13,8		17		
1988							7,1
1986	87	78					

Moulin Haut Villars, Fronsac

	PAR	WSP	AüW	GAB	VIN	DEC	WIN
1999 -12			85				
1998 02-07			85				
1997			14				

Moulin de Laborde, Listrac, *O.: CB*

	PAR	WSP	AüW	GAB	VIN	DEC	WIN
1996					1		
1995 00-13				16			
1994 00-06				12			
1988					14..		

Moulin Pey-Labrie, Canon-Fronsac, *P.: 5*, ❺

	PAR	WSP	AüW	GAB	VIN	DEC	WIN
2000 10-20	86-87	85-88	86		16,5	3	8,1
1999 05-15	85-86		87		16		7,8
1998 06-15	87-88+	85-89			16,5		
1997 00-12	87	86	15		2,5	3	7,8+
1996 00-05	81-83	85	88		2		7,8
1995 00-15	85+	90	15		3		8,0+?
1994 00-10	85-86				2		
1993 -05	84-87						
1992 -00	85	75-79					
1991		70-74					
1990		88			16,5		8,0
1989 04-		91			15,7	3	
1988							7,6

Moulin Riche, St.-Julien (Zww. von Ch. Léoville-Poyferré), *O.: CB; G.: CB*, ⑤

	PAR	WSP	AüW	GAB	VIN	DEC	WIN
2000							8,7
1999 03-12				16			8,4-8,6
1998 02-11			85	15	14		
1997 01-10	84-86	80-84	14	16	1	3	7,8
1996 00-09		84	13,5	16	1,5		8,4-8,6
1995 00-08		85	14	16	1	3	
1994 98-06			13,75	16			7,5-8,0?
1993							7,3?
1990						4	8,7
1989 -00	86						
1988							7,3
1987		79					
1986		88					
1985		83					
1982		90					

Moulin de la Rose, St.-Julien, *O.: CB; G.: CB,* ⑥

		PAR	WSP	AüW	GAB	VIN	DEC	WIN
2000	07-14					15		8,6+
1999	03-11			83	16			
1998	02-10			86	15	1		
1997	01-08			14,5	15			
1996	02-15			14,5	15	1	3	
1995	98-15			14,5	15	3	4	
1994	98-10	85-86		14	17	14,5..		

du Moulin Rouge, Haut-Médoc, *O.: CB; P.: CB, sehr gut,* ❻

		PAR	WSP	AüW	GAB	VIN	DEC	WIN
2000							4	7,9
1999	03-11	81-83		85	14			7,9
1998	01-09	85-86		85	15			7,9-8,0
1997	03-10	85			15			7,7
1996	-06	85					3	7,9-8,0+
1995	00-15	86		14,5	16		3	8,1
1994		83-84						8,0
1993								7,4+
1992		75-76						
1990	-99	87						7,9-8,0
1989	-98	87						8,5
1988	△	85						8,2
1986		86						

Moulin Saint Georges, St.-Emilion, *O.: GC; P.: 4, sehr gut*

		PAR	WSP	AüW	GAB	VIN	DEC	WIN
2000	03-14	89-91	89-91	88		16	4	8,2-8,5
1999	02-12	88-90	85-89	86	16	15,5	3	8,3
1998	02-16	89	91	86	17	15	4	8,4
1997	00-09	87-88	87	14,5	16		4	8,0+
1996	01-15	89	87		17		4	
1995	00-16	90	92	15,5	16			
1982	△		87					

Moulin de Sarpe, St.-Emilion (Marke von Ch. Vieux Sarpe)

		PAR	WSP	AüW	GAB	VIN	DEC	WIN
1996	00-		81					

Moulin à Vent, Lalande de Pomerol

		PAR	WSP	AüW	GAB	VIN	DEC	WIN
1999	-13			85				

Moulin à Vent, Moulis, *O.: CB; P.: CB, gut*

		PAR	WSP	AüW	GAB	VIN	DEC	WIN
2000	06-10					14		8,4
1999	03-12			84	16			
1998	02-15			84	14	1		7,9-8,0
1997	00-12	84-85		13,5	15	1	3	8,0
1996	01-10	82-84+		86	16	1	3	
1995	98-12			14	13			7,8+
1994	98-05	74-76		13,75	13			
1992		70-74						

Bewertungen jünger als 2 Jahre:	▲ jetzt	▶ austr.	▼ abg.	Schrift normal
älter als 2 Jahre:	△ jetzt	▷ austr.	▽ abg.	Schrift dünn
älter als 4 Jahre:	△ jetzt	▷ austr.	▽ abg.	*Schrift dünn kursiv*

Forts. Moulin à Vent	PAR	WSP	AüW	GAB	VIN	DEC	WIN
1990					14,5		7,9
1989							8,3+
1988							7,6
1986	85						

Moulinet, Pomerol, *O.: unklass.; P.: CB*

		PAR	WSP	AüW	GAB	VIN	DEC	WIN
2000	05-12	82-84?	89-91					
1999	02-11				15			
1998		84-85	79					
1997	02-10	84-86	85	16	15			
1996	99-15	83-85	85		17			
1995	00-12	81-83	90-94	15	16		3	
1994	-03	79						
1993		77						
1992			79					
1990	-99	83				14,5		
1989	△	85						
1988		79	88			15,3	4	
1986	△	78					4	
1985	△	82					5	
1982			87					
1979				13,1				

Moulinet-Lasserre, Pomerol

		PAR	WSP	AüW	GAB	VIN	DEC	WIN
2000			89-91					
1998	03-		82					
1986							4	
1985							3	

Mouton, Bordeaux Supérieur

		PAR	WSP	AüW	GAB	VIN	DEC	WIN
2000								8,3
1999			80-84					7,9-8,1
1998								8,1

Mouton-Cadet, Bordeaux

		PAR	WSP	AüW	GAB	VIN	DEC	WIN
1998	▲		82					
1997			75					
1995			82					
1990			84					

Mouton Rothschild, Pauillac, *O.: I; P.: I, hervorr.,* ❶; *G.: I,* ①

		PAR	WSP	AüW	GAB	VIN	DEC	WIN
2000	08-60	96-98+?	92-94	91		18	4	9,7-9,8
1999	05-26	91-94	90-94	92	18	18	4	9,5
1998	04-50	96	90	93	17	18	5	9,7
1997	02-20	90	89	16,5	17	4	4	9,4
1996	04-30	94	94	93	19	4	5	9,7+
1995	02-30	95+	96	16,5; 95	19	5		10+
1994	99-25	91+	91	89	19	4,5	3	8,7-9,0
1993	00-20	90	90	88	18	4		9,3

1992	96-08	88	88	86	17	16..		
1991	98-	86+	89	87	16	15..		
1990	05-20	87	**97**	**86**	**18**	18,5		9,6-9,7
1989	01-20	90	**98**	**92**	**17**	18..	**4**	10
1988	99-20	89	94	**92**	**19**	18,1		9,2
1987	-10	88	89	86	**17**	17,8		
1986	04-50	100	**99**	**96**	**20**	18,2		
1985	98-20	90+	96	92	**19**		5	
1983	97-20	90	94		19		5	
1982	10-20	**100**	**98**	**98**	**20**		**3**	
1981	△	79	91		14	18,4		
1979	-05	76	96	17,5	**15**	18,7		
1978	-10	85	92	18	17			
1975	00-20	90?	89		18			
1970	01-05	93?	84		17			
1961	-30	98?	92M		19			

Muret, Haut-Médoc, *O.: CB*

		PAR	WSP	AüW	GAB	VIN	DEC	WIN
1998	02-06			85				
1997				13				
1989				12,6				

de Musset, Lalande de Pomerol

		PAR	WSP	AüW	GAB	VIN	DEC	WIN
1995							3	

de Musset, St.-Emilion (Montagne)

		PAR	WSP	AüW	GAB	VIN	DEC	WIN
2000			75-79					

Nenin, Pomerol, *O.: unklass.; P.: 5, ausgez.,* ❻

		PAR	WSP	AüW	GAB	VIN	DEC	WIN
2000	05-25	91-93	92-94			16		8,7
1999	02-17	87-88				16		8,7-8,8
1998	04-25	90				3		
1997	01-10	87				1,5		
1996	00-16	85		**84**	15	1	2	7,8
1995	00-13	86		14,5; 84	16	1,5		8,3
1994	-04	87		86		14..		8,2+
1993	-09	86?		82				8,0
1992				79				
1991				78				
1990	-01	84	88	80		14		6,9-7,0
1989	01-13	78		76	16			6,9
1988	-05	76		73	13			8,4
1987	-97			77	15			
1986	-02	83	84	79	14			
1985	-10	84		80	13			
1982	△	76	82					
1979	-00			16	13			
1978	△			12,5	13			
1975	▽				12			
1961	-00		91					

Noaillac, Médoc, *O.: CB*

		PAR	WSP	AüW	GAB	VIN	DEC	WIN
2000								7,7
1999	02-09	85-86		82	15			7,9
1998	01-10		75-79	82	16			
1997	02-09		84	12,5	15			7,2
1996	03-10	78-82	78	12	16		3	7,9
1995	02-09				15		2	7,7
1994	01-08	82-83			13			7,4
1993								6,8
1992		65-67	75-79					
1991			65-69					
1990								6,9
1987						14		

Numéro 2 de Lafon-Rochet, St.-Estèphe (Zww. von Ch. Lafon-Rochet)

		PAR	WSP	AüW	GAB	VIN	DEC	WIN
1999								7,9-8,0
1998								8,3
1997								7,9-8,0
1996			88					7,9-8,0
1995								8,3
1989								7,6-7,8

Olivier, Pessac-Léognan, *O.: CC; P.: gut,* ❻

		PAR	WSP	AüW	GAB	VIN	DEC	WIN
2000	03-28	88-89	89-91	87		14,5	4	
1999	04-12	87-88	85-89	85	16	14,5		7,9-8,0
1998	02-20	89	86	87	16	1,5	3	8,4
1997	00-10	86	79	14,5	15	1		8,3
1996	99-16	85	85	87	16	1,5	3	7,8
1995	98-14	84	89	14,5; 81	15	1		8,2+
1994	97-12	85	84	80	15	14,5..	3	8,1
1993	97-07	74	85	82	12			8,3-8,6
1992	-05	75	83	76	14			
1991		85		79		14..		
1990	-06	85	90	81	15	15,5		7,9-8,1
1989	-05	84	88	80		15..		8,3
1988	-05		91	80	15			8,2
1987				77				
1986	-05			79	16			
1985			93	79				
1983	▽		92		14			
1982	-98		90		15			
1981			86					
1979	▷				14	13,7		
1975	-05				16			

Les Ormes de Pez, St.-Estèphe, *O.: CB; P.: 5, gut,* ❺; *G.: CB,* ⑤

		PAR	WSP	AüW	GAB	VIN	DEC	WIN
2000	08-18	88-90	89-91	87		14,5	3	8,6
1999	03-12	85-86	85-89	86	16			8,3
1998	03-15	87	85	88	16	15,5	3	8,2
1997	00-10	81-83	86	15	16	1,5	3	8,1
1996	00-16	86	89	86	16	2,5	4	7,8-8,4
1995	00-10	86	85-89	15	16	2	3	6,4; 7,6?
1994	98-10	85-86	79	15	15			7,6-7,9

1993	97-08	82	87	14,5	15	14..		7,2?
1992	-04	85	78		15			
1991		81	82	14	14	15..		
1990	-08	89	91	14	17	15,5		7,9-8,1
1989	02-05	86	90	15,5	17		4	8,4
1988	-04	85	88	13,5	16	15..		8,4
1987	-95	77	83		12	16		
1986	-05	86	87	13	16	18,5		
1985	-98	83	89	14,7	15			
1983	-98	84	86		16			
1982	-05	87	84	13,5	16			
1981	-96	78			15			
1979	▷	75		13,1				
1978	△	85						
1975	△	84						
1970	-06	89			14			
1961	-00		87					

Les Ormes Sorbet, Médoc, *O.: CB; P.: CB, sehr gut,* ❻; *G.: CB,* ④

		PAR	WSP	AüW	GAB	VIN	DEC	WIN
2000		86-87						
1999	02-12	81-83		85	16			7,7
1998	02-12	85-86	85-89	85	17	14,5		7,9
1997	02-10		85	14,5	16			7,2?
1996	00-15	86		13,5	16	2	3	8,0+
1995	98-08	85		14	16	2	3	8,0
1994	-06	86-87		14,5	16	14..		7,8
1993	98-03	84-86			16	14..		7,6+
1992	-03	85			15			
1991		75			14	14..		
1990	-05	86			17			7,1
1989	-02				16	14		8,2
1988	-00		84		16	15..		7,2
1987	-97				15	14,2		
1986	-02	85			17			
1978	-00				15			

Les Pagodes de Cos , St.-Estèphe (Zww. von Ch. Cos d'Estournel)

		PAR	WSP	AüW	GAB	VIN	DEC	WIN
2000	05-10			84		14,5		
1999	02-10			83	15	14		
1998	02-10			84	16	1,5		7,9
1997	01-10	85-86		14	14		4	8,1
1996	02-		89					
1995	00-02		87		16			
1994	-04				15			

Palmer, Margaux, *O.: 3; P.: 1, hervorr.,* ❷; *G.: 2,* ②

		PAR	WSP	AüW	GAB	VIN	DEC	WIN
2000	06-40	92-94+	92-94	92		17,5	5	9,7
1999	05-25	92-94	85-89	90	17	18	4	9,2-9,3+
1998	04-28	91	90	89	18	17,5		9,0
1997	02-12	87	90	16	16	4	4	8,8
1996	02-30	91+	91	89	18	5	4	8,9-9,0+?
1995	00-20	90	94	16; 89	18	4		9,1+?
1994	97-20	86	89	87	18	5	4	8,6-8,7
1993	97-10	78	88	82	16	4		8,1
1992	98-02	84?	80	81	14	17..		

Forts. Palmer		PAR	WSP	AüW	GAB	VIN	DEC	WIN
1991	95-	87	87	87	18	4		
1990	96-20	88	91	88	18	18		8,5-8,9+?
1989	00-25	95	93	94	19	18	2	8,9-9,0
1988	00-20	87	86	91	17	5		8,6-9,0
1987	-99	86	84	86	16	17,2		
1986	95-25	88+?	94	88	17	5		
1985	-15	87	91	89	19			
1983	96-22	97	90	16,9	19			
1982	-10	89	90	14	17		4	
1981	-05	81	89	13	17			
1979	-10	89	90	17,1	18			
1978	-08	90	81	16,5	18			
1975	00-20	90			18			
1970	00-20	95+	91		18			
1961	-05	99	93		20			

Paloumey, Haut-Médoc, *O.: CB*

		PAR	WSP	AüW	GAB	VIN	DEC	WIN
2000	-12			87			3	8,3
1999	02-12			84+	16			8,2
1998	01-12			82	16			
1997	01-07		82		16			
1996	-12			14	16		3	
1995							4	
1994			79					

de Panigon, Médoc, *O.: CB*

		PAR	WSP	AüW	GAB	VIN	DEC	WIN
1997							2	
1996							1	
1995							4	
1994		73-75						7,6

Le Pape, Pessac-Léognan

		PAR	WSP	AüW	GAB	VIN	DEC	WIN
1996			75-79					
1992		74-76	80-84					
1991			70-74					
1990			83					
1987						15		
1986						15		

Pape Clément, Pessac-Léognan, *O.: CC; P.: 2, ausgez.*, ❸; *G.: 2*, ②

		PAR	WSP	AüW	GAB	VIN	DEC	WIN
2000	05-25	92-95	89-91	89		16,5	4	8,8
1999	03-25	89-91	80-84	88	19	15	3	8,6-8,8
1998	03-30	93	90	94	18	2	5	8,8-9,0
1997	03-15	87	88	16	17	2	5	8,8-9,0
1996	02-25	91+	85	90	19	3	5	9,1-9,2
1995	00-25	90	92	16,5; 90	18	3		8,7-8,9
1994	97-10	87	80	83	16	2	3	8,9
1993	98-07	86	84	85	16	3		8,4-8,8
1992	-00	83	79	79	14			
1991		87		83				
1990	-20	92	92	92	19	16,5		9,2

1989	98-20	87	90	90	18		3	9,0-9,1
1988	00-12	92	90	89	17	15,6		9,2
1987	△	85	84	79	15	14,2		
1986	05-30	91	92	88	18	4		
1985	-05	87		79	15			
1983	▷	78						
1982	△	62	88					
1981	△	65			12			
1979	△	75	84		13	11,8		
1978	△	72		14	16			
1975	-08	87			16			
1970	▷	84	84		15			
1961	-00	92	88					

La Papéterie, St.-Emilion (Montagne)

		PAR	WSP	AüW	GAB	VIN	DEC	WIN
2000			75-79					

Du Paradis, St.-Emilion, *O.: GC*

		PAR	WSP	AüW	GAB	VIN	DEC	WIN
1997				13				

Paradis Tourans, St.-Emilion (Zww. von Ch. Tourans Terre Blanche)

		PAR	WSP	AüW	GAB	VIN	DEC	WIN
2000		86-88						

Paran Justice, St.-Emilion, *O.: GC*

		PAR	WSP	AüW	GAB	VIN	DEC	WIN
1995	△		80					

du Parc, St.-Emilion

		PAR	WSP	AüW	GAB	VIN	DEC	WIN
2000	06-10		89-91			14		
1999	03-12				17			
1998	02-08				17			
1997	02-09				15			

La Parde de Haut-Bailly, Pessac-Léognan (Zww. von Ch. Haut-Bailly)

		PAR	WSP	AüW	GAB	VIN	DEC	WIN
1996	99-		80					
1995	00-		88					

Parenchére, Bordeaux Supérieur, *P.:* ❺

		PAR	WSP	AüW	GAB	VIN	DEC	WIN
1998		85-86*						
1997	-05	84-85						
1996		85-86						
1995	-06	85; 86*						
1994	-01	85-86+				1; 3*		
1990	-00	86						

Pas de L'Ane, St.-Emilion

		PAR	WSP	AüW	GAB	VIN	DEC	WIN
1999	-09	88-90						8,2-8,3

de Pasquette, St.-Emilion

		PAR	WSP	AüW	GAB	VIN	DEC	WIN
1997	▲		81					

La Patache, Pomerol

		PAR	WSP	AüW	GAB	VIN	DEC	WIN
1999	04-13				16			
1998	02-17			84	16			
1997	03-09				15			
1996	△		80					
1995							2	

Patache d'Aux, Médoc, *O.: CB; P.: CB, gut,* ❻; *G.: CB*

		PAR	WSP	AüW	GAB	VIN	DEC	WIN
2000		87-88						8,1(+?)
1999	02-10	85-86		84	16			7,9
1998	02-10	85-86			15			7,9-8,0
1997	-04		85	14,5				7,3
1996	00-14	86	87	85	17		2	8,3+
1995	04-14	84	83		15		3	8,1
1994	-06	84-85	80	13,75	13			8,0
1993	-02	84-86			15			8,0
1992	-99	73-75			13			
1990	-05	85			15			7,3
1989	94-	85	84		14	14		8,4
1988	93-00	84-86	80		13	14,5		7,6
1986		86						
1985	△				15			
1982	△		84					
1978	△				14			

Patris, St.-Emilion, *O.: GC*

		PAR	WSP	AüW	GAB	VIN	DEC	WIN
2000	06-12	84-86				14,5		8,5
1999	01-08	72-74			15			8,6
1998	01-25	86-88			17	2		
1997	01-10	85-87			15			
1996	00-12				16			

Pauillac de Latour, Pauillac (Drw. von Ch. Latour)

		PAR	WSP	AüW	GAB	VIN	DEC	WIN
2000	05-12			87		14	3	
1999	03-12		80-84	85	16			8,4
1998	03-10		80-84	84	15			
1997	02-07	85-86	80-84	14	15			7,8
1996	00-06	86-88	85-89	14,5	16			8,3
1995	99-10	87	85-89	14,5	15			8,6
1994			80-84					
1993	-01	85-86	75-79					
1990			89					

Paveil de Luze, Margaux, *O.: CB; P.: CB*

		PAR	WSP	AüW	GAB	VIN	DEC	WIN
2000	06-12					14,5		
1999	02-10			83	14			5,8
1998	02-15			84	16			
1997	03-10			14	14			
1996							4	
1995	00-10				*15*			
1994	99-09				*13*			
1993	-04				*13*			
1990	-03				*15*			
1989	-03				*14*			
1988	-02				*14*			
1985	▷				*14*			

Pavie, St.-Emilion, *O.: PGCC (B); P.: 5, gut,* ❹; *G.: 3,* ④

		PAR	WSP	AüW	GAB	VIN	DEC	WIN
2000	06-40	95-96+	95-100	92		15	4	9,0(+?)
1999	05-40	93-96	90-94	92	18	15,5	4	8,6
1998	04-45	95+	88	89	19	15,5	3	9,0?
1997	00-18	86	80-84	15	16	1,5	2	8,5-8,6
1996	99-15	84-86	82	86	15	1	3	8,8-8,9
1995	99-15	78	88	16; 89	*16*	2	5	9,0+
1994	97-08	80?	82	81	*14*	*14..*		*8,6+?*
1993	97-12	75	88	79	*16*	*14..*		*8,0-8,8*
1992	96-04	*78*	*82*	76	*15*	*15..*	*3*	
1991		*82*	*80-84*	78	*15*			
1990	98-18	*92*	*94*	91	16	*17*	*5*	*9,3-9,5*
1989	00-16	*89+*	90	90	*19*	*16..*	3	*9,3-9,4*
1988	-10	*87*	82	80	*16*	*15,6*	4	*9,0*
1987	-97		*82*	75	*15*	*16,7*		
1986	96-10	*90*	*93*	88	*13*	*17,5*	*4*	
1985	97-06	*86*	*91*	92	18	*18,2*	*4*	
1983	-05	*88*	*90*	*14,5*	*17*		*3*	
1982	-15	91	88		*17*		*3*	
1981	-97	*85*	*89*		*16*		*3*	
1979	-00	*85*	*86*		*14*			
1978	△	*78*			*14*			
1975	-06	*72*		*16*	*16*			
1970	-07	*83M*	*89*		*17*			
1961	-10	*90*	*78*		*17*			

Pavie Decesse, St.-Emilion, *O.: GCC; P.: 5, gut,* ❹; *G.: 4,* ④

		PAR	WSP	AüW	GAB	VIN	DEC	WIN
2000	05-25	93-96	92-94	90		14	3	8,3+
1999	04-24	94-96	90-94	91	17	15	4	8,2
1998	02-25	91+	89	91	18	14	4	8,5
1997	00-14	89	90	14,5	18		4	
1996	00-09	*77?*	80	86	16	1,5	3	*8,3-8,5*
1995	00-14	82?	91	14,5; 83	*16*	1	3	8,6
1994	98-16	82?	80	82	*16*	1		*8,0-8,2*
1993	98-12	86	85	83	*15*			*8,0*
1992	-04	*84*	*84*	80	*15*		*3*	
1991		*78*	*65-69*	75	*13*			
1990	97-10	*90*	*93*	*70*	16	*15,5*	*3*	*8,7*
1989	04-10	*88*	*91*	85	*16*		*3*	*8,9-9,0*
1988	96-09	*86*	*94*	84	*16*			*8,7*
1987				*14,5*		*17*		
1986	95-10	*89*	*93*	84		*17*		

Bewertungen jünger als 2 Jahre:	▲ jetzt	► austr.	▼ abg.	Schrift normal
älter als 2 Jahre:	△ jetzt	▷ austr.	▽ abg.	Schrift dünn
älter als 4 Jahre:	△ jetzt	▷ austr.	▽ abg.	*Schrift dünn kursiv*

Forts. Pavie Decesse		PAR	WSP	AüW	GAB	VIN	DEC	WIN
1985	97-05	88	91	82		16,4	3	
1983	-00	86	91	15,3				
1982	96-10	89	89				3	
1981	△	81	88					
1978				14				
1961	-02		87					

Pavie Macquin, St.-Emilion, *O.: GCC; P.: 4, ausgez.,* ❷; *G.: 3,* ③

		PAR	WSP	AüW	GAB	VIN	DEC	WIN
2000	07-30	92-94	89-91	88		16,5	5	
1999	03-25	92-94	85-89	88+	17	15,5	4	8,5-8,6
1998	01-30	95	93	88	18	15,5	3	8,5
1997	00-15	90	89	15	18	2,5	4	8,0
1996	00-20	89+?	88	88	17	2,5	3	
1995	00-25	89+?	93	15,5; 88	18	1,5	4	8,2-8,6?
1994	98-20	88?	90	87	17			7,8+?
1993	98-20	89+	86	89	17			
1992	-02	84	80-84	83	15			
1991			78		13			
1990	99-15	91		89	17	14,5	3	9,0-9,1
1989	00-15	90	90	88	16			8,0-8,9
1988	-03	87		85	16			
1987	▷			79	13			
1986				80				
1985				80				

du Pavillon, Canon-Fronsac

		PAR	WSP	AüW	GAB	VIN	DEC	WIN
1998	02-07			85				
1990	-03	87				16,7		
1989	-00	86						

Le Pavillon de Boyrein, Graves

		PAR	WSP	AüW	GAB	VIN	DEC	WIN
2000	-06	86-87						
1996		86						

Pavillon la Croix Figeac, St.-Emilion

		PAR	WSP	AüW	GAB	VIN	DEC	WIN
1995			80-84					

Pavillon Rouge du Margaux, Margaux (Zww. von Ch. Margaux), *P.: 5; G.: 5,* ④

		PAR	WSP	AüW	GAB	VIN	DEC	WIN
2000	06-20	89-90	92-94	91		16	4	9,0
1999	02-14		85-89	87	16	15		8,7
1998	02-15		87	88	17	15	4	8,8+
1997	02-12	86-87	86	14,5	16	2,5	3	8,6
1996	00-12		87	85	17	1,5		8,8
1995	00-13	89	91	15	16	3		8,9+
1994	97-12		80	14,5	16	2		8,3
1993	98-08			16,5	16			8,6+
1992	-03		85-89	14,3	13			
1991				15	16			
1990	-02	87		15,9	16			8,9

		PAR	WSP	AüW	GAB	VIN	DEC	WIN
1989	-98	85	87	15,7		16..	3	
1988	-05		88		16			
1987	-00		79		13			
1986	98-08	89	84		17			
1985	-00		93	15,4	15			
1983	▷		80	18,1	18			
1982	△		92		15			
1981			87					
1979			78					
1978	△				15			

Peby Faugères, St.-Emilion, *G.: (4)*

		PAR	WSP	AüW	GAB	VIN	DEC	WIN
2000	06-20	95-98	80-84					8,4-8,7
1999	02-16	90-93					3	
1998	03-18	95	89					

Pédesclaux, Pauillac, *O.: 5; P.: CB*

		PAR	WSP	AüW	GAB	VIN	DEC	WIN
2000	05-12	84-86				14		
1999	04-15				15	14		
1998	04-18				15			
1997	02-10				15			
1996		85-86	65-69					
1995	01-15		85-89	81	14	1,5		
1994				80		14..		
1993		72-76	75-79	79				
1992	-99	80-83		79	14			
1991		76		80				
1990				75		15		
1989				76				8,1
1988				79				7,9
1987				75		16		
1986				64				
1985				77				
1983	-95				15			
1982	-02				13			
1978	△				11			
1970	▷				11			

Pelan, Côtes de Francs

		PAR	WSP	AüW	GAB	VIN	DEC	WIN
1998		85-87						
1997	-04	85-86	88					

Pénin, Bordeaux Supérieur

		PAR	WSP	AüW	GAB	VIN	DEC	WIN
2000	-08			86*				
1998		85-86						

Pensées de Lafleur, Pomerol (Zww. von Ch. Lafleur), *P.:* ❸; *G.: 5,* ④

		PAR	WSP	AüW	GAB	VIN	DEC	WIN
2000		89-91						
1999	01-15	88-90	85-89	87	16			
1998	05-18	88-90	93		17			

Bewertungen jünger als 2 Jahre:	▲ jetzt	▶ austr.	▼ abg.	Schrift normal
älter als 2 Jahre:	△ jetzt	▷ austr.	▽ abg.	Schrift dünn
älter als 4 Jahre:	△ jetzt	▷ austr.	▽ abg.	*Schrift dünn kursiv*

Forts. Pensées de Lafleur		PAR	WSP	AüW	GAB	VIN	DEC	WIN
1997	02-10		**86**		16			
1996	03-12		85		**17**			8,4
1995	02-14		93		16			
1994	00-15	88-89	85-89		16			
1993	-10	86			16			
1992	-02	86			16			
1991		74		17,4				
1990	-10	89			**17**			
1989	-10	89		16	17			
1987	-04				16			

Perenne, Prem. Côtes de Blaye

		PAR	WSP	AüW	GAB	VIN	DEC	WIN
1999								**7,5-7,6**
1997								7,5-7,6
1996		78-81						7,5-7,6
1995								7,4-7,6
1994	-99	81-83						6,8?
1993								5,9
1992		80-82						
1990								7,1-7,2
1989								7,7
1988								7,4

du Périer, Médoc, *O.: CB*

		PAR	WSP	AüW	GAB	VIN	DEC	WIN
1999	-08			**81**				
1998	01-05			82				
1997				13,5			3	
1996				13			2	
1995							4	

Petit Bocq, St.-Estèphe, *P.: CB-5, gut*

		PAR	WSP	AüW	GAB	VIN	DEC	WIN
1998		83-85						
1997								7,8
1996	-08	86-87						8,6+
1995	-06	86						

Petit Cheval, St.-Emilion (Zww. von Ch. Cheval Blanc), *G.:* ⑥

		PAR	WSP	AüW	GAB	VIN	DEC	WIN
2000	03-18	90-92		91				8,9
1998	02-10		89	87	17			8,7+
1997	02-08				16			
1996	00-06			**82**	16			
1994	98-03				15	2		
1993	-02			15,9	15			
1992	-00			15,9	14			
1990	▷				15			
1989				16,1				

Petit-Faurie-de-Soutard, St.-Emilion, *O.: GCC; P.: CB*

		PAR	WSP	AüW	GAB	VIN	DEC	WIN
2000	07-12					14,5		8,2

		PAR	WSP	AüW	GAB	VIN	DEC	WIN
1999	03-12				17			
1998	04-12	78-81?			16			
1997	02-10				16			
1996	03-12				17		2	
1995	00-10				*15*			*7,7+*
1994	00-08				*14*			
1993								*8,0*
1992	-97	*79*						
1990	-05			*14*	*16*			*8,2+*
1989	-97			*14,5*	*12*			
1985						*13,8*		
1983				*14,7*				

Petit Figeac, St.-Emilion, *P.: CB*

		PAR	WSP	AüW	GAB	VIN	DEC	WIN
2000			85-88					
1995			80-84					
1994	-05	*83-86*						
1993	△		83					
1992	-97	*77*	*80*					
1991			*75-79*					
1990			*90*					
1989	△		88					
1985				*13,2*				

Petit Fombrauge, St.-Emilion

		PAR	WSP	AüW	GAB	VIN	DEC	WIN
2000			85-88					
1997		78-82						

Petit Gravet, St.-Emilion

		PAR	WSP	AüW	GAB	VIN	DEC	WIN
1998	02-14	90-92						

Petit Gravet Ainé, St.-Emilion

		PAR	WSP	AüW	GAB	VIN	DEC	WIN
2000			89-91					8,0

Le Petit Mouton de Mouton Rothschild, Pauillac (Zww. von Ch. Mouton Rothschild)

		PAR	WSP	AüW	GAB	VIN	DEC	WIN
1999	03-07					14		
1998	02-12	88	86			14		
1997	▲		83				3	
1993				17				

Petit Village, Pomerol, *O.: unklass.; P.: 5, ausgez.,* ❺*; G.: 4,* ②

		PAR	WSP	AüW	GAB	VIN	DEC	WIN
2000	06-20	90-92	85-88	89		17	3	8,9
1999	04-18	87-90	85-89	91	18	16	4	7,9-8,0
1998	03-20	89+	90	91	19	16,5	3	8,7?
1997	00-15	81	88	16	17	1,5	3	8,4
1996	99-10	86	85	87	17	2	4	8,3-8,4
1995	00-15	86	88	15,5; 84	*17*	3	3	*8,3+*

Forts. Petit Village		PAR	WSP	AüW	GAB	VIN	DEC	WIN
1994	98-05	81	88	83	16	2	3	8,0-8,2
1993	97-08	78	86	85	16	14..		6,0
1992	-02	79	84	75	16			
1991		74	75	72	14	15..		
1990	-05	90	92	88	17	16	5	8,2
1989	05-06	88	89	86	17		2	
1988	-05	92		89	17	15,6	3	
1987	△	85		79	13			
1986	-06	87		81	18		5	
1985	△	89		90	18		5	
1983	-00	87			17			
1982	-05	90	86		18		3	
1981	△	85			15			
1979	-96	84		15,1	16			
1978	-95	83		16	15			
1975	-02				15			
1970	▷				16			

La Petite Église, Pomerol (Zww. von Ch. L'Église Clinet), *G.:* ⑤

		PAR	WSP	AüW	GAB	VIN	DEC	WIN
2000	-08			85				9,0
1999	03-10				17			
1998	03-14		88		17			8,7-8,8+
1997	-03				16			
1996	-02		86		16			
1995	02-05		93		16			
1994	-04				16			
1993	-05				15			
1986			78					

Pétrus, Pomerol, *O.: unklass.; P.: I, hervorr.,* ❶; *G.: I,* ①

		PAR	WSP	AüW	GAB	VIN	DEC	WIN
2000	10-35	92-94	92-94	96		18	5	9,1
1999	05-30	90-94	90-94	93	18	17,5	4	9,4-9,5
1998	06-40	98	98	97	20	19	5	10
1997	00-25	91	90	18	18	4	5	9,4
1996	02-35	92	90-94	90	18	4,5	4	9,0-9,1
1995	00-50	96+	98	18; 97	19	5		9,7-9,8
1994	99-35	93+	93	95	18	5		9,3-9,4
1993	01-35	92+	95	90	19	5		9,7-9,8
1992	00-15	90+	88	14	17	17..	3	
1990	03-35	100	100	97	20	18	5	9,9
1989	03-36	100	94	98	20	18..	5	10
1988	03-20	91	94	90	18		5	9,4
1987	-10	87	85	12	17	18		
1986	-10	87	92	90	16	18,3	4	
1985	98-20	88	93	17,5	19		5	
1983	97-10	87?	93	14	18		4	
1982	-25	98	96	94	18		5	
1981	00-15	86	89	14,5	17	18	4	
1979	-10	86	90	13,5	18	18,4		
1978	-08	83	89		17			
1975	-48	98+	93		19			
1970	-25	98+	92		20			
1961	-10	100	93M		19			

Peuy-Saincrit, Bordeaux Supérieur

	PAR	WSP	AüW	GAB	VIN	DEC	WIN
1998 01-	85-86	**86**					
1995 -05		86					

Le Pey, Médoc

	PAR	WSP	AüW	GAB	VIN	DEC	WIN
1999 -08			**82**				

Pey-Labrie, Fronsac

	PAR	WSP	AüW	GAB	VIN	DEC	WIN
1998 02-07			86				
1997			14				6,8
1995 00-07			14				
1990 -05	*87*						
1989 -03	*86*						

Peybrun, Premières Côtes de Bordeaux

	PAR	WSP	AüW	GAB	VIN	DEC	WIN
1995							*7,6*

Peychaud, Côtes de Bourg

	PAR	WSP	AüW	GAB	VIN	DEC	WIN
2000		**80-84**					
1998		**83**					
1995 △		77					

Peyrabon, Haut-Médoc, *O.: CB; P.: CB, mittel*

	PAR	WSP	AüW	GAB	VIN	DEC	WIN
2000						**3**	
1999 -12			**85**				
1998 01-05			84				
1997						3	
1996						2	
1994 98-05			*13,75*				

du Peyrat, Premières Côtes de Bordeaux

	PAR	WSP	AüW	GAB	VIN	DEC	WIN
1999 -12			**87**				**7,6**
1997							6,9+
1996 -01	85-86*						*7,6*
1995							*7,4-7,5*

Peyraud, Prem. Côtes de Blaye

	PAR	WSP	AüW	GAB	VIN	DEC	WIN
2000	**84-86**						
1999							**7,6-7,7**
1996	84-85						*7,6-7,7*
1995							*7,6*
1994					0,5		*6,7*
1990							*7,4*

Bewertungen jünger als 2 Jahre:	▲ jetzt	▶ austr.	▼ abg.	Schrift normal
älter als 2 Jahre:	△ jetzt	▷ austr.	▽ abg.	Schrift dünn
älter als 4 Jahre:	△ jetzt	▷ austr.	▽ abg.	*Schrift dünn kursiv*

Peyreau, St.-Emilion, *O.: GC*

		PAR	WSP	AüW	GAB	VIN	DEC	WIN
1995	00-10			14,5				

Peyredon Lagravette, Listrac, *O.: CB; P.: CB, sehr gut; G.: CB*

		PAR	WSP	AüW	GAB	VIN	DEC	WIN
1999	02-09			81	15			
1998	02-12			85	16	14,5		
1996	-08			14,5	17			
1995	02-15				14			
1994	99-10				17			
1992		77-82						
1990	-04	86						
1989	-97	85						
1988								7,1
1985				15,2				
1982				15,1				

Peyredoulle, Prem. Côtes de Blaye

		PAR	WSP	AüW	GAB	VIN	DEC	WIN
2000			80-84*					
1998			79					
1995	-03		83					

Peyrou, Côtes de Castillon

		PAR	WSP	AüW	GAB	VIN	DEC	WIN
2000	-06	87-88						
1999	-04	86-87						
1998	-05	87						
1995	△	85*	84					

de Pez, St.-Estèphe, *O.: CB; P.: (5), gut; G.: 5,* ⑤

		PAR	WSP	AüW	GAB	VIN	DEC	WIN
2000	07-20	87-88	89-91	88		16		8,7+
1999	05-16			88	17	15		8,2+
1998	04-15	74-76	87	89	17	16		
1997	02-12	84-85	85	15,5	16	2		8,1-8,7?
1996	02-18	84-86	80	87	16	3	3	8,1+
1995	00-15	86	88	15	16	3	3	
1994	99-09		87		15			
1993	98-09				16			
1992	-99		75-79		13			
1990	-10		93		17			8,8-8,9
1989	-05	86	89					
1988	98-10	83	83			15..		
1987	▷			14	13			
1986	-05	82	90					
1985	-01	86	90	9,3		15,8		
1983	-05	85						
1982	-03	86	84		15			
1981	△	77						
1979	△	83						
1978	-00	85			12			
1975	-03	84						
1970	-05	86						
1961	-00		85					

Phélan Ségur, St.-Estèphe, *O.: CB; P.: (4-5), sehr gut,* ❻; *G.: 4,* ③

		PAR	WSP	AüW	GAB	VIN	DEC	WIN
2000	02-30	86-88	85-88	90		17,5		8,6
1999	04-20	82-85	85-89	87	17	17		7,9-8,1
1998	04-20	85	88	86	17	17	4	8,3-8,5
1997	02-12	83	87	15	17	4	4	8,5-8,6
1996	01-20	86	88	89	17	3	3	8,0-8,3+
1995	00-20	84	88	14,5; 84	17	3	3	8,0+?
1994	99-22	86	86	82	18	2		7,6-8,0+
1993	02-06	87	84	83	15	14..		8,2
1992	-06	86	85	83	16			
1991		86	85	82	14	15..		
1990	-10	89	89	88	17	15,5		8,4+
1989	-06	88	88	85	16			8,5+
1988	00-10	87	87	87	16	15..		
1987	△	71	82	73		16,2		
1986	-05	82	86	74	15			
1985				75				
1982	-10	78	87	16,2	17			
1981	▷	74			15			
1979	△	75			13			
1978	▽	74						
1975	△	84			15			
1970	▷				13			
1961	△		84					

Pibran, Pauillac, *O.: CB; P.: CB,* ❻; *G.: CB,* ⑤

		PAR	WSP	AüW	GAB	VIN	DEC	WIN
2000	07-15	87-88		89		14		8,8
1999	02-15	87-88		86	15	15,5		8,3
1998	02-16	87	84		17	15		8,3?
1997	01-10	74-76	79	15	15	2	4	8,2-8,3
1996	00-16	89	87	86	17	3	3	8,4
1995	98-15	85	88	14,5	17	2	3	7,6
1994	98-10	80	83	14,25	15			6,7; 8,1
1993	-04		78		16	14..		6,1
1992	-03	74	75		15		4	
1991		76	82		13	14..		
1990	-06	88	93	15	16	14,5		7,9-8,1
1989	-00	87	92	15	17			8,7
1988	-05	86			17	14..		8,3
1987	-99		85		14	15		
1986			88					
1985				13				
1982	▷		90		13			
1981	-96				13			
1979	-95				15			
1978	▷				14			
1970	▽				11			

Picard, St.-Estèphe, *O.: CB*

		PAR	WSP	AüW	GAB	VIN	DEC	WIN
2000			85-88					
1999	-10			83				
1998	02-12	62-65	79	84		14,5		
1997			85				1	
1996	02-16		80-84			2	3	
1995	00-08					1	3	

Bewertungen jünger als 2 Jahre:	▲ jetzt	▶ austr.	▼ abg.	Schrift normal
älter als 2 Jahre:	△ jetzt	▷ austr.	▽ abg.	Schrift dünn
älter als 4 Jahre:	△ jetzt	▷ austr.	▽ abg.	*Schrift dünn kursiv*

La Picherie, St.-Emilion (Montagne)

		PAR	WSP	AüW	GAB	VIN	DEC	WIN
2000								8,2

Pichon-Longueville Baron, Pauillac, *O.: 2; P.: 2, ausgez,* ❷.; *G.: 2,* ②

		PAR	WSP	AüW	GAB	VIN	DEC	WIN
2000	05-30	94-96	92-94	93		18,5	4	9,5
1999	02-25	91-92	85-89	90	17	17,5	3	9,2
1998	04-20	90	87	91	17	17	3	8,9-9,2
1997	02-12	86	87	16,5	17	3,5	4	8,7-8,9
1996	02-22	91	92	91	18	4	5	9,6+
1995	99-20	90	88	16; 88	17	4		8,4-9,2?
1994	97-14	88	86	87	16	3,5	3	7,8-8,7+?
1993	98-10	84	88	85	17	4	3	
1992	97-09	89	84	85	16	15..		
1991	96-	86+	84	82	15	16..		
1990	-22	96	97	95	19	17	4	8,9-9,1
1989	02-33	95+	98	94	17	18	4	9,6-9,8
1988	-10	90	95	90	17	16,6	5	8,8
1987	△	84	88	81	15	17		
1986	00-15	88	97	88	17		5	
1985	03-03	83	90	85	17		4	
1983	-05	85	85					
1982	-15	95	94		16		5	
1981	-98	83	85		14			
1979	-97	84	88	16,5	16			
1978	△	82	80		15			
1975	▷	64	74		13			
1970	-10	73	83		17			
1961	-00	86	85		18			

Pichon Longueville Comtesse de Lalande, Pauillac, *O.: 2; P.: 1, hervorr.,* ❷; *G.: 2,* ②

		PAR	WSP	AüW	GAB	VIN	DEC	WIN
2000	04-30	95-97	95-100	91		17	4	9,4
1999	02-18	88-89+	85-89	90	17	16,5	4	8,5+
1998	03-20	88	86	92	17	16,5	4	8,5-8,7
1997	02-12	88	85	16,5	17	3,5	3	8,5-8,7
1996	00-25	96	92	91	18	4,5	5	9,6-9,7
1995	00-20	96	96	17; 93	18	4	4	9,7
1994	00-20	91	88	89	19	4	3	9,2
1993	97-10	85	80	85	17	3	4	9,0
1992	-00	79	83	83	15	15..		
1991	97-	89	86	86	14	3		
1990	02-20	79	94	88	16	17	4	9,2-9,4
1989	01-15	92	94	92	18	16,5	4	9,5-9,7
1988	98-12	90	78	94	16	4	5	9,0
1987	-00	86	87	82	13	18		
1986	98-15	94	97	93	18	5	5	
1985	00-04	90	96	90	17		4	
1983	97-08	94	92		17		3	
1982	-07	100	95	18,5	18		5	
1981	-02	89	89		16			
1979	97-04	90	93	16,8	16			
1978	-07	92	88	16	16			
1975	-04	90	89		15			
1970	-05	87	94		18			
1961	-04	95	90		17			

Picque Caillou, Pessac-Léognan, *O.: unklass.; P.: gut,* ❺

		PAR	WSP	AüW	GAB	VIN	DEC	WIN
2000	05-12	87-88	85-88	86		14,5	3	
1999	03-13	86-88		83	16	14		7,9
1998	02-15	85	86	87	15			7,6-8,2?
1997	00-07		85	14,5	15	1		7,9-8,0
1996	02-15		80	86	*15*		3	*7,7-7,8*
1995	00-14		87	13	*14*	1		*7,8+*
1994	99-07			*13*	*14*			*7,5+*
1993	-04		85	*13,5*				*7,9*
1991				*12,5*				
1990	-99	*86*						
1989	△	*76*						*7,8*
1988	-99	*86*						
1986	-96	*86*						
1985	△	*86*						
1982			*78*					

Pierdon, St.-Emilion (Puisseguin)

		PAR	WSP	AüW	GAB	VIN	DEC	WIN
2000								8,5

Pierre de Lune, St.-Emilion

		PAR	WSP	AüW	GAB	VIN	DEC	WIN
2000	02-14	88-90						
1999	02-18	92-94					3	

Pignon, Lalande de Pomerol

		PAR	WSP	AüW	GAB	VIN	DEC	WIN
1990								*8,2*

Le Pin, Pomerol, *O.: unklass.; P.: 1, hervorr.,* ❶; *G.: 1,* ①

		PAR	WSP	AüW	GAB	VIN	DEC	WIN
2000	02-20	90-92	95-100	96			4	9,3-9,4
1999	04-18	88-89	95-100	95	18		4	8,8
1998	03-20	93	100	97	19			9,8
1997	02-15	86?	84	95	18		4	8,7-8,8
1996	02-25	91	86	93	*18*			*7,9-8,1*
1995	01-20	93+	93	91	*19*			
1994	00-10	91+	95	92	18!			
1993	97-10	90	90	88	18			
1992	-05	*82?*	*74*	16; 83	16M			
1991				83	*17*			
1990	-20	98	96	98	19		5	
1989	99-15	96	92	94	18M		2	
1988	00-10	92	92	91	18		3	
1987	△	*88*		16	17			
1986	97-08	*91*	95	19	19		*3*	
1985	00-08	*93*	98	18,5	17		*4*	
1983	-10	*98*	*91*	17,5	*19*		*4*	
1982	-10	99	92	92	*17*		*4*	
1981	-97	*89*	*91*	17	*18*		*3*	
1979	△		*90*	15	*12*			

Le Pin-Beausoleil, Bordeaux Supérieur

		PAR	WSP	AüW	GAB	VIN	DEC	WIN
2000	-06	87-89	85-88					
1999			90-94					
1998		84-86						

Le Pin de Belcier, Côtes de Castillon

		PAR	WSP	AüW	GAB	VIN	DEC	WIN
2000			85-88					
1999	-06	86-87						
1998	-07	86						

Piney, St.-Emilion

		PAR	WSP	AüW	GAB	VIN	DEC	WIN
1995	△		81					

Pipeau, St.-Emilion, *O.: GC*

		PAR	WSP	AüW	GAB	VIN	DEC	WIN
2000	-11	89-91					3	8,4(+?)
1999	-10	88-89						
1998	03-13	88			15			
1997	02-10				16			
1996	01-14				16			
1995	00-11				16			

du Piras, Premières Côtes de Bordeaux

		PAR	WSP	AüW	GAB	VIN	DEC	WIN
1999								7,5-7,6
1997								6,9
1996								7,5-7,6
1994	-00					2		

Pitray, Côtes de Castillon

		PAR	WSP	AüW	GAB	VIN	DEC	WIN
1998		85-86						
1997		83						
1996		84-86						
1994	-03	86-87						
1992	-97	75	80					
1991		74						
1990			80				3	
1988			83					
1986		85						

Plagnac, Médoc, *O.: CB; P.: CB, gut*

		PAR	WSP	AüW	GAB	VIN	DEC	WIN
1999	02-09			82	15			
1998	02-20		73	84	16			
1997	02-08		75-79	13,5	15			
1996	-08		74	84	16		3	
1995	98-08		80	14	15		4	
1994	-03		70	13	13			
1993	▷		70		14			

		PAR	WSP	AüW	GAB	VIN	DEC	WIN
1992	-03		70-74		12			
1991			78		13			
1990	-02	84			17		4	
1989	-99	85	88		16			7,9-8,0
1988	93-		79		14			
1986	-04	84			12			
1985	▷				15			

La Plagnotte-Bellevue, St.-Emilion

		PAR	WSP	AüW	GAB	VIN	DEC	WIN
1998		86-87						
1997		86						
1996	-05	86						

Plaisance, Premières Côtes de Bordeaux

		PAR	WSP	AüW	GAB	VIN	DEC	WIN
2000		85-86						
1999								7,0-7,2
1997								7,2
1996								7,9
1995								7,8+
1994		84-85						7,0
1990								7,2-7,3
1989								7,7
1988								7,5

Plaisance, St.-Emilion

		PAR	WSP	AüW	GAB	VIN	DEC	WIN
2000	-16	87-89+						
1999	03-11	84-86			16			
1998	02-15	87			17			

Plaisance Cuvée Alix, Premières Côtes de Bordeaux

		PAR	WSP	AüW	GAB	VIN	DEC	WIN
2000		87-88						7,7

Plaisance Cuvée Sortilège, Premières Côtes de Bordeaux

		PAR	WSP	AüW	GAB	VIN	DEC	WIN
2000		87-88+						

Plaisance Cuvée Tradition, Premières Côtes de Bordeaux

		PAR	WSP	AüW	GAB	VIN	DEC	WIN
2000		86-87						7,8
1999								7,2-7,3
1998		86-88						
1997	-05	85-86						7,3+
1996		86						8,0-8,1
1995								7,9-8,0+
1994								7,3
1993	-00	85-86						

Bewertungen jünger als 2 Jahre:	▲ jetzt	▶ austr.	▼ abg.	Schrift normal
älter als 2 Jahre:	△ jetzt	▷ austr.	▽ abg.	Schrift dünn
älter als 4 Jahre:	△ jetzt	▷ austr.	▽ abg.	*Schrift dünn kursiv*

Plantey, Pauillac, *O.: CB; P.: CB*

		PAR	WSP	AüW	GAB	VIN	DEC	WIN
1998	02-07			84				
1997				14				
1996				13,5				
1995	98-03			14			3	

Plince, Pomerol, *O.: unklass.; P.: CB,* ❻; *G.: CB,* ⑥

		PAR	WSP	AüW	GAB	VIN	DEC	WIN
2000	06-12		80-84			15,5		
1999	02-10	85-87		82	16			
1998	02-17	85	92	85	17	1,5		
1997	01-11		79	14,5	15	2		
1996	04-20	84-86	80	13,5	16			7,7
1995	98-14		86	14,5	15		2	8,1
1994	98-07	84-86	75-79	14,5	15			8,1
1993	-06	80	78		16			
1992	-05	76			15			
1990	-04	82	82		15		3	8,3-8,5?
1989	-00	85			16		3	
1988	-05	80			14	14,2		
1986	-03	82			15M		4	
1985	-00	84			16		3	
1982			92					

Plincette, Pomerol

		PAR	WSP	AüW	GAB	VIN	DEC	WIN
1999	03-12				14			
1998	02-18			83	15			
1997	02-09			14	13			
1996	99-10				15			
1995	00-10				14			

Le Plus de la Fleur de Boüard, Lalande de Pomerol

		PAR	WSP	AüW	GAB	VIN	DEC	WIN
2000	-12	90-93+						

La Pointe, Pomerol, *O.: unklass.; P.: CB; G.: 5,* ⑥

		PAR	WSP	AüW	GAB	VIN	DEC	WIN
2000	06-14	86-87	89-91	87		15,5	3	8,7+
1999	02-15	87-88	80-84	89	16	14		7,9
1998	02-18	84	87	88	18	2	3	8,4
1997	04-13		87	14,5	16	1	2	
1996	00-20	82-84	85	86	18	1	3	8,1-8,3
1995	00-13	83	93	15; 84	17	2	4	8,2?
1994	98-08	76	90	82	15	14,5..		
1993	99-09	85	85-89	79	16			6,6?
1992			78	76				
1990	-04		86	75	13	15	3	8,2-8,3
1989	-05	74	91	71	14		5	7,4
1988	-02	76	83	73	13		4	8,2
1986	△	84	90	80			4	
1985	△	83		79			3	
1982	△		86					
1975	▷				14			
1961	-00		85M		14			

Pomeaux, Pomerol

		PAR	WSP	AüW	GAB	VIN	DEC	WIN
2000			85-88					
1999		81-84						
1998	03-		85					

Pomies Agassac, Médoc

		PAR	WSP	AüW	GAB	VIN	DEC	WIN
1996	99-		85					

Pomys, St.-Estèphe, *O.: CB*

		PAR	WSP	AüW	GAB	VIN	DEC	WIN
1999	02-10			83	15			
1998	02-15			84	15			
1995	98-12			14,5	*15*			
1994	98-07			*14,25*	*15*			
1990						*15,5*		

Pont de Brion, Graves

		PAR	WSP	AüW	GAB	VIN	DEC	WIN
1995							2	

Pont Cloquet, Pomerol

		PAR	WSP	AüW	GAB	VIN	DEC	WIN
2000	-14	88-89						
1999		82-84						

Pontac-Lynch, Margaux, *O.: CB*

		PAR	WSP	AüW	GAB	VIN	DEC	WIN
2000								7,9
1993			*79*					

Pontet-Canet, Pauillac, *O.: 5; P.: 3, ausgez.,* ❸*; G.: 4,* ⑤

		PAR	WSP	AüW	GAB	VIN	DEC	WIN
2000	07-30	92-95	92-94	90		15,5	4	8,9-9,0
1999	05-24	87-89		88	17	15	3	8,8-8,9+?
1998	04-18	86	87	89	17	2,5	4	9,0
1997	02-17	85?	83	15	17	2,5	4	8,6-8,8
1996	02-35	92+	90	90	18	3	4	9,2+
1995	00-25	92	94	14,5; 89	17	2	4	9,2+
1994	98-25	93	88	88	17	1	4	8,8+
1993	98-17	86+	89	85	15	*14..*	3	7,7?
1992	-04	*85?*	*82*	84	14			
1991		*84*	*80*	80	15			
1990	00-20	*89*	*82*	85	16	*15,5*		*7,8-8,0*
1989	00-15	*89*	90	86	16		4	*8,7-8,8*
1988	-08	*83*	85	80	*15*	*15*		*8,1*
1987	-00	*84*		78	*12*	*17*		
1986	-12	*88*	*89*	85	*15*		3	
1985	-01	*86*		81	*13*			
1983	-03	*86*			*13*			
1982	98-10	*86+?*	90		*15*			
1981	-96				*14*			

Bewertungen jünger als 2 Jahre:	▲ jetzt	▶ austr.	▼ abg.	Schrift normal
älter als 2 Jahre:	△ jetzt	▷ austr.	▽ abg.	Schrift dünn
älter als 4 Jahre:	△ jetzt	▷ austr.	▽ abg.	*Schrift dünn kursiv*

Forts. Pontet-Canet		PAR	WSP	AüW	GAB	VIN	DEC	WIN
1979	-98	80		15,8	13			
1978	△	82			13			
1975	-00	85						
1970	△	82			14			
1961	-05	94?	87		18			

Pontet-Fumet, St.-Emilion

		PAR	WSP	AüW	GAB	VIN	DEC	WIN
1995	00-08			14,5				

Pontey, Médoc, *O.: CB*

		PAR	WSP	AüW	GAB	VIN	DEC	WIN
1997							2	
1996							5	
1995							4	

Pontoise Cabarrus, Haut-Médoc, *O.: CB*

		PAR	WSP	AüW	GAB	VIN	DEC	WIN
2000							1	
1999	-10			83				7,5
1998	01-05			83				
1997								7,4
1996								8,0
1995	00-06			14		1		
1988	-02					14..		

Potensac, Médoc, *O.: CB; P.: 5, ausgez.,* ❺

		PAR	WSP	AüW	GAB	VIN	DEC	WIN
2000	02-15	87-88	89-91	86		15,5		8,6+
1999	-07	85-86					3	
1998	06-18	87				15,5		
1997	-08	85				3		
1996	00-14	89	90	87	16	2,5	3	
1995	00-12	87	88	14,5; 86	16	3		8,5
1994	-06	86		85	15	14..		
1993	98-08	85		13,5	13	14..		8,0-8,2
1992	-03	75		72	13			
1991		74		71	12			
1990	-03	86		82	14	15,5	3	8,2-8,3
1989	-04	87		83	13			8,3+
1988	-04	85	80	81	13			8,3
1987	-94		72		13	16; 13		
1986	-00	87	86	82	13	18,3		
1985	-00	85		78	15			
1983	△	84						
1982	-01	87	85					
1978	-00				17			
1975	△				16			

Pouget, Margaux, *O.: 4; P.: (5)*

		PAR	WSP	AüW	GAB	VIN	DEC	WIN
2000	06-15		85-88			14,5	3	8,4(+?)
1999	04-08					14,5		
1998	04-10		86			14		

		PAR	WSP	AüW	GAB	VIN	DEC	WIN
1997	▲		85					
1996	00-06		89			I		
1995			85-89			I		
1994						*14..*		
1993	99-10				*14*			
1992	▷				*12*			
1990	00-15	*82*	*91*		**15**			
1989	△	*85*						*8,5*
1988	△	*79*						*8,1*
1986	-05	*75*			*15*		*3*	
1983	-96		*86*		*14*			
1982	-05				*13*			
1978	△	*74*						
1975	-00	*84*						
1970	△	*83*	*84*					

Poujeaux, Moulis, *O.: CB; P.: 5, ausgez.,* ❹*; G.: 3,* ③

		PAR	WSP	AüW	GAB	VIN	DEC	WIN
2000	06-16	87-88	85-88	89		16		8,9(+?)
1999	04-16	87-88	85-89	88	17	15	3	9,0
1998	02-16	**88**	**87**	88	17	3	4	8,8
1997	01-15	**89**	**89**	15,5	**18**	**3**	**4**	8,7
1996	01-15	86-87+	90	**89**	**18**	2,5	4	*9,0*
1995	02-15	87	92	16,5	18	3	4	*9,0*
1994	98-12	87	87	84	*17*	2		
1993	99-09	85	*80-84*	85	16		*5*	*8,6*
1992	96-02	*71-75*	78	83	*15*			
1991		*83*	*83*	85	*15*	*14..*		
1990	-12	*86*	*88*	86	**17**	*15,5*	*5*	*7,7-7,8*
1989	-10	*86*	**93**	80	17			*8,9-9,0*
1988	01-08	*87*	90	84	15	*16*		8,5
1987	-04	*84*	*74*	89	*14*	*17*		
1986	-10	*89*	*88*	87	*16*			
1985	-10	*86*	*87*	85	*18*			
1983	-00	*86*	*79*		*14*			
1982	-08	**88**	84		16			
1979	-98				*15*			
1970	-10				*17*			
1961	-08				*18*			

Poumey, Pessac-Léognan

		PAR	WSP	AüW	GAB	VIN	DEC	WIN
2000	05-12		85-88				3	8,5
1999	03-11				**17**			
1998	03-12				17			8,3
1997	03-12		85-89		17			
1996	03-18		85-89		**17**			
1995	99-08		83		15			

Poupille, Côtes de Castillon

		PAR	WSP	AüW	GAB	VIN	DEC	WIN
1999			85-89					
1994	-00					I		

Bewertungen jünger als 2 Jahre:	▲ jetzt	► austr.	▼ abg.	Schrift normal
älter als 2 Jahre:	△ jetzt	▷ austr.	▽ abg.	Schrift dünn
älter als 4 Jahre:	△ jetzt	▷ austr.	▽ abg.	*Schrift dünn kursiv*

La Prade, Côtes de Francs

		PAR	WSP	AüW	GAB	VIN	DEC	WIN
2000	-09	85-86	89-91	86				7,3
1997	-03	82-84						
1992		77-80						
1990								7,1+

Prélude à Grand-Puy Ducasse, Pauillac

		PAR	WSP	AüW	GAB	VIN	DEC	WIN
1996			86					

Premius, Bordeaux

		PAR	WSP	AüW	GAB	VIN	DEC	WIN
1998			74					

Présidial Thunevin, St.-Emilion

		PAR	WSP	AüW	GAB	VIN	DEC	WIN
2000	-10			89				

de Pressac, St.-Emilion

		PAR	WSP	AüW	GAB	VIN	DEC	WIN
2000	05-10		89-91			14		

Preuillac, Médoc, *O.: CB*

		PAR	WSP	AüW	GAB	VIN	DEC	WIN
1999	02-10			82	15			
1998	02-10			83	15			
1997							2	
1996	-03		86				3	
1990	-07				14			
1989	-05				14			
1988	-05				13			

La Preuve par Haut Carles, Fronsac

		PAR	WSP	AüW	GAB	VIN	DEC	WIN
2000	03-21	90-92						8,2-8,3

Prieur de Meyney, St.-Estèphe (Zww. von Ch. Meyney)

		PAR	WSP	AüW	GAB	VIN	DEC	WIN
1999	01-09				15			
1998	04-12				15			
1997	01-06				14			
1996			77					

Le Prieuré, St.-Emilion, *O.: GCC; P.: CB*

		PAR	WSP	AüW	GAB	VIN	DEC	WIN
1999	03-11				16			
1998	02-18			86	16			8,1+?
1997	04-12				15			
1996	00-12			14	14	1		

		PAR	WSP	AüW	GAB	VIN	DEC	WIN
1995	98-12		85-89	14	15			8,1
1994	01-07				13			
1993	-07				16			
1990	-00	84			15			
1989	-04	82			15			
1988	-96	79						
1986	▽				11			
1985	-00				16			
1982							3	

Prieuré-Lichine, Margaux, *O.: 4; P.: 5 (4), sehr gut,* ❻; *G.: 4,* ③

		PAR	WSP	AüW	GAB	VIN	DEC	WIN
2000	04-16	88-89	85-88	89		15	4	8,4
1999	03-16	87-89	80-84	88	17	15	4	8,5
1998	03-13	87	80-84	87	17	14	3	8,7+
1997	02-13	79	85	15	17		3	8,3; 8,7+
1996	01-12	86	85	88	18	1	3	8,1+
1995	00-17	85	90	16; 85	17	2	4	8,8; 9,0
1994	00-18	84-86	88	84	17	2		8,5-8,6
1993	00-12	83	81	83	17	14..		8,4-8,9
1992	-07	87	82	82	17			
1991		84	84	83	13			
1990	-10	89	89	84	16	16		8,9-9,0
1989	-08	88	86	83	15		3	8,8-9,0
1988	-10	86	90	82	17	13,8		8,7
1987			78	68		15		
1986	-10	88	92	84	16	19,3		
1985	-04	84	82	81	16			
1983	-05	87	96	16,2	14		4	
1982	-10	74	89		17			
1981	▷	75	86					
1979	▷	80		15,6	13			
1978	△	86			14			
1975	△	83						
1970	▷	86			12			

Prieuré Malesan, Prem. Côtes de Blaye

		PAR	WSP	AüW	GAB	VIN	DEC	WIN
2000	-04	86-87	80-84					
1998			88					

Prieurs de la Commanderie, Pomerol, *O.: unklass.; P.: CB*

		PAR	WSP	AüW	GAB	VIN	DEC	WIN
2000	06-12	83-85?	80-84			15		
1999	04-12	85-86			15			
1998	02-10	86-87	86	86	16	14		
1997	02-10	84	83	15	16			
1996	00-13	86			16	1		
1995	02-10	84-86	81		13		2	
1994	98-08	78						
1993		82						
1992			70-74					
1990	-97	79						
1989	-96	83						
1988	△	76					4	8,2
1986							4	
1985			93	16				
1983			79					

Bewertungen jünger als 2 Jahre:	▲ jetzt	▶ austr.	▼ abg.	Schrift normal
älter als 2 Jahre:	△ jetzt	▷ austr.	▽ abg.	Schrift dünn
älter als 4 Jahre:	△ jetzt	▷ austr.	▽ abg.	*Schrift dünn kursiv*

La Providence, Pomerol, *G.: (4)*

		PAR	WSP	AüW	GAB	VIN	DEC	WIN
2000		**84-85?**						
1999	03-12				**17**			
1998	02-13		85-89		18			

Puy Arnaud, Côtes de Castillon

		PAR	WSP	AüW	GAB	VIN	DEC	WIN
2000	-07	**86-87**	**85-88**				**3**	

Puy Blanquet, St.-Emilion, *O.: GC; P.: CB; G.: CB*

		PAR	WSP	AüW	GAB	VIN	DEC	WIN
1999	04-12				**17**			
1998	02-15			85	16			
1997	02-10			14,5	16			8,1
1996	02-14			**84**	*15*			*7,5*
1995	98-12		80-84	14	*14*			*8,1*
1994	99-07	*80-83?*	84	*14,5*	*14*			*8,0*
1993	-07	*74-76*	78	*14,5*	*14*			*7,8*
1992	-04	*75*	*80-84*		*15*			
1990	-00	*84*	*87*		*14*			*8,0+*
1989	94-03	*82*	*90*		*14*			
1988	-02	*80*						
1986	△	*74*						
1983			*76*					
1982	△		86					

Puy Castéra, Haut-Médoc

		PAR	WSP	AüW	GAB	VIN	DEC	WIN
1998	02-06			85				
1997	02-09			13	14			
1996	02-18			14	*16*		2	
1995	-03				14		2	
1990	-03				*15*			
1989	-02				*14*			
1988	▷				*14*			
1987	▷				*13*			

Puy Guilhem, Fronsac

		PAR	WSP	AüW	GAB	VIN	DEC	WIN
1998	02-05			83				
1997				13,5				7,7
1995	00-08			14,5				

Puygueraud, Côtes de Francs

		PAR	WSP	AüW	GAB	VIN	DEC	WIN
2000		**86-87**	**89-91**					
1999		**84-85**	**80-84**					
1998			85-89					
1997	00-		**88**					
1996			85	**87**				
1995	△		87					
1994		*77-79*	*75-79*					
1993	△		80					

		PAR	WSP	AüW	GAB	VIN	DEC	WIN
1990			81				3	
1989	99-		86	13				
1986			84					

Puygueraud Cuvée Georges, Côtes de Francs

		PAR	WSP	AüW	GAB	VIN	DEC	WIN
2000		87-88	89-91					

de Quantin, Pessac-Léognan

		PAR	WSP	AüW	GAB	VIN	DEC	WIN
1998	▲		80					
1995			78				3	

Quinault, St.-Emilion

		PAR	WSP	AüW	GAB	VIN	DEC	WIN
1999			85-89					
1998			85-89					
1995	△		80					

Quinault L'Enclos, St.-Emilion, *O.: GC; P.: 4, sehr gut; G.: (4)*

		PAR	WSP	AüW	GAB	VIN	DEC	WIN
2000	05-18	92-94	89-91	90				
1999	02-17	91-93			17		4	8,9
1998	01-20	94	91	89	17	15		8,8-8,9
1997	00-12	88	87		15			7,7

Rahoul, Graves, *O.: unklass.; P.: CB, gut*

		PAR	WSP	AüW	GAB	VIN	DEC	WIN
2000	02-12	86-88		88			3	
1999	02-10	75-76		83	16			6,1
1998	02-15	84-85		85	16	14,5	1	7,8
1997	01-06	70		14	15			7,5
1996	00-07	78-82		86		1,5	2	6,0
1995	00-12	83		14	14	1	2	6,6+?
1994	-09	84		13,5	14			7,8-7,9
1993	-04	85		13,75				7,2-7,4?
1992	-99	85						
1991		83		13				
1990				14		15		6,5-6,7
1989	-98	85		13,5				7,9-8,0
1988		77						

Ramafort, Médoc, *O.: CB; G.: CB*

		PAR	WSP	AüW	GAB	VIN	DEC	WIN
2000	08-16		89-91	84		14,5		
1999	03-12			84	16			7,9-8,0
1998	02-10		89	84	16			
1997	00-08		87	13	15	1		
1996	99-15		86	13,5	16		4	
1995	00-10		87		16		4	

Ramage-la-Batisse, Haut-Médoc, *O.: CB; P.: CB, mittel; G.: CB*

		PAR	WSP	AüW	GAB	VIN	DEC	WIN
2000			85-88				4	8,4
1999	03-12			85+	16			
1998	02-10			85		14		
1997	00-09		88	14	16	1	3	
1996	00-16		84	84	16	2,5	2	
1995	02-12		87			3	4	
1992	-04				15			
1991					13			
1990	-08		84		16			
1989	00-05		90		16			
1988						15..		
1987			82			14		
1986		77	82					

Du Raux, Haut-Médoc, *O.: CB*

		PAR	WSP	AüW	GAB	VIN	DEC	WIN
2000							2	
1998	01-09			81	14			
1997	00-09			13	14			
1996	02-12			14	14		2	
1995	99-09			14	15			

Rauzan-Despagne, Bordeaux

		PAR	WSP	AüW	GAB	VIN	DEC	WIN
2000			85-88					
1998			84					
1994	△		83			2		

Rauzan-Despagne Cuvée Passion, Bordeaux Supérieur

		PAR	WSP	AüW	GAB	VIN	DEC	WIN
2000	-07	88-90	85-88					
1997	▲		86					
1996	-02		82					

Rauzan-Gassies, Margaux, *O.: 2; P.: CB*

		PAR	WSP	AüW	GAB	VIN	DEC	WIN
2000	03-20	87-88	89-91	88		14	4	9,0+
1999	03-17	87-88		86		13,5		8,8-9,0
1998	02-12	85	85-89	84		1		8,7
1997	-10	83	83	14,5	15		3	8,5
1996	00-06	75	86	84			3	
1995	00-12	86	91	13,5; 84			3	9,0-9,2
1994	01-18	74	77	73	14		1	7,9
1993	-07	78	77	77	14			7,7
1992	-03	71		68	10			
1991				73				
1990	-04	73		74	14	15,5		8,9-9,0
1989	-06	72	85	72	13			8,9; 9,2
1988	-98	66	85	63	13	13,1		8,6
1986		86	88	69			2	
1985	-03			59	13		3	
1983	-00	86			13			
1982	-02	85	88	14	16			
1981	▽	74						

		PAR	WSP	AüW	GAB	VIN	DEC	WIN
1979	-94	82		16,3	13			
1978	△	72			14			
1975	-00	86						
1970	▷	78						
1961	-00	85	85					

Rauzan Ségla, Margaux, *O.: 2; P.: 2, hervorr.,* ❸; *G.: 2,* ②

		PAR	WSP	AüW	GAB	VIN	DEC	WIN
2000	06-20	88-90+	95-100	89		17	4	9,0+
1999	03-18	88-89	85-89	89	17	16,5	4	8,7
1998	03-20	89	90	90	17	16	4	9,0-9,2
1997	00-15	79	88	16,5	16	3	4	8,9-9,0
1996	02-25	88	90	91	18	3	4	9,3+
1995	00-25	90	94	16,5; 92	18	2	4	9,6-9,7
1994	97-24	87?	90	90	19	1	4	8,9-9,0
1993	98-20	87?	87	87	16	14..	4	8,8-9,0
1992	96-04	87	86	85	15			
1991		87	70-74	84	16			
1990	03-33	93+	87	89	17	15	4	9,1-9,2+
1989	01-20	89+	90	88	15	16	4	9,1-9,2
1988	00-15	91	81	89	18	15,4		8,8
1987				87				
1986	02-30	96	87	93	18		5	
1985	-06	87	92	82	17		4	
1983	-10	90		17,7	18		2	
1982	-98	86	89	13,5	15			
1981	-95	65	90		16			
1979	-97	72	69	15,6	15			
1978	▷	74						
1975	▷	55			12			
1970	-00	82	89		16			
1961	-98	81	84					

Reclos, St.-Emilion (Montagne)

		PAR	WSP	AüW	GAB	VIN	DEC	WIN
2000			89-91					8,2

Recougne, Bordeaux Supérieur

		PAR	WSP	AüW	GAB	VIN	DEC	WIN
1999		85-86						
1998		85-86						
1995	△		84					

Reflets du Château Cissac, Haut-Médoc (Zww. von Ch. Cissac)

		PAR	WSP	AüW	GAB	VIN	DEC	WIN
1996	99-		80					

Reignac, Bordeaux Supérieur

		PAR	WSP	AüW	GAB	VIN	DEC	WIN
2000	02-15	90-91	85-88					7,9
1999	-08	87-89						
1998		88						
1997	-09	86-88	85*					
1996	-09	88	78*	85				
1995	-05	87*	85*					

Bewertungen jünger als 2 Jahre:	▲ jetzt	▶ austr.	▼ abg.	Schrift normal
älter als 2 Jahre:	△ jetzt	▷ austr.	▽ abg.	Schrift dünn
älter als 4 Jahre:	△ jetzt	▷ austr.	▽ abg.	*Schrift dünn kursiv*

Le Relais de Patache d'Aux, Médoc (Zww. von Ch. Patache d'Aux)

		PAR	WSP	AüW	GAB	VIN	DEC	WIN
1995	00-		83					

La Renaissance, Pomerol

		PAR	WSP	AüW	GAB	VIN	DEC	WIN
1997	00-05			14	15			
1996	-06				*12*			
1995	00-08				*14*			
1994	-05				*15*			
1993	-01				*14*			
1992	▷				*14*			

Renard, Fronsac

		PAR	WSP	AüW	GAB	VIN	DEC	WIN
1997	△		83					
1996			75					

Renard Mondésir, Fronsac

		PAR	WSP	AüW	GAB	VIN	DEC	WIN
2000	08-15		85-88	85		14	3	7,9
1999	03-08					14		7,4
1998	02-10			80		15		
1997	▲		81	13,5		2		7,4

Repimplet, Côtes de Bourg

		PAR	WSP	AüW	GAB	VIN	DEC	WIN
1998	03-08					15		

Réserve de la Comtesse, Pauillac
(Zww. von Ch. Pichon Longueville Comtesse de Lalande)

		PAR	WSP	AüW	GAB	VIN	DEC	WIN
1998		86+?						
1997		86					2	
1996	-09	89+	88					
1995	01-		88					
1993				15,8				
1992		*74-77*		14,9				
1991		*85*		16,6				
1989	-97	*83*		16,1			4	
1988			*88*					
1987			*82*			*15,5*		
1986			*90*					
1985				*14,2*				
1982	△		87					

Réserve de Général, Margaux (Zww. von Ch. Palmer)

		PAR	WSP	AüW	GAB	VIN	DEC	WIN
1997			86				3	
1996	00-		85					
1993				15				

La Réserve de Léoville-Barton, St.-Julien (Zww. von Ch. Léoville-Barton)

		PAR	WSP	AüW	GAB	VIN	DEC	WIN
1996	-01		81					
1995	99-		87					

de Respide, Graves

		PAR	WSP	AüW	GAB	VIN	DEC	WIN
1998	02-08					15,5*		

Respide Médeville, Graves

		PAR	WSP	AüW	GAB	VIN	DEC	WIN
1995							3	

du Retout, Haut-Médoc, *O.: CB*

		PAR	WSP	AüW	GAB	VIN	DEC	WIN
2000							1	
1995							3	

Reverdi, Listrac, *O.: CB*

		PAR	WSP	AüW	GAB	VIN	DEC	WIN
1999	03-10			81	15			
1998	03-12				15			
1996				14				
1995	99-09				*15*			
1994	-02				*14*			
1990						*14*		
1982	△		85					

Le Rey, St.-Emilion

		PAR	WSP	AüW	GAB	VIN	DEC	WIN
1999								7,4
1997								6,9+
1996								*7,4*
1995								*7,3-7,4*

Reynon, Premières Côtes de Bordeaux

		PAR	WSP	AüW	GAB	VIN	DEC	WIN
2000		86-87						
1998		85-86						
1996		85-87						
1994	-00	*84-86*						
1992		*79-80*					*3*	
1990								*7,2*

Reysson, Haut-Médoc, *O.: CB*

		PAR	WSP	AüW	GAB	VIN	DEC	WIN
2000							3	8,2
1998	01-11			83	15			
1997	03-10			14	15			
1996	02-16				*14*			
1995	01-14				*15*			

Bewertungen jünger als 2 Jahre:	▲ jetzt	▶ austr.	▼ abg.	Schrift normal
älter als 2 Jahre:	△ jetzt	▷ austr.	▽ abg.	Schrift dünn
älter als 4 Jahre:	△ jetzt	▷ austr.	▽ abg.	*Schrift dünn kursiv*

Rio de Tailhas, St.-Emilion, *O.: GC*

		PAR	WSP	AüW	GAB	VIN	DEC	WIN
2000	05-16	88-89+						7,9
1999	02-14	88-90					3	
1998	-11	87						

Ripeau, St.-Emilion, *O.: GCC; P.: CB*

		PAR	WSP	AüW	GAB	VIN	DEC	WIN
2000	-11	87-89					3	8,0
1999	-13	87-88		85				
1998	02-05	79?		83			2	8,2
1997				13				
1996							3	
1995							3	7,8?
1994								7,5+?
1993								7,9+
1961	△		84					

de la Rivière, Fronsac

		PAR	WSP	AüW	GAB	VIN	DEC	WIN
2000	-12	85-86	80-84	88			3	8,2
1999	-12	85-86		85				
1998	02-15	85-87		86		2,5		7,6+
1997	▲	85	83	14		2		
1996		74-76		13,5				
1995	00-07			14				
1994	△		84					
1989				13			3	
1988				14				6,4?

de la Rivière Aria, Fronsac

		PAR	WSP	AüW	GAB	VIN	DEC	WIN
2000		87-88						

Robin, Côtes de Castillon

		PAR	WSP	AüW	GAB	VIN	DEC	WIN
1997		86-87						
1995	00-		89					7,8+
1994	97-01	84-86	85					
1993	△		79					

Le Roc de Cambes, Côtes de Bourg, *P.: 5,* ❸*; G.: 5,* ④

		PAR	WSP	AüW	GAB	VIN	DEC	WIN
2000	-18	90-93		90				8,5(?)
1999	02-15	88-90		89	16		3	8,1(?)
1998	01-10	91			17	16		8,4
1997	00-10	86		15	17			8,2
1996	00-08	88	83	88	16	2		8,5
1995	-10	89	91		18			8,3
1994	-03	86			16			
1993	-01	86-87						
1992	-98	84						
1991		82						
1990	-09	90			16			8,3

		PAR	WSP	AüW	GAB	VIN	DEC	WIN
1989	-05	89						
1988						12,1		

Roc de Grimon, Côtes de Castillon

		PAR	WSP	AüW	GAB	VIN	DEC	WIN
1999								7,5
1997								6,6
1996		74-76						7,5
1995								7,5

La Roche Gaby, Canon-Fronsac

		PAR	WSP	AüW	GAB	VIN	DEC	WIN
1997				14				

La Roche-Pressac, Côtes de Castillon

		PAR	WSP	AüW	GAB	VIN	DEC	WIN
2000		86-87	75-79					7,8

Rochebelle, St.-Emilion

		PAR	WSP	AüW	GAB	VIN	DEC	WIN
2000							3	
1999	03-13	85-86						
1998	04-16	88						
1997		87					3	
1996	01-10	87						

de Rochemorin, Pessac-Léognan, *O.: unklass.; P.: CB, gut*

		PAR	WSP	AüW	GAB	VIN	DEC	WIN
2000	04-10	87-88	85-88	85			3	
1999		80-83						
1998		86-87	79					
1997	-04	85	86					
1996			78				3	
1995	99-		81			1	2	
1994	97-05	*87-88*	86					
1993	△		84					
1992			72					
1991			72			*14..*		
1990			*89*					
1989	05-	*85*	90	*13,5*		*15..*		
1987						*14*		
1986			*84*	*13*				
1985			*85*					
1982			*90*					

du Rocher, St.-Emilion, *O.: GC*

		PAR	WSP	AüW	GAB	VIN	DEC	WIN
1998	04-15				17			
1997	02-10				16			
1995	00-12				*16*			

Bewertungen jünger als 2 Jahre:	▲ jetzt	▶ austr.	▼ abg.	Schrift normal
älter als 2 Jahre:	△ jetzt	▷ austr.	▽ abg.	Schrift dünn
älter als 4 Jahre:	△ jetzt	▷ austr.	▽ abg.	*Schrift dünn kursiv*

Rocher Bellevue Caprice d'Angélique, Côtes de Castillon

		PAR	WSP	AüW	GAB	VIN	DEC	WIN
2000	-09	90-92						
1999		83-85						

Rocher Bellevue Figeac, St.-Emilion, *O.: GC; P.: CB,* (5)*; G.: CB*

		PAR	WSP	AüW	GAB	VIN	DEC	WIN
2000	-13	86-88						8,5
1999	04-15	86-88			17			
1998	02-11	88	85-89		16			
1997	02-08	84	85-89	14	15			
1996	00-16	85	82		16			
1995	00-10	85	85-89		16			
1994	-06		72		15			
1993	-05		80-84		15			
1992	-02				14			
1991			73		13			
1990	-02	86	79		15			7,6
1989	-96	84						8,2-8,3
1988	-02	86	87		12			
1985	-97	88						

Rocher Bonregard, Pomerol

		PAR	WSP	AüW	GAB	VIN	DEC	WIN
1999	03-10				15			
1998	05-20				17			
1996	01-14				13			
1995	02-12				13			

Les Roches de Ferrand, Fronsac

		PAR	WSP	AüW	GAB	VIN	DEC	WIN
1999	-09			83				
1998	02-07			83				
1997				14				

Rol de Fombrauge, St.-Emilion

		PAR	WSP	AüW	GAB	VIN	DEC	WIN
1995	00-10			14				

Rol Valentin, St.-Emilion, *O.: GC; P.: 3, ausgez.; G.: (2)*

		PAR	WSP	AüW	GAB	VIN	DEC	WIN
2000	03-20	91-93	89-91	90			4	9,0-9,1
1999	-18	87-88	85-89	89+			3	8,9
1998	02-16	90	94		18	15,5	4	
1997	00-15	88			18	2	3	
1996	00-14	90	86		17		3	8,5+
1995	01-10		89		17M			

Roland-La-Garde, Prem. Côtes de Blaye

		PAR	WSP	AüW	GAB	VIN	DEC	WIN
1998		84-85						
1996		86						

Roland-La-Garde Cuvée Prestige, Prem. Côtes de Blaye

		PAR	WSP	AüW	GAB	VIN	DEC	WIN
2000		**85-87**						
1999		**82-84**						
1994	-02					1		

Roland-La-Garde Grand Vin, Prem. Côtes de Blaye

		PAR	WSP	AüW	GAB	VIN	DEC	WIN
2000		**87-88**						

Rollan de By, Médoc, *O.: CB; P.:* ❻; *G.:* ⑤

		PAR	WSP	AüW	GAB	VIN	DEC	WIN
2000	06-14		85-88			14,5		
1999	03-13	**86-87**		**87**	**16**			
1998	02-17	**86**	85-89	87	16	**14,5**		7,9-8,0
1997	00-14	84-85	**86**	14,5	16	1		
1996	02-13	85-86+		**84**	*17*	2	**3**	
1995	98-09	85-86+		14,5	*17*		4	
1994	00-14	83		*14*	*14*			
1991					16			
1990	-03				15			

de Rolland, Graves

		PAR	WSP	AüW	GAB	VIN	DEC	WIN
1995							3	

Rolland-Maillet, St.-Emilion, *O.: GC*

		PAR	WSP	AüW	GAB	VIN	DEC	WIN
2000		**87-88**						
1999		**85-86**						
1998		85-86						
1997							3	
1996	-05	85						
1995			80-84					*7,8-8,0*
1994	-01	*84-86*						
1990								*8,3*
1989	-00	*86*						
1988								*8,3*

Romefort, Haut-Médoc

		PAR	WSP	AüW	GAB	VIN	DEC	WIN
1996				13				

La Roque de By, Médoc (Zww. von Ch. La Tour de By)

		PAR	WSP	AüW	GAB	VIN	DEC	WIN
1997			**76**					
1996			78					

Roquefort, Bordeaux

		PAR	WSP	AüW	GAB	VIN	DEC	WIN
1994								*6,8*

Bewertungen jünger als 2 Jahre:	▲ jetzt	▶ austr.	▼ abg.	Schrift normal
älter als 2 Jahre:	△ jetzt	▷ austr.	▽ abg.	Schrift dünn
älter als 4 Jahre:	△ jetzt	▷ austr.	▽ abg.	*Schrift dünn kursiv*

Forts. Roquefort		PAR	WSP	AüW	GAB	VIN	DEC	WIN
1993								*5,9-6,0*
1990								*7,5+*
1989								*7,4*

Roquegrave, Médoc, *O.: CB*

		PAR	WSP	AüW	GAB	VIN	DEC	WIN
1990							*4*	

de Roquetaillade La Grange, Graves

		PAR	WSP	AüW	GAB	VIN	DEC	WIN
1995							2	

La Rose Figeac, Pomerol, *O.: unklass.*

		PAR	WSP	AüW	GAB	VIN	DEC	WIN
1999	05-15				16			8,6
1998	04-15				*??*			8,8-8,9+
1997	04-14			14,5	16			
1996	06-25				*16-19?*			
1995								*8,7-8,8+*
1990	02-12				*17?*	*14*		
1986							*4*	
1985							4	

La Rose Montviel, Pomerol

		PAR	WSP	AüW	GAB	VIN	DEC	WIN
1997	▲		81					
1996			78					

Roudier, St.-Emilion (Montagne)

		PAR	WSP	AüW	GAB	VIN	DEC	WIN
1996								*8,1*
1994								*7,5+?*

Rouet, Fronsac

		PAR	WSP	AüW	GAB	VIN	DEC	WIN
2000	-06	84-85						
1997				13				
1996		85-86						
1994		*85-86*						
1993	-01	*85-86*						
1990		*85*						

Rougemont, Graves

		PAR	WSP	AüW	GAB	VIN	DEC	WIN
1995							1	

Rouget, Pomerol, *O.: unklass.; P.: CB, gut,* ❺; *G.: (3),* ⑥

		PAR	WSP	AüW	GAB	VIN	DEC	WIN
2000	04-20	89-91	89-91			15	3	8,5

1999	04-15	87-88		87	18	15		8,4
1998	02-18	89	90-94		19		3	
1997	02-13	86	85	15	16		2	8,1
1996	00-17	85	86	13,5	*16*			
1995	00-15		85	14,5	*15*			
1990	00-20	*85*			*17*			
1989	96-06	*84*			*13*			
1988	00-15	*84*			*13*	*13,1*		
1986	△	*82*			*12*			
1985	-05	*84*						
1983	-00	*82*						
1982	▶	86	*86*					
1981	△	*80*						
1978	△	*82*						
1975	-04				*16*			
1970	-05	*84*			*14*			
1961	-00		*85*					

de Rouillac, Pessac-Léognan

		PAR	WSP	AüW	GAB	VIN	DEC	WIN
2000	-10	87-88						

Roumangnac La Maréchale, Fronsac

		PAR	WSP	AüW	GAB	VIN	DEC	WIN
1998	02-05			81				
1997				13				

de Rousselet, Côtes de Bourg

		PAR	WSP	AüW	GAB	VIN	DEC	WIN
1998	04-08					14		

La Rousselle, Fronsac

		PAR	WSP	AüW	GAB	VIN	DEC	WIN
2000	06-14		85-88	87		14,5	4	7,9
1999	04-08					15		
1998	04-12					15		
1997	-07	84-86	84	13,5		2		
1996		74-76	80-84	14,5				
1995	00-08		85-89	14,5		2		
1994	98-05	*76-79*				15..		
1993	00-06					*15..*		
1992			*85-89*					
1991			*75-79*			*14..*		
1990			*83*			*15*		
1989						*14,5*		
1986		*85*						

Rousset, Côtes de Bourg

		PAR	WSP	AüW	GAB	VIN	DEC	WIN
1998	03-08					15,5*		

Bewertungen jünger als 2 Jahre:	▲ jetzt	▶ austr.	▼ abg.	Schrift normal
älter als 2 Jahre:	△ jetzt	▷ austr.	▽ abg.	Schrift dünn
älter als 4 Jahre:	△ jetzt	▷ austr.	▽ abg.	*Schrift dünn kursiv*

Roustaing, Bordeaux

		PAR	WSP	AüW	GAB	VIN	DEC	WIN
2000		84-86						
1999								6,9
1998		84-85						
1997								7,2
1996								7,2
1995								7,6
1994								7,0
1993								6,0

Roylland, St.-Emilion

		PAR	WSP	AüW	GAB	VIN	DEC	WIN
2000		86-87						
1999	-09	86-87					3	
1998	-09	87						
1997	-05	83-85	86					
1996	-09	86						
1995			86					

Rozier, St.-Emilion

		PAR	WSP	AüW	GAB	VIN	DEC	WIN
2000		86-87					3	
1999		85-86						7,9-8,0
1998								8,4
1997								7,9-8,0
1996								7,9-8,0
1995								8,2-8,4

Saint-Agrèves, Graves

		PAR	WSP	AüW	GAB	VIN	DEC	WIN
1995							2	

Saint Ahon, Haut-Médoc

		PAR	WSP	AüW	GAB	VIN	DEC	WIN
1996			77					
1995	△		80				3	

Saint-André Corbin, St.-Emilion, *G.*: ⑤

		PAR	WSP	AüW	GAB	VIN	DEC	WIN
2000								8,0
1999	04-12				16			7,8
1998	02-13		85-89	85	16			
1997	01-08		80-84	14	16			7,8+
1996			77	13,5				7,8
1995	01-14		87	15,5	16			8,0
1994	97-08		82	14	16			7,7-7,8
1993	-06		77	14	16			7,6-7,7
1992	-02		75-79		15			
1990	-05		88		17			7,9+
1989	-05		91		16			
1988	-03				15			
1986			77					
1982	-97				16			

Saint Aubin, Médoc

		PAR	WSP	AüW	GAB	VIN	DEC	WIN
1996				13,5				

Saint Bonnet, Médoc, *O.: CB*

		PAR	WSP	AüW	GAB	VIN	DEC	WIN
1990	-04	*87+*						
1989	-00	*86*						

Saint-Brice, St.-Emilion (Zww. von Ch. Magdelaine)

		PAR	WSP	AüW	GAB	VIN	DEC	WIN
1998	02-13			86				8,5

Saint-Domingue, St.-Emilion

		PAR	WSP	AüW	GAB	VIN	DEC	WIN
2000	03-17	88-90+?	92-94					8,5?
1999	-13	87-88						8,5-8,6
1998	05-10	88	90				3	

Saint Estèphe, St.-Estèphe, *O.: CB*

		PAR	WSP	AüW	GAB	VIN	DEC	WIN
1999	02-10			82	15			
1998	02-12			86	15			
1995	98-12			14	16	1		
1994	-05				14			
1990						*15*		
1987						*16*		

Saint Georges, St.-Emilion

		PAR	WSP	AüW	GAB	VIN	DEC	WIN
1996								*8,3-8,4*
1995							3	

Saint-Georges-Côte-Pavie, St.-Emilion, *O.: GCC; P.: CB*

		PAR	WSP	AüW	GAB	VIN	DEC	WIN
1999	-10			83				
1998	02-07			84				8,3
1982	△		87					

Saint-Jacques, Bordeaux Supérieur

		PAR	WSP	AüW	GAB	VIN	DEC	WIN
1997	▲		83					
1996			80-84					
1995	99-		83					

Saint-Jean-des-Graves, Graves

		PAR	WSP	AüW	GAB	VIN	DEC	WIN
1999								7,7
1997								7,2
1996								7,7

Bewertungen jünger als 2 Jahre:	▲ jetzt	▶ austr.	▼ abg.	Schrift normal
älter als 2 Jahre:	△ jetzt	▷ austr.	▽ abg.	Schrift dünn
älter als 4 Jahre:	△ jetzt	▷ austr.	▽ abg.	*Schrift dünn kursiv*

Saint Jean de Lavaud, Lalande de Pomerol

		PAR	WSP	AüW	GAB	VIN	DEC	WIN
1995							3	

Saint-Marie, Bordeaux Supérieur

		PAR	WSP	AüW	GAB	VIN	DEC	WIN
1996	△		85					

Saint Michel, St.-Emilion (Lussac)

		PAR	WSP	AüW	GAB	VIN	DEC	WIN
1995			79					

Saint-Paul, Haut-Médoc, *O.: CB*

		PAR	WSP	AüW	GAB	VIN	DEC	WIN
1999	03-10			84	14			
1998	01-12			83	16			
1997	02-10			14	15			
1996							2	
1995	03-15				14		3	

Saint-Paulin, Bordeaux

		PAR	WSP	AüW	GAB	VIN	DEC	WIN
1994								7,1

Saint Pierre de Pomerol, Pomerol

		PAR	WSP	AüW	GAB	VIN	DEC	WIN
1999	03-10				15			
1997	01-06			14	14			
1996	99-11				14			
1994	-04				16			
1993	-02				14			
1989	-02				15			
1985	▷				14			

Saint Pierre (Sevaistre), St.-Julien, *O.: 4; P.: 4, ausgez.,* ❸; *G.: 4,* ③

		PAR	WSP	AüW	GAB	VIN	DEC	WIN
2000	05-20		85-88			16	3	
1999	04-15		85-89		17	15		
1998	03-20	87-88?	87		16	15,5		
1997	02-13	87-89	87		16	2,5		
1996	00-20	86-?	90		17	2	3	
1995	00-20	88	90	83	17	3	4	
1994	98-20	89	86	82	17	14..	4	
1993	98-10		85	82	16	14..		
1992	96-05		87	80	14			
1991	95-		84	81	13			
1990	-12	90	92	84	18	15,5	4	
1989	00-10	89	91	83	17		4	
1988	-10	87	88	81	17			8,5
1987	△		80	73	16	15		
1986	-12	90	90	85	16	18,5	3	
1985	-10	87	84	73	18		4	
1983	-10	87	86		16		2	

1982	-10	88	88		16			
1981	-00	88	82					
1979	△	85	77	15,5				
1978	-06		83	13,5	17			
1975	-05	86	72		15			
1970	-05	87	84					
1961	△	87	74					

Saint-Robert, Graves

		PAR	WSP	AüW	GAB	VIN	DEC	WIN
1996			74; 79*				3*	
1995	-04		89*				3	

Saint Yzans, Médoc

		PAR	WSP	AüW	GAB	VIN	DEC	WIN
1995			85					

Sainte Colombe, Côtes de Castillon (Zww. von Ch. Clos de L'Église)

		PAR	WSP	AüW	GAB	VIN	DEC	WIN
2000	-12	86-87	85-88	84				7,6
1999			80-84					7,8

de Sainte Gemme, Haut-Médoc, *O.: CB*

		PAR	WSP	AüW	GAB	VIN	DEC	WIN
1998			80-84					
1997			79					
1996			78					
1990								7,9-8,0

de Sales, Pomerol, *O.: unklass.; P.: CB, gut,* 5

		PAR	WSP	AüW	GAB	VIN	DEC	WIN
2000	-14	87-88	85-88					
1999	03-14	87-88		85	13			
1998	02-16	88	84		16			
1997	00-08	85-86	74	14,5	14			
1996	00-14	79	82	83	15		3	8,0?
1995	00-12	87	87	14,5			2	
1990	-05	89			15	15,5		
1989	-03	85			15		2	
1988	-00	84			15		4	
1986	△	80	86		14			
1985	△	83	87		14		2	
1983	△	85						
1982	△	85	83					
1981	△	86			14			
1979	△				16			
1978	△			12	12			

Sanctus, St.-Emilion

		PAR	WSP	AüW	GAB	VIN	DEC	WIN
2000		86-87?						
1999		84-86						
1998	-09	80?						

Bewertungen jünger als 2 Jahre:	▲ jetzt	▶ austr.	▼ abg.	Schrift normal
älter als 2 Jahre:	△ jetzt	▷ austr.	▽ abg.	Schrift dünn
älter als 4 Jahre:	△ jetzt	▷ austr.	▽ abg.	*Schrift dünn kursiv*

Sansonnet, St.-Emilion, *O.: GC; P.: CB*

		PAR	WSP	AüW	GAB	VIN	DEC	WIN
2000	07-18	88-90	89-91					8,8
1999	03-12				17			
1996		*72-75*						

Saransot-Dupré, Listrac, *O.: CB; P.: CB, gut*

		PAR	WSP	AüW	GAB	VIN	DEC	WIN
2000		85-87						
1998	02-13			81	14			
1997	-04			13	14		4	
1996	-06				*16*	1	4	
1995	02-12	85			13	2	3	
1994	-02				*13*			

Sarget de Gruaud-Larose, St.-Julien (Zww. von Ch. Gruaud-Larose)

		PAR	WSP	AüW	GAB	VIN	DEC	WIN
1999								8,2
1996	01-		86					
1995	00-		85					

Le Sartre, Pessac-Léognan

		PAR	WSP	AüW	GAB	VIN	DEC	WIN
2000	-08		85-88	85				7,8
1998	▲		81					
1997	▲		81					
1996			*79*				3	
1995	00-		86			1		
1994			*74*					
1993	97-		84					
1992		*78-80*	*79*					
1991		*76*	*77*					
1990			*87*					
1989	-98					*14..*		
1987						*15*		
1986						*14,5*		

Sauman, Côtes de Bourg

		PAR	WSP	AüW	GAB	VIN	DEC	WIN
1998	03-10					15		

Le Second de Carnet, Haut-Médoc (Zww. von Ch. La Tour Carnet)

		PAR	WSP	AüW	GAB	VIN	DEC	WIN
1995			71					

Le Second Vin de Mouton Rothschild, Pauillac (Zww. von Ch. Mouton Rothschild)

		PAR	WSP	AüW	GAB	VIN	DEC	WIN
1998	02-10				16			
1997	01-10				15			
1994	00-10				*15*			
1993	-05				*16*			

Ségla, Margaux (Zww. von Ch. Rauzan-Ségla)

		PAR	WSP	AüW	GAB	VIN	DEC	WIN
1997							2	
1996	01-		88					
1995	01-		89					
1994	97-		82					
1993	△		83					

Ségonnes, Margaux (Zww. von Ch. Lascombes)

		PAR	WSP	AüW	GAB	VIN	DEC	WIN
1999								8,3
1992				15,6				
1988								*7,5*
1985				*13,5*				

Ségonzac, Prem. Côtes de Blaye, *P.:* ❻

		PAR	WSP	AüW	GAB	VIN	DEC	WIN
2000								7,4
1999		84-85						7,7; 7,9+*
1998		85-86*		14; 15,5*				7,9-8,0*
1997		84*						6,8; 7,1*
1996		86						7,7; 7,9*+
1995	-03	85*						7,3+; 7,5*+
1994		*85-86*						*7,2+; 7,4**
1993	-01	*84-85*						*6,1; 6,5**
1992		*73-76*						
1989								*7,7*
1988								*6,6*

Segue Longue, Médoc, *O.: CB*

		PAR	WSP	AüW	GAB	VIN	DEC	WIN
1999	-09			83				

Seguin, Bordeaux Supérieur

		PAR	WSP	AüW	GAB	VIN	DEC	WIN
2000			75-79					
1997	▲		85; 84*					

Ségur, Haut-Médoc, *O.: CB; P.: CB, gut*

		PAR	WSP	AüW	GAB	VIN	DEC	WIN
1989								*7,8*
1988								*7,6*
1986		*86*						

Ségur de Cabanac, St.-Estèphe, *O.: CB; G.:* ⑥

		PAR	WSP	AüW	GAB	VIN	DEC	WIN
1999	03-12			83	14			
1998	02-14			85	16			
1997	01-14			14	15	1		
1996	02-18			14,5	*15*	2,5	4	
1995	98-12			14	*16*		4	
1994	98-08	*78-82*		*14,25*	*16*			
1989				*13,5*				

Bewertungen jünger als 2 Jahre:	▲ jetzt	▶ austr.	▼ abg.	Schrift normal
älter als 2 Jahre:	△ jetzt	▷ austr.	▽ abg.	Schrift dünn
älter als 4 Jahre:	△ jetzt	▷ austr.	▽ abg.	*Schrift dünn kursiv*

Sémeillan Mazeau, Listrac, *O.: CB; P.: CB, gut*

		PAR	WSP	AüW	GAB	VIN	DEC	WIN
1999	-07			80				
1996	00-10	85-87		14				
1995							3	

Sénéjac, Haut-Médoc, *O.: CB; P.: CB, gut; G.:* ⑥

		PAR	WSP	AüW	GAB	VIN	DEC	WIN
2000	-11	87-88	85-88				2	8,1
1999	02-10	80-83		83	15			7,8
1998	02-09	85-86	86	85	15			7,5
1997	00-12	80	85	14	16			7,5
1996	03-18	85			15		3	8,0
1995	98-15		83	14,5	15		2	7,9
1994	98-05	82-83		13,75	15			7,1
1993	-06				14			7,4
1992	-04	62-64			12			
1991					14			
1990	-05	86			17			7,9-8,0
1989	-96	82			17			8,4
1988	-04		78		14			8,1
1987	△				13			
1986	-03				15			
1985	-96				15			

Sénilhac, Haut-Médoc, *O.: CB*

		PAR	WSP	AüW	GAB	VIN	DEC	WIN
2000							3	
1999	-08			82				
1998	02-05			84				
1997				13				
1996	△		86					
1995	98-05			14				

Les Sens, Premières Côtes de Bordeaux

		PAR	WSP	AüW	GAB	VIN	DEC	WIN
1994	-00					1		
1993	△					1		

Sergant, Lalande de Pomerol

		PAR	WSP	AüW	GAB	VIN	DEC	WIN
2000		86-88						
1996			76					
1995							3	

La Sergue, Lalande de Pomerol

		PAR	WSP	AüW	GAB	VIN	DEC	WIN
2000	-07	88-90	85-88				3	8,7-8,8
1999	-07	86-88	85-89					8,0-8,1
1998	01-08	87	89					8,6-8,8
1997	-05	86	80-84					8,4
1996	99-		84					

La Serre, St.-Emilion, *O.: GCC; G.: 5,* ③

		PAR	WSP	AüW	GAB	VIN	DEC	WIN
2000	06-16	86-88	89-91	90		16		8,5-8,6
1999	03-15			87	16	15		
1998	02-12		87	88	18	2,5	3	7,8?
1997	02-12		85	15,5	16	2,5	2	
1996	99-19		87	88	18	2,5	3	
1995	00-15	84-86	91	15,5; 83	18	3		8,2
1994	98-10	76	80-84	78	16	3		7,4
1993	-08	83		81	16	2		8,0-8,1
1992	-02	85		80	15			
1990	-10		88	75	18	15,5		
1989	01-08		90	80	17	15..	3	
1988	-04		80	74	16			
1987	▷			72	15			
1986	-03			72	15			
1985	-02		91	71	16			
1983				13,4		17,7		
1982							3	

du Seuil, Graves

		PAR	WSP	AüW	GAB	VIN	DEC	WIN
1996			77					
1995							2	

Le Seuil de Mazeyres, Pomerol

		PAR	WSP	AüW	GAB	VIN	DEC	WIN
1999								7,8

Siaurac, Lalande de Pomerol

		PAR	WSP	AüW	GAB	VIN	DEC	WIN
1998	02-12			87				
1997				14				7,6
1996				12,5				7,6
1995	98-06			13,5				7,9-8,0
1994			75-79					7,7
1993	△		77					
1990		87	84					8,0

Sigognac, Médoc, *O.: CB*

		PAR	WSP	AüW	GAB	VIN	DEC	WIN
1999	-07			80				
1998	01-05			82				
1996							2	
1994	-05			13,25				

Le Sillage de Malartic, Pessac-Léognan (Zww. von Ch. Malartic-Lagravière)

		PAR	WSP	AüW	GAB	VIN	DEC	WIN
1996			83				4	
1995	△		80				3	

Simon, Graves

		PAR	WSP	AüW	GAB	VIN	DEC	WIN
1995							2	

Sipian, Médoc, *O.: CB*

		PAR	WSP	AüW	GAB	VIN	DEC	WIN
1999		84-85						
1998								7,9+
1997				13				
1996				14,5				
1995	98-06			14				
1994	-06			*14*				

Siran, Margaux, *O.: CB; P.: 5, gut,* ❺

		PAR	WSP	AüW	GAB	VIN	DEC	WIN
2000	02-18	87-88	92-94	89				8,6
1999	04-16	88-89		86	16			8,0
1998	02-20	87	87	85	16		3	8,5-8,7
1997	00-08	78-81	83	14	16	1	2	8,3+
1996	00-13	83	87	85	14	1	3	8,7
1995	00-14	87	93	14; 82	15	1		8,2-8,6+?
1994	97-10	*85+*	79	76	16			*8,1-8,3*
1993	98-15	*85*	85	78	*14*	*14..*		*7,8-7,9*
1992	-02	*74-78*	*80-84*	74	*14*	*14..*		
1991		*73*	*84*	74		*15..*		
1990	-05	*87*	*90*	83	*13*	*15*		*7,8-8,0?*
1989	-00	*86*	*88*	82				*8,3*
1988	-10	*85*	*88*	81	*13*	*16..*		*8,1+*
1987		*83*		82				
1986	-10	*88*		84				
1985	-05	*86*	*90*	83	*15*			
1983	△	*86*		*16*				
1982	△		85					
1978	▽				12			
1970	▽				*11*			
1961	△				*13*			

La Sirène de Giscours, Margaux (Zww. von Ch. Giscours)

		PAR	WSP	AüW	GAB	VIN	DEC	WIN
1997							2	
1996	-04		82					
1995	00-		85					

Smith Haut Lafitte, Pessac-Léognan, *O.: CC; P.: 2, ausgez.,* ❻*; G.: 3,* ⑤

		PAR	WSP	AüW	GAB	VIN	DEC	WIN
2000	05-25	92-94	89-91	90		15,5	4	8,9+
1999	03-18	87-89	85-89	88	17	15,5	3	8,9
1998	03-24	90	94	92	17	16	4	8,8-8,9
1997	02-13	87	88	16	16	2	3	8,4; 8,8
1996	00-18	90	86	89	18	3	4	*8,4; 8,8*
1995	00-20	90	90	15; 89	18	3	5	*8,7-9,0*
1994	97-18	88	86	85	16	3	3	*8,6*
1993	97-10	87	86	86	15	*15..*		*8,5-8,7*
1992	-02	*86*	*84*	85	*15*			
1991		*85*	*83*	84	*13*	*16..*		
1990	-08	*86*	*93*	80	16	*15,5*		*7,8?*

		PAR	WSP	AüW	GAB	VIN	DEC	WIN
1989	-05	81	78	76	15	14..		8,0-8,2
1988	-05	75		70	15	14,3		8,3
1987			84	71				
1986	-06			73	15	19		
1985	▷		89	74	15			
1983	▷				14			
1982	▷		81		15			
1981			79					
1979	▷				12	14,5		
1975	▽				15			

Sociando-Mallet, Haut-Médoc, *O.: CB; P.: 3, ausgez.,* ❷; *G.: 3,* ②

		PAR	WSP	AüW	GAB	VIN	DEC	WIN
2000	10-25	90-91	85-88	89		17	5	8,8
1999	02-17	87-88	85-89	90	17	16,5	3	8,1; 8,3
1998	03-20	88+	87		17	16		8,6+
1997	02-14	87	88	15,5	17	3		8,2
1996	01-20	90	90	93	18	4		8,5-9,0
1995	02-25	90	91	92	18	3	4	8,5-8,7
1994	97-15	89	86	90	15	2		7,8+?
1993	98-10	87	88	86	16		5	8,2
1992	96-10	87	87	86	16	14..		
1991	98-		85	88	16	2	4	
1990	00-25	92	96	93	19	16,5		8,8-8,9
1989	00-20	90	90	91	18	16		8,7+
1988	00-10	87	91	90	16	17..		8,5
1987	-05		88	85	15	16		
1986	96-40	90	94	90	18	4		
1985	-15	90	91	90	16			
1983	97-01	85	92					
1982	03-20	90	89		18			
1981	-00	83	88					
1979	△	80						
1978	-03	87						
1975	01-20	88+						
1970	△	87						

Soudars, Haut-Médoc, *O.: CB; P.: CB, gut,* ❻

		PAR	WSP	AüW	GAB	VIN	DEC	WIN
2000			85-88				3	8,0
1999	03-10			83	15			
1998	02-11	85-86	80-84	85	16			
1997	00-07	83	79	13	15			
1996	00-10	85-86	82	14	16			8,0
1995	99-08	85	78	14	15			7,4; 8,0
1994	98-05	85-86	79		14			7,9
1993	-99	85-86	80-84					7,9
1992		74-75	74					
1991			79					
1990	-02	85	84		15			6,8
1989	△	78	85					7,9
1988			88					7,6
1987			77			15		
1986	-15	84	79					

Le Souley Sainte-Croix, Haut-Médoc, *O.: CB*

		PAR	WSP	AüW	GAB	VIN	DEC	WIN
1999	-10			83				

Bewertungen jünger als 2 Jahre:	▲ jetzt	▶ austr.	▼ abg.	Schrift normal
älter als 2 Jahre:	△ jetzt	▷ austr.	▽ abg.	Schrift dünn
älter als 4 Jahre:	△ jetzt	▷ austr.	▽ abg.	*Schrift dünn kursiv*

Forts. Souley Sainte-Croix		PAR	WSP	AüW	GAB	VIN	DEC	WIN
1998	02-05			83				
1997				13,5				
1995	00-06			14				

de Sours, Bordeaux

		PAR	WSP	AüW	GAB	VIN	DEC	WIN
2000			80-84					
1995			80-84					

Soutard, St.-Emilion, *O.: GCC; P.: 4, ausgez.,* 3

		PAR	WSP	AüW	GAB	VIN	DEC	WIN
1997							3	
1995	00-15	87-90		14,5; 86	16		3	
1994	98-15	86		85	15			
1993	-11	87		85				6,8
1992	-99	77		75				
1991		64		66				
1990	-10	88		85				
1989	96-20	90	87	88				
1988	-20	87		83	15		3	
1987				81				
1986	-15	86		84	15			
1985	-10	90	85	87	14		3	
1982	00-25	87	84				3	
1981	-05	84						
1979	-05	84						
1978	△	84						
1975	-05	87						
1970	-00				15			
1961			85					

Suau, Premières Côtes de Bordeaux

		PAR	WSP	AüW	GAB	VIN	DEC	WIN
1996	99-		83*					
1990							4*	

Taffar de Blaignan, Médoc, *O.: CB*

		PAR	WSP	AüW	GAB	VIN	DEC	WIN
1998	01-05			82				

du Tailhas, Pomerol, *O.: unklass.; P.: CB*

		PAR	WSP	AüW	GAB	VIN	DEC	WIN
1999	03-13			85	15			
1998	03-13				15			
1997	01-06			13,5	14			
1996	02-16				15		2	
1995	-15				16		2	
1990	-97	82				14,5		
1988							4	
1986							4	
1985							3	

du Taillan, Haut-Médoc, *O.: CB*

		PAR	WSP	AüW	GAB	VIN	DEC	WIN
1997							2	

Taillefer, Pomerol, *O.: unklass.; P.: CB*

		PAR	WSP	AüW	GAB	VIN	DEC	WIN
2000	03-16	87-89	89-91					
1999	-09	85-87						
1998	03-17	85	90		16	2		
1997	01-10	82-84	87		16			
1996	00-		88	13				
1995	04-		91				4	
1992		77	77					
1990	-96	81				15,5		
1989	-98	85			13			
1988	-96	82	87				4	
1986	△	73		13,5			4	
1985	△	76	81					
1982			85					
1979				11,7				
1975	▷				14			
1961	▷				14			

Talbot, St.-Julien, *O.: 4; P.: 3, ausgez.,* ❸; *G.: 5,* ④

		PAR	WSP	AüW	GAB	VIN	DEC	WIN
2000	02-30	90-92	92-94	90		16,5	4	9,0
1999	02-18	88-90	85-89	88	17	15	3	8,6
1998	03-18	88	81	89	16	14	3	8,9
1997	00-15	85	81	15,5	17	1	4	8,5-8,6
1996	02-20	89	90	86	18	2,5	3	9,2
1995	00-15	88	87	16; 88	16	1	3	8,7-8,9
1994	97-15	85	87	85	16	2	3	8,5-8,6
1993	97-12	84	86	84	15	14..	3	8,5+
1992	-03	86	75	84	12			
1991		72	78	75	14	14..		
1990	98-12	85	93	82	17	15,5		8,5-8,6
1989	-15	88	88	86	18		3	9,2-9,3
1988	-15	89	82	85	14	14,1		8,8
1987	-00	85	85	81	15	17		
1986	95-30	96	91	94	18		3	
1985	97-00	89	90	85	13		3	
1983	-08	91	90		17		3	
1982	04-25	93	86		19		5	
1981	-10	85	85		16			
1979	△	84	84	16,9	16			
1978	-15	87		16	17			
1975	-10	84			12			
1970	-08	76			16			
1961	-05	85	88		16			

Tanesse, Premières Côtes de Bordeaux

	PAR	WSP	AüW	GAB	VIN	DEC	WIN
2000							7,4
1997		74	13				
1994		70					
1989							7,6
1988							6,9

Bewertungen jünger als 2 Jahre:	▲ jetzt	▶ austr.	▼ abg.	Schrift normal
älter als 2 Jahre:	△ jetzt	▷ austr.	▽ abg.	Schrift dünn
älter als 4 Jahre:	△ jetzt	▷ austr.	▽ abg.	*Schrift dünn kursiv*

Tarreyro, Côtes de Castillon

		PAR	WSP	AüW	GAB	VIN	DEC	WIN
1997			79					

Tartugière, Médoc (Zww. von Ch. Tour-Prignac)

		PAR	WSP	AüW	GAB	VIN	DEC	WIN
1995	△		84					

Tauzinat l'Hermitage, St.-Emilion, *O.: GC; P.: CB*

		PAR	WSP	AüW	GAB	VIN	DEC	WIN
2000			89-91					
1998			80-84					

Tayac, Côtes de Bourg, *P.: 5*

		PAR	WSP	AüW	GAB	VIN	DEC	WIN
1998		86-88*						
1996			83					
1995			84					
1994			88*					
1993		85-87*	83*					
1990	-05	75; 87*	78					
1989	-05	89*						

Tayac, Margaux, *O.: CB*

		PAR	WSP	AüW	GAB	VIN	DEC	WIN
1999	-10			83				
1997	▲		80				3	
1996							3	
1995	00-07			14				
1987						14		

Le Temple, Médoc, *O.: CB*

		PAR	WSP	AüW	GAB	VIN	DEC	WIN
1999	-08			82				
1998	02-05			84				
1996							2*	
1995							3*	
1994	-04			13				

Terrey-Gros-Caillou, St.-Julien, *O.: CB; P.: CB, gut*

		PAR	WSP	AüW	GAB	VIN	DEC	WIN
1999	-10			84				
1998	02-07			84		1,5		
1995	00-07			14,5				
1992		80-83						
1990	-00	86				15		
1989	-97	85						8,4
1988	△	78						8,2
1986	-97	86						
1985	△	85						

du Tertre, Margaux, *O.: 5; P.: 5, sehr gut,* ❹

		PAR	WSP	AüW	GAB	VIN	DEC	WIN
2000	05-20	90-92	89-91			16,5	4	8,6+
1999	04-16	85-86	85-89		17	15		
1998	03-15	87-89	84		16	15		
1997	01-15	85	83		17	1,5		8,8-8,9
1996	00-18	88-90	81	83		2,5	3	8,8-8,9
1995	00-15	86	85		14	1	3	8,8
1994	98-05				13			
1993	99-11				13			
1991			77		12			
1990	-08	87		11	14			
1989	△	86	90	14	14			8,7
1988	-05	86	86	14,5	18			8,4
1987	△	83		13,5		15		
1986	-05	86	89	13	15			
1985	△	87	93	11,8	12			
1983	-01	86	91	16,4	15			
1982	△	87	88		16			
1981	△	83						
1979	△	89		14,9	16			
1978	△	85						
1975	▷	73						
1970	▷				15			

Tertre Daugay, St.-Emilion, *O.: GCC; P.: CB, gut,* ❺

		PAR	WSP	AüW	GAB	VIN	DEC	WIN
2000			85-88					
1999	02-20	87-88	85-89	86	16			
1998	02-13	87	90-94	86	16	14		
1997	04-12	86	80-84		16			
1996	04-22	80-82	83	86	15			
1995	98-14	83-85	90		13	1	3	8,4?
1994	00-09	82			13			8,1
1993		86						
1992		75-76						
1990	-03	86						
1989	-05	87	83					
1988	-01	86	85					
1986				12				
1985	-96	85						

Le Tertre Roteboeuf, St.-Emilion, *O.: GC; P.: 2, hervorr.,* ❶*; G.: 2,* ②

		PAR	WSP	AüW	GAB	VIN	DEC	WIN
2000	03-20	93-95		92		17,5	4	9,3
1999	02-17	90-93		91	17	17	4	8,8
1998	02-20	94		91	19	4	4	8,9-9,0
1997	00-17	87		16,5	18	4	4	8,8-9,0
1996	02-20	90	87	91	18	3,5	4	8,9-9,0
1995	00-18	95	91		18	4		8,7-8,9
1994	99-16	90			18			
1993	98-15	90			18	4		
1992	-03	77			16			
1991		83			15			
1990	97-13	98	83	89	18		4	9,2-9,3
1989	00-20	95	93	87	17		4	
1988	98-10	91	93	88	17	5	4	
1987	-97		83		15			
1986	-02	91	90	12	17			

Bewertungen jünger als 2 Jahre:	▲ jetzt	▶ austr.	▼ abg.	Schrift normal
älter als 2 Jahre:	△ jetzt	▷ austr.	▽ abg.	Schrift dünn
älter als 4 Jahre:	△ jetzt	▷ austr.	▽ abg.	*Schrift dünn kursiv*

Forts. Le Tertre Roteboeuf		PAR	WSP	AüW	GAB	VIN	DEC	WIN
1985	-05	90	89		16M		4	
1983	-00	87	81					
1982	-03	88	85					

Tessendey, Fronsac

		PAR	WSP	AüW	GAB	VIN	DEC	WIN
1995	00-07			14				

Teyssier, Bordeaux

		PAR	WSP	AüW	GAB	VIN	DEC	WIN
1998	△		83					

Teyssier, St.-Emilion (Montagne)

		PAR	WSP	AüW	GAB	VIN	DEC	WIN
2000			75-79					
1997	-02		84					

Teyssier, St.-Emilion (Puisseguin), *O.: GC*

		PAR	WSP	AüW	GAB	VIN	DEC	WIN
1999		85-86						8,3
1998			80-84					8,4-8,5
1997	-04	85-86					3	
1996	△		82					
1995	00-07		85-89	13,5				7,7
1994			77					

Thébot, Bordeaux

		PAR	WSP	AüW	GAB	VIN	DEC	WIN
2000		85-86						
1999		82-83						7,2
1998		84-85						
1997								6,9; 6,9*
1996		85						7,7+

Thieuley, Bordeaux

		PAR	WSP	AüW	GAB	VIN	DEC	WIN
2000		86-87*						7,8*
1999		83-84						7,1; 7,8*
1998		85-86						
1997								6,8; 6,8*
1996		84;86*						7,4; 7,4*
1995								7,5
1994	-99					2		6,7
1993								6,3
1989								7,4
1988								7,1

Le Thil Comte Clary, Pessac-Léognan, *P.: gut*

		PAR	WSP	AüW	GAB	VIN	DEC	WIN
1996							3	
1995							2	

Timberlay, Bordeaux Supérieur

		PAR	WSP	AüW	GAB	VIN	DEC	WIN
2000			80-84					
1997	▲		80					
1996			80-84					
1995	△		81					
1994	97-		79					
1991			*70*					
1989						*13*		

La Tonelle, Haut-Médoc, *O.: CB*

		PAR	WSP	AüW	GAB	VIN	DEC	WIN
2000							2	
1999	-10			84				
1998	01-05			82				
1996				13			3	
1995	00-07			14			3	

La Tonnelle, Prem. Côtes de Blaye

		PAR	WSP	AüW	GAB	VIN	DEC	WIN
1996		84-85						
1990	-97	*85*						
1986		*80*						

Les Tonnelles du Roy, Fronsac (Zww. von Ch. Jeandeman)

		PAR	WSP	AüW	GAB	VIN	DEC	WIN
1998	▲		80					
1989							*4*	

Toumalin, Canon-Fronsac

		PAR	WSP	AüW	GAB	VIN	DEC	WIN
1999	-11			84				
1998	02-10			87				
1997	▲		82					
1996			78	84				
1995	00-08		88	14,5				
1990			*74*					
1989	△		81					

de la Tour, Bordeaux Supérieur

		PAR	WSP	AüW	GAB	VIN	DEC	WIN
2000		85-86	80-84*					
1997	00-03	84-85	84*					
1996			80-84					
1995	00-	86	88*					
1994	97-	85*	84*					
1993		82*	79*					

Tour d'Auron, Bordeaux Supérieur

		PAR	WSP	AüW	GAB	VIN	DEC	WIN
1995			73					

Bewertungen jünger als 2 Jahre:	▲ jetzt	▶ austr.	▼ abg.	Schrift normal
älter als 2 Jahre:	△ jetzt	▷ austr.	▽ abg.	Schrift dünn
älter als 4 Jahre:	△ jetzt	▷ austr.	▽ abg.	*Schrift dünn kursiv*

Tour Baladoz, St.-Emilion, *O.: GC*

		PAR	WSP	AüW	GAB	VIN	DEC	WIN
1995			85-89					

Tour Bellevue, Haut-Médoc (Zww. von Ch. Barreyres)

		PAR	WSP	AüW	GAB	VIN	DEC	WIN
1996			72					
1995			79					

La Tour Blanche, Médoc, *O.: CB*

		PAR	WSP	AüW	GAB	VIN	DEC	WIN
1998	02-05			83				
1997	00-05			14		1		
1996							2	
1994	-03			13,75				

La Tour de By, Médoc, *O.: CB; P.: CB, gut; G.:* ⑥

		PAR	WSP	AüW	GAB	VIN	DEC	WIN
2000	06-12	85-86	80-84	85		14,5		7,9
1999	03-14	81-83		86+	16			7,8-8,0
1998	02-15		80-84	86	16	1	3	7,8
1997	00-14	85-86	79	14	16	1	2	7,7
1996	02-20	84-85	78	82	16	1	4	7,9+?
1995	00-18		88	15	17		3	8,1+
1994	98-07			14	16			7,8+
1993	99-04			12,5	14			7,8-7,9
1992	-02	71-73	73		12			
1991		78	74	13	15			
1990	-12	85	82	13	16	14		7,4-7,6
1989	-09	86	86	13	16			8,4+
1988	-04		86	12	15			7,6
1987	▷		79	14,3	13			
1986	-08		84		16			
1985	99-10				16			
1983	-02		78		14			
1982	-01		85; 89*		15			
1981	▷				14			
1979	▷				14			
1970	△				12			

Tour de Calens, Graves

		PAR	WSP	AüW	GAB	VIN	DEC	WIN
1998	04-08					14,5		
1996							2	
1995							2	

La Tour Carnet, Haut-Médoc, *O.: 4; P.: CB, gut; G.:* ⑥

		PAR	WSP	AüW	GAB	VIN	DEC	WIN
2000	05-23	88-90	89-91	88		14	4	8,6-8,8
1999	04-15	85-86	85-89	87	17	14,5		8,0
1998	02-12	83-85	86	86	17	1	3	8,2-8,7
1997	02-13	78	85-89	15,5	16		3	8,1-8,5
1996	99-12	84-86	85	88			3	8,6+
1995	00-11	81-83	87	15	14	1		8,3+

		PAR	WSP	AüW	GAB	VIN	DEC	WIN
1994	98-15	80?		14,5	16	14..	3	7,8-8,3
1993	98-11	80		14,25	13	14..		6,3-8,3
1992	-03		76		15			
1991			71	14				
1990	-07			14	16	14		8,2?
1989			89	15				8,2+
1988			82	12				
1986				12				
1985			71	9,7				
1983							1	
1979				14,3				
1975	▽				14			

La Tour Figeac, St.-Emilion, *O.: GCC; P.: 5 (CB),* 5; *G.: (4),* 6

		PAR	WSP	AüW	GAB	VIN	DEC	WIN
2000	03-18	89-91		89		15	3	8,5
1999	04-17	86-87		88	17	14	3	8,4
1998	02-15	90		86	18	2	3	8,7+
1997	00-10	79	80-84	14,5	17	1,5	3	7,7
1996	01-14	85-87	85-89	87	17		3	
1995	00-15	87		14,5	17	1	4	
1994	98-08	86-89		14,5	15			7,8-8,1
1993	-04			13,75				7,6+
1992	-00				14			
1990	-04			14	11	14		8,4-8,6
1989	-00			14,5	13			
1985						16,4		
1983	-02	84			16			
1982	-03	88						
1981	▽	84						
1978	▽	85			11			

La Tour Haut Brion, Pessac-Léognan, *O.: CC; P.: 5, sehr gut,* 4; *G.: 5,* 6

		PAR	WSP	AüW	GAB	VIN	DEC	WIN
2000	06-23	89-91	92-94	88		15,5	4	8,6+
1999	02-15	87-89	85-89	88	17	15		8,6-8,7
1998	04-20	89	92	90	17	2,5		8,9-9,0
1997	00-10	86	85-89	14,5	15	1,5	4	8,3
1996	04-14	87	78	84	15	2	3	8,6+?
1995	00-15	89+	88	14,5; 88	16	2	3	7,8-8,0
1994	00-12	89	85-89	87	16	1	4	8,5
1993	02-12	88	80-84	84	15			7,9
1992	-04	87	80-84	83	14			
1991		85	80-84	82	13	14..		
1990	-06	86	93	83	16	15,5		8,5
1989	-00	88	92	84		16..		
1988	00-15	83	91	79	16	14,3		
1987	-95		87	77	14			
1986	-10	82		79	13	17,5		
1985	-08	84	86	90	16			
1983	△	84	90					
1982	06-30	99	94		15			
1981	-05	85						
1979	△	85	85		15	17,6		
1978	00-20	95		12	15			
1975	-16	96	84					
1970	-25	88?	84					
1961	-30	95	88					

Bewertungen jünger als 2 Jahre:	▲ jetzt	▶ austr.	▼ abg.	Schrift normal
älter als 2 Jahre:	△ jetzt	▷ austr.	▽ abg.	Schrift dünn
älter als 4 Jahre:	△ jetzt	▷ austr.	▽ abg.	*Schrift dünn kursiv*

La Tour Haut-Caussan, Médoc, *O.: CB; P.: 5, ausgez.,* ❹; *G.: 5,* ④

		PAR	WSP	AüW	GAB	VIN	DEC	WIN
1999	04-12	84-86			16			7,9-8,0
1998	03-12		86		16	14		
1997	01-12		85		17	1	2	7,8
1996	00-12	86+	86	12,5		2,5	2	7,9-8,0
1995	98-10	86	89	14	17	3		8,2
1994	98-12	85-86		14	17	14,5..		7,9
1993	-06				16			7,7+
1992	-02		82		15			
1991			81		15	14..		
1990	-08	88	89		18			7,9-8,0
1989	-08	88	88	13,5	18			8,3
1988	-06	86	79		16			
1987	-98		80		13	15		
1986	-05	86	88		15			
1985	-00	85			16			
1983	-00				15			
1982	-98	88	90		17			

Tour du Haut-Moulin, Haut-Médoc, *O.: CB; P.: 5, ausgez.,* ❺

		PAR	WSP	AüW	GAB	VIN	DEC	WIN
2000	08-18	85-86+		84		15,5	2	
1999	03-15	85-86		82	15	14,5		7,9
1998	02-12	85-86+		85	15	15		8,0-8,1
1997	02-10	85		14	16	2	3	7,8
1996	01-16	84-85+		13,5	14	3	3	7,9
1995	99-15	86			13	3		8,0+
1994	99-10	85-86			16	15..		8,0
1993								7,6-7,8+
1992		80-81						
1991						14..		
1990	-10	87			14	15,5		7,9-8,0
1989	△	88		12,5				8,3
1988	00-10	87				16..		8,0
1987						14		
1986	-01	87						
1985	-00	86						

La Tour Léognan, Pessac-Léognan (Zww. von Ch. Carbonnieux)

		PAR	WSP	AüW	GAB	VIN	DEC	WIN
2000			80-84					
1998	▲		81					
1996			85					
1995	99-		86					
1992			80-84					
1991			70-74					
1990			87					
1986			85					

Tour-Maillet, Pomerol

		PAR	WSP	AüW	GAB	VIN	DEC	WIN
2000	05-16	87-88?	89-91					

Tour de Marchessau, Lalande de Pomerol

		PAR	WSP	AüW	GAB	VIN	DEC	WIN
1995							4	

La Tour Martillac, Pessac-Léognan, *O.: CC; P.: CB, gut,* ❻; *G.: 5,* ⑤

		PAR	WSP	AüW	GAB	VIN	DEC	WIN
2000	04-16	**87-88**	**89-91**	**89**		**15**	**3**	
1999	03-15	**85-87**		**84**	**17**	**15**		**8,4**
1998	03-18	87-88	**88**	89	17	**15,5**	3	8,8+
1997	00-12	86-87	**87**	15,5	17	2	2	7,9-8,0
1996	02-14	83	80	**85**	**17**	2	4	*7,9-8,1*
1995	00-08	86	90	14,5; 83		2	3	*7,8+?*
1994	99-09	81?	*85-89*	86	*16*	2	3	*7,9-8,2?*
1993	97-10	84	83	82	*15*	*15..*		*7,8-8,1?*
1992	-06	*75*	*83*	71	*13*			
1991		*76*	*78*	72				
1990	-01	*85*		82		*16*		*7,6*
1989	-00	*80?*	89	79		*16..*		*8,4*
1988	-98	*90*		86				*8,4*
1987	△	*88*		83		*17*		
1986	-03			79	*13*	*18,8*		
1985	-06			81	*15*			
1982	△		85					
1979						*16,1*		
1975	▷				*14*			

Tour du Mayne, Haut-Médoc (Zww. von Ch. d'Arcins)

		PAR	WSP	AüW	GAB	VIN	DEC	WIN
1996	00-		81					
1995	-00		85					

Tour de Mirambeau Cuvée Passion, Bordeaux Supérieur

		PAR	WSP	AüW	GAB	VIN	DEC	WIN
2000	-10	**90-91**	**80-84**					
1996	01-		86					
1995			*87*					

La Tour de Mons, Margaux, *O.: CB; P.: CB*

		PAR	WSP	AüW	GAB	VIN	DEC	WIN
2000	05-12		**85-88**			**14,5**		
1999	04-13			**85**	**16**			
1998	02-13	82-85	**83**	85	15	1		8,2+
1997	04-12		**82**	13,5	14			
1996	03-17		83		*15*		**3**	
1995	98-12		88	14,5	*14*	1	4	
1994		*72-74*						
1993	-02				*12*			*6,9*
1992	-05	*72*	*75*		*13*			
1991	95-		*82*		*11*			
1990	-10	*85*	*89*		**14**			*7,8*
1989	95-		90	*14,5*	*14*			
1988	00-10					*14..*		*8,0*
1986		*86*	*90*					
1985						*16*		
1982	△		86					

Bewertungen jünger als 2 Jahre: ▲ jetzt ▶ austr. ▼ abg. Schrift normal
älter als 2 Jahre: △ jetzt ▷ austr. ▽ abg. Schrift dünn
älter als 4 Jahre: △ jetzt ▷ austr. ▽ abg. *Schrift dünn kursiv*

La Tour du Mont, Médoc

		PAR	WSP	AüW	GAB	VIN	DEC	WIN
1997		78-80						
1989								7,7

Tour du Moulin, Fronsac

		PAR	WSP	AüW	GAB	VIN	DEC	WIN
2000	-12		85-88	86*			3	8,1+
1999	-12			85				
1998	04-14					15*		
1997	▲		85	13,5		2		

Tour-du-Pas-Saint-Georges, St.-Emilion (Montagne)

		PAR	WSP	AüW	GAB	VIN	DEC	WIN
2000	-09			87				
1995								8,2+

Tour de Pez, St.-Estèphe, *O.: CB; G.: 5,* ③

		PAR	WSP	AüW	GAB	VIN	DEC	WIN
2000	07-14					15		
1999	03-12			83	17	15		
1998	02-12			87	17	14,5		
1997	-07			13,5	17	2	3	
1996	02-12			14	17	2,5	3	
1995	00-13				17	2		
1994	98-12			13,75	17	14,5..		
1993	-05				16			
1992	▶				15			
1991					15			
1990	-06				17			
1989	-05				17			

La Tour du Pin Figeac (Giraud Bélivier), St.-Emilion, *O.: GCC; P.: CB*

		PAR	WSP	AüW	GAB	VIN	DEC	WIN
1999	-10			82				
1998	02-07			85				7,7+
1996							3	
1995								7,6
1990				13		14		
1989				13,5				
1985						16,1		

La Tour du Pin Figeac (Moueix), St.-Emilion, *O.: GCC; P.: 5, gut,* ❹*; G.: CB,* ⑥

		PAR	WSP	AüW	GAB	VIN	DEC	WIN
2000	06-14			86		14,5		8,2
1999	03-11				16			
1998	01-09			87	16			7,6
1997	03-10				16			
1996						1	2	
1995	00-10	87		85	13		3	7,6+
1994	04-15	87		84	16			8,0
1993	-02	86		83				
1990	-10	89		85	16			8,3
1989	-06	88		84	16			

		PAR	WSP	AüW	GAB	VIN	DEC	WIN
1988	-04	87		83				
1987						14		
1986	-05	87		83				
1985	-00	87		82				
1982	△	85	87					
1981	▽	82						

Tour-Prignac, Médoc, *O.: CB*

		PAR	WSP	AüW	GAB	VIN	DEC	WIN
2000			85-88					
1999	-07			80				
1998			76					
1996	△		82					
1995	△		86					
1989			75					

Tour du Roc , Haut-Médoc, *O.: CB*

		PAR	WSP	AüW	GAB	VIN	DEC	WIN
2000							2	
1998	01-05			84				
1995	98-05			14				

Tour Saint-André, Lalande de Pomerol (Zww. von Ch. Haut-Chaigneau)

		PAR	WSP	AüW	GAB	VIN	DEC	WIN
1997	▲		85					

Tour St. Benoit, Médoc

		PAR	WSP	AüW	GAB	VIN	DEC	WIN
2000		85-86						

La Tour Saint Bonnet, Médoc, *O.: CB; P.: CB, sehr gut*

		PAR	WSP	AüW	GAB	VIN	DEC	WIN
2000								7,6
1999								7,6
1998								7,8+
1997								7,4
1996	-12	85-86+						8,0
1995		86-88	80-84					7,8-7,9
1994								8,0
1993								7,2
1992		81-83						
1990						15		7,8
1989							4	8,1
1988						16..		

Tour Saint Joseph, Haut-Médoc, *O.: CB*

		PAR	WSP	AüW	GAB	VIN	DEC	WIN
1996							4	
1995	98-05			14			3	
1994	-04			13,75				

Bewertungen jünger als 2 Jahre:	▲ jetzt	▶ austr.	▼ abg.	Schrift normal
älter als 2 Jahre:	△ jetzt	▷ austr.	▽ abg.	Schrift dünn
älter als 4 Jahre:	△ jetzt	▷ austr.	▽ abg.	*Schrift dünn kursiv*

Tour des Termes, St.-Estèphe, *O.: CB*

		PAR	WSP	AüW	GAB	VIN	DEC	WIN
1999	04-12			83	16			
1998	02-10			85	16			
1997	-08			14	16		3	
1996							4	
1995	98-15			14,5	*17*			
1994	98-08			*14,25*	*15*			

Tourans Terre Blanche, St.-Emilion

		PAR	WSP	AüW	GAB	VIN	DEC	WIN
2000	02-17	88-90+						

des Tourelles, Médoc, *O.: CB*

		PAR	WSP	AüW	GAB	VIN	DEC	WIN
1995	98-05			14				

Les Tourelles de Longueville, Pauillac (Zww. von Ch. Pichon Baron)

		PAR	WSP	AüW	GAB	VIN	DEC	WIN
2000								8,5
1999	02-07				15			8,5
1998	02-12				16			8,6+
1997	02-08	79-83			15		3	8,3-8,4
1996	00-06		82		16			8,3
1995	00-10		87		*15*			*8,0*
1994	99-05	*74-76*	85		*15*			*7,6*
1993	-02	*78-84*	78		*15*			
1992	-99	*77*	*70*			*15..*		
1991		*79*	*78*		*12*			
1990	-02	*87*	*90*		*16*		*5*	*8,2*
1989	-96	*85*	*94*		*15*			*8,6-8,7*
1988	-97	*85*			*14*	*14,1*		*8,2*
1987				*13,5*		*16*		
1986	-97				*13*			

La Tourette, Pauillac

		PAR	WSP	AüW	GAB	VIN	DEC	WIN
2000			92-94					
1998	06-		87					
1997							4	
1996	01-		88					
1995	00-		89					

La Tournefeuille, Lalande de Pomerol

		PAR	WSP	AüW	GAB	VIN	DEC	WIN
1995							3	

Tours de Malle, Graves

		PAR	WSP	AüW	GAB	VIN	DEC	WIN
1995							2	

Les Tours Seguy, Côtes de Bourg

		PAR	WSP	AüW	GAB	VIN	DEC	WIN
1996		80-82						
1990	-03	*86*						
1989	-02	*85*						

Tourteau Chollet, Graves

		PAR	WSP	AüW	GAB	VIN	DEC	WIN
1995							2	
1990								*7,2+*

Tourteran, Haut-Médoc, *O.: CB*

		PAR	WSP	AüW	GAB	VIN	DEC	WIN
1997							3	

Trimoulet, St.-Emilion, *O.: GC; P.: CB*

		PAR	WSP	AüW	GAB	VIN	DEC	WIN
1996	△		85					
1990			*86*					
1988			*91*					
1982			*81*					

Trocard, Bordeaux Supérieur

		PAR	WSP	AüW	GAB	VIN	DEC	WIN
1998		85-86						
1997			73					
1993	△					1		
1988			*83*					*6,7*

Les Trois Canon, Fronsac

		PAR	WSP	AüW	GAB	VIN	DEC	WIN
2000	-11	87-88						

Les Trois Croix, Fronsac, *G.: CB*

		PAR	WSP	AüW	GAB	VIN	DEC	WIN
2000	08-20		85-88			16,5	3	8,2+
1999	02-10		85-89		16			
1998	02-15	85-86		86	16	15	3	7,5
1997	03-12	86	85	14	17	2,5		7,8-8,0
1996	02-16	84-85		14,5	*14*			
1995	03-18				*15*			

Tronquoy-Lalande, St.-Estèphe, *O.: CB; P.: CB, gut; G.: 5,* ⑤

		PAR	WSP	AüW	GAB	VIN	DEC	WIN
2000	08-16		92-94	87		15		8,4
1999	04-14				17			
1998	01-15	77-80	85	85	16	1,5		
1997	02-12	85-86	86	14	17	3	3	
1996	02-18	85-86	86	84	17	3	3	
1995	98-16		89	14	*16*	1	4	
1994	97-		82					

Forts. Tronquoy-Lalande		PAR	WSP	AüW	GAB	VIN	DEC	WIN
1993	△		79					
1992		81-83	70-74					
1991			79					
1990				13,5		15,5		7,9-8,1
1989				12,5				
1988			84					
1987			84					
1986			92	13				
1985				15				
1982	-10		86		14			

Tronquoy de Sainte-Anne, St.-Estèphe (Zww. von Ch. Tronquoy-Lalande)

		PAR	WSP	AüW	GAB	VIN	DEC	WIN
1993				14,5				

Troplong Mondot, St.-Emilion, *O.: GCC; P.: 2, hervorr.,* ❷; *G.: 3,* ②

		PAR	WSP	AüW	GAB	VIN	DEC	WIN
2000	08-25	93-94+	92-94	91		15,5	3	9,1
1999	04-20	89-91	85-89	89	17	15,5	3	8,4; 8,8
1998	04-25	93	93	90	19	15	3	8,9-9,0
1997	00-12	88	87	15	17	2,5	4	8,1; 8,3
1996	00-19	89	88	89	17	2	3	8,3
1995	00-20	92	92	16; 90	18	4	3	8,7-8,8
1994	00-23	90	92	89	18	3		8,2+
1993	98-12	87+	88	87	17	3		7,0+?
1992	96-14	89	88	86	18	14..		
1991		85	81	82	14	15..		
1990	98-20	98	95	92	19	17..	4	8,7-8,8; 9,0?
1989	98-25	96	93	91	14	17..	3	8,6-8,7
1988	98-10	89	90	91	17	17..	4	
1987	△			77		14,7		
1986	-05	89	88	84	17			
1985	-05	87	88	84	15	16,3	3	
1983	△			14,5	16			
1982	-00	79	88		16			
1981	▷	79						
1979	△	82						
1978	△	75						
1961			85					

Trotanoy, Pomerol, *O.: unklass.; P.: 2, hervorr.,* ❷; *G.: 2,* ②

		PAR	WSP	AüW	GAB	VIN	DEC	WIN
2000	07-22	90-92	92-94	92		17	4	8,5
1999	03-20	89-90	85-89	90	18	17	3	8,8
1998	06-30	95+	96	93	19	19	5	9,5
1997	02-15	89+?	89	16,5	17	4	4	8,9-9,0
1996	99-20	89+	86	90	18	3	3	8,2-8,5
1995	00-25	93+	97	17; 91	18	5		9,4-9,6
1994	99-20	89+	90	89	17	4,5	3	9,2+
1993	99-18	90	91	87	17	16..		9,0+
1992	98-10	88	82	85	16	15..	3	
1990	02-15	91	95	90	19	17	5	8,9-9,1?
1989	01-20	88	92	84	17	18	3	9,6-9,7
1988	01-20	86	93	85	18	14,8	4	8,9
1987	-00	87	88	75	15	18; 16		
1986	-08	84	82	81	14	18	3	
1985	-03	85	86	88	16		4	

1983	-02	*81*	*86*		*17*		*3*	
1982	-10	**95**	*93*		*18*		*4*	
1981	-00	*85*	*94*		*15*		*3*	
1979	△	*86*	*88*		*16*			
1978	△	*84*	*83*		*17*			
1975	97-10	*95*	*84*		*18*			
1970	00-30	*96+*	*95*		*14*			
1961	-10	*98*	*90*		*16*			

Trotte Vieille, St.-Emilion, *O.: PGCC (B); P.: 5, gut,* ❺; *G.: 4,* ③

		PAR	WSP	AüW	GAB	VIN	DEC	WIN
2000	04-20	89-91	92-94	87		16,5	4	9,3
1999	03-18	87-88	85-89		18	14,5		8,9
1998	02-18	86	88	87	17	15,5	2	9,0
1997	01-12	86	84	15,5	17	1,5	2	8,5; 8,7+
1996	00-12	87	84		16		2	8,7
1995	00-15		83	15,5; 86	17	1	3	8,8-9,0+
1994	99-12	85		84	16	1	2	8,9-9,0
1993	-07	84		82	16			9,0
1992	-03	78	*71*	86	14			
1991		72	*82*	70	15	*14..*		
1990	-12	*88*	*91*	85	16	*16,5*	*4*	*9,0-9,3*
1989	-15	*90*	*87*	88	17			*9,4+*
1988	-09	*86*	*85*	83	17		*3*	*9,1*
1987	△	*85*		80		*17*	*5*	
1986	-08	*87*		83	*16*			
1985	-05	*86*		72	*16*	*16,1*		
1983	-20	*75*			18			
1982	-09	*79*	*89*		18			
1981	▽	*70*						
1979	△	*84*						
1978	▽	*64*						
1975	-05	*70*			16			
1970	▶				18			
1961	▷				*15*			

Troupian, Haut-Médoc, *O.: CB*

		PAR	WSP	AüW	GAB	VIN	DEC	WIN
1995							4	
1992			*75-79*					
1991			*70-74*					

La Tuilière, Côtes de Bourg

		PAR	WSP	AüW	GAB	VIN	DEC	WIN
1998	02-06					14*		

le Tuquet, Graves

		PAR	WSP	AüW	GAB	VIN	DEC	WIN
1995							3	

Turcaud, Bordeaux Supérieur

		PAR	WSP	AüW	GAB	VIN	DEC	WIN
1994	-01		84			0,5		

de Valandraud, St.-Emilion, *P.: I, hervorr.,* ❶*; G.: I,* ①

		PAR	WSP	AüW	GAB	VIN	DEC	WIN
2000	03-18	92-94	89-91	93				9,2
1999	02-18	90-92	90-94	92	18			9,1+
1998	02-25	93	94	90	18		4	9,3
1997	02-20	89	90	16,5	18		4	8,9-9,0
1996	00-18	91	88	91	18		4	9,0+
1995	00-30	95	93	97	20			8,9-9,0
1994	99-20	94+	91	96	19			
1993	97-20	93	89	92	16			
1992	-08	88	88	89	18			
1991		83	86	90	16			

Valentin, Margaux (Marke von Ch. Deyrem Valentin), *O.: CB*

	PAR	WSP	AüW	GAB	VIN	DEC	WIN
1994		82					

La Valière, Médoc, *O.: CB*

	PAR	WSP	AüW	GAB	VIN	DEC	WIN
1995							7,6+

Valmengaux, Bordeaux

		PAR	WSP	AüW	GAB	VIN	DEC	WIN
2000	-05	87-88						

de Valois, Pomerol

		PAR	WSP	AüW	GAB	VIN	DEC	WIN
2000	05-11	84-86				14		
1999	03-11				15	14		
1998	06-18				17	1		
1996	04-18				13			
1995	01-12				13		1	

Valrose, St.-Estèphe

	PAR	WSP	AüW	GAB	VIN	DEC	WIN
2000							7,9

Verdignan, Haut-Médoc, *O.: CB; P.: CB, gut,* ❻*; G.: CB,* ⑥

		PAR	WSP	AüW	GAB	VIN	DEC	WIN
2000	06-14		85-88			14,5	2	
1999	02-09	82-84		81	15			8,1+
1998	02-10	85-86	85-89	84	16	14		8,1+
1997	00-09	85	80	13,5	16	1		7,6
1996	02-10	86	75-79	86	17	1,5	3	8,0?
1995	98-15	85	83	14	17	1		8,2+
1994	98-08	83-84	85		16			7,8
1993	-04		85-89		15	13..		7,8-7,9
1992	▷	75-78	75		14			
1991			80			14..		
1990	-08	84	85		16	15		8,0
1989	-05	85	90					8,2
1988	-04		86		15			7,7
1987			78	13		16		

1986		*84*	*76*	*13*				
1985			*81*					
1982			*80*					

Vernous, Médoc, *O.: CB*

		PAR	WSP	AüW	GAB	VIN	DEC	WIN
1997							2	
1996				12			4	

Veyry, Côtes de Castillon

		PAR	WSP	AüW	GAB	VIN	DEC	WIN
2000	-08	87-88	80-84					7,8
1999	-08	87-88						
1998	-08	87	85-89					8,4
1997		87	85-89					

de Viaud, Lalande de Pomerol

		PAR	WSP	AüW	GAB	VIN	DEC	WIN
2000	-10			87			3	
1999	-14			86+				
1998	-03		84					
1995							4	

La Vieille Croix, Fronsac

		PAR	WSP	AüW	GAB	VIN	DEC	WIN
1998	02-07			84				
1995	00-08			14				

La Vieille Cure, Fronsac, *P.: 5,* ❹

		PAR	WSP	AüW	GAB	VIN	DEC	WIN
2000	-08	87-89	85-88	87			3	8,1
1998	03-13	87-88	91			14,5		
1997	-06	86	85					
1996	-10	86-87	84			1		
1995	00-06	87	89			2		
1994	99-05	*85-86?*	87					
1993	-06	*85-86*	79					
1992	-99	*85*	*79*				*3*	
1990	-00	*88*	*88*					
1989	-04	*86*	88			*15,3*	*5*	
1988			*81*					
1987			*82*					
1986		*85*	*81*					
1985			*88*					
1982			*84*					

La Vieille France, Graves

		PAR	WSP	AüW	GAB	VIN	DEC	WIN
1996							3	
1995							2	

Bewertungen jünger als 2 Jahre:	▲ jetzt	▶ austr.	▼ abg.	Schrift normal
älter als 2 Jahre:	△ jetzt	▷ austr.	▽ abg.	Schrift dünn
älter als 4 Jahre:	△ jetzt	▷ austr.	▽ abg.	*Schrift dünn kursiv*

Vieux Château Certan, Pomerol, *O.: unklass.; P.: 2, ausgez.,* ❸; *G.: 3,* ③

		PAR	WSP	AüW	GAB	VIN	DEC	WIN
2000	06-25	90-92	95-100	93		18	4	9,2+
1999	03-25	88-89?	85-89	88	17	18	4	8,9-9,1
1998	04-30	92+	95	95	18	18	4	9,8+
1997	01-15	85	90	16	17	3	3	9,0
1996	01-16	87	88	90	17	4,5	4	8,9-9,1
1995	00-20	88?	95	16; 87	17M	5	3	8,8-9,0
1994	99-15	88	89	86	18	4	4	9,1-9,3
1993	00-10	84	82	84	16	16-17..		9,0-9,1+
1992	-02	78	75	78	15	14-15..	3	
1990	97-30	91	89	91	17	18	5	8,8; 9,2
1989	05-20	85	91	85	17	17,5	2	
1988	98-10	91	87	88	17	17..	4	9,4
1987	-97	85	84	81	15	16,7	3	
1986	95-12	92	93	90	16	18,5	4	
1985	96-02	87	90	90	16		5	
1983	-98	88	90		17		3	
1982	-07	89	91		17M		5	
1981	-05	87	87		15		4	
1979	△	78	87	16,3	14			
1978	-00	82		16	17			
1975	-00	90			13			
1970	△	80			15			
1961	-05	86	86		19			

Vieux Château Champs de Mars, Côtes de Castillon

		PAR	WSP	AüW	GAB	VIN	DEC	WIN
2000	-11	87-89						
1999	-05	86-87						
1998	-04	87						
1997	01-06		86					
1996				83				
1995	-04	86	83					
1994	-00					1		

Vieux Château Champs de Mars Cuvée Johanna, Côtes de Castillon

		PAR	WSP	AüW	GAB	VIN	DEC	WIN
2000	-11	88-90						
1999	-07	87-88						

Vieux Château Chauvin, St.-Emilion

		PAR	WSP	AüW	GAB	VIN	DEC	WIN
1998	04-22	91						

Vieux Château Ferron, Pomerol

		PAR	WSP	AüW	GAB	VIN	DEC	WIN
1999	03-15				16			
1997	02-10			15	15			
1996	99-09				16			
1995							2	

Vieux Château Gachet, Lalande de Pomerol

		PAR	WSP	AüW	GAB	VIN	DEC	WIN
2000		85-87	85-88					8,2

Vieux Château Gaubert, Graves

		PAR	WSP	AüW	GAB	VIN	DEC	WIN
2000	-08	87-88		84				
1998	01-05					15		
1996							2	
1995							5	

Vieux Château Landon, Médoc, *O.: CB*

		PAR	WSP	AüW	GAB	VIN	DEC	WIN
2000								8,2
1999	-08			81				7,7
1998	01-05			83				7,4
1997	00-03			14		1		7,0
1996								*8,0*
1995	98-05			14				*8,2-8,3*
1994	-04	*76-79*		*13,5*				*7,9*
1993								*7,2+*

Vieux-Château-Négrit, St.-Emilion (Montagne)

		PAR	WSP	AüW	GAB	VIN	DEC	WIN
1998			76					
1995	98-		81					

Vieux Château Valentin, Prem. Côtes de Blaye

		PAR	WSP	AüW	GAB	VIN	DEC	WIN
1996		85						

Vieux-Chevrol, Lalande de Pomerol

		PAR	WSP	AüW	GAB	VIN	DEC	WIN
1995							2	

Vieux Clos St. André, St. Emilion (Montagne)

		PAR	WSP	AüW	GAB	VIN	DEC	WIN
1997		*74-77*						

Vieux Clos St. Emilion, St.-Emilion, *P.:* 6

		PAR	WSP	AüW	GAB	VIN	DEC	WIN
1998		87-88						
1997		85						
1995	-03	85						
1994		78						
1993		85						
1992	-00	*85-86*						
1991		*70*						
1990	-02	*89*						

Bewertungen jünger als 2 Jahre:	▲ jetzt	► austr.	▼ abg.	Schrift normal
älter als 2 Jahre:	△ jetzt	▷ austr.	▽ abg.	Schrift dünn
älter als 4 Jahre:	△ jetzt	▷ austr.	▽ abg.	*Schrift dünn kursiv*

Vieux Fortin, St.-Emilion, *P.:* ❺

		PAR	WSP	AüW	GAB	VIN	DEC	WIN
1999		85-87						
1998	-08	87-89						
1997		83-85						
1996	-05	85-87						
1995	-06	86						
1994	-04	86-87						

Vieux Gabiran, Bordeaux Supérieur (Zww. von Ch. La Blanquerie)

		PAR	WSP	AüW	GAB	VIN	DEC	WIN
1996			78					
1988			*84*					

Vieux Lartique, St.-Emilion

		PAR	WSP	AüW	GAB	VIN	DEC	WIN
1998		83-85						

Vieux Maillet, Pomerol, *G.:* ⑥

		PAR	WSP	AüW	GAB	VIN	DEC	WIN
2000	05-10		89-91			14	3	8,5+
1999	03-10	83-85			16	14		8,4
1998	03-18	87-89	85-89		17		3	8,7
1997	03-12		85-89	14	16			8,4
1996	00-13				15			
1995	00-10			14,5	15		2	
1994	99-08				15			

Vieux Moulin, Bordeaux

		PAR	WSP	AüW	GAB	VIN	DEC	WIN
2000			85-88					
1996	△		80					

Vieux Plateau Certan, Pomerol

		PAR	WSP	AüW	GAB	VIN	DEC	WIN
1996		74-76						
1990	▶				15			
1989	-02				17			
1986	-04				14			
1983	-05				13			
1982	-02				17			
1979	▷				12			

Vieux Prezat, Médoc (Zww. von Ch. Pontey)

		PAR	WSP	AüW	GAB	VIN	DEC	WIN
1996	01-		85					

Vieux Rivière, Lalande de Pomerol

		PAR	WSP	AüW	GAB	VIN	DEC	WIN
1996		78-80						

Vieux Robin, Médoc, *O.: CB, P.:* ❻

		PAR	WSP	AüW	GAB	VIN	DEC	WIN
2000	08-16	85-86				15		7,6
1999	02-10	85-86		86	16			7,8
1998	02-12	84-85		85	15	15		7,8
1997	-05			14	16		2	7,6
1996	02-10	85-86		86	16	2*	3	8,1
1995	98-07	85	85-89	14	14	1		7,9
1994	99-05	*85-86*		*14*		*14..*		*7,8*
1993								*6,9*
1992		*62-64*						
1990	-00	*86*				*14*		*7,4*
1989	-96	*85*						
1988	-98					*14..*		

Vieux Robin Bois de Lunière, Médoc

		PAR	WSP	AüW	GAB	VIN	DEC	WIN
2000	-12	86-88		87				8,0(+?)
1999	04-12				16			8,0
1998	05-10	85-86			16			8,0
1997	-06				16			7,5
1996	02-12	83-85			16			*8,3*+*
1995	-08				15			*8,1*
1994								*8,0*

Vieux Robin Collection, Médoc

		PAR	WSP	AüW	GAB	VIN	DEC	WIN
1998	04-13				16			
1997	04-12				16			
1996	04-12				16			
1995	02-12				15			

Vieux Sarpe, St.-Emilion, *O.: GC*

		PAR	WSP	AüW	GAB	VIN	DEC	WIN
1996	-02		85					
1995	00-		87					
1982			*83*					

Vieux Taillefer, Pomerol

		PAR	WSP	AüW	GAB	VIN	DEC	WIN
1999	-13			85				
1997				14				
1995	00-08			13,5				

Villa Bel-Air, Graves

		PAR	WSP	AüW	GAB	VIN	DEC	WIN
2000	02-12	88-89	80-84					8,3
1999	01-06	85-87			15			
1998	01-10		81		15			
1996	-04		76		*15*			
1995	△		79					
1994	97-06		75		*14*			
1993	-02		78		*14*			

de Villambis, Haut-Médoc, *O.: CB*

		PAR	WSP	AüW	GAB	VIN	DEC	WIN
1998	02-07			86				
1997				14			1	
1996							2	
1995							4	

Villars, Fronsac

		PAR	WSP	AüW	GAB	VIN	DEC	WIN
2000	10-25	87-88	85-88	87		16,5	2	7,8
1999	06-15					15,5		
1998	02-15			85		16,5		7,8-7,9
1997	02-12	83-85	85	13,5		3		
1996	-05	79-82	80-84	13,5		2		
1995	00-15		85-89	14		4		
1994	00-08					3		
1993	00-06					14..		
1992		75-76	70-74					
1991						14..		
1990	98-05					16	3	
1989	95-		78			15,5		
1988							2	
1986		85						

Villegeorge, Haut-Médoc, *O.: CB; P.: CB, mittel*

		PAR	WSP	AüW	GAB	VIN	DEC	WIN
2000							3	8,2
1999	02-09			82	14			
1998	02-11			84	14			
1997	04-18			13,5	15			
1996	00-13			14,5	16			
1995	00-10			14	15		4	
1993	▷		79					
1991			81					
1989			79					
1988								8,1
1982			84					

Villemaurine, St.-Emilion, *O.: GCC; P.: CB*

		PAR	WSP	AüW	GAB	VIN	DEC	WIN
2000			85-88					
1999								8,3+
1998	02-13	72-76	87	87			2	7,8
1997	▲	72-74	84	13				8,3+
1996			79	14,5		1	3	8,3+
1995	00-13	71	82	15,5; 72		1	3	7,7-7,9
1994	97-	69	79	70				8,1
1993		75	79	71				7,8+?
1992			79	66				
1991			77					
1990		75	92	71				7,8-7,9+
1989	-03	80	93	75				8,8
1988	-02	78		74				8,5
1987				77				
1986				78				
1985				78				
1982			93					

La Violette, Pomerol, *O.: unklass.; P.: CB*

		PAR	WSP	AüW	GAB	VIN	DEC	WIN
1995			80-84					
1990	-00	*86*						

Virginie de Valandraud, St.-Emilion

		PAR	WSP	AüW	GAB	VIN	DEC	WIN
2000	-15			89				8,4
1999	-15			88				8,6+
1998	02-15		88	86				
1997								8,2+
1996								*8,2+*
1994	97-		82					
1993	-00	*84-86*						

Le Vivier, Médoc (Zww. von Ch. Grivière)

		PAR	WSP	AüW	GAB	VIN	DEC	WIN
1998			75-79					
1997			79					
1996			77					
1995	00-		87					

Vrai Canon Bouché, Canon-Fronsac

		PAR	WSP	AüW	GAB	VIN	DEC	WIN
2000		87-88						8,3
1999	-13			86				8,3+
1998	02-05		80-84	85				8,3
1997			75-79	14				7,9-8,0*
1996	99-	78-80	80*	13				7,8; 7,9*+
1995								8,3-8,4*
1994								*8,1**

Vray Croix de Gay, Pomerol, *O.: unklass.; P.: CB*

		PAR	WSP	AüW	GAB	VIN	DEC	WIN
2000	04-16	87-88+	89-91					
1999	04-12	76-78	80-84		14			8,7+
1998	03-20	86-88	88	88	17	15,5		8,8
1997	02-12	85	80		15			
1996	03-18		83	84	*16*		*2*	*7,8*
1995	00-13		86	14,5	*16*			*8,7-8,8+*
1994	00-10				*17*			
1993	00-10				*14*			
1990	-06	*86*			*13*			
1989	-08				*14*			
1988	-02				*14*			
1987	-98				*14*			
1986	-04				*14*			
1985	-02				*14*			
1982	00-		90					
1975				*15*				

Vray Houchat, Fronsac (Zww. von Ch. Les Roches de Ferrand)

		PAR	WSP	AüW	GAB	VIN	DEC	WIN
1997				13				

Bewertungen jünger als 2 Jahre:	▲ jetzt	▶ austr.	▼ abg.	Schrift normal
älter als 2 Jahre:	△ jetzt	▷ austr.	▽ abg.	Schrift dünn
älter als 4 Jahre:	△ jetzt	▷ austr.	▽ abg.	*Schrift dünn kursiv*

Yon-Figeac, St.-Emilion, *O.: GCC; P.: CB*

		PAR	WSP	AüW	GAB	VIN	DEC	WIN
2000	04-16	89-92	89-91			15		
1999	04-12	85-87		83	13			
1998	01-13		85	86	16	15,5	2	7,6
1997	01-12			14,5	16	2		
1996	99-		85	86		1,5	4	
1995	00-11		88	14	*15*	2	3	*7,8*
1994		*75-78*						*7,6*
1990			*86*					
1982			*87*					

Yon Saint Martin, St.-Emilion (Zww. von Ch. Yon-Figeac)

		PAR	WSP	AüW	GAB	VIN	DEC	WIN
1995	△		80					

Anhänge

Erläuternde Hinweise zu den Anhängen

Klassifikationen sind Ordnungssysteme, die als Leitfaden und Orientierungshilfe dienen können. Grundlage eines jeden Klassifikationssystems sind objektivierbare Kriterien, nach denen die Eingruppierung vorgenommen werden kann. Auch die berühmte, altehrwürdige Bordeaux-Klassifikation von 1855 hat mit den damaligen Verbrauchspreisen der Rotweine ausgewählter Châteaux aus dem Médoc und dem Zustand ihrer Weinberge auf solche objektivierbaren Kriterien nicht verzichtet.

Klassifikationen sind jedoch kein Credo für die Ewigkeit. Sie unterliegen einem steten Wandel, weil die Kriterien, auf denen sie beruhen, selbst Veränderungen unterworfen sind. Insofern hat es nicht an Versuchen gefehlt, das in die Jahre gekommene Klassement von 1855 zu ergänzen bzw. Neueinstufungen vorzunehmen.

Die im Kontext des Kompasses ausgewiesenen beiden wichtigsten Neuklassifizierungen stammen von Parker und Gabriel. Sie sind – soweit vorhanden – für jedes Château neben der offiziellen Klassifikation (»O.«) durch »P.« bzw. »G.«, gefolgt von einer Zahl 1 bis 5 oder der Angabe »CB« für Cru Bourgeois besonders gekennzeichnet.[1]

Bereits 1991 hatte Parker eine Neuklassifizierung vorgestellt (vgl. Parker 1991, S. 1003 ff). Eine aktualisierte Fassung datiert aus dem Jahre 1998 (vgl. Parker 1998, S. 1216 ff). Seine Einstufung von 160 Châteaux[2] beruht auf deren Leistungsverhalten zwischen 1961 und 1997, wobei jedoch größeres Gewicht auf den Zeitraum 1982 bis 1997 gelegt wird. Ausdrücklich betont Parker, dass seine Klassifizierung »ein persönliches Urteil aufgrund jahrelanger Verkostung« darstelle und er »alle Weine der betreffenden Erzeuger aus allen bedeutenden Jahrgängen selbst gekostet habe, und zwar nicht nur einmal, sondern viele Male« (S. 1217).[3]

Im Gegensatz zu Parker verzichtet Gabriel bei seiner Neuklassifizierung aus dem Jahr 2000[4] auf die Angabe eines Erhebungszeitraums. Es besteht jedoch die begründete Vermutung, dass die 90er Jahre und das Qualitätsniveau der Châteaux in diesem Zeitraum

1 Diese beiden Neuklassifizierungen basieren auf »subjektiven« Bewertungen von zugegebenermaßen ausgewiesenen Bordeaux-Experten. In pointiertem Gegensatz zu einem »subjective ranking« wird in der amerikanischen Zeitschrift *Liquid Assets* (No. 13. December 1997) eine Neuklassifizierung von 142 Châteaux vorgestellt, die sich der gleichen Methode bedient, die bereits Grundlage der Bordeaux-Klassifikation von 1855 war. »Instead of a subjective ranking based on the preferences of a small group of consumers why not base a new ranking on the consensus of informed consumers who pay for the wines they drink with cold hard cash?« (S. 1) Hierzu werden für die in *Liquid Assets* vorgestellte Klassifikation mehrere tausend Markttransaktionen von Bordeaux-Weinen aus den Jahrgängen 1957 bis 1986 ausgewertet. Der Ausschluss jüngerer Jahrgänge ist dabei ebenso erhellend wie folgerichtig: »The prices for these immature vintages are far too easily influenced by the opinions of a small number of wine writers or public relations experts.« (S. 2)

2 Tatsächlich sind es 162 Châteaux, die Parker bei seiner Neuklassifizierung berücksichtigt. Dies ist allerdings nicht die einzige Ungereimtheit. In den Einzelpräsentationen der Châteaux im Hauptteil seines Bordeaux-Buches nimmt Parker Einstufungen vor, die z.T. erheblich von denen in seiner »Klassifizierung der Spitzen-Châteaux« abweichen. Ch. Meyney z.B. nimmt in seiner Klassifikation den Rang eines 5er Gewächses ein, bei der Vorstellung des Château im Hauptteil empfiehlt er eine Aufstufung zum 3er Cru (S. 120); Ch. de Fieuzal wird als 4er Cru eingestuft, im Hauptteil entspricht es »einem 2ème oder 3ème Cru« (S. 565). Solche und ähnliche Diskrepanzen lassen sich in der deutschen Ausgabe seines Bordeaux-Buches für mindestens 20 weitere Châteaux nachweisen. Sie sind im Bordeaux-Kompasses durch Klammern (P.: 3 (3–4)) kenntlich gemacht.

3 Gemessen an diesen Vorgaben, verwundert es allerdings, dass mit Clos La Madeleine ein Château als 5er Cru in die Elite der roten Bordeaux aufgenommen wird, zu dem Parker bislang noch keine Bewertungen oder Verkostungsnotizen veröffentlicht hat. Nebenbei sei noch vermerkt, dass auch in diesem Fall die Einstufung als Cru Bourgeois im Hauptteil der deutschen Ausgabe seines Buches von der in seiner Neuklassifizierung abweicht.

4 Vgl. Gabriel, Bordeaux Total, S. 6.

sehr viel stärker berücksichtigt worden sind. Das ist durchaus legitim, wenn Klassifizierungsschemata aktuelle Entwicklungen hinsichtlich des Leistungsniveaus eines Château widerspiegeln und ihrer Aufgabe als Orientierungshilfe gerecht werden sollen. Allerdings sollten Einstufungen eine nachvollziehbare Grundlage haben, wie sie beispielsweise in den Bewertungen der Leistungen eines Château in den einzelnen Jahrgängen zum Ausdruck kommen.

Abgesehen von der Plausibilitätsdiskussion, die jedes Klassifikationsschema nahezu zwangsläufig mit sich bringt, besteht das eigentliche Dilemma der Parker- und Gabriel-Klassifikationen darin, dass sie wegen der unterschiedlichen Erhebungszeiträume und deren Gewichtung in der Einstufung der einzelnen Châteaux z.T. erheblich voneinander abweichen. Zwei Beispiele zur Verdeutlichung: Ch. Cos d'Estournel wird von Parker als 1er Cru, von Gabriel als 3er Cru eingestuft; bei Ch. Gazin verhält es sich umgekehrt. Bei Gabriel ist es ein 2er Cru, bei Parker ein 5er Cru. Darüber hinaus ist die unterschiedliche Anzahl der klassifizierten Châteaux auffällig: Bei Parker sind es 162, bei Gabriel 134. Vor allem aber drängt sich bei näherem Hinsehen der begründete Verdacht auf, dass der nahe liegendste Aspekt – die eigenen Bewertungen – von Parker und Gabriel für ihre Klassements nicht systematisch ausgewertet worden sind.

Wir haben deshalb Neuklassifizierungen auf der Basis der Bewertungen von Parker und Gabriel vorgenommen. Die Ergebnisse sind detailliert in den Anhängen »Neuklassifizierung nach Parker-Bewertungen« und »Neuklassifizierung nach Gabriel-Bewertungen« zu finden.

Als Erhebungszeitraum boten sich die Jahre 1982 bis 1999 an, da hierfür eine ausreichende Anzahl von Bewertungen beider Quellen vorliegt. Unberücksichtigt blieben die Jahre 1987 und 1991, weil viele Châteaux in diesen Jahren keinen »Grand Vin« auf den Markt gebracht haben. Weiterhin wurden die beiden schwächeren Jahrgänge 1984 und 1992 nicht einbezogen, ebenfalls nicht der 2000er Jahrgang, weil uns hierfür nur die Parker-Werte zugänglich sind. Damit ergeben sich insgesamt vierzehn Jahrgänge mit Bewertungen in den 80er und 90er Jahren. Nur Châteaux mit mindestens sechs Bewertungen in den Jahrgängen 1982–1999 kamen für die Auswertung infrage. Insofern bleiben die zahlreichen wie »Pilze« aus dem Boden geschossenen »Mini-Châteaux« aus St.-Emilion und anderen Appellationen außen vor. Um es deutlich zu machen: Berücksichtigt wurde nicht das Potenzial eines Château, sondern das Qualitätsniveau, sofern es in einer ausreichenden Anzahl konkreter jahrgangsbezogener Punktbewertungen zum Ausdruck kommt.

Jedes an einem Qualitätsniveau ausgerichtete Schema wie das Bordeaux-Klassement steht vor dem grundlegenden Problem, den Grenzwert zu bestimmen, der es ermöglicht, aus mehreren tausend Bordelaiser Châteaux die 140 bis 160 Gewächse mit dem Prädikat »Grand Cru« herauszufiltern.

Wir haben uns hierbei von den Punktwerten für die überdurchschnittlich guten bis sehr guten Châteaux in den Bewertungsschemata (vgl. zweite Umschlagseite) leiten lassen. Das sind im 100-Punkte-System Parker's die oberhalb von ca. 85 Punkten liegenden Weine, im 20-Punkte-System von Gabriel befindet sich der entsprechende Grenzwert bei oberhalb von 15,50 Punkten.

Man muss sich allerdings vor Augen halten, dass diese Grenzwerte in unseren Berechnungen das arithmetische Mittel von mindestens sechs Jahrgängen repräsentieren und nicht eine Augenblicksaufnahme eines Château in einem einzelnen Jahrgang sind. Somit stellen die auf diese Weise ermittelten Grands Crus Classés – 154 bei Parker, 146 bei Gabriel – eine Auswahl auf sehr hohem Niveau dar.

Wir haben bereits beim Gabriel-Klassement auf die stärkere Gewichtung der 90er Jahre hingewiesen. Wir halten das durchaus für sinnvoll, da Meriten der Vergangenheit für die Beurteilung der aktuellen Qualität (*nicht des Qualitätspotenzials*) von untergeordneterer Bedeutung sind. Für viele Châteaux lassen sich in der Vergangenheit »Formtiefs« nachweisen, von denen selbst einige Premiers Grands Crus nicht verschont geblieben sind (z.B. Ch. Margaux und Ch. Lafite in den 70er Jahren).

Wenn diese Schwächeperioden über mehrere Jahrgänge andauern, sollte dies auch seinen Niederschlag in einer niedrigeren Einstufung finden. Das gilt umso mehr, wenn es darum geht, neuzeitliche Trendentwicklungen (keine »Einjahresfliegen«!) zu berücksichtigen. Wir haben uns deshalb zu einer Gewichtung der 90er Jahre im Vergleich zu den 80ern im Verhältnis 70 : 30 entschlossen. Diese Setzung erscheint auf den ersten Blick willkürlich, sie erweist sich jedoch als brauchbar bei dem Bemühen, Châteaux mit schwachen Ergebnissen in den 80er Jahren, doch mit exzellenten Qualitäten in den 90ern adäquat einzugruppieren. Ch. Angélus wäre bei einer nicht gewichteten Betrachtung bei Parker ein 2er Cru, ansonsten ein 1er Cru. Vergleichbares gilt z.B. für Ch. Batailley oder Ch. Prieuré-Lichine mit hervorragenden Bewertungen bei Gabriel für die 90er Jahrgänge und schwächeren im Zeitraum 1982 bis 1989. Mit einer gewichteten Bewertung ergibt sich eine Eingruppierung als 3er Crus, bei einer ungewichteten Bewertung kämen sie eine Stufe tiefer.

Wenn im Kontext der Berücksichtigung neuzeitlicher Trends von der Auf- und Abstufung in die fünf Grand-Cru-Klassen gesprochen wurde, so ist die notwendige Voraussetzung dafür die Angabe von Bereichswerten, nach denen sich die Eingrenzung der verschiedenen Stufen des Klassements vornehmen lässt. Als arbeitsfähige Festlegung der Bereichswerte erweist sich folgende Einteilung:

	Parker	**Anzahl d. Ch.**		**Gabriel**
1er	≥ 90,50	19	16	≥ 17,70
2^e	≥ 88,75 – < 90,50	22	22	≥ 17,10 – < 17,70
3^e	≥ 87,50 – < 88,75	31	30	≥ 16,60 – < 17,10
4^e	≥ 86,25 – < 87,50	35	32	≥ 16,20 – < 16,60
5^e	≥ 85,25 – < 86,25	46	46	≥ 15,75 – < 16,20
CB	≥ 83,50 – < 85,25	58	51	≥ 15,25 – < 15,75

Die sich daraus ergebenden Neuklassifizierungen auf der Basis der Parker- bzw. Gabriel-Bewertungen sind in den Anhängen dokumentiert. Sie führen jeweils in den Spalten 1 und 2 die arithmetischen Mittel der Bewertungen eines Château für den Zeitraum 1982–1989 bzw. 1990–1999 auf, in Spalte 3 den gewichteten Mittelwert für den Gesamtzeitraum 1982–1999 als Summe der Werte von 1 und 2 im Verhältnis 30 : 70 und in Spalte 4 die Abweichung der Neuklassifizierung gegenüber der Parker- bzw. Gabriel-Klassifizierung.

Wer sich eingehender mit den beiden Tabellen beschäftigt, wird die Differenzierungsmöglichkeiten eines solchen Verfahrens – beispielsweise Auf- und Abwärtstrends einzelner Châteaux in den 90er Jahren – und die z.T. erheblichen Abweichungen gegenüber den von Parker und Gabriel vorgenommenen Einstufungen besser nachvollziehen können.

Sicherlich lässt sich ausgiebig darüber streiten, ob die gewählten Bereichswerte zutreffend sind. Für die Plausibilität der vorgeschlagenen Einteilung spricht in jedem Fall die in etwa vergleichbare Anzahl von Châteaux in den entsprechenden Grand-Cru-Klassen im Vergleich der beiden Quellen untereinander.

Dass bestimmte Châteaux in unseren Neuklassifizierungen für Parker und Gabriel unterschiedlich eingestuft werden, spricht nicht grundsätzlich gegen die von uns gewählte Festlegung der Bereichswerte, sondern ist vorrangig der Subjektivität der Bewertungen und der unterschiedlichen Präferenzen für bestimmte Weinstile bei Parker und Gabriel zuzuschreiben.

Das Ergebnis präsentiert sich in den beiden genannten Tabellen als Zahlenkontinuum mit z.T. fließenden Übergängen zwischen den Klassengrenzen. Ob geringfügige Differenzen im Zehntel- oder Hundertstel-Punktebereich ausschließlich darüber entscheiden sollen, ein Château in die nächsthöhere oder -tiefere Klasse einzuordnen, ist ein Problem, das sich nur mit Hilfe einer Feinanalyse unter Heranziehung weiterer qualitativer Gesichtspunkte lösen lässt.

Trotz dieser Einwände können die beiden Neuklassements für Parker und Gabriel bereits auf dieser Grundlage in sehr praktischer Weise von den Weininteressierten genutzt werden. Für diejenigen nämlich, die die Einzelbewertungen eines im Hauptteil aufgeführten Château für einen bestimmten Jahrgang in einen höchst aufschlussreichen Kontext stellen möchten, ergeben sich aus der Beziehung von

- Einzelbewertung,
- Jahrgangsmittelwert für einen gegebenen Jahrgang und
- Orientierungswert für das Leistungsniveau einer Grand-Cru-Klasse

interessante Erkenntnisse.

Der Jahrgangsmittelwert gibt – getrennt für Parker und Gabriel – für jeden einzelnen Jahrgang einen Qualitätsindikator an. Er stellt für jeden Jahrgang das arithmetische Mittel der Bewertungen der Châteaux dar, die nach den Neuklassifizierungen auf der Grundlage der Parker- und Gabriel-Bewertungen zu den fünf Grand-Cru-Klassen gehören (s. Tabelle »Auswertung der Grand-Cru-Klassen nach Parker- und Gabriel-Bewertungen«). Jeder Jahrgangsmittelwert ermöglicht damit nicht nur den Vergleich der Jahrgänge untereinander[5], sondern zeigt zunächst auch an, in welcher Relation der Wein eines Château in seiner benoteten Qualität zu diesem Durchschnittswert steht: besser, gleich oder schlechter.

Dieses Ergebnis bleibt unvollständig, weil damit keine Aussage verbunden ist, ob dieser Wein auch seiner Klassifizierung z.B. als 1er oder 4er Cru gerecht wird. Darüber Aufschluss geben nun die *Orientierungswerte* für das Leistungsniveau einer Grand-Cru-Klasse. Es handelt sich hierbei wiederum um Durchschnittswerte aus den Jahrgängen 1982 bis 1999 (ohne die Jahrgänge 1987, 1991 und 1992), die sich für jede Grand-Cru-Klasse als positive und negative Differenzen zwischen dem Mittelwert der einzelnen Grand-Cru-Klassen und dem Mittelwert aller Grand-Cru-Klassen ergeben und wie folgt angegeben werde können:

	Parker			**Gabriel**	
1er	❶	+4,37	Pkte. über dem Jahresmittelwert	+1,51	①
2e	❷	+1,57	Pkte. über dem Jahresmittelwert	+0,64	②
3e	❸	+0,01	Pkte. über dem Jahresmittelwert	+0,04	③
4e	❹	-1,28	Pkte. unter dem Jahresmittelwert	-0,34	④
5e	❺	-2,15	Pkte. unter dem Jahresmittelwert	-0,89	⑤

Allgemein gesprochen, kann die Bedeutung der Beziehung zwischen Einzelbewertung, Jahrgangsmittelwert und Orientierungswert folgendermaßen ausgedrückt werden: *Die Summe aus dem Jahrgangsmittelwert und dem Orientierungswert einer Grand-Cru-Klasse bestimmt die Punktzahl (= Sollwert), die ein Château aus der betreffenden Klasse erreichen sollte, wenn es dem Leistungsniveau seiner Klasse in dem jeweiligen Jahrgang gerecht werden will.* Abweichungen zwischen jeweiliger Punktbewertung und Sollwert können dann als *Differenzwert* angegeben werden. Der Differenzwert ist Ausdruck der *relativen Leistung* eines Château, indem er die Bewertung (nach Parker oder Gabriel) in Beziehung setzt

5 Es sei nochmals betont, dass die Jahrgangsmittelwerte keine willkürlichen Setzungen sind, sondern das Qualitätsniveau der Grands Crus auf der Grundlage der vorliegenden Bewertungen repräsentieren. Allerdings soll eine Einschränkung nicht unterschlagen werden, die vornehmlich die jüngere Jahrgänge betreffen. Die hierfür vorliegenden Primeurverkostungen weisen zumeist überhöhte Bandbreiten-Bewertungen der Jungweine auf. In den folgenden Jahren ist davon auszugehen, dass die zuvor »hochgejubelten« Erst- und Fassmuster-Bewertungen im Anschluss an die Flaschenabfüllung bei Nachfolgedegustationen z.T. beträchtliche Korrekturen nach unten erfahren werden (s. hierzu ausführlich S. 15). Dann pendeln sich die Mittelwerte dieser Jahrgänge zwangsläufig auf ein realistischeres Niveau ein.
Darüber hinaus fallen die Mittelwerte älterer Jahrgänge (insbesondere 1982) tendenziell etwas ab. Das ist überwiegend darauf zurückzuführen, dass die Weine dieser Jahrgänge entweder zur Zeit verschlossen sind oder bereits ihren Höhepunkt überschritten haben, sodass sie bei aktuellen Nachverkostungen abgestuft worden sind. Entscheidend dürfte jedoch sein, dass einige Spitzen-Châteaux gerade 1982 auffällig »schwächelten«.

zum allgemeinen Qualitätsniveau eines Jahrgangs (ausgedrückt im *Jahrgangsmittelwert*) und der Klassenzugehörigkeit (ausgedrückt im *Orientierungswert*) des betreffenden Château. Ein positiver Differenzwert zeigt an, dass ein Château in jedem Fall das Leistungsniveau seiner Klasse erreicht hat, u.U. – bei entsprechend hohem Differenzwert – sogar auf dem Leistungsniveau einer höheren Klasse liegt. Ein negativer Differenzwert ist dagegen ein deutliches Indiz für eine – bezogen auf die aktuelle Klassenzugehörigkeit – inadäquate Leistung. Die nachstehende Tabelle verdeutlicht dies anhand einiger Beispielberechnungen.

1 Jg.	2 Château	3 Neuklassif.	4 Parker-Benotung	5 Jahrgangsmittelwert	6 Orientierungswert	7 Sollwert (5 plus 6)	8 Diff.-wert (4 minus 7)	9 Ergebnis entspricht
'90	Clerc Milon	3	86	89,87	+0,01	89,88	- 3,88	CB
'95	Clerc Milon	3	89	88,97	+0,01	88,98	0,02	3er Cru
'96	Clerc Milon	3	90	87,95	+0,01	87,96	2,04	2er Cru
'89	Trotanoy	2	88	88,67	+1,57	90,24	- 2,24	3er – 4er Cru
'94	Trotanoy	2	89	87,49	+1,57	89,06	0,06	2er Cru
'95	Trotanoy	2	93	88,97	+1,57	90,54	2,44	ca. 1er Cru

Der 90er Clerc Milon entspricht mit 86 Parker-Punkten in diesem Jahr bei weitem nicht der Qualität eines 3er Gewächses: Der Jahrgangsmittelwert beträgt 1990 für alle klassifizierten Grands Crus 89,87 Punkte. Ca. 90 Punkte (Spalte 7) wären aufgrund der durchschnittlichen Abweichung (Orientierungswert) der 3er Crus von 0,01 Punkten vom Jahrgangsmittelwert (Spalte 6) in diesem Jahr erforderlich, um dem Klassenniveau zu entsprechen. Der *Differenzwert* von -3,88 Punkten (Spalte 8) zeigt jedoch an, dass Clerc Milon das Klassenziel um Längen verfehlt hat. Die Qualität des 90er Clerc Milon entspricht damit eher der eines Cru Bourgeois. Der 95er Clerc Milon erreicht mit 89 Parker-Punkten und einem *Differenzwert* von 0,02 voll und ganz das Niveau eines 3er Gewächses. Der 96er Clerc Milon jedoch erfüllt mit 90 Parker-Punkten nicht nur die Voraussetzung für ein 3er Gewächs, sondern bewegt sich in diesem Jahr im Bereich der 2er Crus. Sein *Differenzwert* von 2,04 übertrifft die Differenz zwischen den Orientierungswerten der 2er (1,57) und 3er Crus (0,01). Bei einem *Differenzwert* von über 4,00 hätte er sogar die Qualität eines 1er Crus erlangt.

Der 89er Trotanoy befindet sich mit 88 Punkten außerhalb seines 2er Klassements, was der negative *Differenzwert* von -2,24 sofort signalisiert. Die Bewertung hätte ca. 90 Punkte betragen müssen (Spalte 7). Die benotete Qualität reicht in diesem Jahr nur für ein 3er bis 4er Gewächs aus. Der 94er Trotanoy bestätigt mit 89 Punkten seine Zugehörigkeit zur Gruppe der 2er Crus. Der *Differenzwert* von 0,06 entspricht dem erforderlichen Qualitätsniveau für 2er Crus. Der 95er Trotanoy liegt mit 93 Punkten nicht ganz im Qualitätsbereich der Premiers Grands Crus. Sein *Differenzwert* von 2,44 unterschreitet um 0.36 die Differenz zwischen den Orientierungswerten der 1er (4,37) und 2er Crus (1,57).

Die Listen der Top-Weine in den Anhängen nutzen den *Differenzwert* als zusätzlichen Indikator für die »relative Leistung« eines Château in dem jeweiligen Jahrgang neben der »absoluten« Bewertung durch Parker bzw. Gabriel. Je höher er ausfällt, um so besser ist die Qualität des Weins in dem betreffenden Jahrgang. Zusätzlich macht er insbesondere auf niedriger eingestufte Châteaux aufmerksam, die mit einem hohen Differenzwert weit über ihrem Klassenniveau liegen und deshalb besondere Beachtung verdienen.

Zusätzlich eröffnet der »Differenzwert« einen weiteren Aspekt: Liegen in mehreren aufeinander folgenden Jahrgängen die Bewertungen eines Château in Bezug auf den jeweiligen Jahresmittelwert deutlich ober- oder unterhalb seines Klassifizierungsniveaus, wird eine Neueinstufung erforderlich. Daraus folgt zwingend, dass das jeweils zugrunde gelegte Klassifizierungsschema mit seinen Grenz- und Bereichswerten kein starres Gebilde ist.

Parker-Auswertung			1999	1998	1997	1996	1995	1994	1993	1990	1989	1988	1986	1985	1983	1982	OW
1	1er	Mittelwert	91,74	93,21	88,79	93,11	94,05	91,32	89,53	95,29	93,18	90,35	92,82	91,71	89,88	95,29	
2	2e	Mittelwert	89,93	90,91	87,91	90,59	91,36	88,64	86,82	92,55	91,74	87,47	88,72	87,06	87,07	90,35	
3	3e	Mittelwert	88,47	89,21	86,09	88,66	89,52	87,92	86,22	90,17	88,69	87,30	87,68	86,25	85,41	87,73	
4	4e	Mittelwert	87,88	88,00	86,11	86,76	87,00	86,53	85,35	87,65	87,37	85,73	85,73	85,48	85,37	86,30	
5	5e	Mittelwert	86,60	87,31	84,57	84,56	86,33	85,47	83,95	87,35	86,00	84,68	85,52	85,26	84,33	87,05	
6	**Mittelwert aus 1–5** (= Jahrgangsmittelwert)		**88,50**	**89,16**	**86,28**	**87,95**	**88,97**	**87,49**	**86,01**	**89,87**	**88,67**	**86,69**	**87,55**	**86,75**	**86,23**	**88,92**	
	Diff. aus	**1 - 6**	3,24	4,05	2,51	5,16	5,08	3,83	3,43	5,42	4,51	3,66	5,27	4,96	3,65	6,37	**4,37**
		2 - 6	1,43	1,75	1,63	2,64	2,39	1,15	0,72	2,68	3,07	0,78	1,17	0,31	0,84	1,43	**1,57**
		3 - 6	-0,03	0,05	-0,19	0,71	0,55	0,43	0,12	0,30	0,02	0,61	0,13	-0,50	-0,82	0,20	**0,01**
		4 - 6	-0,62	-1,16	-0,17	-1,19	-1,97	-0,96	-0,75	-2,22	-1,30	-0,96	-1,82	-1,27	-0,86	-2,62	**-1,28**
		5 - 6	-1,90	-1,85	-1,71	-3,39	-2,64	-2,02	-2,15	-2,52	-2,67	-2,01	-2,03	-1,49	-1,90	-1,87	**-2,15**

Gabriel-Auswertung			1999	1998	1997	1996	1995	1994	1993	1990	1989	1988	1986	1985	1983	1982	OW
1	1er	Mittelwert	18,00	18,53	17,80	18,13	18,69	18,00	17,50	18,93	18,27	18,13	18,00	18,07	18,14	18,27	
2	2e	Mittelwert	17,23	18,00	16,82	17,95	18,09	17,32	16,82	17,91	17,45	17,27	16,91	16,68	16,78	17,15	
3	3e	Mittelwert	17,10	17,34	16,90	17,30	17,33	16,90	16,23	17,07	16,77	16,54	16,30	16,55	15,67	16,00	
4	4e	Mittelwert	16,71	17,03	16,42	16,73	16,61	16,21	15,96	16,50	16,62	15,68	16,17	15,81	15,85	16,27	
5	5e	Mittelwert	16,55	16,64	16,12	16,64	16,3	15,74	15,30	16,28	15,82	15,45	14,76	15,17	14,78	15,35	
6	**Mittelwert aus 1–5** (= Jahrgangsmittelwert)		**16,96**	**17,30**	**16,64**	**17,18**	**17,13**	**16,60**	**16,15**	**17,06**	**16,78**	**16,39**	**16,22**	**16,28**	**16,19**	**16,50**	
	Diff. aus	**1 - 6**	1,04	1,23	1,16	0,95	1,56	1,40	1,35	1,87	1,49	1,74	1,78	1,79	1,95	1,77	**1,51**
		2 - 6	0,27	0,70	0,18	0,77	0,96	0,72	0,67	0,85	0,67	0,88	0,69	0,40	0,59	0,65	**0,64**
		3 - 6	0,14	0,04	0,26	0,12	0,20	0,30	0,08	0,01	-0,01	0,15	0,08	0,27	-0,52	-0,50	**0,04**
		4 - 6	-0,25	-0,27	-0,22	-0,45	-0,52	-0,39	-0,19	-0,56	-0,16	-0,71	-0,05	-0,47	-0,34	-0,23	**-0,34**
		5 - 6	-0,41	-0,66	-0,52	-0,54	-0,83	-0,86	-0,85	-0,78	-0,96	-0,94	-1,46	-1,11	-1,41	-1,15	**-0,89**

	MW 82–89	MW 90–99	MW 82–99	Abw.
Premiers Crus (19)				
Lafite Rothschild, Pauillac *(O.: 1; P.: 1; G.: 1)*	94,00	93,63	**93,74**	±0
Léoville Las Cases, St.-Julien *(O.: 2; P.: 1; G.: 1)*	94,17	93,25	**93,53**	±0
Pétrus, Pomerol *(O.: unklass.; P.: 1; G.: 1)*	91,83	94,25	**93,52**	±0
Margaux, Margaux *(O.: 1; P.: 1; G.: 1)*	92,83	93,63	**93,39**	±0
Haut Brion, Pessac-Léognan *(O.: 1; P.: 1; G.: 1)*	93,67	93,25	**93,38**	±0
Lafleur, Pomerol *(O.: unklass.; P.: 1; G.: 1)*	95,33	91,69	**92,78**	±0
Latour, Pauillac *(O.: 1; P.: 1; G.: 1)*	91,00	93,50	**92,75**	±0
Le Pin, Pomerol *(O.: unklass.; P.: 1; G.: 1)*	94,83	91,31	**92,37**	±0
Mouton Rothschild, Pauillac *(O.: 1; P.: 1; G.: 1)*	93,17	91,94	**92,31**	±0
de Valandraud, St.-Emilion *(P.: 1; G.: 1)*	0,00	92,29	**92,29**	±0
Cheval Blanc, St.-Emilion *(O.: PGCC (A); P.: 1; G.: 1)*	92,50	91,31	**91,67**	±0
La Mission Haut Brion, Pessac-Léognan *(O.: CC; P.: 1; G.: 1)*	93,50	90,63	**91,49**	±0
Le Tertre Roteboeuf, St.-Emilion *(O.: GC; P.: 2; G.: 2)*	90,33	91,94	**91,46**	+1
L'Eglise-Clinet, Pomerol *(O.: unklass.; P.: 2; G.: 1)*	90,00	91,75	**91,23**	+1
Monbousquet, St.-Emilion *(O.: GC; P.: 3; G.: 3)*	0,00	91,14	**91,14**	+2
L'Evangile, Pomerol *(O.: unklass.; P.: 1; G.: 2)*	90,67	91,31	**91,12**	±0
Angélus, St.-Emilion *(O.: PGCC (B); P.: 1; G.: 1)*	87,17	92,31	**90,77**	±0
Ducru-Beaucaillou, St.-Julien *(O.: 2; P.: 1; G.: 1)*	90,33	90,63	**90,54**	±0
Lynch-Bages, Pauillac *(O.: 5; P.: 2; G.: 2)*	92,17	89,81	**90,52**	+1
Deuxièmes Crus (22)				
Cos d'Estournel, St.-Estèphe *(O.: 2; P.: 1; G.: 3)*	90,00	90,69	**90,48**	-1
Clinet, Pomerol *(O.: unklass.; P.: 1; G.: 2)*	87,60	91,56	**90,37**	-1
Pichon Longueville Comtesse de Lalande, Pauillac *(O.: 2; P.: 1; G.: 2)*	93,33	88,94	**90,26**	-1
Grand-Puy-Lacoste, Pauillac *(O.: 5; P.: 3; G.: 2)*	88,83	90,81	**90,22**	+1
Montrose, St.-Estèphe *(O.: 2; P.: 2; G.: 1)*	88,00	90,94	**90,06**	±0
Troplong Mondot, St.-Emilion *(O.: GCC; P.: 2; G.: 3)*	88,00	90,88	**90,02**	±0
La Conseillante, Pomerol *(O.: unklass.; P.: 2; G.: 3)*	91,00	89,56	**89,99**	±0
Léoville Barton, St.-Julien *(O.: 2; P.: 2; G.: 2)*	90,00	89,88	**89,92**	±0
Pavie Macquin, St.-Emilion *(O.: GCC; P.: 4; G.: 3)*	88,50	90,50	**89,90**	+2
Ausone, St.-Emilion *(O.: PGCC (A); P.: 1; G.: 1)*	86,50	90,88	**89,57**	-1
Pichon-Longueville Baron, Pauillac *(O.: 2; P.: 2; G.: 2)*	89,33	89,56	**89,49**	±0
Trotanoy, Pomerol *(O.: unklass.; P.: 2; G.: 2)*	86,50	90,69	**89,43**	±0
Léoville Poyferré, St.-Julien *(O.: 2; P.: 2; G.: 2)*	87,83	89,69	**89,13**	±0
Clos de l'Oratoire, St.-Emilion *(O.: GCC; P.: 3 (4-5); G.: 4)*	0,00	89,00	**89,00**	+1
Canon-La-Gaffelière, St.-Emilion *(O.: GCC; P.: 2; G.: 3)*	84,83	90,75	**88,97**	±0
Grand Mayne, St.-Emilion *(O.: GCC; P.: 3; G.: 5)*	88,00	89,38	**88,97**	+1
Gruaud-Larose, St.-Julien *(O.: 2; P.: 2; G.: 2)*	91,17	88,00	**88,95**	±0
Le Bon Pasteur, Pomerol *(O.: unklass.; P.: 4; G.: 4)*	87,50	89,44	**88,86**	+2
La Couspaude, St.-Emilion *(O.: GCC; P.: 4)*	0,00	88,79	**88,79**	+2
Ferrand-Lartigue, St.-Emilion *(O.: GC; P.: 4; G.: 4)*	0,00	88,79	**88,79**	+2
Sociando-Mallet, Haut-Médoc *(O.: CB; P.: 3; G.: 3)*	88,67	88,81	**88,77**	+1
Palmer, Margaux *(O.: 3; P.: 1; G.: 2)*	90,50	88,00	**88,75**	-1
Troisièmes Crus (32)				
La Fleur de Gay, Pomerol *(O.: unklass.; P.: 2; G.: 3)*	88,67	88,75	**88,73**	-1
Certan de May de Certan, Pomerol *(O.: unklass.; P.: 2; G.: 5)*	91,17	87,64	**88,70**	-1
Lagrange, St.-Julien *(O.: 3; P.: 3 (2); G.: 4)*	88,00	88,75	**88,53**	±0
Pensées de Lafleur, Pomerol *(G.: 5)*	89,00	88,30	**88,51**	+4
L'Arrosée, St.-Emilion *(O.: GCC; P.: 3; G.: 4)*	89,83	87,88	**88,47**	±0
Le Roc de Cambes, Côtes de Bourg *(P.: 5; G.: 5)*	89,00	88,19	**88,43**	+2
Rauzan Ségla, Margaux *(O.: 2; P.: 2; G.: 2)*	89,83	87,69	**88,33**	-1
La Fleur-Pétrus, Pomerol *(O.: unklass.; P.: 3; G.: 2)*	85,83	89,38	**88,32**	±0
Latour à Pomerol, Pomerol *(O.: unklass.; P.: 3; G.: 3)*	88,33	88,31	**88,32**	±0
Beauséjour Duffau-Lagarosse, St.-Emilion *(O.: PGCC (B); P.: 2; G.: 4)*	86,17	89,13	**88,24**	-1
Vieux Château Certan, Pomerol *(O.: unklass.; P.: 2; G.: 3)*	88,67	87,94	**88,16**	-1
Pontet-Canet, Pauillac *(O.: 5; P.: 3; G.: 4)*	86,33	88,88	**88,12**	±0
La Dominique, St.-Emilion *(O.: GCC; P.: 3; G.: 3)*	86,83	88,63	**88,09**	±0
St. Pierre, St.-Julien *(O.: 4; P.: 3; G.: 4)*	88,00	88,08	**88,06**	+1
Clerc Milon, Pauillac *(O.: 5; P.: 4; G.: 3)*	86,83	88,44	**87,96**	+1
Clos du Marquis, St.-Julien *(G.: CB)*	86,67	88,50	**87,95**	+4
Magdelaine, St.-Emilion *(O.: PGCC (B); P.: 3; G.: 3)*	85,17	89,13	**87,94**	±0

	MW 82–89	MW 90–99	MW 82–99	Abw.
Talbot, St.-Julien *(O.: 4; P.: 3; G.: 5)*	91,00	86,63	**87,94**	±0
de Ferrand, St.-Emilion *(O.: GC; P.: CB)*	85,50	88,88	**87,87**	+3
Calon-Ségur, St.-Estèphe *(O.: 3; P.: 3; G.: 3)*	87,67	87,94	**87,86**	±0
La Fleur de Jaugue, St.-Emilion *(P.: 5)*	0,00	87,86	**87,86**	+2
Gazin, Pomerol *(O.: unklass.; P.: 5; G.: 2)*	82,40	90,06	**87,76**	+2
Duhart-Milon-Rothschild, Pauillac *(O.: 4; P.: 3; G.: CB)*	88,00	87,56	**87,69**	±0
Faugères, St.-Emilion *(O.: GC; P.: 5; G.: 5)*	0,00	87,67	**87,67**	+2
La Croix du Casse, Pomerol *(O.: unklass.; P.: 5; G.: 5)*	86,50	88,06	**87,59**	+2
Le Bahans du Ch. Haut-Brion, Pessac-Léognan *(P.: 5; G.: CB)*	87,00	87,81	**87,57**	+2
Haut-Marbuzet, St.-Estèphe *(O.: CB; P.: 3; G.: CB)*	88,33	87,25	**87,57**	±0
Soutard, St.-Emilion *(O.: GCC; P.: 4)*	88,00	87,38	**87,57**	+1
Lafon-Rochet, St.-Estèphe *(O.: 4; P.: 4; G.: 5)*	86,33	88,00	**87,50**	+1
Pape Clément, Pessac-Léognan *(O.: CC; P.: 2; G.: 2)*	82,83	89,50	**87,50**	-1
Branaire-Ducru, St.-Julien *(O.: 4; P.: 3; G.: 5)*	86,00	88,13	**87,49**	±0
Les Forts de Latour, Pauillac *(P.: 4; G.: 4)*	86,00	88,13	**87,49**	+1

Quatrièmes Crus (35)

	MW 82–89	MW 90–99	MW 82–99	Abw.
Haut-Bailly, Pessac-Léognan *(O.: CC; P.: 3; G.: 5)*	85,50	88,25	**87,43**	-1
La Tour Haut Brion, Pessac-Léognan *(O.: CC; P.: 5; G.: 5)*	86,67	87,75	**87,43**	+1
Les Carmes Haut Brion, Pessac-Léognan *(O.: unklass.; P.: 4; G.: 5)*	87,00	87,38	**87,27**	±0
Larmande, St.-Emilion *(O.: GCC; P.: 3; G.: 5)*	87,67	87,06	**87,24**	-1
Beauregard, Pomerol *(O.: unklass.; P.: (5); G.: 4)*	0,00	87,19	**87,19**	+1
La Tour du Pin Figeac (Moueix), St.-Emilion *(O.: GCC; P.: 5; G.: CB)*	86,80	87,25	**87,12**	+1
La Louvière, Pessac-Léognan *(O.: unklass.; P.: 4; G.: CB)*	86,83	87,19	**87,08**	±0
Beau-Séjour Bécot, St.-Emilion *(O.: PGCC (B); P.: 3; G.: 3)*	84,00	88,31	**87,02**	-1
Fontenil, Fronsac *(P.: 5)*	87,00	87,00	**87,00**	+1
Poujeaux, Moulis *(O.: CB; P.: 5; G.: 3)*	87,00	87,00	**87,00**	+1
Les Carruades de Lafite, Pauillac *(G.: 5)*	85,50	87,57	**86,95**	+3
La Clotte, St.-Emilion *(O.: GCC; P.: CB; G.: CB)*	0,00	86,92	**86,92**	+2
Pavie Decesse, St.-Emilion *(O.: GCC; P.: 5; G.: 4)*	87,67	86,50	**86,85**	+1
d'Armailhac (bis '88 Mouton Baronne Philippe), Pauillac *(O.: 5; P.: 5; G.: 5)*	85,33	87,44	**86,81**	+1
Corbin-Michotte, St.-Emilion *(O.: GCC; P.: (5))*	85,50	87,33	**86,78**	+1
Lanessan, Haut-Médoc *(O.: CB; P.: 5)*	86,80	86,75	**86,77**	+1
de Fieuzal, Pessac-Léognan *(O.: CC; P.: 4 (2-3); G.: 3)*	86,50	86,81	**86,72**	±0
Bellefont-Belcier, St.-Emilion *(O.: GC; P.: CB)*	0,00	86,67	**86,67**	+2
Clos Fourtet, St.-Emilion *(O.: PGCC (B); P.: (5); G.: 4)*	81,50	88,88	**86,67**	+1
La Lagune, Haut-Médoc *(O.: 3; P.: 2 (3); G.: 5)*	88,00	86,06	**86,64**	-2
du Tertre, Margaux *(O.: 5; P.: 5)*	86,33	86,75	**86,62**	+1
La Grave à Pomerol, Pomerol *(O.: unklass.; P.: 5; G.: 5)*	84,83	87,36	**86,60**	+1
Pavie, St.-Emilion *(O.: PGCC (B); P.: 5; G.: 3)*	88,50	85,69	**86,53**	+1
du Domaine de L'Église, Pomerol *(O.: unklass.; P.: 5; G.: 5)*	90,00	84,88	**86,42**	+1
Les Grands Chênes Cuvée Prestige, Médoc	0,00	86,42	**86,42**	+3
Cadet-Piola, St.-Emilion *(O.: GCC; P.: 5; G.: CB)*	85,00	87,00	**86,40**	+1
Citran, Haut-Médoc *(O.: CB; P.: 5; G.: 4)*	87,00	86,14	**86,40**	+1
Grand Ormeau, Lalande de Pomerol	0,00	86,33	**86,33**	+3
Hortevie, St.-Julien *(O.: CB; P.: CB)*	86,00	86,43	**86,30**	+2
Couvent des Jacobins, St.-Emilion *(O.: GCC; P.: 5)*	86,20	86,30	**86,27**	+1
Malescot Saint Exupéry, Margaux *(O.: 3; P.: 3)*	82,50	87,88	**86,27**	-1
Gloria, St.-Julien *(O.: CB; P.: 4; G.: 4)*	85,50	86,58	**86,26**	±0
Cantemerle, Haut-Médoc *(O.: 5; P.: 3; G.: 5)*	86,83	86,00	**86,25**	-1
La Tour Haut-Caussan, Médoc *(O.: CB; P.: 5; G.: 5)*	86,60	86,10	**86,25**	+1
La Vieille Cure, Fronsac *(P.: 5)*	85,50	86,57	**86,25**	+1

Cinquièmes Crus (46)

	MW 82–89	MW 90–99	MW 82–99	Abw.
Potensac, Médoc *(O.: CB; P.: 5)*	85,83	86,31	**86,17**	±0
Clos du Clocher, Pomerol *(O.: unklass.; P.: CB; G.: 3)*	85,80	86,31	**86,16**	+1
Fourcas Loubaney, Listrac *(O.: CB; P.: 5; G.: 5)*	87,25	85,64	**86,12**	±0
Haut-Batailley, Pauillac *(O.: 5; P.: 5; G.: CB)*	84,50	86,81	**86,12**	±0
Petit Village, Pomerol *(O.: unklass.; P.: 5; G.: 4)*	88,83	84,94	**86,11**	±0
Vieux Fortin, St.-Emilion	0,00	86,08	**86,08**	+2
Figeac, St.-Emilion *(O.: PGCC (B); P.: 2; G.: 3)*	86,83	85,75	**86,07**	-3
La Gaffelière, St.-Emilion *(O.: PGCC (B); P.: 3; G.: 5)*	86,83	85,75	**86,07**	-2
Belgrave, Haut-Médoc *(O.: 5; P.: CB; G.: 5)*	86,00	86,08	**86,06**	+1

	MW 82–89	MW 90–99	MW 82–99	Abw.
Haut-Bages Libéral, Pauillac *(O.: 5; P.: 5; G.: CB)*	86,67	85,79	**86,05**	±0
Clos René, Pomerol *(O.: unklass.; P.: 5; G.: CB)*	85,67	86,17	**86,02**	±0
La Tour Figeac, St.-Emilion *(O.: GCC; P.: 5 (CB))*	86,00	86,00	**86,00**	±0
Tour du Haut-Moulin, Haut-Médoc *(O.: CB; P.: 5)*	87,00	85,57	**86,00**	±0
Bertineau St.-Vincent, Lalande de Pomerol	86,00	85,90	**85,93**	+2
Certan-Giraud, Pomerol *(O.: unklass.; P.: 5)*	84,83	86,36	**85,90**	±0
Clos Saint Martin, St.-Emilion *(O.: GCC; P.: CB)*	86,00	85,86	**85,90**	+1
Rocher Bellevue Figeac, St.-Emilion *(O.: GC; P.: CB; G.: CB)*	86,00	85,83	**85,88**	+1
Bourgneuf (Vayron), Pomerol *(O.: unklass.; P.: 5 (CB); G.: CB)*	83,00	87,06	**85,84**	±0
Grand-Puy Ducasse, Pauillac *(O.: 5; P.: 5; G.: CB)*	85,80	85,81	**85,81**	±0
Canon de Brem, Canon-Fronsac *(P.: 5; G.: CB)*	86,50	85,50	**85,80**	±0
Haut-Corbin, St.-Emilion *(O.: GCC; P.: CB)*	86,50	85,50	**85,80**	+1
Grand-Pontet, St.-Emilion *(O.: GCC; P.: 5; G.: 5)*	81,50	87,63	**85,79**	±0
Chasse Spleen, Moulis *(O.: CB; P.: 4 (3); G.: 4)*	88,17	84,71	**85,75**	-1
Rouget, Pomerol *(O.: unklass.; P.: CB)*	83,67	86,50	**85,65**	+1
La Garde, Pessac-Léognan *(O.: unklass.; P.: CB; G.: CB)*	0,00	85,64	**85,64**	+1
Kirwan, Margaux *(O.: 3; P.: 5; G.: CB)*	83,83	86,31	**85,57**	±0
Meyney, St.-Estèphe *(O.: CB; P.: 5 (3); G.: 5)*	88,83	84,14	**85,55**	±0
Siran, Margaux *(O.: CB; P.: 5)*	86,20	85,25	**85,54**	±0
Durfort-Vivens, Margaux *(O.: 2; P.: 5; G.: 5)*	84,33	86,00	**85,50**	±0
Marsau, Côtes de Francs	0,00	85,50	**85,50**	+2
Trotte Vieille, St.-Emilion *(O.: PGCC (B); P.: 5; G.: 4)*	83,83	86,21	**85,50**	±0
La Croix de Gay, Pomerol *(O.: unklass.; P.: 5; G.: 5)*	83,17	86,44	**85,46**	±0
Moulin Pey-Labrie, Canon-Fronsac *(P.: 5)*	0,00	85,43	**85,43**	±0
Parenchére, Bordeaux Supérieur	0,00	85,42	**85,42**	+2
Lalande Borie, St.-Julien *(O.: CB; P.: CB)*	84,00	86,00	**85,40**	+1
La Fleur, St.-Emilion *(O.: GC; P.: CB)*	82,50	86,63	**85,39**	+1
Le Gay, Pomerol *(O.: unklass.; P.: 4; G.: 4)*	87,33	84,50	**85,35**	-1
Faizeau, St.-Emilion (Montagne)	0,00	85,33	**85,33**	+2
Les Ormes de Pez, St.-Estèphe *(O.: CB; P.: 5; G.: CB)*	85,17	85,38	**85,32**	±0
Larcis-Ducasse, St.-Emilion *(O.: GCC; P.: 5; G.: CB)*	85,00	85,44	**85,31**	±0
Belles Graves, Lalande de Pomerol	86,00	85,00	**85,30**	+2
de Sales, Pomerol *(O.: unklass.; P.: CB)*	83,67	86,00	**85,30**	+1
Bonalgue, Pomerol *(O.: unklass.; P.: CB; G.: CB)*	83,75	85,93	**85,28**	+1
Tertre Daugay, St.-Emilion *(O.: GCC; P.: CB)*	86,00	84,94	**85,26**	+1
Mazeris, Canon-Fronsac	86,00	84,93	**85,25**	+2
Picque Caillou, Pessac-Léognan *(O.: unklass.)*	83,50	86,00	**85,25**	+2

2000 *(Jahrgangsmittelwert: 90,74)*

Cheval Blanc, St.-Emilion *(O.: PGCC (A); P.: 1; G.: 1)*	**99,50**	1	4,39
La Mission Haut Brion, Pessac-Léognan *(O.: CC; P.: 1; G.: 1)*	**99,00**	1	3,89
La Conseillante, Pomerol *(O.: unklass.; P.: 2; G.: 3)*	**98,00**	2	5,69
Latour, Pauillac *(O.: 1; P.: 1; G.: 1)*	**98,00**	1	2,89
Léoville Barton, St.-Julien *(O.: 2; P.: 2; G.: 2)*	**97,50**	2	5,19
Ausone, St.-Emilion *(O.: PGCC (A); P.: 1; G.: 1)*	**97,00**	2	4,69
Angélus, St.-Emilion *(O.: PGCC (B); P.: 1; G.: 1)*	**97,00**	1	1,89
Haut Brion, Pessac-Léognan *(O.: 1; P.: 1; G.: 1)*	**97,00**	1	1,89
La Mondotte, St.-Emilion *(O.: GC; P.: 1)* *	**97,00**		1,89
Mouton Rothschild, Pauillac *(O.: 1; P.: 1; G.: 1)*	**97,00**	1	1,89
Peby Faugères, St.-Emilion **	**96,50**		9,13
Clos l'Eglise, Pomerol *(O.: unklass.; P.: CB; G.: 3)*	**96,00**	6	8,63
Pichon Longueville Comtesse de Lalande, Pauillac *(O.: 2; P.: 1; G.: 2)*	**96,00**	2	3,69
Pavie, St.-Emilion *(O.: PGCC (B); P.: 5; G.: 3)*	**95,50**	4	6,04
Magrez Fombrauge, St.-Emilion **	**95,00**		7,63
Canon-La-Gaffelière, St.-Emilion *(O.: GCC; P.: 2; G.: 3)*	**95,00**	2	2,69
Pichon-Longueville Baron, Pauillac *(O.: 2; P.: 2; G.: 2)*	**95,00**	2	2,69
L'Evangile, Pomerol *(O.: unklass.; P.: 1; G.: 2)*	**95,00**	1	-0,11
Lafite Rothschild, Pauillac *(O.: 1; P.: 1; G.: 1)*	**95,00**	1	-0,11
Léoville Las Cases, St.-Julien *(O.: 2; P.: 1; G.: 1)*	**95,00**	1	-0,11
Lynch-Bages, Pauillac *(O.: 5; P.: 2; G.: 2)*	**95,00**	1	-0,11
Margaux, Margaux *(O.: 1; P.: 1; G.: 1)*	**95,00**	1	-0,11
Monbousquet, St.-Emilion *(O.: GC; P.: 3; G.: 3)*	**95,00**	1	-0,11
Pavie Decesse, St.-Emilion *(O.: GCC; P.: 5; G.: 4)*	**94,50**	4	5,04
La Clusière, St.-Emilion *(O.: GCC; P.: CB; G.: CB)* *	**94,00**		6,63
Gruaud-Larose, St.-Julien *(O.: 2; P.: 2; G.: 2)*	**94,00**	2	1,69
Montrose, St.-Estèphe *(O.: 2; P.: 2; G.: 1)*	**94,00**	2	1,69
Ducru-Beaucaillou, St.-Julien *(O.: 2; P.: 1; G.: 1)*	**94,00**	1	-1,11
Lafleur, Pomerol *(O.: unklass.; P.: 1; G.: 1)*	**94,00**	1	-1,11
Le Tertre Roteboeuf, St.-Emilion *(O.: GC; P.: 2; G.: 2)*	**94,00**	1	-1,11
Bellevue, St.-Emilion *(O.: GCC; P.: CB)* *	**93,50**		6,13
Branon, Pessac-Léognan **	**93,50**		6,13
Pape Clément, Pessac-Léognan *(O.: CC; P.: 2; G.: 2)*	**93,50**	3	2,75
Pontet-Canet, Pauillac *(O.: 5; P.: 3; G.: 4)*	**93,50**	3	2,75
Léoville Poyferré, St.-Julien *(O.: 2; P.: 2; G.: 2)*	**93,50**	2	1,19
Troplong Mondot, St.-Emilion *(O.: GCC; P.: 2; G.: 3)*	**93,50**	2	1,19
Gracia, St.-Emilion *(O.: GC)* **	**93,00**		5,63
Haut Bergey, Pessac-Léognan *(O.: unklass.; P.: CB; G.: CB)* *	**93,00**		5,63
Smith Haut Lafitte, Pessac-Léognan *(O.: CC; P.: 2; G.: 3)*	**93,00**	6	5,63
Figeac, St.-Emilion *(O.: PGCC (B); P.: 2; G.: 3)*	**93,00**	5	4,41
Les Carmes Haut Brion, Pessac-Léognan *(O.: unklass.; P.: 4; G.: 5)*	**93,00**	4	3,54
Malescot Saint Exupéry, Margaux *(O.: 3; P.: 3)*	**93,00**	4	3,54
Quinault L'Enclos, St.-Emilion *(O.: GC; P.: 4)* *	**93,00**		3,54
La Gomerie, St.-Emilion *(O.: GC; P.: 2)* *	**93,00**		0,69
Palmer, Margaux *(O.: 3; P.: 1; G.: 2)*	**93,00**	2	0,69
Pavie Macquin, St.-Emilion *(O.: GCC; P.: 4; G.: 3)*	**93,00**	2	0,69
Pétrus, Pomerol *(O.: unklass.; P.: 1; G.: 1)*	**93,00**	1	-2,11
de Valandraud, St.-Emilion *(P.: 1; G.: 1)*	**93,00**	1	-2,11
Clos Dubreuil, St.-Emilion **	**92,50**		5,13
Croix de Labrie, St.-Emilion **	**92,50**		5,13
Clos de l'Oratoire, St.-Emilion *(O.: GCC; P.: 3 (4-5); G.: 4)*	**92,50**	2	0,19
Brane-Cantenac, Margaux *(O.: 2; P.: 5; G.: 5)*	**92,00**	6	4,63
de Chambrun, Lalande de Pomerol **	**92,00**		4,63
Clos du Jaugueyron, Margaux **	**92,00**		4,63
Les Grandes Murailles, St.-Emilion *(O.: GCC)* **	**92,00**		4,63
Nenin, Pomerol *(O.: unklass.; P.: 5)*	**92,00**	6	4,63
Barde-Haut, St.-Emilion *(O.: GC; P.: 5)* *	**92,00**		3,41
Rol Valentin, St.-Emilion *(O.: GC; P.: 3)* *	**92,00**		1,25
Le Bon Pasteur, Pomerol *(O.: unklass.; P.: 4; G.: 4)*	**92,00**	2	-0,31
Grand Mayne, St.-Emilion *(O.: GCC; P.: 3; G.: 5)*	**92,00**	2	-0,31
Clos de Sarpe, St.-Emilion **	**91,50**		4,13
Fougas Cuvée Maldoror, Côtes de Bourg **	**91,50**		4,13
Hosanna (bis 1998 Ch. Certan-Giraud), Pomerol **	**91,50**		4,13
Le Moulin, Pomerol **	**91,50**		4,13
Le Plus de la Fleur de Boüard, Lalande de Pomerol **	**91,50**		4,13
Clos Saint Martin, St.-Emilion *(O.: GCC; P.: CB)*	**91,50**	5	2,91

Kirwan, Margaux *(O.: 3; P.: 5; G.: CB)*	91,50	5	2,91
d'Armailhac (bis '88 Mouton Baronne Philippe), Pauillac *(O.: 5; P.: 5; G.: 5)*	91,50	4	2,04
Beau-Séjour Bécot, St.-Emilion *(O.: PGCC (B); P.: 3; G.: 3)*	91,50	4	2,04
Beauséjour Duffau-Lagarosse, St.-Emilion *(O.: PGCC (B); P.: 2; G.: 4)*	91,50	3	0,75
Certan de May de Certan, Pomerol *(O.: unklass.; P.: 2; G.: 5)*	91,50	3	0,75
Le Roc de Cambes, Côtes de Bourg *(P.: 5; G.: 5)*	91,50	3	0,75
Grand-Puy-Lacoste, Pauillac *(O.: 5; P.: 3; G.: 2)*	91,50	2	-0,81
d'Aiguilhe, Côtes de Castillon **	91,00		3,63
Chauvin, St.-Emilion *(O.: GCC; P.: CB; G.: 5)*	91,00	6	3,63
Domaine de l'A, Côtes de Castillon **	91,00		3,63
Haut de Carles, Fronsac **	91,00		3,63
Larrivet-Haut-Brion, Pessac-Léognan *(O.: unklass.; P.: CB; G.: CB)*	91,00	6	3,63
Malartic-Lagravière, Pessac-Léognan *(O.: CC; P.: CB; G.: 5)* *	91,00		3,63
Petit Cheval, St.-Emilion **	91,00		3,63
La Preuve par Haut Carles, Fronsac **	91,00		3,63
Rocher Bellevue Caprice d'Angélique, Côtes de Castillon **	91,00		3,63
Grand-Pontet, St.-Emilion *(O.: GCC; P.: 5; G.: 5)*	91,00	5	2,41
Lascombes, Margaux *(O.: 2; P.: 5 (4); G.: CB)* *	91,00		2,41
Petit Village, Pomerol *(O.: unklass.; P.: 5; G.: 4)*	91,00	5	2,41
Bellefont-Belcier, St.-Emilion *(O.: GC; P.: CB)*	91,00	4	1,54
Clos Fourtet, St.-Emilion *(O.: PGCC (B); P.: (5); G.: 4)*	91,00	4	1,54
du Tertre, Margaux *(O.: 5; P.: 5)*	91,00	4	1,54
Branaire-Ducru, St.-Julien *(O.: 4; P.: 3; G.: 5)*	91,00	3	0,25
Clerc Milon, Pauillac *(O.: 5; P.: 4; G.: 3)*	91,00	3	0,25
La Fleur de Gay, Pomerol *(O.: unklass.; P.: 2; G.: 3)*	91,00	3	0,25
Les Forts de Latour, Pauillac *(P.: 4; G.: 4)*	91,00	3	0,25
Talbot, St.-Julien *(O.: 4; P.: 3; G.: 5)*	91,00	3	0,25
Vieux Château Certan, Pomerol *(O.: unklass.; P.: 2; G.: 3)*	91,00	3	0,25
La Couspaude, St.-Emilion *(O.: GCC; P.: 4)*	91,00	2	-1,31
Trotanoy, Pomerol *(O.: unklass.; P.: 2; G.: 2)*	91,00	2	-1,31
L'Eglise-Clinet, Pomerol *(O.: unklass.; P.: 2; G.: 1)*	91,00	1	-4,11
Le Pin, Pomerol *(O.: unklass.; P.: 1; G.: 1)*	91,00	1	-4,11
Berliquet, St.-Emilion *(O.: GCC; P.: CB)* *	90,50		3,13
Beychevelle, St.-Julien *(O.: 4; P.: 4; G.: 4)*	90,50	6	3,13
Chapelle d'Ausone, St.-Emilion **	90,50		3,13
La Chapelle de la Mission-Haut Brion, Pessac-Léognan **	90,50		3,13
Grimon (Dubois), Côtes de Castillon **	90,50		3,13
Laplagnotte, St.-Emilion **	90,50		3,13
Lusseau, St.-Emilion **	90,50		3,13
Lynsolence, St.-Emilion **	90,50		3,13
Marojallia, Margaux **	90,50		3,13
Reignac,Bordeaux Supérieur **	90,50		3,13
Tour de Mirambeau Cuvée Passion,Bordeaux Supérieur **	90,50		3,13
Yon-Figeac, St.-Emilion *(O.: GCC; P.: CB)* *	90,50		3,13
L'Hermitage, St.-Emilion *(O.: GC; P.: 5)* *	90,50		1,91
Fontenil, Fronsac *(P.: 5)*	90,50	4	1,04
Faugères, St.-Emilion *(O.: GC; P.: 5; G.: 5)*	90,50	3	-0,25
La Fleur de Jaugue, St.-Emilion *(P.: 5)*	90,50	3	-0,25
Lafon-Rochet, St.-Estèphe *(O.: 4; P.: 4; G.: 5)*	90,50	3	-0,25
Sociando-Mallet, Haut-Médoc *(O.: CB; P.: 3; G.: 3)*	90,50	2	-1,81
Cap de Faugères, Côtes de Castillon **	90,00		2,63
Certan Marzelle, Pomerol **	90,00		2,63
Clos Chaumont, Premières Côtes de Bordeaux **	90,00		2,63
Clos de l'Eglise, Côtes de Castillon **	90,00		2,63
Côte de Baleau, St.-Emilion **	90,00		2,63
La Croix Saint Georges, Pomerol **	90,00		2,63
Le Defi Fontenil, Fronsac **	90,00		2,63
Giscours, Margaux *(O.: 3; P.: 3; G.: 5)*	90,00	6	2,63
Grand-Corbin-Despagne, St.-Emilion *(O.: GC; P.: CB; G.: 5)* *	90,00		2,63
Pipeau, St.-Emilion *(O.: GC)* **	90,00		2,63
Cantenac Brown, Margaux *(O.: 3; P.: 5; G.: 4)* *	90,00		1,41
La Gaffelière, St.-Emilion *(O.: PGCC (B); P.: 3; G.: 5)*	90,00	5	1,41
Rouget, Pomerol *(O.: unklass.; P.: CB)*	90,00	5	1,41
La Tour Figeac, St.-Emilion *(O.: GCC; P.: 5 (CB))*	90,00	5	1,41
Trotte Vieille, St.-Emilion *(O.: PGCC (B); P.: 5; G.: 4)*	90,00	5	1,41
de Fieuzal, Pessac-Léognan *(O.: CC; P.: 4 (2-3); G.: 3)*	90,00	4	0,54
Haut-Bailly, Pessac-Léognan *(O.: CC; P.: 3; G.: 5)*	90,00	4	0,54

Bei fehlender Neuklassifizierung: * Parker- bzw. Gabriel-Einstufung wurde berücksichtigt.
** Château wurde als Cru Bourgeois gewertet.

La Louvière, Pessac-Léognan *(O.: unklass.; P.: 4; G.: CB)*	**90,00**	4	0,54
Moulin Saint Georges, St.-Emilion *(O.: GC; P.: 4)* *	**90,00**		0,54
La Tour Haut Brion, Pessac-Léognan *(O.: CC; P.: 5; G.: 5)*	**90,00**	4	0,54
Magdelaine, St.-Emilion *(O.: PGCC (B); P.: 3; G.: 3)*	**90,00**	3	-0,75
Pensées de Lafleur, Pomerol *(G.: 5)*	**90,00**	3	-0,75
Clinet, Pomerol *(O.: unklass.; P.: 1; G.: 2)*	**90,00**	2	-2,31

1999 *(Jahrgangsmittelwert: 88,50)*

La Mondotte, St.-Emilion *(O.: GC; P.: 1)* *	**96,00**		3,13
Pavie Decesse, St.-Emilion *(O.: GCC; P.: 5; G.: 4)*	**95,00**	4	7,78
Pavie, St.-Emilion *(O.: PGCC (B); P.: 5; G.: 3)*	**94,50**	4	7,28
Cheval Blanc, St.-Emilion *(O.: PGCC (A); P.: 1; G.: 1)*	**94,50**	1	1,63
Lafite Rothschild, Pauillac *(O.: 1; P.: 1; G.: 1)*	**94,00**	1	1,13
Latour, Pauillac *(O.: 1; P.: 1; G.: 1)*	**94,00**	1	1,13
Pierre de Lune, St.-Emilion **	**93,00**		7,87
Ausone, St.-Emilion *(O.: PGCC (A); P.: 1; G.: 1)*	**93,00**	2	2,93
Palmer, Margaux *(O.: 3; P.: 1; G.: 2)*	**93,00**	2	2,93
Pavie Macquin, St.-Emilion *(O.: GCC; P.: 4; G.: 3)*	**93,00**	2	2,93
Margaux, Margaux *(O.: 1; P.: 1; G.: 1)*	**93,00**	1	0,13
Monbousquet, St.-Emilion *(O.: GC; P.: 3; G.: 3)*	**93,00**	1	0,13
Lafleur, Pomerol *(O.: unklass.; P.: 1; G.: 1)*	**92,50**	1	-0,37
Mouton Rothschild, Pauillac *(O.: 1; P.: 1; G.: 1)*	**92,50**	1	-0,37
La Clusière, St.-Emilion *(O.: GCC; P.: CB; G.: CB)* *	**92,00**		6,87
Croix de Labrie, St.-Emilion **	**92,00**		6,87
Figeac, St.-Emilion *(O.: PGCC (B); P.: 2; G.: 3)*	**92,00**	5	5,65
Quinault L'Enclos, St.-Emilion *(O.: GC; P.: 4)* *	**92,00**		4,78
Canon-La-Gaffelière, St.-Emilion *(O.: GCC; P.: 2; G.: 3)*	**92,00**	2	1,93
Haut Brion, Pessac-Léognan *(O.: 1; P.: 1; G.: 1)*	**92,00**	1	-0,87
Pétrus, Pomerol *(O.: unklass.; P.: 1; G.: 1)*	**92,00**	1	-0,87
Clos Dubreuil, St.-Emilion **	**91,50**		6,37
Clos du Jaugueyron, Margaux **	**91,50**		6,37
La Fleur de Boüard, Lalande de Pomerol **	**91,50**		6,37
Gracia, St.-Emilion *(O.: GC)* **	**91,50**		6,37
Peby Faugères, St.-Emilion **	**91,50**		6,37
Gazin, Pomerol *(O.: unklass.; P.: 5; G.: 2)*	**91,50**	3	2,99
La Gomerie, St.-Emilion *(O.: GC; P.: 2)* *	**91,50**		1,43
Pichon-Longueville Baron, Pauillac *(O.: 2; P.: 2; G.: 2)*	**91,50**	2	1,43
Le Tertre Roteboeuf, St.-Emilion *(O.: GC; P.: 2; G.: 2)*	**91,50**	1	-1,37
d'Aiguilhe, Côtes de Castillon **	**91,00**		5,87
Brane-Cantenac, Margaux *(O.: 2; P.: 5; G.: 5)*	**91,00**	6	5,87
Hosanna (bis 1998 Ch. Certan-Giraud),Pomerol **	**91,00**		5,87
d'Issan, Margaux *(O.: 3; P.: 5; G.: CB)*	**91,00**	6	5,87
Marojallia, Margaux **	**91,00**		5,87
Barde-Haut, St.-Emilion *(O.: GC; P.: 5)* *	**91,00**		4,65
La Fleur de Gay, Pomerol *(O.: unklass.; P.: 2; G.: 3)*	**91,00**	3	2,49
Clos de l'Oratoire, St.-Emilion *(O.: GCC; P.: 3 (4-5); G.: 4)*	**91,00**	2	0,93
Grand Mayne, St.-Emilion *(O.: GCC; P.: 3; G.: 5)*	**91,00**	2	0,93
Ducru-Beaucaillou, St.-Julien *(O.: 2; P.: 1; G.: 1)*	**91,00**	1	-1,87
L'Eglise-Clinet, Pomerol *(O.: unklass.; P.: 2; G.: 1)*	**91,00**	1	-1,87
Léoville Las Cases, St.-Julien *(O.: 2; P.: 1; G.: 1)*	**91,00**	1	-1,87
de Valandraud, St.-Emilion *(P.: 1; G.: 1)*	**91,00**	1	-1,87

1998 *(Jahrgangsmittelwert: 89,16)*

Lafite Rothschild, Pauillac *(O.: 1; P.: 1; G.: 1)*	**98,00**	1	4,47
Pétrus, Pomerol *(O.: unklass.; P.: 1; G.: 1)*	**98,00**	1	4,47
Haut Brion, Pessac-Léognan *(O.: 1; P.: 1; G.: 1)*	**96,00**	1	2,47
La Mondotte, St.-Emilion *(O.: GC; P.: 1)* *	**96,00**		2,47
Mouton Rothschild, Pauillac *(O.: 1; P.: 1; G.: 1)*	**96,00**	1	2,47
Peby Faugères, St.-Emilion **	**95,00**		9,21
Pavie, St.-Emilion *(O.: PGCC (B); P.: 5; G.: 3)*	**95,00**	4	7,12
Pavie Macquin, St.-Emilion *(O.: GCC; P.: 4; G.: 3)*	**95,00**	2	4,27
Trotanoy, Pomerol *(O.: unklass.; P.: 2; G.: 2)*	**95,00**	2	4,27
Quinault L'Enclos, St.-Emilion *(O.: GC; P.: 4)* *	**94,00**		6,12
Ausone, St.-Emilion *(O.: PGCC (A); P.: 1; G.: 1)*	**94,00**	2	3,27
La Gomerie, St.-Emilion *(O.: GC; P.: 2)* *	**94,00**		3,27
L'Eglise-Clinet, Pomerol *(O.: unklass.; P.: 2; G.: 1)*	**94,00**	1	0,47
Monbousquet, St.-Emilion *(O.: GC; P.: 3; G.: 3)*	**94,00**	1	0,47

Le Tertre Roteboeuf, St.-Emilion *(O.: GC; P.: 2; G.: 2)*	**94,00**	1	0,47
Clos l'Eglise, Pomerol *(O.: unklass.; P.: CB; G.: 3)*	**93,00**	6	7,21
Croix de Labrie, St.-Emilion **	**93,00**		7,21
Pape Clément, Pessac-Léognan *(O.: CC; P.: 2; G.: 2)*	**93,00**	3	3,83
Canon-La-Gaffelière, St.-Emilion *(O.: GCC; P.: 2; G.: 3)*	**93,00**	2	2,27
Grand Mayne, St.-Emilion *(O.: GCC; P.: 3; G.: 5)*	**93,00**	2	2,27
Troplong Mondot, St.-Emilion *(O.: GCC; P.: 2; G.: 3)*	**93,00**	2	2,27
Angélus, St.-Emilion *(O.: PGCC (B); P.: 1; G.: 1)*	**93,00**	1	-0,53
Cheval Blanc, St.-Emilion *(O.: PGCC (A); P.: 1; G.: 1)*	**93,00**	1	-0,53
Léoville Las Cases, St.-Julien *(O.: 2; P.: 1; G.: 1)*	**93,00**	1	-0,53
La Mission Haut Brion, Pessac-Léognan *(O.: CC; P.: 1; G.: 1)*	**93,00**	1	-0,53
Le Pin, Pomerol *(O.: unklass.; P.: 1; G.: 1)*	**93,00**	1	-0,53
de Valandraud, St.-Emilion *(P.: 1; G.: 1)*	**93,00**	1	-0,53
Clos Dubreuil, St.-Emilion **	**92,00**		6,21
Gracia, St.-Emilion *(O.: GC)* **	**92,00**		6,21
La Fleur-Pétrus, Pomerol *(O.: unklass.; P.: 3; G.: 2)*	**92,00**	3	2,83
Magdelaine, St.-Emilion *(O.: PGCC (B); P.: 3; G.: 3)*	**92,00**	3	2,83
Vieux Château Certan, Pomerol *(O.: unklass.; P.: 2; G.: 3)*	**92,00**	3	2,83
Clos de l'Oratoire, St.-Emilion *(O.: GCC; P.: 3 (4-5); G.: 4)*	**92,00**	2	1,27
La Couspaude, St.-Emilion *(O.: GCC; P.: 4)*	**92,00**	2	1,27
L'Evangile, Pomerol *(O.: unklass.; P.: 1; G.: 2)*	**92,00**	1	-1,53
Petit Gravet, St.-Emilion **	**91,00**		5,21
Vieux Château Chauvin, St.-Emilion **	**91,00**		5,21
Beau-Séjour Bécot, St.-Emilion *(O.: PGCC (B); P.: 3; G.: 3)*	**91,00**	4	3,12
Pavie Decesse, St.-Emilion *(O.: GCC; P.: 5; G.: 4)*	**91,00**	4	3,12
Clerc Milon, Pauillac *(O.: 5; P.: 4; G.: 3)*	**91,00**	3	1,83
Le Roc de Cambes, Côtes de Bourg *(P.: 5; G.: 5)*	**91,00**	3	1,83
Le Bon Pasteur, Pomerol *(O.: unklass.; P.: 4; G.: 4)*	**91,00**	2	0,27
Léoville Barton, St.-Julien *(O.: 2; P.: 2; G.: 2)*	**91,00**	2	0,27
Palmer, Margaux *(O.: 3; P.: 1; G.: 2)*	**91,00**	2	0,27
Ducru-Beaucaillou, St.-Julien *(O.: 2; P.: 1; G.: 1)*	**91,00**	1	-2,53
Margaux, Margaux *(O.: 1; P.: 1; G.: 1)*	**91,00**	1	-2,53

1997 *(Jahrgangsmittelwert: 86,28)*

La Mondotte, St.-Emilion *(O.: GC; P.: 1)* *	**94,00**		3,35
Lafite Rothschild, Pauillac *(O.: 1; P.: 1; G.: 1)*	**92,00**	1	1,35
Ausone, St.-Emilion *(O.: PGCC (A); P.: 1; G.: 1)*	**91,00**	2	3,15
L'Eglise-Clinet, Pomerol *(O.: unklass.; P.: 2; G.: 1)*	**91,00**	1	0,35
Pétrus, Pomerol *(O.: unklass.; P.: 1; G.: 1)*	**91,00**	1	0,35
Clos l'Eglise, Pomerol *(O.: unklass.; P.: CB; G.: 3)*	**90,00**	6	7,09
Barde-Haut, St.-Emilion *(O.: GC; P.: 5)* *	**90,00**		5,87
Clos Fourtet, St.-Emilion *(O.: PGCC (B); P.: (5); G.: 4)*	**90,00**	4	5,00
Canon-La-Gaffelière, St.-Emilion *(O.: GCC; P.: 2; G.: 3)*	**90,00**	2	2,15
Pavie Macquin, St.-Emilion *(O.: GCC; P.: 4; G.: 3)*	**90,00**	2	2,15
Léoville Las Cases, St.-Julien *(O.: 2; P.: 1; G.: 1)*	**90,00**	1	-0,65
Margaux, Margaux *(O.: 1; P.: 1; G.: 1)*	**90,00**	1	-0,65
Monbousquet, St.-Emilion *(O.: GC; P.: 3; G.: 3)*	**90,00**	1	-0,65
Mouton Rothschild, Pauillac *(O.: 1; P.: 1; G.: 1)*	**90,00**	1	-0,65
Clos Dubreuil, St.-Emilion **	**89,00**		6,09
Gracia, St.-Emilion *(O.: GC)* **	**89,00**		6,09
Beau-Séjour Bécot, St.-Emilion *(O.: PGCC (B); P.: 3; G.: 3)*	**89,00**	4	4,00
Pavie Decesse, St.-Emilion *(O.: GCC; P.: 5; G.: 4)*	**89,00**	4	4,00
Poujeaux, Moulis *(O.: CB; P.: 5; G.: 3)*	**89,00**	4	4,00
Clerc Milon, Pauillac *(O.: 5; P.: 4; G.: 3)*	**89,00**	3	2,71
La Fleur-Pétrus, Pomerol *(O.: unklass.; P.: 3; G.: 2)*	**89,00**	3	2,71
Clinet, Pomerol *(O.: unklass.; P.: 1; G.: 2)*	**89,00**	2	1,15
Clos de l'Oratoire, St.-Emilion *(O.: GCC; P.: 3 (4-5); G.: 4)*	**89,00**	2	1,15
La Gomerie, St.-Emilion *(O.: GC; P.: 2)* *	**89,00**		1,15
Trotanoy, Pomerol *(O.: unklass.; P.: 2; G.: 2)*	**89,00**	2	1,15
Angélus, St.-Emilion *(O.: PGCC (B); P.: 1; G.: 1)*	**89,00**	1	-1,65
L'Evangile, Pomerol *(O.: unklass.; P.: 1; G.: 2)*	**89,00**	1	-1,65
Haut Brion, Pessac-Léognan *(O.: 1; P.: 1; G.: 1)*	**89,00**	1	-1,65
Latour, Pauillac *(O.: 1; P.: 1; G.: 1)*	**89,00**	1	-1,65
de Valandraud, St.-Emilion *(P.: 1; G.: 1)*	**89,00**	1	-1,65
Berliquet, St.-Emilion *(O.: GCC; P.: CB)* *	**88,00**		5,09
de Chambrun,Lalande de Pomerol **	**88,00**		5,09
Chauvin, St.-Emilion *(O.: GCC; P.: CB; G.: 5)*	**88,00**	6	5,09

Bei fehlender Neuklassifizierung: * Parker- bzw. Gabriel-Einstufung wurde berücksichtigt.
** Château wurde als Cru Bourgeois gewertet.

Malartic-Lagravière, Pessac-Léognan *(O.: CC; P.: CB; G.: 5)* *	**88,00**		5,09
Charmail, Haut-Médoc *(O.: CB; P.: 5; G.: 5)* *	**88,00**		3,87
L'Hermitage, St.-Emilion *(O.: GC; P.: 5)* *	**88,00**		3,87
Les Carruades de Lafite, Pauillac *(G.: 5)*	**88,00**	4	3,00
Quinault L'Enclos, St.-Emilion *(O.: GC; P.: 4)* *	**88,00**		3,00
La Croix du Casse, Pomerol *(O.: unklass.; P.: 5; G.: 5)*	**88,00**	3	1,71
Latour à Pomerol, Pomerol *(O.: unklass.; P.: 3; G.: 3)*	**88,00**	3	1,71
Rol Valentin, St.-Emilion *(O.: GC; P.: 3)* *	**88,00**		1,71
Saint Pierre (Sevaistre), St.-Julien *(O.: 4; P.: 4; G.: 4)*	**88,00**	3	1,71
Le Bon Pasteur, Pomerol *(O.: unklass.; P.: 4; G.: 4)*	**88,00**	2	0,15
La Conseillante, Pomerol *(O.: unklass.; P.: 2; G.: 3)*	**88,00**	2	0,15
La Couspaude, St.-Emilion *(O.: GCC; P.: 4)*	**88,00**	2	0,15
Ferrand-Lartigue, St.-Emilion *(O.: GC; P.: 4; G.: 4)*	**88,00**	2	0,15
Pichon Longueville Comtesse de Lalande, Pauillac *(O.: 2; P.: 1; G.: 2)*	**88,00**	2	0,15
Troplong Mondot, St.-Emilion *(O.: GCC; P.: 2; G.: 3)*	**88,00**	2	0,15
Lafleur, Pomerol *(O.: unklass.; P.: 1; G.: 1)*	**88,00**	1	-2,65

1996 *(Jahrgangsmittelwert: 87,95)*

Lafite Rothschild, Pauillac *(O.: 1; P.: 1; G.: 1)*	**100,00**	1	7,68
Latour, Pauillac *(O.: 1; P.: 1; G.: 1)*	**99,00**	1	6,68
Margaux, Margaux *(O.: 1; P.: 1; G.: 1)*	**99,00**	1	6,68
Léoville Las Cases, St.-Julien *(O.: 2; P.: 1; G.: 1)*	**98,00**	1	5,68
La Mondotte, St.-Emilion *(O.: GC; P.: 1)* *	**97,00**		4,68
Pichon Longueville Comtesse de Lalande, Pauillac *(O.: 2; P.: 1; G.: 2)*	**96,00**	2	6,48
Ducru-Beaucaillou, St.-Julien *(O.: 2; P.: 1; G.: 1)*	**96,00**	1	3,68
Lynch-Bages, Pauillac *(O.: 5; P.: 2; G.: 2)*	**94,00**	1	1,68
Mouton Rothschild, Pauillac *(O.: 1; P.: 1; G.: 1)*	**94,00**	1	1,68
Ausone, St.-Emilion *(O.: PGCC (A); P.: 1; G.: 1)*	**93,00**	2	3,48
Cos d'Estournel, St.-Estèphe *(O.: 2; P.: 1; G.: 3)*	**93,00**	2	3,48
Grand-Puy-Lacoste, Pauillac *(O.: 5; P.: 3; G.: 2)*	**93,00**	2	3,48
Léoville Poyferré, St.-Julien *(O.: 2; P.: 2; G.: 2)*	**93,00**	2	3,48
L'Eglise-Clinet, Pomerol *(O.: unklass.; P.: 2; G.: 1)*	**93,00**	1	0,68
Calon-Ségur, St.-Estèphe *(O.: 3; P.: 3; G.: 3)*	**92,00**	3	4,04
Pontet-Canet, Pauillac *(O.: 5; P.: 3; G.: 4)*	**92,00**	3	4,04
La Gomerie, St.-Emilion *(O.: GC; P.: 2)* *	**92,00**		2,48
Léoville Barton, St.-Julien *(O.: 2; P.: 2; G.: 2)*	**92,00**	2	2,48
Haut Brion, Pessac-Léognan *(O.: 1; P.: 1; G.: 1)*	**92,00**	1	-0,32
Pétrus, Pomerol *(O.: unklass.; P.: 1; G.: 1)*	**92,00**	1	-0,32
Pape Clément, Pessac-Léognan *(O.: CC; P.: 2; G.: 2)*	**91,00**	3	3,04
Clinet, Pomerol *(O.: unklass.; P.: 1; G.: 2)*	**91,00**	2	1,48
Montrose, St.-Estèphe *(O.: 2; P.: 2; G.: 1)*	**91,00**	2	1,48
Palmer, Margaux *(O.: 3; P.: 1; G.: 2)*	**91,00**	2	1,48
Pichon-Longueville Baron, Pauillac *(O.: 2; P.: 2; G.: 2)*	**91,00**	2	1,48
Angélus, St.-Emilion *(O.: PGCC (B); P.: 1; G.: 1)*	**91,00**	1	-1,32
Le Pin, Pomerol *(O.: unklass.; P.: 1; G.: 1)*	**91,00**	1	-1,32
de Valandraud, St.-Emilion *(P.: 1; G.: 1)*	**91,00**	1	-1,32
Smith Haut Lafitte, Pessac-Léognan *(O.: CC; P.: 2; G.: 3)*	**90,00**	6	5,42
Haut-Batailley, Pauillac *(O.: 5; P.: 5; G.: CB)*	**90,00**	5	4,20
Malescot Saint Exupéry, Margaux *(O.: 3; P.: 3)*	**90,00**	4	3,33
Clerc Milon, Pauillac *(O.: 5; P.: 4; G.: 3)*	**90,00**	3	2,04
Clos du Marquis, St.-Julien *(G.: CB)*	**90,00**	3	2,04
Duhart-Milon-Rothschild, Pauillac *(O.: 4; P.: 3; G.: CB)*	**90,00**	3	2,04
Les Forts de Latour, Pauillac *(P.: 4; G.: 4)*	**90,00**	3	2,04
Gazin, Pomerol *(O.: unklass.; P.: 5; G.: 2)*	**90,00**	3	2,04
Lafon-Rochet, St.-Estèphe *(O.: 4; P.: 4; G.: 5)*	**90,00**	3	2,04
Lagrange, St.-Julien *(O.: 3; P.: 3 (2); G.: 4)*	**90,00**	3	2,04
Rol Valentin, St.-Emilion *(O.: GC; P.: 3)* *	**90,00**		2,04
Canon-La-Gaffelière, St.-Emilion *(O.: GCC; P.: 2; G.: 3)*	**90,00**	2	0,48
Clos de l'Oratoire, St.-Emilion *(O.: GCC; P.: 3 (4-5); G.: 4)*	**90,00**	2	0,48
Ferrand-Lartigue, St.-Emilion *(O.: GC; P.: 4; G.: 4)*	**90,00**	2	0,48
Sociando-Mallet, Haut-Médoc *(O.: CB; P.: 3; G.: 3)*	**90,00**	2	0,48
Cheval Blanc, St.-Emilion *(O.: PGCC (A); P.: 1; G.: 1)*	**90,00**	1	-2,32
L'Evangile, Pomerol *(O.: unklass.; P.: 1; G.: 2)*	**90,00**	1	-2,32
Lafleur, Pomerol *(O.: unklass.; P.: 1; G.: 1)*	**90,00**	1	-2,32
Monbousquet, St.-Emilion *(O.: GC; P.: 3; G.: 3)*	**90,00**	1	-2,32
Le Tertre Roteboeuf, St.-Emilion *(O.: GC; P.: 2; G.: 2)*	**90,00**	1	-2,32

1995 *(Jahrgangsmittelwert: 88,97)*

Clinet, Pomerol *(O.: unklass.; P.: 1; G.: 2)*	96,00	2	5,46
Pichon Longueville Comtesse de Lalande, Pauillac *(O.: 2; P.: 1; G.: 2)*	96,00	2	5,46
L'Eglise-Clinet, Pomerol *(O.: unklass.; P.: 2; G.: 1)*	96,00	1	2,66
Haut Brion, Pessac-Léognan *(O.: 1; P.: 1; G.: 1)*	96,00	1	2,66
Latour, Pauillac *(O.: 1; P.: 1; G.: 1)*	96,00	1	2,66
Pétrus, Pomerol *(O.: unklass.; P.: 1; G.: 1)*	96,00	1	2,66
Cos d'Estournel, St.-Estèphe *(O.: 2; P.: 1; G.: 3)*	95,00	2	4,46
Grand-Puy-Lacoste, Pauillac *(O.: 5; P.: 3; G.: 2)*	95,00	2	4,46
Angélus, St.-Emilion *(O.: PGCC (B); P.: 1; G.: 1)*	95,00	1	1,66
Lafite Rothschild, Pauillac *(O.: 1; P.: 1; G.: 1)*	95,00	1	1,66
Léoville Las Cases, St.-Julien *(O.: 2; P.: 1; G.: 1)*	95,00	1	1,66
Margaux, Margaux *(O.: 1; P.: 1; G.: 1)*	95,00	1	1,66
Mouton Rothschild, Pauillac *(O.: 1; P.: 1; G.: 1)*	95,00	1	1,66
Le Tertre Roteboeuf, St.-Emilion *(O.: GC; P.: 2; G.: 2)*	95,00	1	1,66
de Valandraud, St.-Emilion *(P.: 1; G.: 1)*	95,00	1	1,66
Ducru-Beaucaillou, St.-Julien *(O.: 2; P.: 1; G.: 1)*	94,00	1	0,66
La Fleur-Pétrus, Pomerol *(O.: unklass.; P.: 3; G.: 2)*	93,00	3	4,02
Ausone, St.-Emilion *(O.: PGCC (A); P.: 1; G.: 1)*	93,00	2	2,46
La Gomerie, St.-Emilion *(O.: GC; P.: 2)* *	93,00		2,46
Montrose, St.-Estèphe *(O.: 2; P.: 2; G.: 1)*	93,00	2	2,46
Trotanoy, Pomerol *(O.: unklass.; P.: 2; G.: 2)*	93,00	2	2,46
Lafleur, Pomerol *(O.: unklass.; P.: 1; G.: 1)*	93,00	1	-0,34
Le Pin, Pomerol *(O.: unklass.; P.: 1; G.: 1)*	93,00	1	-0,34
Calon-Ségur, St.-Estèphe *(O.: 3; P.: 3; G.: 3)*	92,00	3	3,02
Pontet-Canet, Pauillac *(O.: 5; P.: 3; G.: 4)*	92,00	3	3,02
Troplong Mondot, St.-Emilion *(O.: GCC; P.: 2; G.: 3)*	92,00	2	1,46
Cheval Blanc, St.-Emilion *(O.: PGCC (A); P.: 1; G.: 1)*	92,00	1	-1,34
L'Evangile, Pomerol *(O.: unklass.; P.: 1; G.: 2)*	92,00	1	-1,34
Monbousquet, St.-Emilion *(O.: GC; P.: 3; G.: 3)*	92,00	1	-1,34
de Ferrand, St.-Emilion *(O.: GC; P.: CB)*	91,00	3	2,02
Magdelaine, St.-Emilion *(O.: PGCC (B); P.: 3; G.: 3)*	91,00	3	2,02
Canon-La-Gaffelière, St.-Emilion *(O.: GCC; P.: 2; G.: 3)*	91,00	2	0,46
Léoville Barton, St.-Julien *(O.: 2; P.: 2; G.: 2)*	91,00	2	0,46
Lynch-Bages, Pauillac *(O.: 5; P.: 2; G.: 2)*	91,00	1	-2,34
La Mission Haut Brion, Pessac-Léognan *(O.: CC; P.: 1; G.: 1)*	91,00	1	-2,34
La Chapelle de la Mission-Haut Brion, Pessac-Léognan **	90,00		4,40
Smith Haut Lafitte, Pessac-Léognan *(O.: CC; P.: 2; G.: 3)*	90,00	6	4,40
de Fieuzal, Pessac-Léognan *(O.: CC; P.: 4 (2-3); G.: 3)*	90,00	4	2,31
Haut-Bailly, Pessac-Léognan *(O.: CC; P.: 3; G.: 5)*	90,00	4	2,31
Malescot Saint Exupéry, Margaux *(O.: 3; P.: 3)*	90,00	4	2,31
Moulin Saint Georges, St.-Emilion *(O.: GC; P.: 4)* *	90,00		2,31
L'Arrosée, St.-Emilion *(O.: GCC; P.: 3; G.: 4)*	90,00	3	1,02
Branaire-Ducru, St.-Julien *(O.: 4; P.: 3; G.: 5)*	90,00	3	1,02
Certan de May de Certan, Pomerol *(O.: unklass.; P.: 2; G.: 5)*	90,00	3	1,02
Clos du Marquis, St.-Julien *(G.: CB)*	90,00	3	1,02
La Croix du Casse, Pomerol *(O.: unklass.; P.: 5; G.: 5)*	90,00	3	1,02
La Fleur de Gay, Pomerol *(O.: unklass.; P.: 2; G.: 3)*	90,00	3	1,02
Gazin, Pomerol *(O.: unklass.; P.: 5; G.: 2)*	90,00	3	1,02
Lagrange, St.-Julien *(O.: 3; P.: 3 (2); G.: 4)*	90,00	3	1,02
Pape Clément, Pessac-Léognan *(O.: CC; P.: 2; G.: 2)*	90,00	3	1,02
Rauzan Ségla, Margaux *(O.: 2; P.: 2; G.: 2)*	90,00	3	1,02
Le Bon Pasteur, Pomerol *(O.: unklass.; P.: 4; G.: 4)*	90,00	2	-0,54
La Couspaude, St.-Emilion *(O.: GCC; P.: 4)*	90,00	2	-0,54
Grand Mayne, St.-Emilion *(O.: GCC; P.: 3; G.: 5)*	90,00	2	-0,54
Léoville Poyferré, St.-Julien *(O.: 2; P.: 2; G.: 2)*	90,00	2	-0,54
Palmer, Margaux *(O.: 3; P.: 1; G.: 2)*	90,00	2	-0,54
Pichon-Longueville Baron, Pauillac *(O.: 2; P.: 2; G.: 2)*	90,00	2	-0,54
Sociando-Mallet, Haut-Médoc *(O.: CB; P.: 3; G.: 3)*	90,00	2	-0,54

1994 *(Jahrgangsmittelwert: 87,49)*

Latour, Pauillac *(O.: 1; P.: 1; G.: 1)*	94,00	1	2,14
de Valandraud, St.-Emilion *(P.: 1; G.: 1)*	94,00	1	2,14
Pontet-Canet, Pauillac *(O.: 5; P.: 3; G.: 4)*	93,00	3	5,50
Haut Brion, Pessac-Léognan *(O.: 1; P.: 1; G.: 1)*	93,00	1	1,14
Lafleur, Pomerol *(O.: unklass.; P.: 1; G.: 1)*	93,00	1	1,14
Léoville Las Cases, St.-Julien *(O.: 2; P.: 1; G.: 1)*	93,00	1	1,14

Bei fehlender Neuklassifizierung: * Parker- bzw. Gabriel-Einstufung wurde berücksichtigt.
** Château wurde als Cru Bourgeois gewertet.

Pétrus, Pomerol *(O.: unklass.; P.: 1; G.: 1)*	**93,00**	1	1,14
Clinet, Pomerol *(O.: unklass.; P.: 1; G.: 2)*	**92,00**	2	2,94
Angélus, St.-Emilion *(O.: PGCC (B); P.: 1; G.: 1)*	**92,00**	1	0,14
L'Evangile, Pomerol *(O.: unklass.; P.: 1; G.: 2)*	**92,00**	1	0,14
Margaux, Margaux *(O.: 1; P.: 1; G.: 1)*	**92,00**	1	0,14
Cos d'Estournel, St.-Estèphe *(O.: 2; P.: 1; G.: 3)*	**91,00**	2	1,94
Montrose, St.-Estèphe *(O.: 2; P.: 2; G.: 1)*	**91,00**	2	1,94
Pichon Longueville Comtesse de Lalande, Pauillac *(O.: 2; P.: 1; G.: 2)*	**91,00**	2	1,94
La Mission Haut Brion, Pessac-Léognan *(O.: CC; P.: 1; G.: 1)*	**91,00**	1	-0,86
Mouton Rothschild, Pauillac *(O.: 1; P.: 1; G.: 1)*	**91,00**	1	-0,86
Le Pin, Pomerol *(O.: unklass.; P.: 1; G.: 1)*	**91,00**	1	-0,86
de Ferrand, St.-Emilion *(O.: GC; P.: CB)*	**90,00**	3	2,50
Gazin, Pomerol *(O.: unklass.; P.: 5; G.: 2)*	**90,00**	3	2,50
Canon-La-Gaffelière, St.-Emilion *(O.: GCC; P.: 2; G.: 3)*	**90,00**	2	0,94
Grand-Puy-Lacoste, Pauillac *(O.: 5; P.: 3; G.: 2)*	**90,00**	2	0,94
Léoville Barton, St.-Julien *(O.: 2; P.: 2; G.: 2)*	**90,00**	2	0,94
Troplong Mondot, St.-Emilion *(O.: GCC; P.: 2; G.: 3)*	**90,00**	2	0,94
Ducru-Beaucaillou, St.-Julien *(O.: 2; P.: 1; G.: 1)*	**90,00**	1	-1,86
L'Eglise-Clinet, Pomerol *(O.: unklass.; P.: 2; G.: 1)*	**90,00**	1	-1,86
Lafite Rothschild, Pauillac *(O.: 1; P.: 1; G.: 1)*	**90,00**	1	-1,86
Monbousquet, St.-Emilion *(O.: GC; P.: 3; G.: 3)*	**90,00**	1	-1,86
Le Tertre Roteboeuf, St.-Emilion *(O.: GC; P.: 2; G.: 2)*	**90,00**	1	-1,86
Clos René, Pomerol *(O.: unklass.; P.: 5; G.: CB)*	**89,50**	5	4,16
Clos du Clocher, Pomerol *(O.: unklass.; P.: CB; G.: 3)*	**89,00**	5	3,66
Cadet-Piola, St.-Emilion *(O.: GCC; P.: 5; G.: CB)*	**89,00**	4	2,79
Corbin-Michotte, St.-Emilion *(O.: GCC; P.: (5))*	**89,00**	4	2,79
de Fieuzal, Pessac-Léognan *(O.: CC; P.: 4 (2-3); G.: 3)*	**89,00**	4	2,79
La Louvière, Pessac-Léognan *(O.: unklass.; P.: 4; G.: CB)*	**89,00**	4	2,79
La Tour Haut Brion, Pessac-Léognan *(O.: CC; P.: 5; G.: 5)*	**89,00**	4	2,79
Branaire-Ducru, St.-Julien *(O.: 4; P.: 3; G.: 5)*	**89,00**	3	1,50
La Croix du Casse, Pomerol *(O.: unklass.; P.: 5; G.: 5)*	**89,00**	3	1,50
La Fleur de Gay, Pomerol *(O.: unklass.; P.: 2; G.: 3)*	**89,00**	3	1,50
La Fleur-Pétrus, Pomerol *(O.: unklass.; P.: 3; G.: 2)*	**89,00**	3	1,50
Haut-Marbuzet, St.-Estèphe *(O.: CB; P.: 3; G.: CB)*	**89,00**	3	1,50
Lafon-Rochet, St.-Estèphe *(O.: 4; P.: 4; G.: 5)*	**89,00**	3	1,50
Latour à Pomerol, Pomerol *(O.: unklass.; P.: 3; G.: 3)*	**89,00**	3	1,50
Saint Pierre (Sevaistre), St.-Julien *(O.: 4; P.: 4; G.: 4)*	**89,00**	3	1,50
Le Bon Pasteur, Pomerol *(O.: unklass.; P.: 4; G.: 4)*	**89,00**	2	-0,06
La Couspaude, St.-Emilion *(O.: GCC; P.: 4)*	**89,00**	2	-0,06
Ferrand-Lartigue, St.-Emilion *(O.: GC; P.: 4; G.: 4)*	**89,00**	2	-0,06
Sociando-Mallet, Haut-Médoc *(O.: CB; P.: 3; G.: 3)*	**89,00**	2	-0,06
Trotanoy, Pomerol *(O.: unklass.; P.: 2; G.: 2)*	**89,00**	2	-0,06

1993 *(Jahrgangsmittelwert: 86,01)*

de Valandraud, St.-Emilion *(P.: 1; G.: 1)*	**93,00**	1	2,53
Angélus, St.-Emilion *(O.: PGCC (B); P.: 1; G.: 1)*	**92,00**	1	1,53
Haut Brion, Pessac-Léognan *(O.: 1; P.: 1; G.: 1)*	**92,00**	1	1,53
Pétrus, Pomerol *(O.: unklass.; P.: 1; G.: 1)*	**92,00**	1	1,53
Clinet, Pomerol *(O.: unklass.; P.: 1; G.: 2)*	**90,00**	2	2,33
Trotanoy, Pomerol *(O.: unklass.; P.: 2; G.: 2)*	**90,00**	2	2,33
Lafleur, Pomerol *(O.: unklass.; P.: 1; G.: 1)*	**90,00**	1	-0,47
Latour, Pauillac *(O.: 1; P.: 1; G.: 1)*	**90,00**	1	-0,47
Léoville Las Cases, St.-Julien *(O.: 2; P.: 1; G.: 1)*	**90,00**	1	-0,47
La Mission Haut Brion, Pessac-Léognan *(O.: CC; P.: 1; G.: 1)*	**90,00**	1	-0,47
Mouton Rothschild, Pauillac *(O.: 1; P.: 1; G.: 1)*	**90,00**	1	-0,47
Le Pin, Pomerol *(O.: unklass.; P.: 1; G.: 1)*	**90,00**	1	-0,47
Le Tertre Roteboeuf, St.-Emilion *(O.: GC; P.: 2; G.: 2)*	**90,00**	1	-0,47
Gazin, Pomerol *(O.: unklass.; P.: 5; G.: 2)*	**89,00**	3	2,89
Cos d'Estournel, St.-Estèphe *(O.: 2; P.: 1; G.: 3)*	**89,00**	2	1,33
Pavie Macquin, St.-Emilion *(O.: GCC; P.: 4; G.: 3)*	**89,00**	2	1,33
L'Evangile, Pomerol *(O.: unklass.; P.: 1; G.: 2)*	**89,00**	1	-1,47
Margaux, Margaux *(O.: 1; P.: 1; G.: 1)*	**89,00**	1	-1,47
Monbousquet, St.-Emilion *(O.: GC; P.: 3; G.: 3)*	**89,00**	1	-1,47
Dauzac, Margaux *(O.: 5; P.: 5; G.: CB)* *	**88,00**		4,05
La Tour Haut Brion, Pessac-Léognan *(O.: CC; P.: 5; G.: 5)*	**88,00**	4	3,18
L'Arrosée, St.-Emilion *(O.: GCC; P.: 3; G.: 4)*	**88,00**	3	1,89
Le Bon Pasteur, Pomerol *(O.: unklass.; P.: 4; G.: 4)*	**88,00**	2	0,33

Canon-La-Gaffelière, St.-Emilion *(O.: GCC; P.: 2; G.: 3)*	**88,00**	2	0,33
Ferrand-Lartigue, St.-Emilion *(O.: GC; P.: 4; G.: 4)*	**88,00**	2	0,33
Grand Mayne, St.-Emilion *(O.: GCC; P.: 3; G.: 5)*	**88,00**	2	0,33
Léoville Barton, St.-Julien *(O.: 2; P.: 2; G.: 2)*	**88,00**	2	0,33
Lafite Rothschild, Pauillac *(O.: 1; P.: 1; G.: 1)*	**88,00**	1	-2,47

1990 *(Jahrgangsmittelwert: 89,87)*

Beauséjour Duffau-Lagarosse, St.-Emilion *(O.: PGCC (B); P.: 2; G.: 4)*	**100,00**	3	10,12
Montrose, St.-Estèphe *(O.: 2; P.: 2; G.: 1)*	**100,00**	2	8,56
Margaux, Margaux *(O.: 1; P.: 1; G.: 1)*	**100,00**	1	5,76
Pétrus, Pomerol *(O.: unklass.; P.: 1; G.: 1)*	**100,00**	1	5,76
Cheval Blanc, St.-Emilion *(O.: PGCC (A); P.: 1; G.: 1)*	**99,00**	1	4,76
Troplong Mondot, St.-Emilion *(O.: GCC; P.: 2; G.: 3)*	**98,00**	2	6,56
Le Pin, Pomerol *(O.: unklass.; P.: 1; G.: 1)*	**98,00**	1	3,76
Le Tertre Roteboeuf, St.-Emilion *(O.: GC; P.: 2; G.: 2)*	**98,00**	1	3,76
La Conseillante, Pomerol *(O.: unklass.; P.: 2; G.: 3)*	**97,00**	2	5,56
Lafleur, Pomerol *(O.: unklass.; P.: 1; G.: 1)*	**97,00**	1	2,76
Léoville Poyferré, St.-Julien *(O.: 2; P.: 2; G.: 2)*	**96,00**	2	4,56
Pichon-Longueville Baron, Pauillac *(O.: 2; P.: 2; G.: 2)*	**96,00**	2	4,56
Angélus, St.-Emilion *(O.: PGCC (B); P.: 1; G.: 1)*	**96,00**	1	1,76
L'Evangile, Pomerol *(O.: unklass.; P.: 1; G.: 2)*	**96,00**	1	1,76
Haut Brion, Pessac-Léognan *(O.: 1; P.: 1; G.: 1)*	**96,00**	1	1,76
Latour, Pauillac *(O.: 1; P.: 1; G.: 1)*	**96,00**	1	1,76
Léoville Las Cases, St.-Julien *(O.: 2; P.: 1; G.: 1)*	**96,00**	1	1,76
Clinet, Pomerol *(O.: unklass.; P.: 1; G.: 2)*	**95,00**	2	3,56
Cos d'Estournel, St.-Estèphe *(O.: 2; P.: 1; G.: 3)*	**95,00**	2	3,56
Grand-Puy-Lacoste, Pauillac *(O.: 5; P.: 3; G.: 2)*	**95,00**	2	3,56
Figeac, St.-Emilion *(O.: PGCC (B); P.: 2; G.: 3)*	**94,00**	5	6,28
Lynch-Bages, Pauillac *(O.: 5; P.: 2; G.: 2)*	**94,00**	1	-0,24
La Mission Haut Brion, Pessac-Léognan *(O.: CC; P.: 1; G.: 1)*	**94,00**	1	-0,24
L'Arrosée, St.-Emilion *(O.: GCC; P.: 3; G.: 4)*	**93,00**	3	3,12
Gazin, Pomerol *(O.: unklass.; P.: 5; G.: 2)*	**93,00**	3	3,12
Haut-Marbuzet, St.-Estèphe *(O.: CB; P.: 3; G.: CB)*	**93,00**	3	3,12
Lagrange, St.-Julien *(O.: 3; P.: 3 (2); G.: 4)*	**93,00**	3	3,12
Rauzan Ségla, Margaux *(O.: 2; P.: 2; G.: 2)*	**93,00**	3	3,12
Gruaud-Larose, St.-Julien *(O.: 2; P.: 2; G.: 2)*	**93,00**	2	1,56
Haut-Bailly, Pessac-Léognan *(O.: CC; P.: 3; G.: 5)*	**92,00**	4	3,41
Pavie, St.-Emilion *(O.: PGCC (B); P.: 5; G.: 3)*	**92,00**	4	3,41
La Dominique, St.-Emilion *(O.: GCC; P.: 3; G.: 3)*	**92,00**	3	2,12
La Fleur de Gay, Pomerol *(O.: unklass.; P.: 2; G.: 3)*	**92,00**	3	2,12
Magdelaine, St.-Emilion *(O.: PGCC (B); P.: 3; G.: 3)*	**92,00**	3	2,12
Pape Clément, Pessac-Léognan *(O.: CC; P.: 2; G.: 2)*	**92,00**	3	2,12
Ausone, St.-Emilion *(O.: PGCC (A); P.: 1; G.: 1)*	**92,00**	2	0,56
Canon-La-Gaffelière, St.-Emilion *(O.: GCC; P.: 2; G.: 3)*	**92,00**	2	0,56
Léoville Barton, St.-Julien *(O.: 2; P.: 2; G.: 2)*	**92,00**	2	0,56
Sociando-Mallet, Haut-Médoc *(O.: CB; P.: 3; G.: 3)*	**92,00**	2	0,56
L'Eglise-Clinet, Pomerol *(O.: unklass.; P.: 2; G.: 1)*	**92,00**	1	-2,24
Lafite Rothschild, Pauillac *(O.: 1; P.: 1; G.: 1)*	**92,00**	1	-2,24
Certan de May de Certan, Pomerol *(O.: unklass.; P.: 2; G.: 5)*	**91,00**	3	1,12
Vieux Château Certan, Pomerol *(O.: unklass.; P.: 2; G.: 3)*	**91,00**	3	1,12
Le Bon Pasteur, Pomerol *(O.: unklass.; P.: 4; G.: 4)*	**91,00**	2	-0,44
Pavie Macquin, St.-Emilion *(O.: GCC; P.: 4; G.: 3)*	**91,00**	2	-0,44
Trotanoy, Pomerol *(O.: unklass.; P.: 2; G.: 2)*	**91,00**	2	-0,44

1989 *(Jahrgangsmittelwert: 88,67)*

Clinet, Pomerol *(O.: unklass.; P.: 1; G.: 2)*	**100,00**	2	9,76
Haut Brion, Pessac-Léognan *(O.: 1; P.: 1; G.: 1)*	**100,00**	1	6,96
La Mission Haut Brion, Pessac-Léognan *(O.: CC; P.: 1; G.: 1)*	**100,00**	1	6,96
Pétrus, Pomerol *(O.: unklass.; P.: 1; G.: 1)*	**100,00**	1	6,96
La Conseillante, Pomerol *(O.: unklass.; P.: 2; G.: 3)*	**97,00**	2	6,76
Montrose, St.-Estèphe *(O.: 2; P.: 2; G.: 1)*	**96,00**	2	5,76
Troplong Mondot, St.-Emilion *(O.: GCC; P.: 2; G.: 3)*	**96,00**	2	5,76
Angélus, St.-Emilion *(O.: PGCC (B); P.: 1; G.: 1)*	**96,00**	1	2,96
Le Pin, Pomerol *(O.: unklass.; P.: 1; G.: 1)*	**96,00**	1	2,96
Palmer, Margaux *(O.: 3; P.: 1; G.: 2)*	**95,00**	2	4,76
Pichon-Longueville Baron, Pauillac *(O.: 2; P.: 2; G.: 2)*	**95,00**	2	4,76
Lafleur, Pomerol *(O.: unklass.; P.: 1; G.: 1)*	**95,00**	1	1,96

Bei fehlender Neuklassifizierung: * Parker- bzw. Gabriel-Einstufung wurde berücksichtigt.
** Château wurde als Cru Bourgeois gewertet.

Lynch-Bages, Pauillac *(O.: 5; P.: 2; G.: 2)*	95,00	1	1,96
Le Tertre Roteboeuf, St.-Emilion *(O.: GC; P.: 2; G.: 2)*	95,00	1	1,96
La Fleur de Gay, Pomerol *(O.: unklass.; P.: 2; G.: 3)*	94,00	3	5,32
La Dominique, St.-Emilion *(O.: GCC; P.: 3; G.: 3)*	93,00	3	4,32
Canon, St.-Emilion *(O.: PGCC (B); P.: 5; G.: CB)*	92,00	6	6,70
Branaire-Ducru, St.-Julien *(O.: 4; P.: 3; G.: 5)*	92,00	3	3,32
Grand Mayne, St.-Emilion *(O.: GCC; P.: 3; G.: 5)*	92,00	2	1,76
Pichon Longueville Comtesse de Lalande, Pauillac *(O.: 2; P.: 1; G.: 2)*	92,00	2	1,76
Chasse Spleen, Moulis *(O.: CB; P.: 4 (3); G.: 4)*	91,00	5	4,48
Cantemerle, Haut-Médoc *(O.: 5; P.: 3; G.: 5)*	91,00	4	3,61
La Fleur-Pétrus, Pomerol *(O.: unklass.; P.: 3; G.: 2)*	91,00	3	2,32
Léoville Las Cases, St.-Julien *(O.: 2; P.: 1; G.: 1)*	91,00	1	-2,04
Cassagne Haut-Canon La Truffière, Canon-Fronsac *(P.: 5)* *	90,00		3,48
Le Gay, Pomerol *(O.: unklass.; P.: 4; G.: 4)*	90,00	5	3,48
Meyney, St.-Estèphe *(O.: CB; P.: 5 (3); G.: 5)*	90,00	5	3,48
Trotte Vieille, St.-Emilion *(O.: PGCC (B); P.: 5; G.: 4)*	90,00	5	3,48
du Domaine de L'Église, Pomerol *(O.: unklass.; P.: 5; G.: 5)*	90,00	4	2,61
La Lagune, Haut-Médoc *(O.: 3; P.: 2 (3); G.: 5)*	90,00	4	2,61
Le Bahans du Ch. Haut-Brion, Pessac-Léognan *(P.: 5; G.: CB)*	90,00	3	1,32
Clerc Milon, Pauillac *(O.: 5; P.: 4; G.: 3)*	90,00	3	1,32
Lagrange, St.-Julien *(O.: 3; P.: 3 (2); G.: 4)*	90,00	3	1,32
Magdelaine, St.-Emilion *(O.: PGCC (B); P.: 3; G.: 3)*	90,00	3	1,32
Soutard, St.-Emilion *(O.: GCC; P.: 4)*	90,00	3	1,32
Le Bon Pasteur, Pomerol *(O.: unklass.; P.: 4; G.: 4)*	90,00	2	-0,24
Léoville Barton, St.-Julien *(O.: 2; P.: 2; G.: 2)*	90,00	2	-0,24
Pavie Macquin, St.-Emilion *(O.: GCC; P.: 4; G.: 3)*	90,00	2	-0,24
Sociando-Mallet, Haut-Médoc *(O.: CB; P.: 3; G.: 3)*	90,00	2	-0,24
L'Eglise-Clinet, Pomerol *(O.: unklass.; P.: 2; G.: 1)*	90,00	1	-3,04
L'Evangile, Pomerol *(O.: unklass.; P.: 1; G.: 2)*	90,00	1	-3,04
Lafite Rothschild, Pauillac *(O.: 1; P.: 1; G.: 1)*	90,00	1	-3,04
Mouton Rothschild, Pauillac *(O.: 1; P.: 1; G.: 1)*	90,00	1	-3,04

1988 *(Jahrgangsmittelwert: 86,69)*

Lafite Rothschild, Pauillac *(O.: 1; P.: 1; G.: 1)*	94,00	1	2,94
Lafleur, Pomerol *(O.: unklass.; P.: 1; G.: 1)*	94,00	1	2,94
La Fleur de Gay, Pomerol *(O.: unklass.; P.: 2; G.: 3)*	93,00	3	6,30
Petit Village, Pomerol *(O.: unklass.; P.: 5; G.: 4)*	92,00	5	7,46
Certan de May de Certan, Pomerol *(O.: unklass.; P.: 2; G.: 5)*	92,00	3	5,30
Pape Clément, Pessac-Léognan *(O.: CC; P.: 2; G.: 2)*	92,00	3	5,30
Léoville Las Cases, St.-Julien *(O.: 2; P.: 1; G.: 1)*	92,00	1	0,94
Lynch-Bages, Pauillac *(O.: 5; P.: 2; G.: 2)*	92,00	1	0,94
Le Pin, Pomerol *(O.: unklass.; P.: 1; G.: 1)*	92,00	1	0,94
Calon-Ségur, St.-Estèphe *(O.: 3; P.: 3; G.: 3)*	91,00	3	4,30
Rauzan Ségla, Margaux *(O.: 2; P.: 2; G.: 2)*	91,00	3	4,30
Vieux Château Certan, Pomerol *(O.: unklass.; P.: 2; G.: 3)*	91,00	3	4,30
Ausone, St.-Emilion *(O.: PGCC (A); P.: 1; G.: 1)*	91,00	2	2,74
Angélus, St.-Emilion *(O.: PGCC (B); P.: 1; G.: 1)*	91,00	1	-0,06
Haut Brion, Pessac-Léognan *(O.: 1; P.: 1; G.: 1)*	91,00	1	-0,06
Latour, Pauillac *(O.: 1; P.: 1; G.: 1)*	91,00	1	-0,06
Pétrus, Pomerol *(O.: unklass.; P.: 1; G.: 1)*	91,00	1	-0,06
Le Tertre Roteboeuf, St.-Emilion *(O.: GC; P.: 2; G.: 2)*	91,00	1	-0,06
Domaine de Chevalier, Pessac-Léognan *(O.: CC; P.: 3 (2); G.: 4)*	90,00	6	6,68
Monbrison, Margaux *(O.: CB; G.: 3)*	90,00	6	6,68
La Tour Martillac, Pessac-Léognan *(O.: CC; P.: CB; G.: 5)*	90,00	6	6,68
Larmande, St.-Emilion *(O.: GCC; P.: 3; G.: 5)*	90,00	4	4,59
Canon-La-Gaffelière, St.-Emilion *(O.: GCC; P.: 2; G.: 3)*	90,00	2	1,74
Clinet, Pomerol *(O.: unklass.; P.: 1; G.: 2)*	90,00	2	1,74
Pichon-Longueville Baron, Pauillac *(O.: 2; P.: 2; G.: 2)*	90,00	2	1,74
Pichon Longueville Comtesse de Lalande, Pauillac *(O.: 2; P.: 1; G.: 2)*	90,00	2	1,74
La Mission Haut Brion, Pessac-Léognan *(O.: CC; P.: 1; G.: 1)*	90,00	1	-1,06
Clos des Jacobins, St.-Emilion *(O.: GCC; P.: 5; G.: 5)*	89,00	6	5,68
Haut-Bailly, Pessac-Léognan *(O.: CC; P.: 3; G.: 5)*	89,00	4	3,59
La Louvière, Pessac-Léognan *(O.: unklass.; P.: 4; G.: CB)*	89,00	4	3,59
Clerc Milon, Pauillac *(O.: 5; P.: 4; G.: 3)*	89,00	3	2,30
Haut-Marbuzet, St.-Estèphe *(O.: CB; P.: 3; G.: CB)*	89,00	3	2,30
Talbot, St.-Julien *(O.: 4; P.: 3; G.: 5)*	89,00	3	2,30
Le Bon Pasteur, Pomerol *(O.: unklass.; P.: 4; G.: 4)*	89,00	2	0,74

Troplong Mondot, St.-Emilion *(O.: GCC; P.: 2; G.: 3)*	**89,00**	2	0,74
Mouton Rothschild, Pauillac *(O.: 1; P.: 1; G.: 1)*	**89,00**	1	-2,06
Fourcas Loubaney, Listrac *(O.: CB; P.: 5; G.: 5)*	**88,00**	5	3,46
Meyney, St.-Estèphe *(O.: CB; P.: 5 (3); G.: 5)*	**88,00**	5	3,46
Duhart-Milon-Rothschild, Pauillac *(O.: 4; P.: 3; G.: CB)*	**88,00**	3	1,30
Gruaud-Larose, St.-Julien *(O.: 2; P.: 2; G.: 2)*	**88,00**	2	-0,26
Léoville Barton, St.-Julien *(O.: 2; P.: 2; G.: 2)*	**88,00**	2	-0,26
Ducru-Beaucaillou, St.-Julien *(O.: 2; P.: 1; G.: 1)*	**88,00**	1	-3,06
L'Eglise-Clinet, Pomerol *(O.: unklass.; P.: 2; G.: 1)*	**88,00**	1	-3,06
Margaux, Margaux *(O.: 1; P.: 1; G.: 1)*	**88,00**	1	-3,06

1986 *(Jahrgangsmittelwert: 87,55)*

Lafite Rothschild, Pauillac *(O.: 1; P.: 1; G.: 1)*	**100,00**	1	8,08
Mouton Rothschild, Pauillac *(O.: 1; P.: 1; G.: 1)*	**100,00**	1	8,08
Léoville Las Cases, St.-Julien *(O.: 2; P.: 1; G.: 1)*	**98,00**	1	6,08
Rauzan Ségla, Margaux *(O.: 2; P.: 2; G.: 2)*	**96,00**	3	8,44
Talbot, St.-Julien *(O.: 4; P.: 3; G.: 5)*	**96,00**	3	8,44
Haut Brion, Pessac-Léognan *(O.: 1; P.: 1; G.: 1)*	**96,00**	1	4,08
Margaux, Margaux *(O.: 1; P.: 1; G.: 1)*	**96,00**	1	4,08
Cos d'Estournel, St.-Estèphe *(O.: 2; P.: 1; G.: 3)*	**95,00**	2	5,88
Gruaud-Larose, St.-Julien *(O.: 2; P.: 2; G.: 2)*	**94,00**	2	4,88
Pichon Longueville Comtesse de Lalande, Pauillac *(O.: 2; P.: 1; G.: 2)*	**94,00**	2	4,88
Lafleur, Pomerol *(O.: unklass.; P.: 1; G.: 1)*	**94,00**	1	2,08
Beychevelle, St.-Julien *(O.: 4; P.: 4; G.: 4)*	**92,00**	6	7,82
L'Arrosée, St.-Emilion *(O.: GCC; P.: 3; G.: 4)*	**92,00**	3	4,44
Lagrange, St.-Julien *(O.: 3; P.: 3 (2); G.: 4)*	**92,00**	3	4,44
Vieux Château Certan, Pomerol *(O.: unklass.; P.: 2; G.: 3)*	**92,00**	3	4,44
Léoville Barton, St.-Julien *(O.: 2; P.: 2; G.: 2)*	**92,00**	2	2,88
Cheval Blanc, St.-Emilion *(O.: PGCC (A); P.: 1; G.: 1)*	**92,00**	1	0,08
Ducru-Beaucaillou, St.-Julien *(O.: 2; P.: 1; G.: 1)*	**92,00**	1	0,08
L'Eglise-Clinet, Pomerol *(O.: unklass.; P.: 2; G.: 1)*	**92,00**	1	0,08
Lynch-Bages, Pauillac *(O.: 5; P.: 2; G.: 2)*	**92,00**	1	0,08
Pape Clément, Pessac-Léognan *(O.: CC; P.: 2; G.: 2)*	**91,00**	3	3,44
Grand-Puy-Lacoste, Pauillac *(O.: 5; P.: 3; G.: 2)*	**91,00**	2	1,88
Montrose, St.-Estèphe *(O.: 2; P.: 2; G.: 1)*	**91,00**	2	1,88
La Mission Haut Brion, Pessac-Léognan *(O.: CC; P.: 1; G.: 1)*	**91,00**	1	-0,92
Le Pin, Pomerol *(O.: unklass.; P.: 1; G.: 1)*	**91,00**	1	-0,92
Le Tertre Roteboeuf, St.-Emilion *(O.: GC; P.: 2; G.: 2)*	**91,00**	1	-0,92
Marquis de Terme, Margaux *(O.: 4; P.: 5 (4); G.: CB)*	**90,00**	6	5,82
Chasse Spleen, Moulis *(O.: CB; P.: 4 (3); G.: 4)*	**90,00**	5	4,60
Haut-Bages Libéral, Pauillac *(O.: 5; P.: 5; G.: CB)*	**90,00**	5	4,60
Meyney, St.-Estèphe *(O.: CB; P.: 5 (3); G.: 5)*	**90,00**	5	4,60
Pavie, St.-Emilion *(O.: PGCC (B); P.: 5; G.: 3)*	**90,00**	4	3,73
Certan de May de Certan, Pomerol *(O.: unklass.; P.: 2; G.: 5)*	**90,00**	3	2,44
Clerc Milon, Pauillac *(O.: 5; P.: 4; G.: 3)*	**90,00**	3	2,44
Haut-Marbuzet, St.-Estèphe *(O.: CB; P.: 3; G.: CB)*	**90,00**	3	2,44
Saint Pierre (Sevaistre), St.-Julien *(O.: 4; P.: 4; G.: 4)*	**90,00**	3	2,44
Sociando-Mallet, Haut-Médoc *(O.: CB; P.: 3; G.: 3)*	**90,00**	2	0,88
Latour, Pauillac *(O.: 1; P.: 1; G.: 1)*	**90,00**	1	-1,92
Canon, St.-Emilion *(O.: PGCC (B); P.: 5; G.: CB)*	**89,00**	6	4,82
Fourcas Loubaney, Listrac *(O.: CB; P.: 5; G.: 5)*	**89,00**	5	3,60
Gressier Grand Poujeaux, Moulis *(O.: CB; P.: (5))* *	**89,00**		3,60
Pavillon Rouge du Margaux, Margaux *(P.: 5; G.: 5)* *	**89,00**		3,60
Pavie Decesse, St.-Emilion *(O.: GCC; P.: 5; G.: 4)*	**89,00**	4	2,73
Poujeaux, Moulis *(O.: CB; P.: 5; G.: 3)*	**89,00**	4	2,73
La Fleur de Gay, Pomerol *(O.: unklass.; P.: 2; G.: 3)*	**89,00**	3	1,44
Troplong Mondot, St.-Emilion *(O.: GCC; P.: 2; G.: 3)*	**89,00**	2	-0,12
Angélus, St.-Emilion *(O.: PGCC (B); P.: 1; G.: 1)*	**89,00**	1	-2,92

1985 *(Jahrgangsmittelwert: 86,75)*

Lafleur, Pomerol *(O.: unklass.; P.: 1; G.: 1)*	**96,00**	1	4,88
L'Eglise-Clinet, Pomerol *(O.: unklass.; P.: 2; G.: 1)*	**95,00**	1	3,88
L'Evangile, Pomerol *(O.: unklass.; P.: 1; G.: 2)*	**95,00**	1	3,88
Certan de May de Certan, Pomerol *(O.: unklass.; P.: 2; G.: 5)*	**94,00**	3	7,24
La Conseillante, Pomerol *(O.: unklass.; P.: 2; G.: 3)*	**94,00**	2	5,68
Haut Brion, Pessac-Léognan *(O.: 1; P.: 1; G.: 1)*	**94,00**	1	2,88
Margaux, Margaux *(O.: 1; P.: 1; G.: 1)*	**94,00**	1	2,88

Bei fehlender Neuklassifizierung: * Parker- bzw. Gabriel-Einstufung wurde berücksichtigt.
** Château wurde als Cru Bourgeois gewertet.

L'Arrosée, St.-Emilion *(O.: GCC; P.: 3; G.: 4)*	**93,00**	3	6,24
Cos d'Estournel, St.-Estèphe *(O.: 2; P.: 1; G.: 3)*	**93,00**	2	4,68
Cheval Blanc, St.-Emilion *(O.: PGCC (A); P.: 1; G.: 1)*	**93,00**	1	1,88
Léoville Las Cases, St.-Julien *(O.: 2; P.: 1; G.: 1)*	**93,00**	1	1,88
Le Pin, Pomerol *(O.: unklass.; P.: 1; G.: 1)*	**93,00**	1	1,88
Léoville Barton, St.-Julien *(O.: 2; P.: 2; G.: 2)*	**92,00**	2	3,68
Ducru-Beaucaillou, St.-Julien *(O.: 2; P.: 1; G.: 1)*	**92,00**	1	0,88
Lynch-Bages, Pauillac *(O.: 5; P.: 2; G.: 2)*	**92,00**	1	0,88
La Mission Haut Brion, Pessac-Léognan *(O.: CC; P.: 1; G.: 1)*	**92,00**	1	0,88
Gombaude-Guillot, Pomerol *(O.: unklass.; P.: 5)*	**90,50**	6	7,12
Chasse Spleen, Moulis *(O.: CB; P.: 4 (3); G.: 4)*	**90,00**	5	5,40
Soutard, St.-Emilion *(O.: GCC; P.: 4)*	**90,00**	3	3,24
Gruaud-Larose, St.-Julien *(O.: 2; P.: 2; G.: 2)*	**90,00**	2	1,68
Pichon Longueville Comtesse de Lalande, Pauillac *(O.: 2; P.: 1; G.: 2)*	**90,00**	2	1,68
Sociando-Mallet, Haut-Médoc *(O.: CB; P.: 3; G.: 3)*	**90,00**	2	1,68
Mouton Rothschild, Pauillac *(O.: 1; P.: 1; G.: 1)*	**90,00**	1	-1,12
Le Tertre Roteboeuf, St.-Emilion *(O.: GC; P.: 2; G.: 2)*	**90,00**	1	-1,12
Canon, St.-Emilion *(O.: PGCC (B); P.: 5; G.: CB)*	**89,00**	6	5,62
Haut-Bages Libéral, Pauillac *(O.: 5; P.: 5; G.: CB)*	**89,00**	5	4,40
Petit Village, Pomerol *(O.: unklass.; P.: 5; G.: 4)*	**89,00**	5	4,40
Clerc Milon, Pauillac *(O.: 5; P.: 4; G.: 3)*	**89,00**	3	2,24
de Ferrand, St.-Emilion *(O.: GC; P.: CB)*	**89,00**	3	2,24
La Fleur de Gay, Pomerol *(O.: unklass.; P.: 2; G.: 3)*	**89,00**	3	2,24
Lagrange, St.-Julien *(O.: 3; P.: 3 (2); G.: 4)*	**89,00**	3	2,24
Talbot, St.-Julien *(O.: 4; P.: 3; G.: 5)*	**89,00**	3	2,24
Grand-Puy-Lacoste, Pauillac *(O.: 5; P.: 3; G.: 2)*	**89,00**	2	0,68
Marquis de Terme, Margaux *(O.: 4; P.: 5 (4); G.: CB)*	**88,00**	6	4,62
Langoa Barton, St.-Julien *(O.: 3; P.: 5; G.: 4)* *	**88,00**		3,40
Rocher Bellevue Figeac, St.-Emilion *(O.: GC; P.: CB; G.: CB)*	**88,00**	5	3,40
Pavie Decesse, St.-Emilion *(O.: GCC; P.: 5; G.: 4)*	**88,00**	4	2,53
Haut-Marbuzet, St.-Estèphe *(O.: CB; P.: 3; G.: CB)*	**88,00**	3	1,24
Latour à Pomerol, Pomerol *(O.: unklass.; P.: 3; G.: 3)*	**88,00**	3	1,24
Latour, Pauillac *(O.: 1; P.: 1; G.: 1)*	**88,00**	1	-3,12
Pétrus, Pomerol *(O.: unklass.; P.: 1; G.: 1)*	**88,00**	1	-3,12

1983 *(Jahrgangsmittelwert: 86,23)*

Le Pin, Pomerol *(O.: unklass.; P.: 1; G.: 1)*	**98,00**	1	7,40
Palmer, Margaux *(O.: 3; P.: 1; G.: 2)*	**97,00**	2	9,20
Margaux, Margaux *(O.: 1; P.: 1; G.: 1)*	**96,00**	1	5,40
Cheval Blanc, St.-Emilion *(O.: PGCC (A); P.: 1; G.: 1)*	**95,00**	1	4,40
Ausone, St.-Emilion *(O.: PGCC (A); P.: 1; G.: 1)*	**94,00**	2	6,20
Pichon Longueville Comtesse de Lalande, Pauillac *(O.: 2; P.: 1; G.: 2)*	**94,00**	2	6,20
Lafite Rothschild, Pauillac *(O.: 1; P.: 1; G.: 1)*	**93,00**	1	2,40
Lafleur, Pomerol *(O.: unklass.; P.: 1; G.: 1)*	**93,00**	1	2,40
Domaine de Chevalier, Pessac-Léognan *(O.: CC; P.: 3 (2); G.: 4)*	**91,00**	6	8,14
Cantemerle, Haut-Médoc *(O.: 5; P.: 3; G.: 5)*	**91,00**	4	6,05
Talbot, St.-Julien *(O.: 4; P.: 3; G.: 5)*	**91,00**	3	4,76
Léoville Las Cases, St.-Julien *(O.: 2; P.: 1; G.: 1)*	**91,00**	1	0,40
Rauzan Ségla, Margaux *(O.: 2; P.: 2; G.: 2)*	**90,00**	3	3,76
Gruaud-Larose, St.-Julien *(O.: 2; P.: 2; G.: 2)*	**90,00**	2	2,20
Léoville Poyferré, St.-Julien *(O.: 2; P.: 2; G.: 2)*	**90,00**	2	2,20
L'Evangile, Pomerol *(O.: unklass.; P.: 1; G.: 2)*	**90,00**	1	-0,60
Mouton Rothschild, Pauillac *(O.: 1; P.: 1; G.: 1)*	**90,00**	1	-0,60
Brane-Cantenac, Margaux *(O.: 2; P.: 5; G.: 5)*	**89,00**	6	6,14
La Mission Haut Brion, Pessac-Léognan *(O.: CC; P.: 1; G.: 1)*	**89,00**	1	-1,60
d'Angludet, Margaux *(O.: CB; P.: 5; G.: CB)*	**88,00**	6	5,14
Belair, St.-Emilion *(O.: PGCC (B); P.: 5; G.: 4)*	**88,00**	6	5,14
Canon, St.-Emilion *(O.: PGCC (B); P.: 5; G.: CB)*	**88,00**	6	5,14
Marquis de Terme, Margaux *(O.: 4; P.: 5 (4); G.: CB)*	**88,00**	6	5,14
Pavie, St.-Emilion *(O.: PGCC (B); P.: 5; G.: 3)*	**88,00**	4	3,05
L'Arrosée, St.-Emilion *(O.: GCC; P.: 3; G.: 4)*	**88,00**	3	1,76
La Fleur de Gay, Pomerol *(O.: unklass.; P.: 2; G.: 3)*	**88,00**	3	1,76
Haut-Marbuzet, St.-Estèphe *(O.: CB; P.: 3; G.: CB)*	**88,00**	3	1,76
Latour à Pomerol, Pomerol *(O.: unklass.; P.: 3; G.: 3)*	**88,00**	3	1,76
Vieux Château Certan, Pomerol *(O.: unklass.; P.: 2; G.: 3)*	**88,00**	3	1,76
Latour, Pauillac *(O.: 1; P.: 1; G.: 1)*	**88,00**	1	-2,60
Lynch-Bages, Pauillac *(O.: 5; P.: 2; G.: 2)*	**88,00**	1	-2,60

1982 *(Jahrgangsmittelwert: 88,92)*

Pichon Longueville Comtesse de Lalande, Pauillac *(O.: 2; P.: 1; G.: 2)*	**100,00**	2	9,51
Lafite Rothschild, Pauillac *(O.: 1; P.: 1; G.: 1)*	**100,00**	1	6,71
Lafleur, Pomerol *(O.: unklass.; P.: 1; G.: 1)*	**100,00**	1	6,71
Latour, Pauillac *(O.: 1; P.: 1; G.: 1)*	**100,00**	1	6,71
Léoville Las Cases, St.-Julien *(O.: 2; P.: 1; G.: 1)*	**100,00**	1	6,71
Mouton Rothschild, Pauillac *(O.: 1; P.: 1; G.: 1)*	**100,00**	1	6,71
La Tour Haut Brion, Pessac-Léognan *(O.: CC; P.: 5; G.: 5)*	**99,00**	4	11,36
Cheval Blanc, St.-Emilion *(O.: PGCC (A); P.: 1; G.: 1)*	**99,00**	1	5,71
La Mission Haut Brion, Pessac-Léognan *(O.: CC; P.: 1; G.: 1)*	**99,00**	1	5,71
Le Pin, Pomerol *(O.: unklass.; P.: 1; G.: 1)*	**99,00**	1	5,71
Certan de May de Certan, Pomerol *(O.: unklass.; P.: 2; G.: 5)*	**98,00**	3	9,07
Pétrus, Pomerol *(O.: unklass.; P.: 1; G.: 1)*	**98,00**	1	4,71
Cos d'Estournel, St.-Estèphe *(O.: 2; P.: 1; G.: 3)*	**96,00**	2	5,51
Gruaud-Larose, St.-Julien *(O.: 2; P.: 2; G.: 2)*	**96,00**	2	5,51
Figeac, St.-Emilion *(O.: PGCC (B); P.: 2; G.: 3)*	**95,00**	5	8,23
L'Arrosée, St.-Emilion *(O.: GCC; P.: 3; G.: 4)*	**95,00**	3	6,07
La Conseillante, Pomerol *(O.: unklass.; P.: 2; G.: 3)*	**95,00**	2	4,51
Pichon-Longueville Baron, Pauillac *(O.: 2; P.: 2; G.: 2)*	**95,00**	2	4,51
Trotanoy, Pomerol *(O.: unklass.; P.: 2; G.: 2)*	**95,00**	2	4,51
L'Evangile, Pomerol *(O.: unklass.; P.: 1; G.: 2)*	**95,00**	1	1,71
Canon, St.-Emilion *(O.: PGCC (B); P.: 5; G.: CB)*	**94,00**	6	8,45
Léoville Poyferré, St.-Julien *(O.: 2; P.: 2; G.: 2)*	**94,00**	2	3,51
Ducru-Beaucaillou, St.-Julien *(O.: 2; P.: 1; G.: 1)*	**94,00**	1	0,71
Haut Brion, Pessac-Léognan *(O.: 1; P.: 1; G.: 1)*	**94,00**	1	0,71
Lynch-Bages, Pauillac *(O.: 5; P.: 2; G.: 2)*	**94,00**	1	0,71
Margaux, Margaux *(O.: 1; P.: 1; G.: 1)*	**94,00**	1	0,71
Meyney, St.-Estèphe *(O.: CB; P.: 5 (3); G.: 5)*	**93,00**	5	6,23
Calon-Ségur, St.-Estèphe *(O.: 3; P.: 3; G.: 3)*	**93,00**	3	4,07
Duhart-Milon-Rothschild, Pauillac *(O.: 4; P.: 3; G.: CB)*	**93,00**	3	4,07
Latour à Pomerol, Pomerol *(O.: unklass.; P.: 3; G.: 3)*	**93,00**	3	4,07
Talbot, St.-Julien *(O.: 4; P.: 3; G.: 5)*	**93,00**	3	4,07
Ausone, St.-Emilion *(O.: PGCC (A); P.: 1; G.: 1)*	**93,00**	2	2,51
Grand-Puy-Lacoste, Pauillac *(O.: 5; P.: 3; G.: 2)*	**93,00**	2	2,51
Beychevelle, St.-Julien *(O.: 4; P.: 4; G.: 4)*	**92,00**	6	6,45
Le Gay, Pomerol *(O.: unklass.; P.: 4; G.: 4)*	**92,00**	5	5,23
La Lagune, Haut-Médoc *(O.: 3; P.: 2 (3); G.: 5)*	**92,00**	4	4,36
La Dominique, St.-Emilion *(O.: GCC; P.: 3; G.: 3)*	**92,00**	3	3,07
Léoville Barton, St.-Julien *(O.: 2; P.: 2; G.: 2)*	**92,00**	2	1,51
Haut-Bages Libéral, Pauillac *(O.: 5; P.: 5; G.: CB)*	**91,00**	5	4,23
Pavie, St.-Emilion *(O.: PGCC (B); P.: 5; G.: 3)*	**91,00**	4	3,36
Les Forts de Latour, Pauillac *(P.: 4; G.: 4)*	**91,00**	3	2,07
Petit Village, Pomerol *(O.: unklass.; P.: 5; G.: 4)*	**90,00**	5	3,23
Branaire-Ducru, St.-Julien *(O.: 4; P.: 3; G.: 5)*	**90,00**	3	1,07
La Fleur-Pétrus, Pomerol *(O.: unklass.; P.: 3; G.: 2)*	**90,00**	3	1,07
Magdelaine, St.-Emilion *(O.: PGCC (B); P.: 3; G.: 3)*	**90,00**	3	1,07
Le Bon Pasteur, Pomerol *(O.: unklass.; P.: 4; G.: 4)*	**90,00**	2	-0,49
Montrose, St.-Estèphe *(O.: 2; P.: 2; G.: 1)*	**90,00**	2	-0,49
Sociando-Mallet, Haut-Médoc *(O.: CB; P.: 3; G.: 3)*	**90,00**	2	-0,49

Bei fehlender Neuklassifizierung: * Parker- bzw. Gabriel-Einstufung wurde berücksichtigt.
** Château wurde als Cru Bourgeois gewertet.

Premiers Crus (16)	MW 82–89	MW 90–99	MW 82–99	Abw.
Pétrus, Pomerol *(O.: unklass.; P.: 1; G.: 1)*	18,17	18,75	**18,58**	±0
Haut Brion, Pessac-Léognan *(O.: 1; P.: 1; G.: 1)*	18,67	18,50	**18,55**	±0
Cheval Blanc, St.-Emilion *(O.: PGCC (A); P.: 1; G.: 1)*	18,67	18,38	**18,47**	±0
Margaux, Margaux *(O.: 1; P.: 1; G.: 1)*	18,50	18,38	**18,42**	±0
Mouton Rothschild, Pauillac *(O.: 1; P.: 1; G.: 1)*	19,00	18,13	**18,39**	±0
Latour, Pauillac *(O.: 1; P.: 1; G.: 1)*	18,33	18,25	**18,27**	±0
Le Pin, Pomerol *(O.: unklass.; P.: 1; G.: 1)*	18,00	18,38	**18,27**	±0
Léoville Las Cases, St.-Julien *(O.: 2; P.: 1; G.: 1)*	18,67	18,00	**18,20**	±0
de Valandraud, St.-Emilion *(P.: 1; G.: 1)*	0,00	18,14	**18,14**	±0
Lafleur, Pomerol *(O.: unklass.; P.: 1; G.: 1)*	18,33	18,00	**18,10**	±0
Lafite Rothschild, Pauillac *(O.: 1; P.: 1; G.: 1)*	18,50	17,88	**18,07**	±0
Ausone, St.-Emilion *(O.: PGCC (A); P.: 1; G.: 1)*	17,00	18,50	**18,05**	±0
La Mission Haut Brion, Pessac-Léognan *(O.: CC; P.: 1; G.: 1)*	18,17	17,88	**17,97**	±0
L'Eglise-Clinet, Pomerol *(O.: unklass.; P.: 2; G.: 1)*	17,00	18,25	**17,88**	±0
Grand-Puy-Lacoste, Pauillac *(O.: 5; P.: 3; G.: 2)*	18,00	17,63	**17,74**	+1
Clinet, Pomerol *(O.: unklass.; P.: 1; G.: 2)*	17,00	18,00	**17,70**	+1

Deuxièmes Crus (22)				
Le Tertre Roteboeuf, St.-Emilion *(O.: GC; P.: 2; G.: 2)*	16,75	18,00	**17,63**	±0
Lynch-Bages, Pauillac *(O.: 5; P.: 2; G.: 2)*	17,83	17,50	**17,60**	±0
Palmer, Margaux *(O.: 3; P.: 1; G.: 2)*	18,00	17,38	**17,57**	±0
Léoville Barton, St.-Julien *(O.: 2; P.: 2; G.: 2)*	17,00	17,75	**17,53**	±0
Pape Clément, Pessac-Léognan *(O.: CC; P.: 2; G.: 2)*	17,00	17,75	**17,53**	±0
Trotanoy, Pomerol *(O.: unklass.; P.: 2; G.: 2)*	16,67	17,88	**17,52**	±0
Léoville Poyferré, St.-Julien *(O.: 2; P.: 2; G.: 2)*	17,50	17,50	**17,50**	±0
Montrose, St.-Estèphe *(O.: 2; P.: 2; G.: 1)*	16,33	18,00	**17,50**	-1
Angélus, St.-Emilion *(O.: PGCC (B); P.: 1; G.: 1)*	16,17	18,00	**17,45**	-1
L'Evangile, Pomerol *(O.: unklass.; P.: 1; G.: 2)*	16,67	17,75	**17,43**	±0
Gruaud-Larose, St.-Julien *(O.: 2; P.: 2; G.: 2)*	17,83	17,25	**17,42**	±0
Pichon Longueville Comtesse de Lalande, Pauillac *(O.: 2; P.: 1; G.: 2)*	17,33	17,38	**17,37**	±0
Magdelaine, St.-Emilion *(O.: PGCC (B); P.: 3; G.: 3)*	17,00	17,50	**17,35**	+1
Figeac, St.-Emilion *(O.: PGCC (B); P.: 2; G.: 3)*	17,50	17,25	**17,33**	+1
Cos d'Estournel, St.-Estèphe *(O.: 2; P.: 1; G.: 3)*	18,00	17,00	**17,30**	+1
Petit Village, Pomerol *(O.: unklass.; P.: 5; G.: 4)*	17,50	17,13	**17,24**	+2
Ducru-Beaucaillou, St.-Julien *(O.: 2; P.: 1; G.: 1)*	17,17	17,25	**17,23**	-1
Gazin, Pomerol *(O.: unklass.; P.: 5; G.: 2)*	16,00	17,75	**17,23**	±0
Troplong Mondot, St.-Emilion *(O.: GCC; P.: 2; G.: 3)*	15,83	17,75	**17,17**	+1
Sociando-Mallet, Haut-Médoc *(O.: CB; P.: 3; G.: 3)*	17,20	17,13	**17,15**	+1
Pichon-Longueville Baron, Pauillac *(O.: 2; P.: 2; G.: 2)*	16,80	17,25	**17,12**	±0
Rauzan Ségla, Margaux *(O.: 2; P.: 2; G.: 2)*	16,83	17,25	**17,12**	±0

Troisièmes Crus (30)				
La Fleur-Pétrus, Pomerol *(O.: unklass.; P.: 3; G.: 2)*	16,67	17,25	**17,08**	-1
La Conseillante, Pomerol *(O.: unklass.; P.: 2; G.: 3)*	16,17	17,38	**17,02**	±0
Domaine de Chevalier, Pessac-Léognan *(O.: CC; P.: 3 (2); G.: 4)*	17,00	17,00	**17,00**	+1
Monbousquet, St.-Emilion *(O.: GC; P.: 3; G.: 3)*	0,00	17,00	**17,00**	±0
Vieux Château Certan, Pomerol *(O.: unklass.; P.: 2; G.: 3)*	16,67	17,13	**16,99**	±0
Clerc Milon, Pauillac *(O.: 5; P.: 4; G.: 3)*	16,60	17,13	**16,97**	±0
Pavie Macquin, St.-Emilion *(O.: GCC; P.: 4; G.: 3)*	16,00	17,38	**16,97**	±0
Latour à Pomerol, Pomerol *(O.: unklass.; P.: 3; G.: 3)*	16,17	17,25	**16,93**	±0
Tour de Pez, St.-Estèphe *(O.: CB; G.: 5)*	17,00	16,88	**16,92**	+2
Poujeaux, Moulis *(O.: CB; P.: 5; G.: 3)*	16,00	17,25	**16,88**	±0
Canon-La-Gaffelière, St.-Emilion *(O.: GCC; P.: 2; G.: 3)*	16,25	17,13	**16,87**	±0
Charmail, Haut-Médoc *(O.: CB; P.: 5; G.: 5)*	0,00	16,86	**16,86**	+2
Ferrand-Lartigue, St.-Emilion *(O.: GC; P.: 4; G.: 4)*	0,00	16,86	**16,86**	+1
Lagrange, St.-Julien *(O.: 3; P.: 3 (2); G.: 4)*	16,80	16,88	**16,86**	+1
Batailley, Pauillac *(O.: 5; P.: 5; G.: 3)*	15,50	17,38	**16,82**	±0
Beauséjour Duffau-Lagarosse, St.-Emilion *(O.: PGCC (B); P.: 2; G.: 4)*	16,40	17,00	**16,82**	+1
La Fleur de Gay, Pomerol *(O.: unklass.; P.: 2; G.: 3)*	15,83	17,25	**16,82**	±0
Chasse Spleen, Moulis *(O.: CB; P.: 4 (3); G.: 4)*	16,33	17,00	**16,80**	+1
Citran, Haut-Médoc *(O.: CB; P.: 5; G.: 4)*	16,25	17,00	**16,78**	+1
Le Bon Pasteur, Pomerol *(O.: unklass.; P.: 4; G.: 4)*	16,40	16,88	**16,74**	+1

	MW 82–89	MW 90–99	MW 82–99	Abw.
Trotte Vieille, St.-Emilion *(O.: PGCC (B); P.: 5; G.: 4)*	17,00	16,63	**16,74**	+1
Saint Pierre (Sevaistre), St.-Julien *(O.: 4; P.: 4; G.: 4)*	16,67	16,75	**16,73**	+1
Le Gay, Pomerol *(O.: unklass.; P.: 4; G.: 4)*	17,60	16,33	**16,71**	+1
de Fieuzal, Pessac-Léognan *(O.: CC; P.: 4 (2-3); G.: 3)*	16,00	17,00	**16,70**	±0
La Serre, St.-Emilion *(O.: GCC; G.: 5)*	16,00	17,00	**16,70**	+2
Clos Fourtet, St.-Emilion *(O.: PGCC (B); P.: (5); G.: 4)*	16,80	16,63	**16,68**	+1
Prieuré-Lichine, Margaux *(O.: 4; P.: 5 (4); G.: 4)*	15,83	17,00	**16,65**	+1
La Dominique, St.-Emilion *(O.: GCC; P.: 3; G.: 3)*	15,50	17,13	**16,64**	±0
Phélan Ségur, St.-Estèphe *(O.: CB; P.: (4-5); G.: 4)*	16,00	16,88	**16,62**	+1
Ferrière, Margaux *(O.: 3; P.: CB; G.: 4)*	15,00	17,29	**16,60**	+1
Quatrièmes Crus (32)				
Monbrison, Margaux *(O.: CB; G.: 3)*	16,17	16,75	**16,58**	-1
Les Carmes Haut Brion, Pessac-Léognan *(O.: unklass.; P.: 4; G.: 5)*	0,00	16,57	**16,57**	+1
Pensées de Lafleur, Pomerol *(G.: 5)*	17,00	16,38	**16,57**	+1
Le Roc de Cambes, Côtes de Bourg *(P.: 5; G.: 5)*	0,00	16,57	**16,57**	+1
La Tour Haut-Caussan, Médoc *(O.: CB; P.: 5; G.: 5)*	16,17	16,71	**16,55**	+1
Beau-Séjour Bécot, St.-Emilion *(O.: PGCC (B); P.: 3; G.: 3)*	14,75	17,29	**16,53**	-1
Langoa Barton, St.-Julien *(O.: 3; P.: 5; G.: 4)*	16,00	16,75	**16,53**	±0
Clos du Clocher, Pomerol *(O.: unklass.; P.: CB; G.: 3)*	16,50	16,50	**16,50**	-1
La Croix Canon, Canon-Fronsac *(G.: 5)*	0,00	16,50	**16,50**	+1
Haut-Bailly, Pessac-Léognan *(O.: CC; P.: 3; G.: 5)*	16,50	16,50	**16,50**	+1
Talbot, St.-Julien *(O.: 4; P.: 3; G.: 5)*	16,50	16,50	**16,50**	+1
d'Armailhac (bis '88 Mouton Baronne Philippe) Pauillac *(O.: 5; P.: 5; G.: 5)*	16,75	16,38	**16,49**	+1
Certan de May de Certan, Pomerol *(O.: unklass.; P.: 2; G.: 5)*	16,60	16,43	**16,48**	+1
Beychevelle, St.-Julien *(O.: 4; P.: 4; G.: 4)*	15,83	16,75	**16,47**	±0
La Grave à Pomerol, Pomerol *(O.: unklass.; P.: 5; G.: 5)*	16,00	16,63	**16,44**	+1
Mayne-Lalande, Listrac *(O.: CB; P.: CB; G.: CB)*	0,00	16,43	**16,43**	+2
Les Forts de Latour, Pauillac *(P.: 4; G.: 4)*	15,33	16,88	**16,42**	±0
Gloria, St.-Julien *(O.: CB; P.: 4; G.: 4)*	16,20	16,50	**16,41**	±0
Belair, St.-Emilion *(O.: PGCC (B); P.: 5; G.: 4)*	15,20	16,88	**16,38**	±0
du Domaine de L'Église, Pomerol *(O.: unklass.; P.: 5; G.: 5)*	15,50	16,75	**16,38**	+1
Pavie, St.-Emilion *(O.: PGCC (B); P.: 5; G.: 3)*	16,67	16,25	**16,38**	-1
Lagrange, Pomerol *(O.: unklass.; P.: CB; G.: 4)*	16,00	16,50	**16,35**	±0
Pavie Decesse, St.-Emilion *(O.: GCC; P.: 5; G.: 4)*	16,00	16,50	**16,35**	±0
Faugères, St.-Emilion *(O.: GC; P.: 5; G.: 5)*	0,00	16,33	**16,33**	+1
Meyney, St.-Estèphe *(O.: CB; P.: 5 (3); G.: 5)*	16,17	16,38	**16,32**	+1
Guillot, Pomerol	17,00	16,00	**16,30**	+3
Haut-Marbuzet, St.-Estèphe *(O.: CB; P.: 3; G.: CB)*	16,67	16,14	**16,30**	+2
L'Arrosée, St.-Emilion *(O.: GCC; P.: 3; G.: 4)*	15,80	16,50	**16,29**	±0
La Croix, Pomerol *(O.: unklass.; P.: CB; G.: 4)*	15,00	16,83	**16,28**	±0
Clos des Jacobins, St.-Emilion *(O.: GCC; P.: 5; G.: 5)*	16,00	16,38	**16,27**	+1
Les Ormes Sorbet, Médoc *(O.: CB; P.: CB; G.: CB)*	16,33	16,25	**16,27**	+2
Pavillon Rouge du Margaux, Margaux *(P.: 5; G.: 5)*	16,20	16,25	**16,24**	+1
Cinquièmes Crus (46)				
Haut-Bages Libéral, Pauillac *(O.: 5; P.: 5; G.: CB)*	16,00	16,25	**16,18**	+1
Marquis de Terme, Margaux *(O.: 4; P.: 5 (4); G.: CB)*	14,80	16,75	**16,17**	+1
Beauregard, Pomerol *(O.: unklass.; P.: (5); G.: 4)*	14,75	16,75	**16,15**	-1
Fourcas Loubaney, Listrac *(O.: CB; P.: 5; G.: 5)*	15,50	16,43	**16,15**	±0
d'Angludet, Margaux *(O.: CB; P.: 5; G.: CB)*	16,17	16,13	**16,14**	+1
Bonalgue, Pomerol *(O.: unklass.; P.: CB; G.: CB)*	0,00	16,14	**16,14**	+1
La Petite Église, Pomerol	0,00	16,14	**16,14**	+2
Smith Haut Lafitte, Pessac-Léognan *(O.: CC; P.: 2; G.: 3)*	14,83	16,63	**16,09**	-2
Branaire-Ducru, St.-Julien *(O.: 4; P.: 3; G.: 5)*	15,67	16,25	**16,08**	±0
Grand Mayne, St.-Emilion *(O.: GCC; P.: 3; G.: 5)*	14,50	16,75	**16,08**	±0
Pontet-Canet, Pauillac *(O.: 5; P.: 3; G.: 4)*	14,50	16,75	**16,08**	-1
La Gurgue, Margaux *(O.: CB; P.: CB; G.: 5)*	15,60	16,25	**16,06**	±0
Cap de Mourlin, St.-Emilion *(O.: GCC; P.: CB; G.: 4)*	15,00	16,50	**16,05**	-1
La Croix du Casse, Pomerol *(O.: unklass.; P.: 5; G.: 5)*	15,25	16,38	**16,04**	±0
de Marbuzet, St.-Estèphe *(O.: CB; G.: CB)*	15,75	16,13	**16,02**	+1
Le Bahans du Ch. Haut-Brion, Pessac-Léognan *(P.: 5; G.: CB)*	0,00	16,00	**16,00**	+1
Saint-André Corbin, St.-Emilion	15,67	16,14	**16,00**	+2

	MW 82–89	MW 90–99	MW 82–99	Abw.
Duhart-Milon-Rothschild, Pauillac *(O.: 4; P.: 3; G.: CB)*	16,25	15,88	**15,99**	+1
Calon-Ségur, St.-Estèphe *(O.: 3; P.: 3; G.: 3)*	14,40	16,63	**15,96**	-2
Larmande, St.-Emilion *(O.: GCC; P.: 3; G.: 5)*	15,25	16,25	**15,95**	±0
Clos l'Eglise, Pomerol *(O.: unklass.; P.: CB; G.: 3)*	14,60	16,50	**15,93**	-2
Canon, St.-Emilion *(O.: PGCC (B); P.: 5; G.: CB)*	16,33	15,75	**15,92**	+1
Chauvin, St.-Emilion *(O.: GCC; P.: CB; G.: 5)*	16,00	15,88	**15,92**	±0
Les Ormes de Pez, St.-Estèphe *(O.: CB; P.: 5; G.: CB)*	16,00	15,88	**15,92**	+1
Pibran, Pauillac *(O.: CB; P.: CB; G.: CB)*	15,67	16,00	**15,90**	+1
Brown, Pessac-Léognan *(G.: 5)*	0,00	15,88	**15,88**	±0
Haut-Batailley, Pauillac *(O.: 5; P.: 5; G.: CB)*	15,60	16,00	**15,88**	+1
de Pez, St.-Estèphe *(O.: CB; P.: (5); G.: 5)*	15,00	16,25	**15,88**	±0
La Lagune, Haut-Médoc *(O.: 3; P.: 2 (3); G.: 5)*	16,00	15,80	**15,86**	±0
Mazeyres, Pomerol *(O.: unklass.; P.: CB)*	0,00	15,86	**15,86**	+2
Rollan de By, Médoc *(O.: CB)*	0,00	15,86	**15,86**	+2
Les Carruades de Lafite, Pauillac *(G.: 5)*	14,60	16,38	**15,85**	±0
Moulin Riche, St.-Julien *(O.: CB; G.: CB)*	0,00	15,83	**15,83**	+1
Belgrave, Haut-Médoc *(O.: 5; P.: CB; G.: 5)*	14,50	16,38	**15,82**	±0
La Croix de Gay, Pomerol *(O.: unklass.; P.: 5; G.: 5)*	15,40	16,00	**15,82**	±0
Tronquoy-Lalande, St.-Estèphe *(O.: CB; P.: CB; G.: 5)*	14,00	16,60	**15,82**	±0
Grand-Puy Ducasse, Pauillac *(O.: 5; P.: 5; G.: CB)*	15,33	16,00	**15,80**	+1
Labégorce Zédé, Margaux *(O.: CB; P.: 5 (CB); G.: 5)*	14,67	16,29	**15,80**	±0
Cantenac Brown, Margaux *(O.: 3; P.: 5; G.: 4)*	15,00	16,13	**15,79**	-1
La Gaffelière, St.-Emilion *(O.: PGCC (B); P.: 3; G.: 5)*	14,60	16,29	**15,78**	±0
Malartic-Lagravière, Pessac-Léognan *(O.: CC; P.: CB; G.: 5)*	15,25	16,00	**15,78**	±0
Brane-Cantenac, Margaux *(O.: 2; P.: 5; G.: 5)*	15,17	16,00	**15,75**	±0
Durfort-Vivens, Margaux *(O.: 2; P.: 5; G.: 5)*	15,75	15,75	**15,75**	±0
Fonroque, St.-Emilion *(O.: GCC; P.: CB; G.: CB)*	15,17	16,00	**15,75**	+1
Lafon, Médoc *(O.: CB; G.: CB)*	14,50	16,29	**15,75**	+1
La Tour Martillac, Pessac-Léognan *(O.: CC; P.: CB; G.: 5)*	14,00	16,50	**15,75**	±0

1999 *(Jahrgangsmittelwert: 16,96)*

Pape Clément, Pessac-Léognan *(O.: CC; P.: 2; G.: 2)*	**19,00**	2	1,40
Haut Brion, Pessac-Léognan *(O.: 1; P.: 1; G.: 1)*	**19,00**	1	0,53
Hosanna (bis 1998 Ch. Certan-Giraud), Pomerol **	**18,00**		2,35
Rouget, Pomerol *(O.: unklass.; P.: CB; G.: (3))*	**18,00**	6	2,35
Clos l'Eglise, Pomerol *(O.: unklass.; P.: CB; G.: 3)*	**18,00**	5	1,93
Certan de May de Certan, Pomerol *(O.: unklass.; P.: 2; G.: 5)*	**18,00**	4	1,38
La Croix, Pomerol *(O.: unklass.; P.: CB; G.: 4)*	**18,00**	4	1,38
du Domaine de L'Église, Pomerol *(O.: unklass.; P.: 5; G.: 5)*	**18,00**	4	1,38
La Grangère, St.-Emilion *(G.: (4))* *	**18,00**		1,38
Pavie, St.-Emilion *(O.: PGCC (B); P.: 5; G.: 3)*	**18,00**	4	1,38
Croix de Labrie, St.-Emilion *(G.: (3))* *	**18,00**		1,00
Domaine de Chevalier, Pessac-Léognan *(O.: CC; P.: 3 (2); G.: 4)*	**18,00**	3	1,00
Ferrière, Margaux *(O.: 3; P.: CB; G.: 4)*	**18,00**	3	1,00
de Fieuzal, Pessac-Léognan *(O.: CC; P.: 4 (2-3); G.: 3)*	**18,00**	3	1,00
La Fleur-Pétrus, Pomerol *(O.: unklass.; P.: 3; G.: 2)*	**18,00**	3	1,00
La Gomerie, St.-Emilion *(O.: GC; P.: 2; G.: (3))* *	**18,00**		1,00
Monbousquet, St.-Emilion *(O.: GC; P.: 3; G.: 3)*	**18,00**	3	1,00
Trotte Vieille, St.-Emilion *(O.: PGCC (B); P.: 5; G.: 4)*	**18,00**	3	1,00
Ducru-Beaucaillou, St.-Julien *(O.: 2; P.: 1; G.: 1)*	**18,00**	2	0,40
Gruaud-Larose, St.-Julien *(O.: 2; P.: 2; G.: 2)*	**18,00**	2	0,40
La Mondotte, St.-Emilion *(O.: GC; P.: 1; G.: (2))* *	**18,00**		0,40
Petit Village, Pomerol *(O.: unklass.; P.: 5; G.: 4)*	**18,00**	2	0,40
Trotanoy, Pomerol *(O.: unklass.; P.: 2; G.: 2)*	**18,00**	2	0,40
Ausone, St.-Emilion *(O.: PGCC (A); P.: 1; G.: 1)*	**18,00**	1	-0,47
Cheval Blanc, St.-Emilion *(O.: PGCC (A); P.: 1; G.: 1)*	**18,00**	1	-0,47
Clinet, Pomerol *(O.: unklass.; P.: 1; G.: 2)*	**18,00**	1	-0,47
L'Eglise-Clinet, Pomerol *(O.: unklass.; P.: 2; G.: 1)*	**18,00**	1	-0,47
Lafite Rothschild, Pauillac *(O.: 1; P.: 1; G.: 1)*	**18,00**	1	-0,47
Lafleur, Pomerol *(O.: unklass.; P.: 1; G.: 1)*	**18,00**	1	-0,47
Latour, Pauillac *(O.: 1; P.: 1; G.: 1)*	**18,00**	1	-0,47
Margaux, Margaux *(O.: 1; P.: 1; G.: 1)*	**18,00**	1	-0,47
La Mission Haut Brion, Pessac-Léognan *(O.: CC; P.: 1; G.: 1)*	**18,00**	1	-0,47
Mouton Rothschild, Pauillac *(O.: 1; P.: 1; G.: 1)*	**18,00**	1	-0,47
Pétrus, Pomerol *(O.: unklass.; P.: 1; G.: 1)*	**18,00**	1	-0,47
Le Pin, Pomerol *(O.: unklass.; P.: 1; G.: 1)*	**18,00**	1	-0,47
de Valandraud, St.-Emilion *(P.: 1; G.: 1)*	**18,00**	1	-0,47

1998 *(Jahrgangsmittelwert: 17,30)*

Cheval Blanc, St.-Emilion *(O.: PGCC (A); P.: 1; G.: 1)*	**20,00**	1	1,19
L'Eglise-Clinet, Pomerol *(O.: unklass.; P.: 2; G.: 1)*	**20,00**	1	1,19
Pétrus, Pomerol *(O.: unklass.; P.: 1; G.: 1)*	**20,00**	1	1,19
Rouget, Pomerol *(O.: unklass.; P.: CB; G.: (3))*	**19,00**	6	3,01
Beau-Séjour Bécot, St.-Emilion *(O.: PGCC (B); P.: 3; G.: 3)*	**19,00**	4	2,04
Pavie, St.-Emilion *(O.: PGCC (B); P.: 5; G.: 3)*	**19,00**	4	2,04
Canon-La-Gaffelière, St.-Emilion *(O.: GCC; P.: 2; G.: 3)*	**19,00**	3	1,66
La Fleur-Pétrus, Pomerol *(O.: unklass.; P.: 3; G.: 2)*	**19,00**	3	1,66
L'Evangile, Pomerol *(O.: unklass.; P.: 1; G.: 2)*	**19,00**	2	1,06
Figeac, St.-Emilion *(O.: PGCC (B); P.: 2; G.: 3)*	**19,00**	2	1,06
L'Hermitage, St.-Emilion *(O.: GC; P.: 5; G.: (2))* *	**19,00**		1,06
Magdelaine, St.-Emilion *(O.: PGCC (B); P.: 3; G.: 3)*	**19,00**	2	1,06
La Mondotte, St.-Emilion *(O.: GC; P.: 1; G.: (2))* *	**19,00**		1,06
Petit Village, Pomerol *(O.: unklass.; P.: 5; G.: 4)*	**19,00**	2	1,06
Le Tertre Roteboeuf, St.-Emilion *(O.: GC; P.: 2; G.: 2)*	**19,00**	2	1,06
Troplong Mondot, St.-Emilion *(O.: GCC; P.: 2; G.: 3)*	**19,00**	2	1,06
Trotanoy, Pomerol *(O.: unklass.; P.: 2; G.: 2)*	**19,00**	2	1,06
Ausone, St.-Emilion *(O.: PGCC (A); P.: 1; G.: 1)*	**19,00**	1	0,19
Haut Brion, Pessac-Léognan *(O.: 1; P.: 1; G.: 1)*	**19,00**	1	0,19
Lafleur, Pomerol *(O.: unklass.; P.: 1; G.: 1)*	**19,00**	1	0,19
Le Pin, Pomerol *(O.: unklass.; P.: 1; G.: 1)*	**19,00**	1	0,19
Clos Saint Martin, St.-Emilion *(O.: GCC; P.: CB; G.: (4))*	**18,00**	6	2,01
Côte de Baleau, St.-Emilion **	**18,00**		2,01
Dassault, St.-Emilion *(O.: GCC; P.: CB; G.: 5)*	**18,00**	6	2,01
La Pointe, Pomerol *(O.: unklass.; P.: CB; G.: 5)*	**18,00**	6	2,01
La Tour Figeac, St.-Emilion *(O.: GCC; P.: 5 (CB); G.: (4))*	**18,00**	6	2,01
Clos l'Eglise, Pomerol *(O.: unklass.; P.: CB; G.: 3)*	**18,00**	5	1,59
Certan de May de Certan, Pomerol *(O.: unklass.; P.: 2; G.: 5)*	**18,00**	4	1,04

Bei fehlender Neuklassifizierung: * Parker- bzw. Gabriel-Einstufung wurde berücksichtigt.
** Château wurde als Cru Bourgeois gewertet.

Les Grandes Murailles, St.-Emilion (O.: GCC; G.: (4)) *	18,00		1,04
La Grave à Pomerol, Pomerol (O.: unklass.; P.: 5; G.: 5)	18,00	4	1,04
Pavie Decesse, St.-Emilion (O.: GCC; P.: 5; G.: 4)	18,00	4	1,04
La Providence, Pomerol (G.: (4)) *	18,00		1,04
Barde-Haut, St.-Emilion (O.: GC; P.: 5; G.: (3)) *	18,00		0,66
Le Bon Pasteur, Pomerol (O.: unklass.; P.: 4; G.: 4)	18,00	3	0,66
La Conseillante, Pomerol (O.: unklass.; P.: 2; G.: 3)	18,00	3	0,66
La Couspaude, St.-Emilion (O.: GCC; P.: 4; G.: (3)) *	18,00		0,66
Croix de Labrie, St.-Emilion (G.: (3)) *	18,00		0,66
La Fleur de Gay, Pomerol (O.: unklass.; P.: 2; G.: 3)	18,00	3	0,66
Latour à Pomerol, Pomerol (O.: unklass.; P.: 3; G.: 3)	18,00	3	0,66
Monbousquet, St.-Emilion (O.: GC; P.: 3; G.: 3)	18,00	3	0,66
Pavie Macquin, St.-Emilion (O.: GCC; P.: 4; G.: 3)	18,00	3	0,66
La Serre, St.-Emilion (O.: GCC; G.: 5)	18,00	3	0,66
Vieux Château Certan, Pomerol (O.: unklass.; P.: 2; G.: 3)	18,00	3	0,66
Angélus, St.-Emilion (O.: PGCC (B); P.: 1; G.: 1)	18,00	2	0,06
Ducru-Beaucaillou, St.-Julien (O.: 2; P.: 1; G.: 1)	18,00	2	0,06
Léoville Barton, St.-Julien (O.: 2; P.: 2; G.: 2)	18,00	2	0,06
Léoville Poyferré, St.-Julien (O.: 2; P.: 2; G.: 2)	18,00	2	0,06
Lynch-Bages, Pauillac (O.: 5; P.: 2; G.: 2)	18,00	2	0,06
Montrose, St.-Estèphe (O.: 2; P.: 2; G.: 1)	18,00	2	0,06
Palmer, Margaux (O.: 3; P.: 1; G.: 2)	18,00	2	0,06
Pape Clément, Pessac-Léognan (O.: CC; P.: 2; G.: 2)	18,00	2	0,06
Rol Valentin, St.-Emilion (O.: GC; P.: 3; G.: (2)) *	18,00		0,06
Clinet, Pomerol (O.: unklass.; P.: 1; G.: 2)	18,00	1	-0,81
Lafite Rothschild, Pauillac (O.: 1; P.: 1; G.: 1)	18,00	1	-0,81
Latour, Pauillac (O.: 1; P.: 1; G.: 1)	18,00	1	-0,81
Margaux, Margaux (O.: 1; P.: 1; G.: 1)	18,00	1	-0,81
La Mission Haut Brion, Pessac-Léognan (O.: CC; P.: 1; G.: 1)	18,00	1	-0,81
de Valandraud, St.-Emilion (P.: 1; G.: 1)	18,00	1	-0,81

1997 (Jahrgangsmittelwert: 16,64)

Canon-La-Gaffelière, St.-Emilion (O.: GCC; P.: 2; G.: 3)	19,00	3	2,32
La Mondotte, St.-Emilion (O.: GC; P.: 1; G.: (2)) *	19,00		1,72
Ausone, St.-Emilion (O.: PGCC (A); P.: 1; G.: 1)	19,00	1	0,85
L'Eglise-Clinet, Pomerol (O.: unklass.; P.: 2; G.: 1)	19,00	1	0,85
Le Boscq, St.-Estèphe (O.: CB; P.: CB) **	18,00		2,67
Clos de l'Oratoire, St.-Emilion (O.: GCC; P.: 3 (4-5); G.: 4)	18,00	6	2,67
Grand Mayne, St.-Emilion (O.: GCC; P.: 3; G.: 5)	18,00	5	2,25
Beau-Séjour Bécot, St.-Emilion (O.: PGCC (B); P.: 3; G.: 3)	18,00	4	1,70
Pavie Decesse, St.-Emilion (O.: GCC; P.: 5; G.: 4)	18,00	4	1,70
Pavie Macquin, St.-Emilion (O.: GCC; P.: 4; G.: 3)	18,00	3	1,32
Poujeaux, Moulis (O.: CB; P.: 5; G.: 3)	18,00	3	1,32
Gruaud-Larose, St.-Julien (O.: 2; P.: 2; G.: 2)	18,00	2	0,72
L'Hermitage, St.-Emilion (O.: GC; P.: 5; G.: (2)) *	18,00		0,72
Rol Valentin, St.-Emilion (O.: GC; P.: 3; G.: (2)) *	18,00		0,72
Le Tertre Roteboeuf, St.-Emilion (O.: GC; P.: 2; G.: 2)	18,00	2	0,72
Cheval Blanc, St.-Emilion (O.: PGCC (A); P.: 1; G.: 1)	18,00	1	-0,15
Clinet, Pomerol (O.: unklass.; P.: 1; G.: 2)	18,00	1	-0,15
Haut Brion, Pessac-Léognan (O.: 1; P.: 1; G.: 1)	18,00	1	-0,15
Lafite Rothschild, Pauillac (O.: 1; P.: 1; G.: 1)	18,00	1	-0,15
Margaux, Margaux (O.: 1; P.: 1; G.: 1)	18,00	1	-0,15
Pétrus, Pomerol (O.: unklass.; P.: 1; G.: 1)	18,00	1	-0,15
Le Pin, Pomerol (O.: unklass.; P.: 1; G.: 1)	18,00	1	-0,15
de Valandraud, St.-Emilion (P.: 1; G.: 1)	18,00	1	-0,15

1996 (Jahrgangsmittelwert: 17,18)

Latour à Pomerol, Pomerol (O.: unklass.; P.: 3; G.: 3)	19,00	3	1,78
Cos d'Estournel, St.-Estèphe (O.: 2; P.: 1; G.: 3)	19,00	2	1,18
Léoville Barton, St.-Julien (O.: 2; P.: 2; G.: 2)	19,00	2	1,18
Pape Clément, Pessac-Léognan (O.: CC; P.: 2; G.: 2)	19,00	2	1,18
Grand-Puy-Lacoste, Pauillac (O.: 5; P.: 3; G.: 2)	19,00	1	0,31
Latour, Pauillac (O.: 1; P.: 1; G.: 1)	19,00	1	0,31
Léoville Las Cases, St.-Julien (O.: 2; P.: 1; G.: 1)	19,00	1	0,31
Margaux, Margaux (O.: 1; P.: 1; G.: 1)	19,00	1	0,31
Mouton Rothschild, Pauillac (O.: 1; P.: 1; G.: 1)	19,00	1	0,31
Lamothe-Bergeron, Haut-Médoc (O.: CB)	18,00	6	2,13

La Pointe, Pomerol *(O.: unklass.; P.: CB; G.: 5)*	18,00	6	2,13
Calon-Ségur, St.-Estèphe *(O.: 3; P.: 3; G.: 3)*	18,00	5	1,71
Haut-Batailley, Pauillac *(O.: 5; P.: 5; G.: CB)*	18,00	5	1,71
Pontet-Canet, Pauillac *(O.: 5; P.: 3; G.: 4)*	18,00	5	1,71
Smith Haut Lafitte, Pessac-Léognan *(O.: CC; P.: 2; G.: 3)*	18,00	5	1,71
Beau-Soleil, Pomerol *(G.: (4))* *	18,00		1,16
Belair, St.-Emilion *(O.: PGCC (B); P.: 5; G.: 4)*	18,00	4	1,16
Les Forts de Latour, Pauillac *(P.: 4; G.: 4)*	18,00	4	1,16
Monbrison, Margaux *(O.: CB; G.: 3)*	18,00	4	1,16
Talbot, St.-Julien *(O.: 4; P.: 3; G.: 5)*	18,00	4	1,16
Batailley, Pauillac *(O.: 5; P.: 5; G.: 3)*	18,00	3	0,78
Canon-La-Gaffelière, St.-Emilion *(O.: GCC; P.: 2; G.: 3)*	18,00	3	0,78
Chasse Spleen, Moulis *(O.: CB; P.: 4 (3); G.: 4)*	18,00	3	0,78
Clerc Milon, Pauillac *(O.: 5; P.: 4; G.: 3)*	18,00	3	0,78
Ferrière, Margaux *(O.: 3; P.: CB; G.: 4)*	18,00	3	0,78
La Fleur de Gay, Pomerol *(O.: unklass.; P.: 2; G.: 3)*	18,00	3	0,78
Poujeaux, Moulis *(O.: CB; P.: 5; G.: 3)*	18,00	3	0,78
Prieuré-Lichine, Margaux *(O.: 4; P.: 5 (4); G.: 4)*	18,00	3	0,78
La Serre, St.-Emilion *(O.: GCC; G.: 5)*	18,00	3	0,78
Angélus, St.-Emilion *(O.: PGCC (B); P.: 1; G.: 1)*	18,00	2	0,18
Ducru-Beaucaillou, St.-Julien *(O.: 2; P.: 1; G.: 1)*	18,00	2	0,18
L'Evangile, Pomerol *(O.: unklass.; P.: 1; G.: 2)*	18,00	2	0,18
Gazin, Pomerol *(O.: unklass.; P.: 5; G.: 2)*	18,00	2	0,18
Gruaud-Larose, St.-Julien *(O.: 2; P.: 2; G.: 2)*	18,00	2	0,18
Léoville Poyferré, St.-Julien *(O.: 2; P.: 2; G.: 2)*	18,00	2	0,18
Lynch-Bages, Pauillac *(O.: 5; P.: 2; G.: 2)*	18,00	2	0,18
La Mondotte, St.-Emilion *(O.: GC; P.: 1; G.: (2))* *	18,00		0,18
Montrose, St.-Estèphe *(O.: 2; P.: 2; G.: 1)*	18,00	2	0,18
Palmer, Margaux *(O.: 3; P.: 1; G.: 2)*	18,00	2	0,18
Pichon-Longueville Baron, Pauillac *(O.: 2; P.: 2; G.: 2)*	18,00	2	0,18
Pichon Longueville Comtesse de Lalande, Pauillac *(O.: 2; P.: 1; G.: 2)*	18,00	2	0,18
Rauzan Ségla, Margaux *(O.: 2; P.: 2; G.: 2)*	18,00	2	0,18
Sociando-Mallet, Haut-Médoc *(O.: CB; P.: 3; G.: 3)*	18,00	2	0,18
Le Tertre Roteboeuf, St.-Emilion *(O.: GC; P.: 2; G.: 2)*	18,00	2	0,18
Trotanoy, Pomerol *(O.: unklass.; P.: 2; G.: 2)*	18,00	2	0,18
Ausone, St.-Emilion *(O.: PGCC (A); P.: 1; G.: 1)*	18,00	1	-0,69
Cheval Blanc, St.-Emilion *(O.: PGCC (A); P.: 1; G.: 1)*	18,00	1	-0,69
Clinet, Pomerol *(O.: unklass.; P.: 1; G.: 2)*	18,00	1	-0,69
L'Eglise-Clinet, Pomerol *(O.: unklass.; P.: 2; G.: 1)*	18,00	1	-0,69
Haut Brion, Pessac-Léognan *(O.: 1; P.: 1; G.: 1)*	18,00	1	-0,69
Pétrus, Pomerol *(O.: unklass.; P.: 1; G.: 1)*	18,00	1	-0,69
Le Pin, Pomerol *(O.: unklass.; P.: 1; G.: 1)*	18,00	1	-0,69
de Valandraud, St.-Emilion *(P.: 1; G.: 1)*	18,00	1	-0,69

1995 *(Jahrgangsmittelwert: 17,13)*

de Valandraud, St.-Emilion *(P.: 1; G.: 1)*	20,00	1	1,36
Angélus, St.-Emilion *(O.: PGCC (B); P.: 1; G.: 1)*	19,00	2	1,23
Ducru-Beaucaillou, St.-Julien *(O.: 2; P.: 1; G.: 1)*	19,00	2	1,23
L'Evangile, Pomerol *(O.: unklass.; P.: 1; G.: 2)*	19,00	2	1,23
Gazin, Pomerol *(O.: unklass.; P.: 5; G.: 2)*	19,00	2	1,23
Léoville Barton, St.-Julien *(O.: 2; P.: 2; G.: 2)*	19,00	2	1,23
Montrose, St.-Estèphe *(O.: 2; P.: 2; G.: 1)*	19,00	2	1,23
Ausone, St.-Emilion *(O.: PGCC (A); P.: 1; G.: 1)*	19,00	1	0,36
Cheval Blanc, St.-Emilion *(O.: PGCC (A); P.: 1; G.: 1)*	19,00	1	0,36
Clinet, Pomerol *(O.: unklass.; P.: 1; G.: 2)*	19,00	1	0,36
Haut Brion, Pessac-Léognan *(O.: 1; P.: 1; G.: 1)*	19,00	1	0,36
Latour, Pauillac *(O.: 1; P.: 1; G.: 1)*	19,00	1	0,36
Margaux, Margaux *(O.: 1; P.: 1; G.: 1)*	19,00	1	0,36
Mouton Rothschild, Pauillac *(O.: 1; P.: 1; G.: 1)*	19,00	1	0,36
Pétrus, Pomerol *(O.: unklass.; P.: 1; G.: 1)*	19,00	1	0,36
Le Pin, Pomerol *(O.: unklass.; P.: 1; G.: 1)*	19,00	1	0,36
Beauregard, Pomerol *(O.: unklass.; P.: (5); G.: 4)*	18,00	5	1,76
Calon-Ségur, St.-Estèphe *(O.: 3; P.: 3; G.: 3)*	18,00	5	1,76
Grand Mayne, St.-Emilion *(O.: GCC; P.: 3; G.: 5)*	18,00	5	1,76
Smith Haut Lafitte, Pessac-Léognan *(O.: CC; P.: 2; G.: 3)*	18,00	5	1,76
Beau-Séjour Bécot, St.-Emilion *(O.: PGCC (B); P.: 3; G.: 3)*	18,00	4	1,21
Beau-Soleil, Pomerol *(G.: (4))* *	18,00		1,21

Bei fehlender Neuklassifizierung: * Parker- bzw. Gabriel-Einstufung wurde berücksichtigt.
** Château wurde als Cru Bourgeois gewertet.

Certan de May de Certan, Pomerol *(O.: unklass.; P.: 2; G.: 5)*	**18,00**	4	1,21
Les Forts de Latour, Pauillac *(P.: 4; G.: 4)*	**18,00**	4	1,21
Le Roc de Cambes, Côtes de Bourg *(P.: 5; G.: 5)*	**18,00**	4	1,21
Batailley, Pauillac *(O.: 5; P.: 5; G.: 3)*	**18,00**	3	0,83
Clerc Milon, Pauillac *(O.: 5; P.: 4; G.: 3)*	**18,00**	3	0,83
La Conseillante, Pomerol *(O.: unklass.; P.: 2; G.: 3)*	**18,00**	3	0,83
La Dominique, St.-Emilion *(O.: GCC; P.: 3; G.: 3)*	**18,00**	3	0,83
de Fieuzal, Pessac-Léognan *(O.: CC; P.: 4 (2-3); G.: 3)*	**18,00**	3	0,83
La Fleur de Gay, Pomerol *(O.: unklass.; P.: 2; G.: 3)*	**18,00**	3	0,83
La Fleur-Pétrus, Pomerol *(O.: unklass.; P.: 3; G.: 2)*	**18,00**	3	0,83
Monbousquet, St.-Emilion *(O.: GC; P.: 3; G.: 3)*	**18,00**	3	0,83
Pavie Macquin, St.-Emilion *(O.: GCC; P.: 4; G.: 3)*	**18,00**	3	0,83
Poujeaux, Moulis *(O.: CB; P.: 5; G.: 3)*	**18,00**	3	0,83
La Serre, St.-Emilion *(O.: GCC; G.: 5)*	**18,00**	3	0,83
Cos d'Estournel, St.-Estèphe *(O.: 2; P.: 1; G.: 3)*	**18,00**	2	0,23
Gruaud-Larose, St.-Julien *(O.: 2; P.: 2; G.: 2)*	**18,00**	2	0,23
Léoville Poyferré, St.-Julien *(O.: 2; P.: 2; G.: 2)*	**18,00**	2	0,23
Lynch-Bages, Pauillac *(O.: 5; P.: 2; G.: 2)*	**18,00**	2	0,23
Palmer, Margaux *(O.: 3; P.: 1; G.: 2)*	**18,00**	2	0,23
Pape Clément, Pessac-Léognan *(O.: CC; P.: 2; G.: 2)*	**18,00**	2	0,23
Pichon Longueville Comtesse de Lalande, Pauillac *(O.: 2; P.: 1; G.: 2)*	**18,00**	2	0,23
Rauzan Ségla, Margaux *(O.: 2; P.: 2; G.: 2)*	**18,00**	2	0,23
Sociando-Mallet, Haut-Médoc *(O.: CB; P.: 3; G.: 3)*	**18,00**	2	0,23
Le Tertre Roteboeuf, St.-Emilion *(O.: GC; P.: 2; G.: 2)*	**18,00**	2	0,23
Troplong Mondot, St.-Emilion *(O.: GCC; P.: 2; G.: 3)*	**18,00**	2	0,23
Trotanoy, Pomerol *(O.: unklass.; P.: 2; G.: 2)*	**18,00**	2	0,23
L'Eglise-Clinet, Pomerol *(O.: unklass.; P.: 2; G.: 1)*	**18,00**	1	-0,64
Grand-Puy-Lacoste, Pauillac *(O.: 5; P.: 3; G.: 2)*	**18,00**	1	-0,64
Lafite Rothschild, Pauillac *(O.: 1; P.: 1; G.: 1)*	**18,00**	1	-0,64
Lafleur, Pomerol *(O.: unklass.; P.: 1; G.: 1)*	**18,00**	1	-0,64
Léoville Las Cases, St.-Julien *(O.: 2; P.: 1; G.: 1)*	**18,00**	1	-0,64
La Mission Haut Brion, Pessac-Léognan *(O.: CC; P.: 1; G.: 1)*	**18,00**	1	-0,64

1994 *(Jahrgangsmittelwert: 16,60)*

Angélus, St.-Emilion *(O.: PGCC (B); P.: 1; G.: 1)*	**19,00**	2	1,76
Montrose, St.-Estèphe *(O.: 2; P.: 2; G.: 1)*	**19,00**	2	1,76
Pichon Longueville Comtesse de Lalande, Pauillac *(O.: 2; P.: 1; G.: 2)*	**19,00**	2	1,76
Rauzan Ségla, Margaux *(O.: 2; P.: 2; G.: 2)*	**19,00**	2	1,76
Mouton Rothschild, Pauillac *(O.: 1; P.: 1; G.: 1)*	**19,00**	1	0,89
de Valandraud, St.-Emilion *(P.: 1; G.: 1)*	**19,00**	1	0,89
Kirwan, Margaux *(O.: 3; P.: 5; G.: CB)*	**18,00**	6	2,71
Marquis de Terme, Margaux *(O.: 4; P.: 5 (4); G.: CB)*	**18,00**	5	2,29
Batailley, Pauillac *(O.: 5; P.: 5; G.: 3)*	**18,00**	3	1,36
Clerc Milon, Pauillac *(O.: 5; P.: 4; G.: 3)*	**18,00**	3	1,36
La Conseillante, Pomerol *(O.: unklass.; P.: 2; G.: 3)*	**18,00**	3	1,36
La Fleur de Gay, Pomerol *(O.: unklass.; P.: 2; G.: 3)*	**18,00**	3	1,36
Phélan Ségur, St.-Estèphe *(O.: CB; P.: (4-5); G.: 4)*	**18,00**	3	1,36
Vieux Château Certan, Pomerol *(O.: unklass.; P.: 2; G.: 3)*	**18,00**	3	1,36
Gazin, Pomerol *(O.: unklass.; P.: 5; G.: 2)*	**18,00**	2	0,76
Léoville Barton, St.-Julien *(O.: 2; P.: 2; G.: 2)*	**18,00**	2	0,76
Palmer, Margaux *(O.: 3; P.: 1; G.: 2)*	**18,00**	2	0,76
Le Tertre Roteboeuf, St.-Emilion *(O.: GC; P.: 2; G.: 2)*	**18,00**	2	0,76
Troplong Mondot, St.-Emilion *(O.: GCC; P.: 2; G.: 3)*	**18,00**	2	0,76
Ausone, St.-Emilion *(O.: PGCC (A); P.: 1; G.: 1)*	**18,00**	1	-0,11
Cheval Blanc, St.-Emilion *(O.: PGCC (A); P.: 1; G.: 1)*	**18,00**	1	-0,11
L'Eglise-Clinet, Pomerol *(O.: unklass.; P.: 2; G.: 1)*	**18,00**	1	-0,11
Grand-Puy-Lacoste, Pauillac *(O.: 5; P.: 3; G.: 2)*	**18,00**	1	-0,11
Haut Brion, Pessac-Léognan *(O.: 1; P.: 1; G.: 1)*	**18,00**	1	-0,11
Lafite Rothschild, Pauillac *(O.: 1; P.: 1; G.: 1)*	**18,00**	1	-0,11
Lafleur, Pomerol *(O.: unklass.; P.: 1; G.: 1)*	**18,00**	1	-0,11
Latour, Pauillac *(O.: 1; P.: 1; G.: 1)*	**18,00**	1	-0,11
Margaux, Margaux *(O.: 1; P.: 1; G.: 1)*	**18,00**	1	-0,11
La Mission Haut Brion, Pessac-Léognan *(O.: CC; P.: 1; G.: 1)*	**18,00**	1	-0,11
Pétrus, Pomerol *(O.: unklass.; P.: 1; G.: 1)*	**18,00**	1	-0,11
Le Pin, Pomerol *(O.: unklass.; P.: 1; G.: 1)*	**18,00**	1	-0,11

1993 *(Jahrgangsmittelwert: 16,15)*

Pétrus, Pomerol *(O.: unklass.; P.: 1; G.: 1)*	19,00	1	1,34
La Dominique, St.-Emilion *(O.: GCC; P.: 3; G.: 3)*	18,00	3	1,81
Angélus, St.-Emilion *(O.: PGCC (B); P.: 1; G.: 1)*	18,00	2	1,21
L'Evangile, Pomerol *(O.: unklass.; P.: 1; G.: 2)*	18,00	2	1,21
Le Tertre Roteboeuf, St.-Emilion *(O.: GC; P.: 2; G.: 2)*	18,00	2	1,21
Ausone, St.-Emilion *(O.: PGCC (A); P.: 1; G.: 1)*	18,00	1	0,34
Clinet, Pomerol *(O.: unklass.; P.: 1; G.: 2)*	18,00	1	0,34
Haut Brion, Pessac-Léognan *(O.: 1; P.: 1; G.: 1)*	18,00	1	0,34
Lafleur, Pomerol *(O.: unklass.; P.: 1; G.: 1)*	18,00	1	0,34
Margaux, Margaux *(O.: 1; P.: 1; G.: 1)*	18,00	1	0,34
La Mission Haut Brion, Pessac-Léognan *(O.: CC; P.: 1; G.: 1)*	18,00	1	0,34
Mouton Rothschild, Pauillac *(O.: 1; P.: 1; G.: 1)*	18,00	1	0,34
Le Pin, Pomerol *(O.: unklass.; P.: 1; G.: 1)*	18,00	1	0,34
Malescasse, Haut-Médoc *(O.: CB; P.: CB; G.: CB)* *	17,00		2,16
Larmande, St.-Emilion *(O.: GCC; P.: 3; G.: 5)*	17,00	5	1,74
Belair, St.-Emilion *(O.: PGCC (B); P.: 5; G.: 4)*	17,00	4	1,19
Beychevelle, St.-Julien *(O.: 4; P.: 4; G.: 4)*	17,00	4	1,19
Lagrange, Pomerol *(O.: unklass.; P.: CB; G.: 4)*	17,00	4	1,19
Langoa Barton, St.-Julien *(O.: 3; P.: 5; G.: 4)*	17,00	4	1,19
Charmail, Haut-Médoc *(O.: CB; P.: 5; G.: 5)*	17,00	3	0,81
Chasse Spleen, Moulis *(O.: CB; P.: 4 (3); G.: 4)*	17,00	3	0,81
Clerc Milon, Pauillac *(O.: 5; P.: 4; G.: 3)*	17,00	3	0,81
La Conseillante, Pomerol *(O.: unklass.; P.: 2; G.: 3)*	17,00	3	0,81
Ferrand-Lartigue, St.-Emilion *(O.: GC; P.: 4; G.: 4)*	17,00	3	0,81
Ferrière, Margaux *(O.: 3; P.: CB; G.: 4)*	17,00	3	0,81
Monbousquet, St.-Emilion *(O.: GC; P.: 3; G.: 3)*	17,00	3	0,81
Pavie Macquin, St.-Emilion *(O.: GCC; P.: 4; G.: 3)*	17,00	3	0,81
Prieuré-Lichine, Margaux *(O.: 4; P.: 5 (4); G.: 4)*	17,00	3	0,81
Ducru-Beaucaillou, St.-Julien *(O.: 2; P.: 1; G.: 1)*	17,00	2	0,21
Figeac, St.-Emilion *(O.: PGCC (B); P.: 2; G.: 3)*	17,00	2	0,21
Gazin, Pomerol *(O.: unklass.; P.: 5; G.: 2)*	17,00	2	0,21
Gruaud-Larose, St.-Julien *(O.: 2; P.: 2; G.: 2)*	17,00	2	0,21
Léoville Barton, St.-Julien *(O.: 2; P.: 2; G.: 2)*	17,00	2	0,21
Lynch-Bages, Pauillac *(O.: 5; P.: 2; G.: 2)*	17,00	2	0,21
Magdelaine, St.-Emilion *(O.: PGCC (B); P.: 3; G.: 3)*	17,00	2	0,21
Montrose, St.-Estèphe *(O.: 2; P.: 2; G.: 1)*	17,00	2	0,21
Pichon-Longueville Baron, Pauillac *(O.: 2; P.: 2; G.: 2)*	17,00	2	0,21
Pichon Longueville Comtesse de Lalande, Pauillac *(O.: 2; P.: 1; G.: 2)*	17,00	2	0,21
Troplong Mondot, St.-Emilion *(O.: GCC; P.: 2; G.: 3)*	17,00	2	0,21
Trotanoy, Pomerol *(O.: unklass.; P.: 2; G.: 2)*	17,00	2	0,21
Cheval Blanc, St.-Emilion *(O.: PGCC (A); P.: 1; G.: 1)*	17,00	1	-0,66
L'Eglise-Clinet, Pomerol *(O.: unklass.; P.: 2; G.: 1)*	17,00	1	-0,66
Lafite Rothschild, Pauillac *(O.: 1; P.: 1; G.: 1)*	17,00	1	-0,66
Latour, Pauillac *(O.: 1; P.: 1; G.: 1)*	17,00	1	-0,66
Léoville Las Cases, St.-Julien *(O.: 2; P.: 1; G.: 1)*	17,00	1	-0,66

1990 *(Jahrgangsmittelwert: 17,06)*

Montrose, St.-Estèphe *(O.: 2; P.: 2; G.: 1)*	20,00	2	2,30
Latour, Pauillac *(O.: 1; P.: 1; G.: 1)*	20,00	1	1,43
Pétrus, Pomerol *(O.: unklass.; P.: 1; G.: 1)*	20,00	1	1,43
Grand Mayne, St.-Emilion *(O.: GCC; P.: 3; G.: 5)*	19,00	5	2,83
La Croix, Pomerol *(O.: unklass.; P.: CB; G.: 4)*	19,00	4	2,28
Beauséjour Duffau-Lagarosse, St.-Emilion *(O.: PGCC (B); P.: 2; G.: 4)*	19,00	3	1,90
Domaine de Chevalier, Pessac-Léognan *(O.: CC; P.: 3 (2); G.: 4)*	19,00	3	1,90
Angélus, St.-Emilion *(O.: PGCC (B); P.: 1; G.: 1)*	19,00	2	1,30
Gazin, Pomerol *(O.: unklass.; P.: 5; G.: 2)*	19,00	2	1,30
Léoville Poyferré, St.-Julien *(O.: 2; P.: 2; G.: 2)*	19,00	2	1,30
Magdelaine, St.-Emilion *(O.: PGCC (B); P.: 3; G.: 3)*	19,00	2	1,30
Pape Clément, Pessac-Léognan *(O.: CC; P.: 2; G.: 2)*	19,00	2	1,30
Pichon-Longueville Baron, Pauillac *(O.: 2; P.: 2; G.: 2)*	19,00	2	1,30
Sociando-Mallet, Haut-Médoc *(O.: CB; P.: 3; G.: 3)*	19,00	2	1,30
Troplong Mondot, St.-Emilion *(O.: GCC; P.: 2; G.: 3)*	19,00	2	1,30
Trotanoy, Pomerol *(O.: unklass.; P.: 2; G.: 2)*	19,00	2	1,30
Ausone, St.-Emilion *(O.: PGCC (A); P.: 1; G.: 1)*	19,00	1	0,43
Cheval Blanc, St.-Emilion *(O.: PGCC (A); P.: 1; G.: 1)*	19,00	1	0,43
Grand-Puy-Lacoste, Pauillac *(O.: 5; P.: 3; G.: 2)*	19,00	1	0,43

Bei fehlender Neuklassifizierung: * Parker- bzw. Gabriel-Einstufung wurde berücksichtigt.
** Château wurde als Cru Bourgeois gewertet.

Haut Brion, Pessac-Léognan *(O.: 1; P.: 1; G.: 1)*	19,00	1	0,43
Lafite Rothschild, Pauillac *(O.: 1; P.: 1; G.: 1)*	19,00	1	0,43
Lafleur, Pomerol *(O.: unklass.; P.: 1; G.: 1)*	19,00	1	0,43
Léoville Las Cases, St.-Julien *(O.: 2; P.: 1; G.: 1)*	19,00	1	0,43
Margaux, Margaux *(O.: 1; P.: 1; G.: 1)*	19,00	1	0,43
La Mission Haut Brion, Pessac-Léognan *(O.: CC; P.: 1; G.: 1)*	19,00	1	0,43
Le Pin, Pomerol *(O.: unklass.; P.: 1; G.: 1)*	19,00	1	0,43
Cap de Mourlin, St.-Emilion *(O.: GCC; P.: CB; G.: 4)*	18,00	5	1,83
Clos du Clocher, Pomerol *(O.: unklass.; P.: CB; G.: 3)*	18,00	4	1,28
La Grave à Pomerol, Pomerol *(O.: unklass.; P.: 5; G.: 5)*	18,00	4	1,28
La Tour Haut-Caussan, Médoc *(O.: CB; P.: 5; G.: 5)*	18,00	4	1,28
Batailley, Pauillac *(O.: 5; P.: 5; G.: 3)*	18,00	3	0,90
Citran, Haut-Médoc *(O.: CB; P.: 5; G.: 4)*	18,00	3	0,90
Clerc Milon, Pauillac *(O.: 5; P.: 4; G.: 3)*	18,00	3	0,90
Le Gay, Pomerol *(O.: unklass.; P.: 4; G.: 4)*	18,00	3	0,90
Lagrange, St.-Julien *(O.: 3; P.: 3 (2); G.: 4)*	18,00	3	0,90
Latour à Pomerol, Pomerol *(O.: unklass.; P.: 3; G.: 3)*	18,00	3	0,90
Saint Pierre (Sevaistre), St.-Julien *(O.: 4; P.: 4; G.: 4)*	18,00	3	0,90
La Serre, St.-Emilion *(O.: GCC; G.: 5)*	18,00	3	0,90
Cos d'Estournel, St.-Estèphe *(O.: 2; P.: 1; G.: 3)*	18,00	2	0,30
Figeac, St.-Emilion *(O.: PGCC (B); P.: 2; G.: 3)*	18,00	2	0,30
Lynch-Bages, Pauillac *(O.: 5; P.: 2; G.: 2)*	18,00	2	0,30
Palmer, Margaux *(O.: 3; P.: 1; G.: 2)*	18,00	2	0,30
Le Tertre Roteboeuf, St.-Emilion *(O.: GC; P.: 2; G.: 2)*	18,00	2	0,30
Clinet, Pomerol *(O.: unklass.; P.: 1; G.: 2)*	18,00	1	-0,57
L'Eglise-Clinet, Pomerol *(O.: unklass.; P.: 2; G.: 1)*	18,00	1	-0,57
Mouton Rothschild, Pauillac *(O.: 1; P.: 1; G.: 1)*	18,00	1	-0,57

1989 *(Jahrgangsmittelwert: 16,78)*

Haut Brion, Pessac-Léognan *(O.: 1; P.: 1; G.: 1)*	20,00	1	1,71
La Mission Haut Brion, Pessac-Léognan *(O.: CC; P.: 1; G.: 1)*	20,00	1	1,71
Pétrus, Pomerol *(O.: unklass.; P.: 1; G.: 1)*	20,00	1	1,71
Pavie, St.-Emilion *(O.: PGCC (B); P.: 5; G.: 3)*	19,00	4	2,56
Le Gay, Pomerol *(O.: unklass.; P.: 4; G.: 4)*	19,00	3	2,18
Lynch-Bages, Pauillac *(O.: 5; P.: 2; G.: 2)*	19,00	2	1,58
Montrose, St.-Estèphe *(O.: 2; P.: 2; G.: 1)*	19,00	2	1,58
Palmer, Margaux *(O.: 3; P.: 1; G.: 2)*	19,00	2	1,58
Clinet, Pomerol *(O.: unklass.; P.: 1; G.: 2)*	19,00	1	0,71
Grand-Puy-Lacoste, Pauillac *(O.: 5; P.: 3; G.: 2)*	19,00	1	0,71
Lafite Rothschild, Pauillac *(O.: 1; P.: 1; G.: 1)*	19,00	1	0,71
Lafleur, Pomerol *(O.: unklass.; P.: 1; G.: 1)*	19,00	1	0,71
d'Armailhac (bis '88 Mouton Baronne Philippe), Pauillac *(O.: 5; P.: 5; G.: 5)*	18,00	4	1,56
Talbot, St.-Julien *(O.: 4; P.: 3; G.: 5)*	18,00	4	1,56
La Tour Haut-Caussan, Médoc *(O.: CB; P.: 5; G.: 5)*	18,00	4	1,56
Beauséjour Duffau-Lagarosse, St.-Emilion *(O.: PGCC (B); P.: 2; G.: 4)*	18,00	3	1,18
Angélus, St.-Emilion *(O.: PGCC (B); P.: 1; G.: 1)*	18,00	2	0,58
Cos d'Estournel, St.-Estèphe *(O.: 2; P.: 1; G.: 3)*	18,00	2	0,58
Ducru-Beaucaillou, St.-Julien *(O.: 2; P.: 1; G.: 1)*	18,00	2	0,58
Figeac, St.-Emilion *(O.: PGCC (B); P.: 2; G.: 3)*	18,00	2	0,58
Gazin, Pomerol *(O.: unklass.; P.: 5; G.: 2)*	18,00	2	0,58
Léoville Poyferré, St.-Julien *(O.: 2; P.: 2; G.: 2)*	18,00	2	0,58
Pape Clément, Pessac-Léognan *(O.: CC; P.: 2; G.: 2)*	18,00	2	0,58
Pichon Longueville Comtesse de Lalande, Pauillac *(O.: 2; P.: 1; G.: 2)*	18,00	2	0,58
Sociando-Mallet, Haut-Médoc *(O.: CB; P.: 3; G.: 3)*	18,00	2	0,58
Ausone, St.-Emilion *(O.: PGCC (A); P.: 1; G.: 1)*	18,00	1	-0,29
Léoville Las Cases, St.-Julien *(O.: 2; P.: 1; G.: 1)*	18,00	1	-0,29
Le Pin, Pomerol *(O.: unklass.; P.: 1; G.: 1)*	18,00	1	-0,29

1988 *(Jahrgangsmittelwert: 16,39)*

Angélus, St.-Emilion *(O.: PGCC (B); P.: 1; G.: 1)*	19,00	2	1,97
Cos d'Estournel, St.-Estèphe *(O.: 2; P.: 1; G.: 3)*	19,00	2	1,97
Cheval Blanc, St.-Emilion *(O.: PGCC (A); P.: 1; G.: 1)*	19,00	1	1,10
Lafleur, Pomerol *(O.: unklass.; P.: 1; G.: 1)*	19,00	1	1,10
Latour, Pauillac *(O.: 1; P.: 1; G.: 1)*	19,00	1	1,10
Mouton Rothschild, Pauillac *(O.: 1; P.: 1; G.: 1)*	19,00	1	1,10
du Tertre, Margaux *(O.: 5; P.: 5)* **	18,00		2,92
Clerc Milon, Pauillac *(O.: 5; P.: 4; G.: 3)*	18,00	3	1,57

Domaine de Chevalier, Pessac-Léognan *(O.: CC; P.: 3 (2); G.: 4)*	**18,00**	3	1,57
Le Gay, Pomerol *(O.: unklass.; P.: 4; G.: 4)*	**18,00**	3	1,57
Ducru-Beaucaillou, St.-Julien *(O.: 2; P.: 1; G.: 1)*	**18,00**	2	0,97
Gazin, Pomerol *(O.: unklass.; P.: 5; G.: 2)*	**18,00**	2	0,97
Lynch-Bages, Pauillac *(O.: 5; P.: 2; G.: 2)*	**18,00**	2	0,97
Rauzan Ségla, Margaux *(O.: 2; P.: 2; G.: 2)*	**18,00**	2	0,97
Trotanoy, Pomerol *(O.: unklass.; P.: 2; G.: 2)*	**18,00**	2	0,97
Ausone, St.-Emilion *(O.: PGCC (A); P.: 1; G.: 1)*	**18,00**	1	0,10
Clinet, Pomerol *(O.: unklass.; P.: 1; G.: 2)*	**18,00**	1	0,10
L'Eglise-Clinet, Pomerol *(O.: unklass.; P.: 2; G.: 1)*	**18,00**	1	0,10
Haut Brion, Pessac-Léognan *(O.: 1; P.: 1; G.: 1)*	**18,00**	1	0,10
Lafite Rothschild, Pauillac *(O.: 1; P.: 1; G.: 1)*	**18,00**	1	0,10
Léoville Las Cases, St.-Julien *(O.: 2; P.: 1; G.: 1)*	**18,00**	1	0,10
Margaux, Margaux *(O.: 1; P.: 1; G.: 1)*	**18,00**	1	0,10
La Mission Haut Brion, Pessac-Léognan *(O.: CC; P.: 1; G.: 1)*	**18,00**	1	0,10
Pétrus, Pomerol *(O.: unklass.; P.: 1; G.: 1)*	**18,00**	1	0,10
Le Pin, Pomerol *(O.: unklass.; P.: 1; G.: 1)*	**18,00**	1	0,10
d'Angludet, Margaux *(O.: CB; P.: 5; G.: CB)*	**17,00**	5	1,50
Branaire-Ducru, St.-Julien *(O.: 4; P.: 3; G.: 5)*	**17,00**	5	1,50
Cantenac Brown, Margaux *(O.: 3; P.: 5; G.: 4)*	**17,00**	5	1,50
Les Carruades de Lafite, Pauillac *(G.: 5)*	**17,00**	5	1,50
La Croix du Casse, Pomerol *(O.: unklass.; P.: 5; G.: 5)*	**17,00**	5	1,50
Grand Mayne, St.-Emilion *(O.: GCC; P.: 3; G.: 5)*	**17,00**	5	1,50
Marquis de Terme, Margaux *(O.: 4; P.: 5 (4); G.: CB)*	**17,00**	5	1,50
Pibran, Pauillac *(O.: CB; P.: CB; G.: CB)*	**17,00**	5	1,50
Certan de May de Certan, Pomerol *(O.: unklass.; P.: 2; G.: 5)*	**17,00**	4	0,95
Les Forts de Latour, Pauillac *(P.: 4; G.: 4)*	**17,00**	4	0,95
Haut-Bailly, Pessac-Léognan *(O.: CC; P.: 3; G.: 5)*	**17,00**	4	0,95
Monbrison, Margaux *(O.: CB; G.: 3)*	**17,00**	4	0,95
Beauséjour Duffau-Lagarosse, St.-Emilion *(O.: PGCC (B); P.: 2; G.: 4)*	**17,00**	3	0,57
Le Bon Pasteur, Pomerol *(O.: unklass.; P.: 4; G.: 4)*	**17,00**	3	0,57
Canon-La-Gaffelière, St.-Emilion *(O.: GCC; P.: 2; G.: 3)*	**17,00**	3	0,57
Citran, Haut-Médoc *(O.: CB; P.: 5; G.: 4)*	**17,00**	3	0,57
Clos Fourtet, St.-Emilion *(O.: PGCC (B); P.: (5); G.: 4)*	**17,00**	3	0,57
La Fleur de Gay, Pomerol *(O.: unklass.; P.: 2; G.: 3)*	**17,00**	3	0,57
Lagrange, St.-Julien *(O.: 3; P.: 3 (2); G.: 4)*	**17,00**	3	0,57
Prieuré-Lichine, Margaux *(O.: 4; P.: 5 (4); G.: 4)*	**17,00**	3	0,57
Saint Pierre (Sevaistre), St.-Julien *(O.: 4; P.: 4; G.: 4)*	**17,00**	3	0,57
Trotte Vieille, St.-Emilion *(O.: PGCC (B); P.: 5; G.: 4)*	**17,00**	3	0,57
Vieux Château Certan, Pomerol *(O.: unklass.; P.: 2; G.: 3)*	**17,00**	3	0,57
Figeac, St.-Emilion *(O.: PGCC (B); P.: 2; G.: 3)*	**17,00**	2	-0,03
Gruaud-Larose, St.-Julien *(O.: 2; P.: 2; G.: 2)*	**17,00**	2	-0,03
Léoville Barton, St.-Julien *(O.: 2; P.: 2; G.: 2)*	**17,00**	2	-0,03
Léoville Poyferré, St.-Julien *(O.: 2; P.: 2; G.: 2)*	**17,00**	2	-0,03
Magdelaine, St.-Emilion *(O.: PGCC (B); P.: 3; G.: 3)*	**17,00**	2	-0,03
Montrose, St.-Estèphe *(O.: 2; P.: 2; G.: 1)*	**17,00**	2	-0,03
Palmer, Margaux *(O.: 3; P.: 1; G.: 2)*	**17,00**	2	-0,03
Pape Clément, Pessac-Léognan *(O.: CC; P.: 2; G.: 2)*	**17,00**	2	-0,03
Petit Village, Pomerol *(O.: unklass.; P.: 5; G.: 4)*	**17,00**	2	-0,03
Pichon-Longueville Baron, Pauillac *(O.: 2; P.: 2; G.: 2)*	**17,00**	2	-0,03
Le Tertre Roteboeuf, St.-Emilion *(O.: GC; P.: 2; G.: 2)*	**17,00**	2	-0,03
Troplong Mondot, St.-Emilion *(O.: GCC; P.: 2; G.: 3)*	**17,00**	2	-0,03

1986 *(Jahrgangsmittelwert: 16,22)*

Mouton Rothschild, Pauillac *(O.: 1; P.: 1; G.: 1)*	**20,00**	1	2,27
Gruaud-Larose, St.-Julien *(O.: 2; P.: 2; G.: 2)*	**19,00**	2	2,14
Grand-Puy-Lacoste, Pauillac *(O.: 5; P.: 3; G.: 2)*	**19,00**	1	1,27
Haut Brion, Pessac-Léognan *(O.: 1; P.: 1; G.: 1)*	**19,00**	1	1,27
Lafite Rothschild, Pauillac *(O.: 1; P.: 1; G.: 1)*	**19,00**	1	1,27
Latour, Pauillac *(O.: 1; P.: 1; G.: 1)*	**19,00**	1	1,27
Léoville Las Cases, St.-Julien *(O.: 2; P.: 1; G.: 1)*	**19,00**	1	1,27
Margaux, Margaux *(O.: 1; P.: 1; G.: 1)*	**19,00**	1	1,27
Le Pin, Pomerol *(O.: unklass.; P.: 1; G.: 1)*	**19,00**	1	1,27
Beychevelle, St.-Julien *(O.: 4; P.: 4; G.: 4)*	**18,00**	4	2,12
Talbot, St.-Julien *(O.: 4; P.: 3; G.: 5)*	**18,00**	4	2,12
Le Bon Pasteur, Pomerol *(O.: unklass.; P.: 4; G.: 4)*	**18,00**	3	1,74
Chasse Spleen, Moulis *(O.: CB; P.: 4 (3); G.: 4)*	**18,00**	3	1,74

Bei fehlender Neuklassifizierung: * Parker- bzw. Gabriel-Einstufung wurde berücksichtigt.
** Château wurde als Cru Bourgeois gewertet.

Clerc Milon, Pauillac *(O.: 5; P.: 4; G.: 3)*	**18,00**	3	1,74
Domaine de Chevalier, Pessac-Léognan *(O.: CC; P.: 3 (2); G.: 4)*	**18,00**	3	1,74
Lagrange, St.-Julien *(O.: 3; P.: 3 (2); G.: 4)*	**18,00**	3	1,74
Cos d'Estournel, St.-Estèphe *(O.: 2; P.: 1; G.: 3)*	**18,00**	2	1,14
Léoville Barton, St.-Julien *(O.: 2; P.: 2; G.: 2)*	**18,00**	2	1,14
Léoville Poyferré, St.-Julien *(O.: 2; P.: 2; G.: 2)*	**18,00**	2	1,14
Lynch-Bages, Pauillac *(O.: 5; P.: 2; G.: 2)*	**18,00**	2	1,14
Pape Clément, Pessac-Léognan *(O.: CC; P.: 2; G.: 2)*	**18,00**	2	1,14
Petit Village, Pomerol *(O.: unklass.; P.: 5; G.: 4)*	**18,00**	2	1,14
Pichon Longueville Comtesse de Lalande, Pauillac *(O.: 2; P.: 1; G.: 2)*	**18,00**	2	1,14
Rauzan Ségla, Margaux *(O.: 2; P.: 2; G.: 2)*	**18,00**	2	1,14
Sociando-Mallet, Haut-Médoc *(O.: CB; P.: 3; G.: 3)*	**18,00**	2	1,14
Cheval Blanc, St.-Emilion *(O.: PGCC (A); P.: 1; G.: 1)*	**18,00**	1	0,27
La Mission Haut Brion, Pessac-Léognan *(O.: CC; P.: 1; G.: 1)*	**18,00**	1	0,27
Clarke, Listrac *(O.: CB; P.: CB; G.: CB) **	**17,00**		2,09
d'Angludet, Margaux *(O.: CB; P.: 5; G.: CB)*	**17,00**	5	1,67
Durfort-Vivens, Margaux *(O.: 2; P.: 5; G.: 5)*	**17,00**	5	1,67
Grand-Puy Ducasse, Pauillac *(O.: 5; P.: 5; G.: CB)*	**17,00**	5	1,67
L'Arrosée, St.-Emilion *(O.: GCC; P.: 3; G.: 4)*	**17,00**	4	1,12
Belair, St.-Emilion *(O.: PGCC (B); P.: 5; G.: 4)*	**17,00**	4	1,12
Clos du Clocher, Pomerol *(O.: unklass.; P.: CB; G.: 3)*	**17,00**	4	1,12
Gloria, St.-Julien *(O.: CB; P.: 4; G.: 4)*	**17,00**	4	1,12
Haut-Bailly, Pessac-Léognan *(O.: CC; P.: 3; G.: 5)*	**17,00**	4	1,12
Haut-Marbuzet, St.-Estèphe *(O.: CB; P.: 3; G.: CB)*	**17,00**	4	1,12
Langoa Barton, St.-Julien *(O.: 3; P.: 5; G.: 4)*	**17,00**	4	1,12
Monbrison, Margaux *(O.: CB; G.: 3)*	**17,00**	4	1,12
Les Ormes Sorbet, Médoc *(O.: CB; P.: CB; G.: CB)*	**17,00**	4	1,12
Pavillon Rouge du Margaux, Margaux *(P.: 5; G.: 5)*	**17,00**	4	1,12
Beauséjour Duffau-Lagarosse, St.-Emilion *(O.: PGCC (B); P.: 2; G.: 4)*	**17,00**	3	0,74
Canon-La-Gaffelière, St.-Emilion *(O.: GCC; P.: 2; G.: 3)*	**17,00**	3	0,74
Clos Fourtet, St.-Emilion *(O.: PGCC (B); P.: (5); G.: 4)*	**17,00**	3	0,74
La Fleur de Gay, Pomerol *(O.: unklass.; P.: 2; G.: 3)*	**17,00**	3	0,74
Ducru-Beaucaillou, St.-Julien *(O.: 2; P.: 1; G.: 1)*	**17,00**	2	0,14
Figeac, St.-Emilion *(O.: PGCC (B); P.: 2; G.: 3)*	**17,00**	2	0,14
Palmer, Margaux *(O.: 3; P.: 1; G.: 2)*	**17,00**	2	0,14
Pichon-Longueville Baron, Pauillac *(O.: 2; P.: 2; G.: 2)*	**17,00**	2	0,14
Le Tertre Roteboeuf, St.-Emilion *(O.: GC; P.: 2; G.: 2)*	**17,00**	2	0,14
Troplong Mondot, St.-Emilion *(O.: GCC; P.: 2; G.: 3)*	**17,00**	2	0,14
L'Eglise-Clinet, Pomerol *(O.: unklass.; P.: 2; G.: 1)*	**17,00**	1	-0,73

1985 *(Jahrgangsmittelwert: 16,28)*

L'Evangile, Pomerol *(O.: unklass.; P.: 1; G.: 2)*	**19,00**	2	2,08
Palmer, Margaux *(O.: 3; P.: 1; G.: 2)*	**19,00**	2	2,08
Cheval Blanc, St.-Emilion *(O.: PGCC (A); P.: 1; G.: 1)*	**19,00**	1	1,21
Grand-Puy-Lacoste, Pauillac *(O.: 5; P.: 3; G.: 2)*	**19,00**	1	1,21
Haut Brion, Pessac-Léognan *(O.: 1; P.: 1; G.: 1)*	**19,00**	1	1,21
Lafite Rothschild, Pauillac *(O.: 1; P.: 1; G.: 1)*	**19,00**	1	1,21
Lafleur, Pomerol *(O.: unklass.; P.: 1; G.: 1)*	**19,00**	1	1,21
Léoville Las Cases, St.-Julien *(O.: 2; P.: 1; G.: 1)*	**19,00**	1	1,21
Margaux, Margaux *(O.: 1; P.: 1; G.: 1)*	**19,00**	1	1,21
Mouton Rothschild, Pauillac *(O.: 1; P.: 1; G.: 1)*	**19,00**	1	1,21
Pétrus, Pomerol *(O.: unklass.; P.: 1; G.: 1)*	**19,00**	1	1,21
Pavie, St.-Emilion *(O.: PGCC (B); P.: 5; G.: 3)*	**18,00**	4	2,06
La Conseillante, Pomerol *(O.: unklass.; P.: 2; G.: 3)*	**18,00**	3	1,68
Domaine de Chevalier, Pessac-Léognan *(O.: CC; P.: 3 (2); G.: 4)*	**18,00**	3	1,68
La Fleur-Pétrus, Pomerol *(O.: unklass.; P.: 3; G.: 2)*	**18,00**	3	1,68
Le Gay, Pomerol *(O.: unklass.; P.: 4; G.: 4)*	**18,00**	3	1,68
Poujeaux, Moulis *(O.: CB; P.: 5; G.: 3)*	**18,00**	3	1,68
Saint Pierre (Sevaistre), St.-Julien *(O.: 4; P.: 4; G.: 4)*	**18,00**	3	1,68
Cos d'Estournel, St.-Estèphe *(O.: 2; P.: 1; G.: 3)*	**18,00**	2	1,08
Ducru-Beaucaillou, St.-Julien *(O.: 2; P.: 1; G.: 1)*	**18,00**	2	1,08
Lynch-Bages, Pauillac *(O.: 5; P.: 2; G.: 2)*	**18,00**	2	1,08
Magdelaine, St.-Emilion *(O.: PGCC (B); P.: 3; G.: 3)*	**18,00**	2	1,08
Petit Village, Pomerol *(O.: unklass.; P.: 5; G.: 4)*	**18,00**	2	1,08
L'Eglise-Clinet, Pomerol *(O.: unklass.; P.: 2; G.: 1)*	**18,00**	1	0,21
Latour, Pauillac *(O.: 1; P.: 1; G.: 1)*	**18,00**	1	0,21
Fonplégade, St.-Emilion *(O.: GCC; P.: CB) ***	**17,00**		2,03

Lascombes, Margaux *(O.: 2; P.: 5 (4); G.: CB)*	17,00	6	2,03
d'Angludet, Margaux *(O.: CB; P.: 5; G.: CB)*	17,00	5	1,61
Canon, St.-Emilion *(O.: PGCC (B); P.: 5; G.: CB)*	17,00	5	1,61
Grand-Puy Ducasse, Pauillac *(O.: 5; P.: 5; G.: CB)*	17,00	5	1,61
Haut-Bages Libéral, Pauillac *(O.: 5; P.: 5; G.: CB)*	17,00	5	1,61
d'Armailhac (bis '88 Mouton Baronne Philippe), Pauillac *(O.: 5; P.: 5; G.: 5)*	17,00	4	1,06
L'Arrosée, St.-Emilion *(O.: GCC; P.: 3; G.: 4)*	17,00	4	1,06
La Grave à Pomerol, Pomerol *(O.: unklass.; P.: 5; G.: 5)*	17,00	4	1,06
Haut-Marbuzet, St.-Estèphe *(O.: CB; P.: 3; G.: CB)*	17,00	4	1,06
Lagrange, Pomerol *(O.: unklass.; P.: CB; G.: 4)*	17,00	4	1,06
Clos Fourtet, St.-Emilion *(O.: PGCC (B); P.: (5); G.: 4)*	17,00	3	0,68
de Fieuzal, Pessac-Léognan *(O.: CC; P.: 4 (2-3); G.: 3)*	17,00	3	0,68
La Fleur de Gay, Pomerol *(O.: unklass.; P.: 2; G.: 3)*	17,00	3	0,68
Lagrange, St.-Julien *(O.: 3; P.: 3 (2); G.: 4)*	17,00	3	0,68
Latour à Pomerol, Pomerol *(O.: unklass.; P.: 3; G.: 3)*	17,00	3	0,68
Figeac, St.-Emilion *(O.: PGCC (B); P.: 2; G.: 3)*	17,00	2	0,08
Gruaud-Larose, St.-Julien *(O.: 2; P.: 2; G.: 2)*	17,00	2	0,08
Léoville Poyferré, St.-Julien *(O.: 2; P.: 2; G.: 2)*	17,00	2	0,08
Pichon-Longueville Baron, Pauillac *(O.: 2; P.: 2; G.: 2)*	17,00	2	0,08
Pichon Longueville Comtesse de Lalande, Pauillac *(O.: 2; P.: 1; G.: 2)*	17,00	2	0,08
Rauzan Ségla, Margaux *(O.: 2; P.: 2; G.: 2)*	17,00	2	0,08
La Mission Haut Brion, Pessac-Léognan *(O.: CC; P.: 1; G.: 1)*	17,00	1	-0,79
Le Pin, Pomerol *(O.: unklass.; P.: 1; G.: 1)*	17,00	1	-0,79

1983 *(Jahrgangsmittelwert: 16,19)*

Margaux, Margaux *(O.: 1; P.: 1; G.: 1)*	20,00	1	2,30
Palmer, Margaux *(O.: 3; P.: 1; G.: 2)*	19,00	2	2,17
Cheval Blanc, St.-Emilion *(O.: PGCC (A); P.: 1; G.: 1)*	19,00	1	1,30
Lafleur, Pomerol *(O.: unklass.; P.: 1; G.: 1)*	19,00	1	1,30
La Mission Haut Brion, Pessac-Léognan *(O.: CC; P.: 1; G.: 1)*	19,00	1	1,30
Mouton Rothschild, Pauillac *(O.: 1; P.: 1; G.: 1)*	19,00	1	1,30
Le Pin, Pomerol *(O.: unklass.; P.: 1; G.: 1)*	19,00	1	1,30
Pavillon Rouge du Margaux, Margaux *(P.: 5; G.: 5)*	18,00	4	2,15
Trotte Vieille, St.-Emilion *(O.: PGCC (B); P.: 5; G.: 4)*	18,00	3	1,77
Gruaud-Larose, St.-Julien *(O.: 2; P.: 2; G.: 2)*	18,00	2	1,17
Léoville Poyferré, St.-Julien *(O.: 2; P.: 2; G.: 2)*	18,00	2	1,17
Rauzan Ségla, Margaux *(O.: 2; P.: 2; G.: 2)*	18,00	2	1,17
Haut Brion, Pessac-Léognan *(O.: 1; P.: 1; G.: 1)*	18,00	1	0,30
Lafite Rothschild, Pauillac *(O.: 1; P.: 1; G.: 1)*	18,00	1	0,30
Léoville Las Cases, St.-Julien *(O.: 2; P.: 1; G.: 1)*	18,00	1	0,30
Pétrus, Pomerol *(O.: unklass.; P.: 1; G.: 1)*	18,00	1	0,30
Canon, St.-Emilion *(O.: PGCC (B); P.: 5; G.: CB)*	17,00	5	1,70
Duhart-Milon-Rothschild, Pauillac *(O.: 4; P.: 3; G.: CB)*	17,00	5	1,70
Certan de May de Certan, Pomerol *(O.: unklass.; P.: 2; G.: 5)*	17,00	4	1,15
Haut-Marbuzet, St.-Estèphe *(O.: CB; P.: 3; G.: CB)*	17,00	4	1,15
Pavie, St.-Emilion *(O.: PGCC (B); P.: 5; G.: 3)*	17,00	4	1,15
Talbot, St.-Julien *(O.: 4; P.: 3; G.: 5)*	17,00	4	1,15
Domaine de Chevalier, Pessac-Léognan *(O.: CC; P.: 3 (2); G.: 4)*	17,00	3	0,77
Latour à Pomerol, Pomerol *(O.: unklass.; P.: 3; G.: 3)*	17,00	3	0,77
Vieux Château Certan, Pomerol *(O.: unklass.; P.: 2; G.: 3)*	17,00	3	0,77
Angélus, St.-Emilion *(O.: PGCC (B); P.: 1; G.: 1)*	17,00	2	0,17
L'Evangile, Pomerol *(O.: unklass.; P.: 1; G.: 2)*	17,00	2	0,17
Figeac, St.-Emilion *(O.: PGCC (B); P.: 2; G.: 3)*	17,00	2	0,17
Petit Village, Pomerol *(O.: unklass.; P.: 5; G.: 4)*	17,00	2	0,17
Pichon Longueville Comtesse de Lalande, Pauillac *(O.: 2; P.: 1; G.: 2)*	17,00	2	0,17
Trotanoy, Pomerol *(O.: unklass.; P.: 2; G.: 2)*	17,00	2	0,17
Ausone, St.-Emilion *(O.: PGCC (A); P.: 1; G.: 1)*	17,00	1	-0,70
L'Eglise-Clinet, Pomerol *(O.: unklass.; P.: 2; G.: 1)*	17,00	1	-0,70
Latour, Pauillac *(O.: 1; P.: 1; G.: 1)*	17,00	1	-0,70

1982 *(Jahrgangsmittelwert: 16,50)*

Cheval Blanc, St.-Emilion *(O.: PGCC (A); P.: 1; G.: 1)*	20,00	1	1,99
Latour, Pauillac *(O.: 1; P.: 1; G.: 1)*	20,00	1	1,99
Léoville Las Cases, St.-Julien *(O.: 2; P.: 1; G.: 1)*	20,00	1	1,99
Mouton Rothschild, Pauillac *(O.: 1; P.: 1; G.: 1)*	20,00	1	1,99
Talbot, St.-Julien *(O.: 4; P.: 3; G.: 5)*	19,00	4	2,84
Cos d'Estournel, St.-Estèphe *(O.: 2; P.: 1; G.: 3)*	19,00	2	1,86

Bei fehlender Neuklassifizierung: * Parker- bzw. Gabriel-Einstufung wurde berücksichtigt.
** Château wurde als Cru Bourgeois gewertet.

Figeac, St.-Emilion *(O.: PGCC (B); P.: 2; G.: 3)*	**19,00**	❷	1,86
Gruaud-Larose, St.-Julien *(O.: 2; P.: 2; G.: 2)*	**19,00**	❷	1,86
Grand-Puy-Lacoste, Pauillac *(O.: 5; P.: 3; G.: 2)*	**19,00**	❶	0,99
Lascombes, Margaux *(O.: 2; P.: 5 (4); G.: CB)*	**18,00**	❻	2,81
Haut-Marbuzet, St.-Estèphe *(O.: CB; P.: 3; G.: CB)*	**18,00**	❹	1,84
La Fleur-Pétrus, Pomerol *(O.: unklass.; P.: 3; G.: 2)*	**18,00**	❸	1,46
Latour à Pomerol, Pomerol *(O.: unklass.; P.: 3; G.: 3)*	**18,00**	❸	1,46
Trotte Vieille, St.-Emilion *(O.: PGCC (B); P.: 5; G.: 4)*	**18,00**	❸	1,46
Léoville Barton, St.-Julien *(O.: 2; P.: 2; G.: 2)*	**18,00**	❷	0,86
Lynch-Bages, Pauillac *(O.: 5; P.: 2; G.: 2)*	**18,00**	❷	0,86
Magdelaine, St.-Emilion *(O.: PGCC (B); P.: 3; G.: 3)*	**18,00**	❷	0,86
Montrose, St.-Estèphe *(O.: 2; P.: 2; G.: 1)*	**18,00**	❷	0,86
Petit Village, Pomerol *(O.: unklass.; P.: 5; G.: 4)*	**18,00**	❷	0,86
Pichon Longueville Comtesse de Lalande, Pauillac *(O.: 2; P.: 1; G.: 2)*	**18,00**	❷	0,86
Sociando-Mallet, Haut-Médoc *(O.: CB; P.: 3; G.: 3)*	**18,00**	❷	0,86
Trotanoy, Pomerol *(O.: unklass.; P.: 2; G.: 2)*	**18,00**	❷	0,86
Ausone, St.-Emilion *(O.: PGCC (A); P.: 1; G.: 1)*	**18,00**	❶	-0,01
Haut Brion, Pessac-Léognan *(O.: 1; P.: 1; G.: 1)*	**18,00**	❶	-0,01
Lafite Rothschild, Pauillac *(O.: 1; P.: 1; G.: 1)*	**18,00**	❶	-0,01
Lafleur, Pomerol *(O.: unklass.; P.: 1; G.: 1)*	**18,00**	❶	-0,01
Margaux, Margaux *(O.: 1; P.: 1; G.: 1)*	**18,00**	❶	-0,01
Pétrus, Pomerol *(O.: unklass.; P.: 1; G.: 1)*	**18,00**	❶	-0,01
Cos Labory, St.-Estèphe *(O.: 5; P.: CB)* **	**17,00**		1,81
Larcis-Ducasse, St.-Emilion *(O.: GCC; P.: 5; G.: CB)*	**17,00**	❻	1,81
Larrivet-Haut-Brion, Pessac-Léognan *(O.: unklass.; P.: CB; G.: CB)* *	**17,00**		1,81
Vieux Plateau Certan, Pomerol **	**17,00**		1,81
Canon, St.-Emilion *(O.: PGCC (B); P.: 5; G.: CB)*	**17,00**	❺	1,39
Haut-Bages Libéral, Pauillac *(O.: 5; P.: 5; G.: CB)*	**17,00**	❺	1,39
Haut-Batailley, Pauillac *(O.: 5; P.: 5; G.: CB)*	**17,00**	❺	1,39
L'Arrosée, St.-Emilion *(O.: GCC; P.: 3; G.: 4)*	**17,00**	❹	0,84
Clos des Jacobins, St.-Emilion *(O.: GCC; P.: 5; G.: 5)*	**17,00**	❹	0,84
Langoa Barton, St.-Julien *(O.: 3; P.: 5; G.: 4)*	**17,00**	❹	0,84
Pavie, St.-Emilion *(O.: PGCC (B); P.: 5; G.: 3)*	**17,00**	❹	0,84
La Tour Haut-Caussan, Médoc *(O.: CB; P.: 5; G.: 5)*	**17,00**	❹	0,84
Le Gay, Pomerol *(O.: unklass.; P.: 4; G.: 4)*	**17,00**	❸	0,46
Phélan Ségur, St.-Estèphe *(O.: CB; P.: (4-5); G.: 4)*	**17,00**	❸	0,46
Prieuré-Lichine, Margaux *(O.: 4; P.: 5 (4); G.: 4)*	**17,00**	❸	0,46
Vieux Château Certan, Pomerol *(O.: unklass.; P.: 2; G.: 3)*	**17,00**	❸	0,46
Léoville Poyferré, St.-Julien *(O.: 2; P.: 2; G.: 2)*	**17,00**	❷	-0,14
Palmer, Margaux *(O.: 3; P.: 1; G.: 2)*	**17,00**	❷	-0,14
Clinet, Pomerol *(O.: unklass.; P.: 1; G.: 2)*	**17,00**	❶	-1,01
La Mission Haut Brion, Pessac-Léognan *(O.: CC; P.: 1; G.: 1)*	**17,00**	❶	-1,01
Le Pin, Pomerol *(O.: unklass.; P.: 1; G.: 1)*	**17,00**	❶	-1,01

Zweit-/Drittwein	»Grand Vin«
Ch. Abeille de Fieuzal, Pessac-Léognan	Ch. de Fieuzal
Ch. Alter Ego, Margaux	Ch. Palmer
Ch. Amiral de Beychevelle, St.-Julien	Ch. Beychevelle
Ch. Angélique de Monbousquet, St.-Emilion	Ch. Monbousquet
Ch. Artigues, Pauillac	Ch. Plantey
Ch. Artigues Arnaud, Pauillac	Ch. Grand Puy Ducasse
Ch. d'Arvigny, Haut-Médoc	Ch. Beaumont
Ch. Le Bahans du Ch. Haut-Brion, Pessac-Léognan	Ch. Haut Brion
Ch. Baron de Brane, Margaux	Ch. Brane-Cantenac
Ch. Baron Villeneuve de Cantemerle, Haut-Médoc	Ch. Cantemerle
Ch. La Bastide Dauzac, Margaux	Ch. Dauzac
Ch. Bel Air Moulard, Bordeaux Supérieur	Ch. Le Prieur
Ch. Bellegarde, Margaux	Ch. Siran
Ch. Bellevue Laffont, Listrac	Ch. Fourcas Dupré
Ch. Benjamin de Beauregard, Pomerol	Ch. Beauregard
Ch. Blason de L'Evangile, Pomerol	Ch. L'Evangile
Ch. Blason d'Issan, Margaux	Ch. d'Issan
Ch. de Brousse, Côtes de Castillon	Ch. Côte Montpezat
Ch. Le Cadet de Larmande, St.-Emilion	Ch. Larmande
Ch. Canteloup, Médoc	Ch. La Gorce
Ch. Canuet, Margaux (ab 1986)	Ch. Cantenac-Brown
Ch. Cap-de-Haut-Maucaillou, Haut-Médoc	Ch. Maucaillou
Ch. Cardus, Médoc	Ch. La Cardonne
Ch. Le Carillon de l'Angélus, St.-Emilion	Ch. Angélus
Ch. Les Carruades de Lafite, Pauillac	Ch. Lafite
Ch. Chantalouette, Pomerol	Ch. de Sales
Ch. Chapelle d'Ausone, St.-Emilion	Ch. Ausone
Ch. La Chapelle de la Mission-Haut Brion, Pessac-Léognan	Ch. La Mission Haut Brion
Ch. Le Charme Labory, St.-Estèphe	Ch. Cos Labory
Ch. Les Charmes de Kirwan, Margaux	Ch. Kirwan
Ch. Les Charmes de Liversan, Haut-Médoc	Ch. Liversan
Ch. Chartreuse d'Hosten, Listrac	Ch. Fourcas Hosten
Ch. Le Chêne, Haut-Médoc	Ch. La Tonnelle
Ch. Chevalier de Lascombes, Margaux (Drittw.)	Ch. Lascombes
Ch. de Clairefont, Margaux	Ch. Prieuré-Lichine
Ch. Le Clémentin du Ch. Pape Clément, Pessac-Léognan	Ch. Pape Clément
Ch. Clos Margalaine, Margaux	Ch. Marojallia
Ch. Clos du Marquis, St.-Julien	Ch. Léoville Las Cases
Ch. La Closerie de Camensac, Haut-Médoc	Ch. de Camensac
Ch. La Closerie de Malescasse, Haut-Médoc	Ch. Malescasse
Ch. Le Colombier de Château Brown, Pessac-Léognan	Ch. Brown
Ch. Connétable de Talbot, St.-Julien	Ch. Talbot
Ch. Coutreau, Fronsac	Ch. La Vieille Cure
Ch. La Croix-Beaucaillou, St.-Julien	Ch. Ducru-Beaucaillou
Ch. Croix de Moussas, Haut-Médoc	Ch. Fontesteau
Ch. La Dame de Montrose, St.-Estèphe	Ch. Montrose
Ch. Demoiselle de Sociando-Mallet, Haut-Médoc	Ch. Sociando-Mallet
Ch. La Devise de Lilian, St.-Estèphe	Ch. Lilian-Ladouys
Ch. Diane de Belgrave, Haut-Médoc	Ch. Belgrave
Ch. Domaine de Gartieux, Pauillac	Ch. Pichon Longueville Comtesse de Lalande
Ch. Domaine de Larrivet, Pessac-Léognan	Ch. Larrivet-Haut-Brion
Ch. Domaine de Martialis, St.-Emilion	Ch. Clos Fourtet
Ch. Domaine Naudin de Larchey, Pessac-Léognan	Ch. La Garde
Ch. Duluc, St.-Julien	Ch. Branaire-Ducru
Ch. Emilius de Trimoulet, St.-Emilion	Ch. Trimoulet
Ch. L'Ermitage de Chasse Spleen, Haut-Médoc	Ch. Chasse Spleen
Ch. Esprit de Chevalier, Pessac-Léognan	Ch. Domaine de Chevalier
Ch. L'Esprit de Teyssier, Bordeaux	Ch. Teyssier (St. Emilion)
Ch. Ferme d'Angludet, Margaux	Ch. d'Angludet
Ch. Les Fiefs de Lagrange, St.-Julien	Ch. Lagrange
Ch. La Fleur Peyrabon, Pauillac	Ch. Peyrabon
Ch. La Fleur St. Georges, Lalande de Pomerol	Ch. Fleur de Bouard
Ch. Fontarney, Margaux	Ch. Desmirail
Ch. Les Forts de Latour, Pauillac	Ch. Latour
Ch. Frank Phélan, St.-Estèphe	Ch. Phélan Ségur

Zweit-/Drittwein	»Grand Vin«
Ch. Fugue de Nenin, Pomerol	Ch. Nénin
Ch. La Garance, Graves	Ch. Rahoul
Ch. La Gravette de Certan, Pomerol	Ch. Vieux Châteaux Certan
Ch. Haut-Bages Averous, Pauillac	Ch. Lynch Bages
Ch. Haut-Cormey, St.-Emilion	Ch. Cormeil-Figeac
Ch. Haut La Grenière, St.-Emilion (Lussac)	Ch. La Grenière
Ch. Les Hauts de Pez, St.-Estèphe	Ch. Tour de Pez
Ch. Les Hauts de Pontet, Pauillac	Ch. Pontet-Canet
Ch. Les Hauts de Smith, Pessac-Léognan	Ch. Smith Haut Lafitte
Ch. l'Hospitalet de Gazin, Pomerol	Ch. Gazin
Ch. Jacques Boyd, Margaux	Ch. Boyd Cantenac
Ch. Jardin de Petit Village, Pomerol	Ch. Petit Village
Ch. L. de Louvière, Pessac-Léognan	Ch. La Louvière
Ch. Labat, Haut-Médoc	Ch. Caronne Ste Gemme
Ch. Lacoste Borie, Pauillac	Ch. Grand-Puy Lacoste
Ch. Lagrave Martillac, Pessac-Léognan	Ch. La Tour Martillac
Ch. Lamartine, Bordeaux Supérieur	Ch. Cantenac Brown
Ch. La Longua, Fronsac	Ch. Dalem
Ch. Ludon Pomiès Agassac, Haut-Médoc	Ch. La Lagune
Ch. Malbec Lartigue, Listrac	Ch. Mayne-Lalande
Ch. de Marbuzet, St.-Estèphe (bis 1993)	Ch. Cos d'Estournel
Ch. Margaux de Giscours, Margaux	Ch. Giscours
Ch. Mérissac, St.-Emilion	Ch. Dassault
Ch. Mondot, St.-Emilion	Ch. Troplong-Mondot
Ch. Moulin de Duhart, Pauillac	Ch. Duhart-Millon-Rothschild
Ch. Moulin Riche, St.-Julien	Ch. Léoville-Poyferré
Ch. Notton, Margaux	Ch. Brane-Cantenac
Ch. Numéro 2 de Lafon-Rochet, St.-Estèphe	Ch. Lafon-Rochet
Ch. Les Pagodes de Cos , St.-Estèphe	Ch. Cos d'Estournel
Ch. Paradis Tourans, St.-Emilion	Ch. Tourans Terre Blanche
Ch. La Parde de Haut-Bailly, Pessac-Léognan	Ch. Haut-Bailly
Ch. Pauillac de Latour, Pauillac (Drittw.)	Ch. Latour
Ch. Pavillon Rouge du Margaux, Margaux	Ch. Margaux
Ch. Pensées de Lafleur, Pomerol	Ch. Lafleur
Ch. Petit Cheval, St.-Emilion	Ch. Cheval Blanc
Ch. Le Petit Mouton de Mouton Rothschild, Pauillac	Ch. Mouton Rothschild
Ch. La Petite Église, Pomerol	Ch. L'Église Clinet
Ch. Prieur de Meyney, St.-Estèphe	Ch. Meyney
Ch. Reflets du Château Cissac, Haut-Médoc	Ch. Cissac
Ch. Le Relais de Patache d'Aux, Médoc	Ch. Patache d'Aux
Ch. Réserve de la Comtesse, Pauillac	Ch. Pichon Longueville Comtesse de Lalande
Ch. Réserve de Général, Margaux	Ch. Palmer
Ch. La Réserve de Léoville-Barton, St.-Julien	Ch. Léoville-Barton
Ch. La Roque de By, Médoc	Ch. La Tour de By
Ch. Saint-Brice, St.-Emilion	Ch. Magdelaine
Ch. Sainte Colombe, Côtes de Castillon	Ch. Clos de L'Église
Ch. Sarget de Gruaud-Larose, St.-Julien	Ch. Gruaud-Larose
Ch. Le Second de Carnet, Haut-Médoc	Ch. La Tour Carnet
Ch. Second de Durfort, Margaux	Ch. Durfort-Vivens
Ch. Le Second Vin de Mouton Rothschild, Pauillac	Ch. Mouton Rothschild
Ch. Ségla, Margaux	Ch. Rauzan-Ségla
Ch. Ségonnes, Margaux	Ch. Lascombes
Ch. Le Sillage de Malartic, Pessac-Léognan	Ch. Malartic-Lagravière
Ch. La Sirène de Giscours, Margaux	Ch. Giscours
Ch. Tartugière, Médoc	Ch. Tour-Prignac
Ch. La Tour Léognan, Pessac-Léognan	Ch. Carbonnieux
Ch. Tour du Mayne, Haut-Médoc	Ch. d'Arcins
Ch. Tour Saint-André, Lalande de Pomerol	Ch. Haut-Chaigneau
Ch. Les Tourelles de Longueville, Pauillac	Ch. Pichon Baron
Ch. Tronquoy de Sainte-Anne, St.-Estèphe	Ch. Tronquoy-Lalande
Ch. Valoux, Pessac-Léognan	Ch. Bouscaut
Ch. Vieux Château des Templiers, Pomerol	Ch. Rouget
Ch. Vieux Prezat, Médoc	Ch. Pontey
Ch. Le Vivier, Médoc	Ch. Grivière
Ch. Vray Houchat, Fronsac	Ch. Les Roches de Ferrand
Ch. Yon Saint Martin, St.-Emilion	Ch. Yon-Figeac

Literaturverzeichnis

Quellen:

Alles über Wein: Ausgaben 5/2000–5/2001
(5 Aufl.: 6/99–4/00; 4. Aufl.: 6/97–5/99; 3. Aufl.: 4/95–5/97; 2. Aufl.: 4/93–3/95; 1. Aufl.: Hefte bis 3/93)
Bezugsadresse: Woschek Verlags GmbH, Wilhelm-Theodor-Römheld-Str. 34, D-55130 Mainz
Jahresabonnement: DM 81,– (Deutschland), SFr 90,– (Schweiz); Einzelheft: DM 15,–
Erscheinungsweise: zweimonatlich
Internet: www.winelife.de

Decanter: Ausgaben 9/2000–8/2001
(5. Aufl.: 12/99–8/00; 4. Aufl.: 1993–1999 inkl. Supplements)
Bezugsadresse: Decanter Subscriptions, IPC Magazines, Oakfield House, 35 Perrymount Road, Haywards Heath, West Sussex RH16 3DH, Great Britain
Jahresabonnement: £ 47,80 (Europa, inkl. Republik Irland u. skandinavische Länder)
Erscheinungsweise: monatlich
Internet: www.decanter.com

René Gabriel: Bordeaux Total, Bern 2000 (4. Aufl.)

Vinum: Ausgaben 10/2000–10/2001
(5. Aufl.: 12/99– 9/00; 4. Aufl.: 11/97–11/99; 3. Aufl.: 10/95–10/97; 2. Aufl.: 6/93–9/95; 1. Aufl.: Hefte bis 5/93)
Bezugsadresse für Deutschland: Vinum Verlags GmbH, Postfach 5826, D-65048 Wiesbaden
Jahresabonnement: DM 112,– inkl. MwSt. und Versand (Einzelheft: DM 12,50)
Erscheinungsweise: zehnmal pro Jahr
Internet: www.ivinum.com

The Wine Advocate (Parker): Folgen 131–136 [= 31.08.2001]
(5. Aufl.: Folgen 126–130 [28.08.2000]; 4. Aufl.: Folgen 114–125 [= 30.10.1999]; 3. Aufl.: Folgen 101–113 [= 31.10.1997]; 2. Aufl.: Folgen 87–100 [= 31.08.1995]; 1. Aufl.: bis Folge 86 [= 30.04.1993])
Bezugsadresse: The Wine Advocate Inc., P.O. Box 311, Monkton, MD 21111, USA
Jahresabonnement: $ 85 (Übersee)
Erscheinungsweise: zweimonatlich
Internet: www.wine-advocate.com

Wine Spectator: Ausgaben 30.09.2000–15.10.2001
(5. Aufl.: 15.11.99–15.09.00; 4. Aufl.: 30.11.1997–31.10.1999; 3. Aufl.: 30.09.1995–15.11.1997; 2. Aufl.: März 93–15.09.1995; 1. Aufl.: Ausgaben 1992)
Bezugsadresse: Wine Spectator, P.O. Box 37367, Boone, IA 50037-0367, USA
Jahresabonnement: $ 135 (Übersee)
Erscheinungsweise: 20 Ausgaben pro Jahr
Internet: www.winespectator.com

Wine Spectator's Ultimate Guide to Buying Wine, 7. Aufl., New York 2000

Winkleman, Alan: Unveröffentlichte Degustationsnotizen für den Jahrgang 2000 u. Wein Gourmet 2/2001, S. 93–98
(5. Aufl: Unveröffentlichte Degustationsnotizen für die Jahrgänge 1997 und 1999; 4. Aufl.: Bordeaux 1987–1991, 1993–1996, Hamburg 1988 ff; Bordeaux 1998, Beilage zu: Der Feinschmecker 6/99)
E-Mail: AlanW@t-online.de

Bücher:

Bednarz, Klaus: Die Zweitweine der großen Châteaux, München 2000

Broadbent, Michael: Weine prüfen, kennen, genießen, 8. Aufl., Bern/Stuttgart 1999

Brook, Stephen: Pauillac, München 1998

Cocks - Ed. Féret: Bordeaux and its Wines, 15. Aufl., Bordeaux 1998

Deloz, Gilbert: Die Weine des Bordeaux, München 2000

Dippel, Horst: Die großen Bordeaux-Weine, Düsseldorf/Wien/New York, Ausgabe 1993/94

Dohm, Horst: Flaschenpost aus Bordeaux, München 1987 (3. Aufl. 1996)

Dovaz, Michel: Encyclopédie des Crus Bourgeois du Bordelais, Edition de Fallois, 1992

Dovaz, Michel: Encyclopédie des Crus Classés du Bordelais, Paris 1995

Duijker, Hubrecht/Michael Broadbent: Weinatlas Bordeaux, Bern/Stuttgart 1997

Hachette Weinführer Frankreich, Bern/Stuttgart 1998

Kühler/Kühler: Bordeaux-Kompass, Baden-Baden 1993, 1995, 1997, 1999

Markham, Dewey: 1855 – A History of the Bordeaux Classification, New York 1998

Molyneux, Berry: Die klassischen Weine der Welt und ihre Etiketten, Bindlach 1996

Parker, Robert M.: Bordeaux, 2. Aufl., Bern/Stuttgart 1992

Parker, Robert M.: Bordeaux, 3. Aufl., Bern/Stuttgart 1998

Parker, Robert M.: Bordeaux. A Comprehensive Guide to the Wines Produced from 1961 to 1997, 3. Aufl., New York 1998

Penning-Rowsell, Edmund: The Wines of Bordeaux, 6. Aufl., London 1989

Peppercorn, David: Bordeaux 2000/2001, 7. Aufl., Bern/Stuttgart 2000

Peynaud, Emile: Die hohe Schule für Weinkenner, 2. Aufl., Cham 1995

Pigott, Stuart: Göttertrank und Blendwerk, Bern/Stuttgart 1999

Scheuermann, Mario: Capital Weinkompass – Die Spitzenweine der Welt und ihr Marktwert, Niedernhausen 2001

Turnbull, James: Bordeaux, Meisterwerke der Natur, München 1997

Worm, Nicolai: Täglich Wein, 3. Aufl., Bern 1997